教育部人文社会科学重点研究基地
云南大学西南边疆少数民族研究中心资助
云南省教育厅高校学术著作出版基金资助

# 纳西

# 东巴文化研究总览

宋光淑　主　编

闵红云　万　亚　编
杨　勇　张　禹

云南大学出版社

Yunnan University Press

# 编制说明

纳西东巴文化是我国乃至全世界的珍贵的文化遗产，其神奇诱人的鲜明特色，引起国内外学者的广泛关注。纳西东巴文化研究的国际化和本土化的深入发展，使其研究成果层出不穷，为推动具有地区特色和民族特色的东巴文化的研究，促进国际国内学术交流，我们在 1999 年云南省教育厅立项课题"纳西东巴文化研究专题数据库"的基础上，选择迄至 2003 年底以前出版发行的关于丽江及纳西族东巴文化研究的论著 2 787 条，编成《纳西东巴文化研究总览》一书（以下简称《总览》）。

《总览》分论文、著作和国外出版论著三部分，每一部分的内容按《中国图书馆图书分类法》（第四版），以下简称《中图法》的分类体系进行分类和编排。每个类目下的条目按著者的拼音音序排列，同一著者的论著条目再按篇名音序，由计算机自动排列。多卷书则按自然顺序，用手工方法做了调整。全书每一条目的名称前编有"1—2 787"的自然顺序号，以便读者检索查阅。

《总览》中论文部分从 427 种图书和期刊资料中，收录了 900 多个作者关于丽江地区和纳西族东巴文化研究的论文资料 2 191 条，涉及《中图法》的 20 个大类、254 个子目。专著部分收录了 179 位个人和集体责任者有关丽江地区和纳西族东巴文化研究的专著或资料 481 种，涉及《中图法》的 11 个大类、67 个子目。国外出版论著部分收录了国外出版的关于纳西东巴文化研究的论著 115 条，涉及《中图法》的 7 个大类、32 个子目，每个条目提供了题名、著者、出版社、来源刊名、卷期、摘要等内容。为方便查阅，书后附有著者索引。著者索引以著者名称为标目，并按著者名称的汉语拼音音系排列。名称前边的数字，表示该作者的论著位于全书的第"n"号条目。

"国外出版论著"部分，因资金、条件的限制，难以收集原著，在编制过程中我们不忍割舍一些有用信息，因此，所收条目多数是转引中文著录的第二手资料。为统一著录，我们对少数第一手原文论著进行了部分翻译，并用中文著录和撰写了提要。

"纳西东巴文化研究专题数据库"和《纳西东巴文化研究总览》的建设和编制工作，得到了云南大学图书馆李子贤、王文光、李杰和万永林几任馆长的支持，在此，对他们表示衷心感谢。同时还要衷心感谢郭大烈、李国文、和力民、木基元、黄丽娜等所有帮助过我们的专家学者，特别要感谢云南省教育厅学术著作出版基金的所有评委和云南大学西南边疆少数民族研究中心的领导和学术委员，感谢他们的理解和支持，使本书的出版得以实现。

本书由宋光淑主编，并完成2 100多条记录的采集、著录、分类标引、摘要、序言撰写、总审、总校及索引的编制；闵红云撰写了630多条记录的摘要及手工卡片著录；万亚完成了全书的录入及书稿的二校工作。杨勇分类标引了600多条记录。张禹对所有数据做了格式转换，同时翻译了《Naxiland 96 田野调查报告》及《性别研究专集》第8集中的10多篇文章并撰写摘要。

"纳西东巴文化研究专题数据库"仍在不断地编制、更新和补充，因此，欢迎广大研究者不吝赐教，向我们提供新的研究成果及出版信息。请与我们联系，电子邮件：sgs @ www. ynu. edu. cn.

**编 者**

2006.5.14

# 纳西东巴文献研究（代前言）

宋光淑

纳西东巴文化是我国乃至全世界的珍贵的文化遗产，其神奇诱人的鲜明特色，引起国内外学者的广泛关注。纳西东巴文化研究国际化和本土化的深入发展，使其研究成果层出不穷。为推动富有地区、民族特色的东巴文化的研究，促进国际学术交流，经云南省教委批准立项，我们于 1999 年开始，进行"纳西东巴文化研究专题数据库"的建设，采用穷尽性的搜索方法，收集了有关纳西族的研究、东巴文化的研究及云南丽江地区历史、民族、经济、文化等研究论文 2 191 条、著作 481 条，外文资料 116 条（截止到 2003 年底的公开出版发表和内部出版发表的论著），总计 2 787 条，内容涵盖目前纳西东巴文化研究的所有领域，基本反映了纳西东巴文化研究的全貌。

论文部分有八百多个作者，涉及 426 种图书和报刊，内容涵盖《中图法》的 20 个大类，254 个子目；专著部分收有 179 位个人和集体责任者的著作条目，内容涵盖《中图法》的 11 个大类，67 个子目；外文部分有 60 位作者，内容涵盖《中图法》的七个大类，34 个子目。提供了题名、著者、出版社、来源及刊名、卷期、提要等内容及检索途径。本文以精选的 2 191 条论文、481 本专著和外文 116 条论著为依据，对纳西东巴文化研究文献进行分析。尽管我们采用了穷尽性的搜索方法，少数遗漏还是在所难免，但基本反映了纳西东巴文化研究的全貌。

## 一、文献分析研究

### 1. 文献的年代分布

从国内发表论文的情况看：1928—1949 年发文 22 篇，1950—1959 年发文 25 篇，1960—1969 年发文 41 篇，1975—1979 年发文 39 篇，这 30 年的总发文量为 109 篇；1980—1989 年发文 761 篇，是前 30 年的 7 倍多；1990—1999 年发文 849 篇，与 20 世纪 80 年代相比，每年约增长 12%，弧度不是很大，但可以说明纳西东巴文化的研究已经稳步正常发展。2000—2003 年发文 427 篇。由于研究领域的不断拓展，新的研究学者不断加入，21 世纪第一个十年，纳西东巴文化研究的文献量会有较大的增长（见表 1）。

著作的出版情况是：1949 年前的 30 年出版了 10 种，后 30 年出版了 39 种，20 世纪 80 年代出版了 94 种，90 年代出版了 259 种，2000—2002 年出版了 59 种。著作的发展趋势与论文发展趋势基本一致，所不同的是图书的出版周期较长，学术研究成果的完成与成果的出版有一段时差。如《纳西东巴古籍译注全集》100 卷，历经数代人的艰辛努力，近 20 年的编译出版运作，成果在 1999 年才得以完璧问世（见表 2）。

### 表 1　发表论文年代分布表

| 年　份 | 发文数（篇） | 年份 | 发文数（篇） | 年份 | 发文数（篇） | 年份 | 发文数（篇） |
|---|---|---|---|---|---|---|---|
| 1928—1936 | 3 | 1982 | 71 | 1989 | 87 | 1996 | 105 |
| 1940—1949 | 19 | 1983 | 82 (21＋61) | 1990 | 69 | 1997 | 61 |
| 1951—1959 | 25 | 1984 | 71 (21＋51) | 1991 | 103 (35＋68) | 1998 | 75 |

| 年　份 | 发文数<br>（篇） | 年份 | 发文数<br>（篇） | 年份 | 发文数<br>（篇） | 年份 | 发文数<br>（篇） |
|---|---|---|---|---|---|---|---|
| 1960—1969 | 41 | 1985 | 79<br>(38＋41) | 1992 | 95<br>(19＋76) | 1999 | 94 |
| 1975—1979 | 39 | 1986 | 75<br>(11＋64) | 1993 | 78<br>(19＋59) | 2000 | 191<br>(109＋82) |
| 1980 | 50 | 1987 | 70 | 1994 | 92<br>(25＋67) | 2001 | 105 |
| 1981 | 63 | 1988 | 113<br>(13＋100) | 1995 | 77 | 2002 | 105<br>(67＋38) |

注：括号内表示论文集的论文加刊物的论文。

## 表2　出版著作年代分布表

| 年　份 | 著作数<br>（种） | 年份 | 著作数<br>（种） | 年份 | 著作数<br>（种） | 年　份 | 著作数<br>（种） |
|---|---|---|---|---|---|---|---|
| 1920 | 1 | 1959 | 2 | 1982 | 6 | 1994 | 16 |
| 1925 | 1 | 1960 | 1 | 1983 | 10 | 1995 | 12 |
| 1932 | 1 | 1962 | 2 | 1984 | 20 | 1996 | 13 |
| 1936 | 1 | 1963 | 11 | 1985 | 14 | 1997 | 12 |
| 1939 | 1 | 1964 | 12 | 1986 | 8 | 1998 | 31 |
| 1940 | 1 | 1966 | 1 | 1987 | 7 | 1999 | 134 |
| 1944 | 1 | 1971 | 2 | 1988 | 13 | 2000 | 20 |
| 1945 | 1 | 1972 | 1 | 1989 | 7 | 2001 | 25 |
| 1948 | 2 | 1976 | 2 | 1990 | 9 | 2002 | 16 |
| 1952 | 1 | 1978 | 1 | 1991 | 9 | | |
| 1956 | 2 | 1980 | 2 | 1992 | 8 | | |
| 1957 | 1 | 1981 | 7 | 1993 | 15 | | |

2. 作者发文及年代分布

纳西东巴文化研究数据库所收数据已将一文多发的数据合并或删除，本文的统计，基本上能反映一个作者的发文量的情况。在 875 位论文作者中，发文 1 篇的有 564 人，两篇的有 99 人，3 篇的有 43 人，4 篇的有 21 人，发文在 5～8 篇的有 42 人，发文在 9 篇以上的有 46 人，发文 15 篇以上的有 26 人；179 位作者中出版 1 种著作的有 115 人，出版两种著作的有 21 人，出版 3 种著作的有 15 人，出版 4 种著作的有 4 人，出版 5 种著作的有 4 人，出版 7 种著作的有 2 人，出版 8 种著作的有 3 人，出版 9 种著作的有 1 人，出版 10 种以上著作的有 7 人。

学者发表文章的数量是科学家科学劳动生产的一个指标，表明一个学者对某一领域关注的程度和研究投入的时间、精力，可作为确定某一学科核心作者的一个参照。同时还须考虑几个因素：①要把定性分析与定量分析结合起来，不但要看发文的数量，还要看发文的质量和影响程度。②对同一作者，要把发文量与著作出版情况结合起来分析，有的作者在出版专著之前，对某一问题进行系统的研究，并将各阶段研究成果以单篇文章发表，最后结集出版专著，其文章的内容是专著中的某一章节或某些观点的阐述，文章和专著有着密切的关系。③一些学术造诣较高的学者，他们的研究领域比较广阔，不能仅凭本专题的发文量来判断其在某一学科的影响。从表4、表5中可知较早涉足纳西东巴文化研究的有：被西方学者称为"纳西历史语言之父"的方国瑜、被称为"么些先生"的李霖灿、为西方纳西学研究奠定了雄厚基础的奥裔美国学者洛克（见表3、表4）。此外还有两表未列出的傅懋勣、陶云逵、吴泽霖、闻宥及法国学者巴克等。

表3还向我们显示了一个信息，发文在 9 篇以上的 47 人中，1980 年前后开始发文的有 37 人，占 70%。文献计量的情况，符

合中国社会发展和学术研究的实际，说明这一时期是纳西东巴文化研究复兴和繁荣的时期，一批有影响的纳西东巴文化研究学者在这一时期成长起来。另外，两表未列出的发文在5～8篇的34个著者中，1980年前后开始发文的有16人，占47%；1990年后发文的14人，占41%，这从一个侧面反映出纳西东巴文化研究代有传人，已形成学术梯队。

表3　论文作者（族别）发文及年份表

| 著　者 | 发文（篇） | 年　份 | 著　者 | 发文（篇） | 年　份 |
|---|---|---|---|---|---|
| 杨福泉（纳西） | 58 | 1982—2002 | 和品正（纳西） | 16 | 1988—2002 |
| 郭大烈（纳西） | 47 | 1980—2002 | 林向萧 | 15 | 1980—2002 |
| 和志武（纳西） | 43 | 1956—1995 | 桑德诺瓦（纳西） | 14 | 1988—2001 |
| 白庚胜（纳西） | 39 | 1982—2002 | 和宝林（纳西） | 13 | 1984—2002 |
| 李霖灿 | 34 | 1944—2000 | 木仕华（纳西） | 12 | 1995—2002 |
| 杨世光（纳西） | 32 | 1979—2001 | 姜竹仪 | 11 | 1980—1994 |
| 戈阿干（纳西） | 31 | 1979—2002 | 赵银棠（纳西） | 10 | 1957—1984 |
| 李国文 | 29 | 1981—2002 | 杨曾烈 | 10 | 1982—2000 |
| 和力民（纳西） | 29 | 1983—2001 | 杨学政 | 10 | 1982—1987 |
| 和发源（纳西） | 27 | 1985—2002 | 宋恩常 | 10 | 1962—1987 |
| 木丽春（纳西） | 23 | 1962—2001 | 和即贵（纳西） | 10 | 1985—1992 |
| 和钟华（纳西） | 23 | 1980—2000 | 方国瑜（纳西） | 9 | 1944—1988 |
| 木基元（纳西） | 23 | 1983—2002 | 夫巴（纳西） | 9 | 1988—2002 |
| 杨启昌（纳西） | 22 | 1985—2002 | 和即仁（纳西） | 9 | 1980—2001 |
| 习煜华（纳西） | 21 | 1987—2002 | 李例芬 | 9 | 1989—2002 |

| 著　者 | 发文（篇） | 年　份 | 著　者 | 发文（篇） | 年　份 |
|---|---|---|---|---|---|
| 赵净修（纳西） | 20 | 1978—1992 | 刘龙初 | 9 | 1981—2002 |
| 王承权 | 19 | 1987—2002 | 严汝娴 | 9 | 1964—1986 |
| 李静生（纳西） | 19 | 1984—2000 | 杨德鋆 | 9 | 1983—2002 |
| 杨正文（纳西） | 18 | 1983—2002 | 杨焕典（纳西） | 9 | 1984—1991 |
| 宋兆麟 | 18 | 1964—2000 | 杨礼吉 | 9 | 1989—2000 |
| 陈烈 | 18 | 1984—1998 | 喻遂生 | 9 | 1990—2002 |
| 段松廷 | 17 | 1988—2000 | 朱宝田 | 9 | 1963—1986 |
| 李近春（纳西） | 16 | 1982—1994 | 毛龙发 | 9 | 1992—2001 |
| 周汝诚（纳西） | 15 | | | | |

### 表4　国外作者发文及年代表

| 著　者 | 发文（篇） | 年　份 | 著　者 | 发文（篇） | 年　份 |
|---|---|---|---|---|---|
| 洛克［美］ | 19 | 1936—1972 | 诹访哲郎［日］ | 2 | 1988 |
| 孟彻理［美］（Mekhann, C.F） | 11 | 1988—2000 | 赵省华［美］（Emily, Chao） | 2 | 1990—1996 |
| 杰克逊［英］（Jackson. A） | 9 | 1965—1998 | 西田龙雄［日］ | 2 | 1966—1984 |
| 雅纳特［德］（Janert. K. L） | 4 | 1988 | 奥皮茨［瑞士］（Oppitz, M） | 2 | 1998 |
| 施传刚［美］（Shih Chan-Kang） | 4 | 1993—2001 | Maciej Gaca | 2 | 1998 |
| 佐野贤治［日］ | 2 | 1999 | | | |

3. 文献的刊物分布

在 426 种书刊中发文 1 篇的 251 种，两篇的 57 种，3 的 25 种，4 篇的 21 种，5 篇的 9 种，6 篇的 7 种，7 篇的 4 种，8 篇的 2 种，9 篇的 3 种，10 篇以上的 34 种。另有论文集、资料集 13 种。

纳西东巴文化研究文献在刊物的发文分布说明，此领域的研究已引起县、地州、省级到国家众多刊物的广泛关注。从表 5 中首先可看到发文量最多的是《玉龙山》和《丽江文史资料》，两种刊物地处丽江纳西族自治县，具有鲜明的地方性和民族性，它发表了很多第一手资料，为纳西东巴文化研究的众多学者所引用。在研究丽江、研究纳西族、宣传丽江、宣传纳西族、为地方经济、文化建设服务等方面发挥了重要作用。其次《山茶》、《云南民族学院学报》、《思想战线》、《云南社会科学》、《民族艺术研究》等省级地方刊物是登载纳西东巴文化研究文章的重要刊物。《民族研究》、《中央民族大学学报》、《民族语文》、《民族文学研究》等中央刊物也对纳西东巴文化研究给予了较多支持和关注。论文集、资料集所发表的论文多数代表了纳西东巴文化研究某一时期或某一方面的研究水平，其发文量占总发文量的 20%（见表 6）。

表 5　刊物发文统计

| 刊　名 | 发文数（篇） | 刊　名 | 发文数（篇） | 刊　名 | 发文数（篇） |
|---|---|---|---|---|---|
| 玉龙山 | 184 | 东巴文化报 | 23 | 中国民族民间医药杂志 | 14 |
| 丽江文史资料 | 113 | 民族研究 | 22 | 今日民族 | 14 |

| 刊　名 | 发文数（篇） | 刊　名 | 发文数（篇） | 刊　名 | 发文数（篇） |
|---|---|---|---|---|---|
| 山茶 | 68 | 中央民族大学学报 | 21 | 中甸县志通讯 | 13 |
| 云南民族学院学报 | 53 | 云南日报 | 20 | 云南民俗 | 13 |
| 民族学 | 45 | 民族语文 | 20 | 民族艺术 | 13 |
| 思想战线 | 41 | 民族文学研究 | 19 | 民族工作 | 13 |
| 云南社会科学 | 41 | 丽江报 | 19 | 云南民族语文 | 12 |
| 民族艺术研究 | 36 | 丽江志苑 | 17 | 民族团结 | 12 |
| 云南文史丛刊 | 29 | 民族学调查研究 | 16 | 云南省历史所研究集刊 | 12 |
| 民族文化 | 28 | 边疆文艺 | 16 | 创造 | 10 |
| 民间文学 | 26 | 云南师范大学学报 | 15 | | |
| 丽江教育学院学报 | 25 | 民族学与现代化 | 15 | | |

## 表6　论文集、资料集发文统计

| 论文集资料集名称 | 发文数（篇） |
|---|---|
| 《云南省宁蒗彝族自治县永宁纳西族社会及其母权制的调查报告》三 | 2 |
| 《云南省宁蒗彝族自治县永宁纳西族社会及其母权制的调查报告》一 | 3 |
| 《云南省宁蒗彝族自治县永宁纳西族社会及其母权制的调查报告》二 | 3 |
| 《宁蒗彝族自治县永宁纳西族社会及家庭形态调查》三 | 3 |

| 论文集资料集名称 | 发文数（篇） |
|---|---|
| 《宁蒗彝族自治县永宁纳西族社会及家庭形态调查》一 | 4 |
| 《宁蒗彝族自治县永宁纳西族社会及家庭形态调查》二 | 5 |
| 滇川纳西族地区民俗和宗教调查 | 10 |
| 丽江东巴文化博物馆论文集 | 11 |
| 纳西族社会历史调查二 | 13 |
| 纳西族社会历史调查三 | 13 |
| 纳西族社会历史调查一 | 14 |
| 国际东巴文化研究集粹 | 19 |
| 纳西族研究论文集 | 29（19） |
| 么些研究论文集 | 21 |
| 云南文化资源研究与开发 | 25 |
| 东巴文化论文集 | 40（38） |
| 东巴文化论 | 50 |
| 玉振金声探东巴：国际东巴文化艺术学术研讨会论文集 | 66（55） |
| 丽江文化荟萃 | 193（109） |
| 总　　计 | 524 |

括号内表示除已发表过的外，在数据库中的收文数。

### 4. 文献的内容分布

　　纳西东巴文化研究论文涉及社会科学和自然科学 10 个学科，173 个小类，其中文献量在 10 篇以上的有 52 个类目，说明这些学科是研究者关注的热点（见表 7）。著作的出版情况也表明纳西东巴文化的综合研究、纳西象形文字研究、纳西族原始宗教研究、纳西族历史、文学的研究、纳西族东巴音乐的研究以及永宁纳西族的婚姻家庭研究，是学者们关注较多的热点，成果也较多（见表 8）。

纳西象形文字研究、纳西族原始宗教研究、纳西族历史的研究始于 20 世纪初，一些外国学者和探险者被纳西象形文字所吸引而进行的资料收集、宣传和探索，此后研究者不断，成果举世瞩目，尤以象形文字的研究为突出，其代表作有：法国巴克著《么些研究》，方国瑜著《纳西象形文字谱》，李霖灿著《么些象形文字字典》、《么些标音文字字典》，傅懋勣著《丽江么些象形文〈古事记〉研究》，美国学者洛克的《纳西英语百科辞典》上下卷等。

近一个世纪来纳西东巴文化研究的集大成者，当推被称为"世纪丰碑"的百卷本《纳西东巴古籍译注全集》。其他代表作还有和志武的《纳西东巴文化》，郭大烈主编的《东巴文化论集》、《东巴文化论》、《纳西族文化大观》，白庚胜、和自兴主编的《玉振金声探东巴》，杨福泉、白庚胜的《国际东巴文化研究集粹》，和少英主编的《纳西族文化史》，白庚胜等著的《纳西文化》，杨正文的《最后的原始崇拜：白地东巴文化》，宁蒗彝族自治县政协编的《摩梭达巴文化》等。

纳西族历史研究的代表作有：美国学者洛克著《中国西南古纳西王国》，方国瑜的论文《么些民族考》、《纳西族的渊源、迁徙和分布》，周汝诚的《宁蒗见闻录》、《纳西族史编年》，国家民委民族问题五种丛书之一的《纳西族社会历史调查》（1～3）和《纳西族简史》，郭大烈、和志武著《纳西族史》等。

纳西族文学研究的代表作有：赵银棠著《玉龙旧话》、《玉龙旧话新编》，和钟华、杨世光主编《纳西族文学史》，和钟华、和尚礼编《纳西东巴圣地民间文学选》，王宗孟等编著的《纳西族文学史》，陈烈主编的《云南摩梭人民间文学集成》，白庚胜的《东巴神话研究》、《东巴神话象征论》、《色彩与纳西族民俗》，祖岱年等编《纳西族民间故事》，中共丽江地委宣传部编《纳西族民间故事选》，牛相奎、木丽春整理《玉龙第三国》，戈阿干著《查热丽恩》、《格拉茨姆》，戈阿干主编的《纳西族东巴文学集成：祭天古歌》等。

宗教方面的研究成果有：和志武著《纳西东巴文化》，和志武主编《中国原始宗教资料丛编·纳西族卷》，李国文著《东巴文化与纳西哲学》、《人神之媒——东巴祭司面面观》及论文《纳西族古代哲学思想初探》，伍雄武编《纳西族哲学思想论集》，英国学者杰克逊的《纳西宗教：对纳西宗教经典的分析评价》，美国学者孟彻理的《骨与肉：纳西传统建筑空间结构中体现的宇宙观和社会关系》等。

对永宁纳西族的婚姻家庭研究的代表作有：国家民委民族问题五种丛书之一的《宁蒗彝族自治县纳西族社会家庭形态调查：宁蒗纳西族家庭婚姻调查（1～3）》，詹承绪等著《永宁纳西族的阿注婚姻和母系家庭》，严汝娴、宋兆麟著《永宁纳西族的母系制》，宋兆麟的《共夫制与共妻制》，和钟华著《生存和文化的选择：摩梭母系制及其现代变迁》，蔡华著《一个既无父亲也无丈夫的社会》，施传刚著《追求和谐：摩梭性伙伴关系的家庭结构组织》，周华山著《无父无夫的国度：重女不轻男的母系摩梭》等。

近年来纳西族民间音乐作为旅游文化的重要资源，由于宣科先生的纳西古乐团的演奏、传播，使纳西古乐受到特别的关注，代表作有：丽江地区文教局编《云南纳西族普米族民间音乐》，桑德诺瓦著《纳西文化背景中的音乐》，周文林主编的《宣科与纳西古乐》，英国音乐博士海伦·蕾丝（Helen.rees）的《历史的回声——当代中国纳西音乐》，杨德鋆的论文《凝结在纳西古老图画象形文字里的音乐：云南民族传统音乐研究》，李丽芳、杨海涛著《凝固的旋律：纳西族音乐图像的构架与审美》等。

自 20 世纪 80 年代初东巴经两本舞谱《跳神舞蹈规程》、《东巴舞蹈来历》发现以来，纳西古代舞谱、民族舞蹈的研究也成为有关学者研究的热点，其代表作有：杨德鋆、和发源的论文《纳西族古代舞蹈与东巴跳神经书》，杨德鋆等编著的《纳西族古代舞蹈和舞谱》，戈阿干著的《东巴神系与东巴舞谱》等，为抢救东巴舞蹈和舞谱 1995 年还制作了专题片。

20 世纪 90 年代后期，一些纳西族学者致力于纳西文化的保护与开发，追求人与自然的和谐，经济与文化的互动，有了丽江古城申报"世界文化遗产"的成功。这方面的论文有郭大烈的《丽江古城被列为"世界文化遗产"》、《纳西族传统文化及其保护》，木基元的《世界文化遗产丽江古城的保护及其指导意义》，杨福泉的《东巴文化与纳西族社区的生态保护》等。

此外，20 世纪 90 年代以来在纳西族民间医学的研究方面，有较多的关注，已发表的 30 篇文章中，有 28 篇是 1990 年后发表的。

还有一个可喜的情况是，20 世纪 90 年代末期，学者们研究的热点开始向研究东巴文化学倾斜，出版了一批研究学者的著作和作品。如：《孤独之旅：植物学家人类学家的约瑟夫·洛克和他在云南的探险经历》、《绿雪歌者：李霖灿与东巴文化》、《方国瑜传》、《枫叶如丹：李群杰生平概述》、《木土司与丽江》、《宣科与纳西古乐》等。

最后，值得一提的是在学科建设和学术史研究方面的有：白庚胜的《纳西学发凡》，探讨纳西学研究的本体论和方法论。认为其结构由民间文化、东巴文化、仿汉文化三个部分组成，其类型属艺术文化；其精神是生存、战争、和平；其历史划分为：洪古、远古、上古、中古、近古、近代、现代、当代八个时期；归纳了纳西文化研究的立体透视法、比较研究法、考古资料佐证法、汉文献对照法、多学科参照法；指出纳西学已有了一定基础，还需在学科布局、学术规划、人才培养、资料积累、信息交流、成果共享方面做踏踏实实的工作。郭大烈在《东巴文化面临的危机及其学科建设》一文中指出，东巴文化学形成于 20 世纪 90 年代，与之俱来的是它的危机，要培育生态环境，繁荣东巴文化学科；继续抢救东巴古籍；深入研究，出传世之作；借助市场做开发研究；要构建东巴文化学科理论体系。和力民的《东巴文化研究呼唤着哲学的理论思维》一文指出，《纳西东巴古籍译注全集》的出版，代表着原始资料搜集阶段基本结束，东巴文化将进入理论研究阶段，其任务是构建东巴文化的哲学理论体系。这些观点对纳西东巴文化的深入研究具有指导意义。甘雪春的博士论文《走向世界的纳西文化：20 世纪纳西文化研究述评》，以学者为纲对纳西东巴文化研究进行了归纳评述，研究总结纳西东巴文化研究的方法和特点，提出 21 世纪纳西东巴文化研究的五个主要趋势。

## 表7  论文的学科分布

| 类 号 | 类 名 | 数量（篇） | 类 号 | 类 名 | 数量（篇） |
|---|---|---|---|---|---|
| B2 | 民族哲学 | 63 | J72 | 民族舞蹈、舞谱 | 46 |
| B91 | 对宗教的分析和研究 | 8 | J892.4 | 剧团和演出 | 1 |
| B932 | 神话研究 | 26 | K204 | 古代史籍研究 | 53 |
| B933 | 原始宗教 | 135 | K248.2 | 明朝史 | 1 |
| B94 | 佛教 | 28 | K26 | 红军长征、民主斗争 | 2 |
| B95 | 道教 | 2 | K28 | 民族史研究 | 1 |
| B992.2 | 占卜 | 11 | K285.7 | 纳西族史志 | 105 |

| 类　号 | 类　名 | 数量(篇) | 类　号 | 类　名 | 数量(篇) |
|---|---|---|---|---|---|
| C27 | 学术会议 | 5 | K289 | 古民族史 | 2 |
| C912.4 | 社会人类学 | 2 | K290 | 方志学 | 2 |
| C913.1 | 家庭婚姻 | 48 | K297.4 | 地方史志 | 25 |
| C913.68 | 妇女社会学 | 12 | K820.874 | 云南人物总传 | 1 |
| C92 | 人口学 | 8 | K820.9 | 氏族谱系 | 18 |
| C951 | 民族起源 | 12 | K825.1 | 社会科学人物传 | 75 |
| C954 | 民族社会形态与社会 | 50 | K826.16 | 工程技术人物传记 | 2 |
| C955 | 民族识别、民族心理 | 23 | K826.2 | 医学、卫生人物传记 | 4 |
| C956 | 民族关系、民族融合 | 20 | K828.7 | 民族人物传 | 14 |
| D6 | 中国政治 | 6 | K835/837 | 各国人物传记 | 15 |
| E291 | 古代军事史 | 1 | K872.74 | 地区文物考古 | 16 |
| F127.74 | 地方经济 | 45 | K875 | 专题文物研究 | 15 |
| F5 | 交通、旅游 | 42 | K879.41 | 壁画研究 | 23 |
| F632.9 | 邮电事业史 | 2 | K887.311 | 墨西哥考古与东巴文化 | 1 |
| F7 | 贸易经济、贸易史 | 24 | K892 | 中国风俗 | 1 |
| F832 | 金融信贷 | 2 | K892.1 | 中国风俗·节日·节令 | 18 |
| G03 | 文化的民族性 | 116 | K892.21 | 中国风俗·生育诞辰 | 8 |
| G05 | 政治文化 | 1 | K892.22 | 中国风俗·婚姻丧葬 | 89 |

| 类 号 | 类 名 | 数量（篇） | 类 号 | 类 名 | 数量（篇） |
|---|---|---|---|---|---|
| G112 | 专题文化研究 | 13 | K892.23 | 中国风俗·服饰 | 5 |
| C2 | 文化事业 | 43 | K892.24 | 民间文化艺术 | 1 |
| G75 | 地方、民族教育 | 29 | K892.25 | 中国风俗·饮食、居住 | 17 |
| G85 | 民族体育 | 5 | K892.26 | 中国风俗·礼仪、礼节 | 4 |
| H004 | 语言学 | 3 | K892.29 | 其他习俗专志 | 11 |
| H2 | 民族语言 | 3 | K892.357 | 民族风俗习惯总志 | 25 |
| H257 | 纳西语 | 27 | K927.4 | 区域地理 | 3 |
| H257.1 | 纳西语语音 | 10 | K928.3 | 山川、水泊 | 12 |
| H257.2 | 纳西象形文字研究 | 93 | K928.5 | 古城 | 21 |
| H257.3 | 纳西语词汇、语法 | 19 | K928.6 | 历史地名 | 2 |
| H257.59 | 纳西语翻译 | 5 | K928.7 | 名胜古迹 | 39 |
| H257.6 | 纳西族字典研究 | 21 | K928.9 | 旅行、游记 | 29 |
| H257.9 | 纳西语·英语教学 | 3 | N05 | 自然科学 | 9 |
| I01 | 文艺美学 | 1 | P1 | 天文学 | 6 |
| I207 | 各体文学评论和研究 | 1 | P316.274 | 地震调查、地震志 | 1 |
| I207.22 | 诗歌评论和研究 | 34 | P468.74 | 区域气候 | 1 |
| I207.36 | 地方剧研究 | 1 | Q-9 | 生物资源调查 | 5 |

| 类　号 | 类　名 | 数量(篇) | 类　号 | 类　名 | 数量(篇) |
|---|---|---|---|---|---|
| I207.42 | 小说、散文评论研究 | 6 | Q98 | 人类学 | 5 |
| I207.957 | 民族文学评论和研究 | 100 | R29 | 民族医学 | 33 |
| I207.99 | 宗教文学评论和研究 | 9 | R767.92 | 噪音医学、语言医学 | 1 |
| I253 | 通讯、特写、散文 | 3 | TS103.33 | 织机 | 1 |
| I295.7 | 纳西族文学 | 3 | TS262.3 | 酿造 | 1 |
| I295.72 | 纳西族歌谣、诗歌 | 40 | TS7 | 造纸 | 6 |
| I295.77 | 纳西族民间文学 | 62 | TS941.12 | 服饰文化 | 6 |
| J02 | 艺术理论 | 3 | TS972.182 | 民族食谱、菜谱 | 1 |
| J19 | 宗教艺术 | 6 | TS972.21 | 炊事工具 | 1 |
| J2 | 绘画、书法艺术 | 31 | TU－092.8 | 民族建筑、古城保护 | 12 |
| J3 | 雕刻、摄影、工艺美术 | 11 | TV21 | 水资源调查 | 1 |
| J607 | 民族、宗教音乐研究 | 123 | U448.31 | 桥梁 | 1 |
| J617.574 | 地方戏曲音乐 | 1 | X3 | 环境保护 | 4 |
| J632 | 民族器乐 | 6 | Z862 | 中国个人著作目录 | 1 |
| J64 | 民歌曲　舞曲 | 3 | | | |

表 8　著作的学科分布

| 类　名 | 著作量（种） | 类　名 | 著作量（种） |
|---|---|---|---|
| 哲学 | 14 | 古籍整理 | 159 |
| 民族社会形态、社会制度 | 12 | 历史 | 73 |
| 经济 | 7 | 人物传记 | 11 |
| 民族文化 | 27 | 文物 | 2 |
| 象形文字 | 19 | 民族风俗 | 10 |
| 文学 | 90 | 旅游 | 25 |
| 艺术 | 20 | 医学 | 3 |

## 二、纳西东巴文化研究文献的层次

文献是记录历史的足迹，从不同的侧面反映了历史发展的步履。纳西东巴文化研究文献主要有七个层面，它们构成了纳西东巴文化研究文献的整体。

### 1. 原生文献层

由以东巴文化为核心的一系列文字记录和物态实物组成，主要有卷帙浩繁的东巴经典、岩画和碑刻等。纳西族先民创造了原始的东巴图画象形文字和格巴标音文字，纳西族原始宗教祭司——东巴，把东巴文和格巴文书写成经典，记录纳西族的远古神话、历史和社会生活。东巴经典称为"古代纳西族的百科全书"，是世界文化史上的奇观。具有神奇丰富的内容和多学科的研究价值。金沙江岩画是初创阶段的纳西象形文字之父，与纳西象形文字同是图画演进为文字的"活化石"，具有重要的研究价值。"丽江石鼓碑刻"、"木氏历代宗谱刻"及丽江上桥头万历十七年(1589)的"纳西文、汉文、藏文的对照石刻"等，都是研究纳西族的重要原始资料。

## 2. 汉古文献关于纳西东巴文化的记载层

汉文古籍是中华民族的宝贵遗产，也是研究少数民族问题的重要资料，可与纳西东巴古籍相互印证，比较完整地反映纳西族东巴文化的全貌。如：《史记·西南夷列传》、《后汉书·西南夷列传》、《后汉书·南蛮西南夷列传》、《三国志·诸葛亮传》、《晋书·南蛮传》、《旧唐书·南诏传》、《新唐书·南诏传》、《蛮书》、《华阳国志·南中志》、《徐霞客游记》、《丽江府志略》（上下卷）等。

## 3. 象形文字字典、辞典的编撰层

象形文字字典是解开东巴文经典的钥匙，象形字典的编撰是纳西东巴文化研究的开端，1913 年法国学者巴克出版的《么些研究》，是第一本对东巴文和哥巴文做系统梳理的著作，虽然不是严格意义上的辞书，但它开创了纳西东巴文字研究之先河。此后的《纳西象形文字谱》、《么些象形文字字典》、《么些标音文字字典》、《纳西英语百科辞典》上下卷等成果举世瞩目。此外还有李国文的《东巴文化辞典》、郭大烈的《纳西族象形文字汉英日对照》、日本株式会社出版的王超鹰的《东巴文字》、赵净修的《东巴象形文常用字词译注》、和品正的《纳西族东巴经典名句欣赏》等。

## 4. 东巴经典的翻译和整理层

千册百卷本《纳西东巴古籍译注全集》的出版，为进一步解读国内外东巴经典提供了便利条件，极大地促进了纳西东巴文化的学术研究和国际交流，为纳西东巴文化研究的深入发展奠定了坚实的基础。另外还有作为《纳西东巴古籍译注全集》奠基石的丽江县文化馆 1963 年石印的 22 册对照东巴经译注本，1981 年由中科院世界宗教研究所、云南社科院东巴文化研究室丽江东巴文艺研究室三家合作油印的四对照东巴经译注本 26 册，云南省少数民族古籍整理规划办公室编的《纳西东巴古籍译注》（1~3），傅懋勣著《丽江么些象形文〈古事记〉研究》，李霖灿的《么些经典译注九种》，和志武的《纳西东巴经选译》、《东巴经典选译》等。

### 5. 调查资料层

20世纪50年代初中共中央先后派出民族访问团，慰问少数民族，提出进行民族识别工作，开展了全国范围内的少数民族社会历史情况调查，以上工作积累了大批完整资料。这些材料经过整理，于20世纪80年代公开出版国家民委民族问题五种丛书。如：《纳西族社会历史调查》（1～3辑）、《宁蒗彝族自治县永宁纳西族社会及母系制调查》（1～3辑）、《四川省纳西族社会历史调查》、《中央访问团第二分团云南民族情况汇集》等。此外还有《云南四川纳西族文化习俗的几个专题调查》、《滇川纳西族地区民俗和宗教调查》、《丽江县文史资料》（1～20辑）、《云南摩梭人民间文学集成》、《纳西族民间故事选》、《云南民族村寨调查：纳西族——丽江黄山乡白华村》等。这些都是研究纳西族及东巴文化的重要参考资料。

### 6. 学术论文和著作层

代表纳西东巴文化研究水平的论文集有：《么些研究论文集》、《东巴文化论集》、《东巴文化论》、《纳西族哲学思想史论集》、《纳西族研究论文集》、《国际东巴文化研究集粹》、《丽江东巴文化博物馆论文集》、《玉振金声探东巴：国际东巴文化艺术节学术研讨会论文集》、日本勉城出版社的《西南中国纳西族、彝族民俗文化：民俗宗教的比较研究》以及多种核心刊物上发表的重要文章。有影响的著作有洛克的《中国西南的古纳西王国》，傅懋勣的《维西么些语研究》、《纳西族图画文字〈白蝙蝠取经记〉研究（上下）》，周汝诚的《永宁见闻录》、《纳西族史编年》，赵银棠的《玉龙旧话》，和志武的《纳西东巴文化》、《祭风仪式及木牌画谱》、《纳西语基础语法》，郭大烈的《纳西族史》、《纳西族文化大观》，和钟华、杨世光的《纳西族文学史》，李国文的《东巴文化与纳西哲学》、《人神之媒：东巴祭司面面观》，和少英的《纳西族文化史》，戈阿干的《东巴神系与东巴舞谱》、《东巴骨卜文化》，杨福泉的《现代纳西文稿翻译和语法分析》、《多元文化的纳西社会》、《原始生命神与生命观》、《神奇的殉情》、《绿雪歌者：李霖灿与东巴文化》、《纳西文明——神秘的象形文古国》，白庚胜的《东巴神话研究》、《东巴神话象征论》、《色彩与纳西族民俗》、《纳西族民俗志》，杨德鋆等的《纳西族古代舞蹈和舞谱》，杨正文的《最后的原始崇拜：白地东巴文化》，陈烈的《东巴祭天文化》，拉木·嘎吐萨主编的《摩梭达巴文化》，严汝娴，宋兆麟著《永宁纳西族的母系制》，詹承绪等著《永宁纳西族的阿注婚姻和母系家庭》，宋兆麟著《共夫制与共妻制》，和钟华著《生存和文化的选择：摩梭母系制及其现代变迁》，蔡华著《一个既无父亲也无丈夫的社会》，周华山《无父无夫的国度：重女不轻男的母系摩梭》，木丽春的《东巴文化揭秘：玉龙三国巡源流》、《玉龙第三国》，桑德诺瓦著《纳西文化中的古代音乐遗存》，王元鹿著《汉古文字与纳西东巴文比较研究》，日本诹访哲郎的《中国西南纳西族的农耕民性与游牧民性》，西田龙雄的《活着的象形文字》，施传刚的《追求和谐——摩梭性伙伴关系的家庭结构组织》，英国杰克逊的《纳西宗教：对纳西宗教经典的分析评价》，德国雅纳特的《纳西手写本目录（一、二卷）》、美国孟彻理的《骨与肉：纳西宗教中的亲属关系和宇宙论》，英国海伦·蕾丝的《历史的回声：当代中国纳西音乐》等。

7. 声像资料层

声像资料有云南省社会科学院东巴文化研究所制作的东巴仪式及东巴唱腔的声像资料和为抢救东巴舞蹈和舞谱的专题片等。这些都是利用现代化手段抢救、保护和再现东巴文化的重要举措，也是研究纳西东巴文化的重要资料。

### 三、纳西东巴文化研究文献的特点

#### 1.东巴古籍的独特性

东巴象形文字是地球上人类有史以来唯一流传至今的活着的远古文字，对于研究人类文字的起源、演变具有重要作用。它一经发现就吸引了国内外众多学者的关注和研究。用象形文字和标音文字书写的东巴经典多达一千五百多种，约2.3万册，分别收藏于我国丽江、昆明、南京、台湾及美、英、法、德、意大利等国家，被称为纳西族社会历史的"百科全书"，是破解百谜的钥匙，象形文字和东巴古籍是东巴文化神奇独特的关键所在。

#### 2.东巴古籍整理的完整性

从19世纪末期的1876年法国传教士德斯古丁斯从云南寄回巴黎一本11页的东巴经摹写本《高勒趣赎魂》之后，对东巴古籍的收集、整理不断，研究成果层出不穷。1981年云南省社会科学院东巴文化研究室成立（后改为东巴文化研究所），从此开始了大规模有计划、有领导、有目的的东巴经典的翻译工作，历经20年的艰苦努力，于1999年出版了《纳西东巴古籍译注全集》百卷本（云南人民出版社，1999年10月），收入东巴经典897种，分为祈神类、禳鬼类、丧葬类、占卜类及其他类（包括舞蹈、杂言、字书、药书等经典）五大类，采用科学严谨的五层次对照的古籍译注体例。内容浩繁、博大精深的东巴经典揭开了古文化之谜，完整地向全人类展现了它的真实面目。《中国少数民族古籍总目提要·纳西族卷》一书在《纳西东巴古籍译注全集》基础上著录了一千二百多种东巴古籍。东巴文化研究所的古籍整理工作仍在继续，其完整性、系统性是当之无愧的。

#### 3.研究学者的多层次性

纳西东巴文化的研究层有以法国巴克和美国洛克为代表的国际研究层、以中国社会科学院民族研究所为代表的中央科研机关研究层,以云南大学和云南省社会科学院为代表的省一级研究层,以东巴文化研究所为代表的地区一级研究层,以三坝乡文化站为代表的乡镇一级研究层以及社会各界东巴文化爱好者的研究层。哲学、历史、考古、文学、艺术和自然科学等学科的研究者,共同构成了一个多学科多层次的东巴文化学者群。

4. 纳西族学者的主体性

纵观纳西东巴文化的研究者,最早是东巴教自己的祭司,他们帮助众多的研究者读经和翻译东巴经,自 1934 年方国瑜回乡调查东巴经开始,研究本民族文化的纳西族知识分子层出不穷,形成梯队发展。主要代表有:方国瑜、赵银棠、周汝诚、和志武、郭大烈、杨福泉、白庚胜及东巴文化研究所的集体作者群。他们的研究成果表明,自方国瑜开始纳西东巴文化研究的中心就没有离开过中国,特别是当代,发文 9 篇以上的 47 人中 28 人是纳西族学者,占 60%。在 480 种著作中 70% 是纳西族学者所著,具有里程碑意义的《纳西东巴古籍译注全集》其参加者 99% 是纳西族学者。

5. 研究的广泛性

主要体现在学科内容的广泛和研究者的广泛性两个方面。一个不足 30 万人的民族的历史文化,拥有近千人的研究者,在中国各个民族的研究中实属罕见。

综上所述,纳西东巴文化研究已有一定深度,一个研究的新时期正在开始。本文的总结分析,旨在为纳西东巴文化学的学科建设提供依据和积累资料,为研究的深入发展创造进一步的条件。

2004 年 9 月 10 日

# 目　录

## 论 文 部 分

# 著作部分

# 外文论著部分

论文部分

# B　哲学、宗教

## B083　唯意志论、生命哲学

1. 略论纳西族生命观中的"气"观念/杨福泉（纳西族）/《东陆学林》云南大学研究生论丛第8辑云南大学出版社1998年7月//纳西族先民认为天地之气交合生万物，生命根源于气之变化，气为生命之根本。这种生命本源论有几个发展演变过程，在此基础上又产生了生命体本身所含的气能产生别的生命的思想，接气与放气的民俗，反映了气与生命的观念，人生命的"气息"与人形体死后的又一"生命体"——灵魂有不可分离的关系。

## B2　民族哲学

2. 纳西族空间观念之色彩表象/白庚胜/《西北民族研究》2003（1）//空间是抽象的，只有对它们进行具体的表象，才能将抽象还原成具体。无论在纳西族民俗中，还是在其他民族的民俗中，色彩常常成为对空间方位进行表象的具体手段之一。由色彩所表象的空间不仅决定着民俗活动的性质，也规范着民俗活动的形式与内容。本文从前空间、原空间等方面对纳西族民俗中空间的色彩表象作了介绍和分析。

3. 论古代纳西族哲学思想的特点及其根源/毕国明/《纳西族哲学思想论集》北京民族出版社1990年12月//本文首先论述了古代纳西族哲学思想的五个显著特点：注重统一性的万物起源论；注重过渡环节的变化发展观念；注重人性，否定神性的社会历史观；接受外来影响基础上的创新意识；永宁纳西族的母权至上的伦理观念。其次论述了形成这些特点的根源，社会历史，特殊的地理环境，周围兄弟民族的思想交流和影响，东巴既是宗教巫师又是劳动者的特殊地位。

4. 纳西族文化中的数字"九"及其内涵浅析/董秀团/《东陆学林》第十辑云南大学出版社 2000 年 8 月//本文系统地探讨纳西文化中关于数字"九"的种种表现以及其深层内涵。

5. 漫话三多的形象/和时杰（纳西族）/《玉龙山》1997（1）//三多相传为纳西族的保护神，但无法从史籍记载中来考究其生平事迹，只能借助流传在民间的一些传说，祭祀三多的一些礼仪形式及地方文献中的零星记载等，来探索这一保护神的形象。

6. 论纳西族宗教思想的特点/胡正鹏，李和宽/《纳西族哲学思想论集》北京民族出版社 1990 年 12 月//本文分为两大部分。第一部分论述了东巴教作为一种"原始自然宗教"，其宗教思想具有多神崇拜，万物有灵，自然崇拜，祖先崇拜，有限性的观念，世俗性和民间性，朴素性等特点；第二部分论述东巴教由自然宗教向人为宗教过渡过程中出现的一些人为宗教的特征。

7. 纳西族东巴文中的古代哲学思想特点/阙兆麒/《思想战线》2000（冬季特刊）/纳西族古代哲学思想体系博大精深，东巴经中"气"、"声"本原论，"变化交感"辩证观以及意识产生过程的认识，都体现了这个民族古代哲学思想的特点。

8. 东巴文化中的阴阳观念/李国文/《东巴文化论》云南人民出版社 1991 年 3 月//文章根据象形文字"卢"、"色"的原始造字、读音、排列等，结合有关民族民俗资料，考察古代纳西族阴阳观念的获得。"卢"、"色"二字的演变以及纳西族阴阳观念与汉族阴阳观念的交融合流。原载《云南社会科学》1988 年第 1 期。

9. 从象形文字看古代纳西族时空观念的形成/李国文/《东巴文化论集》云南人民出版社 1985 年 6 月//作者主要根据云南纳西族象形文字所反映的有关时间、空间观念的资料，对古代纳西族时间、空间方位观念的形成及其发展作一粗浅的介绍和分析，为解决人类时间、空间观念的形成问题提供一些情况。

10. 纳西族古代哲学思想初探/李国文/《东巴文化论集》云南人民出版社 1985 年 6 月//根据调查整理的资料，本文对古代纳西族人民的哲学思想，如朴素的宇宙观，对生命和人类起源的看法等，作初步探讨。原载《中国哲学史研究》1984 年第 4 期。

11. 象形文字东巴经中关于人类自然产生的朴素观/李国文/《东巴文化论集》云南人民出版社 1985 年 6 月//在纳西族象形文字和东巴文献中，保留着古代纳西族对于人类起源的朴素认识观念，为能较全面地了解纳西族对人类起源的认识，本文以有关象形文字和东巴经记载为依据，对纳西族的人类自然产生说作进一步分析和探讨。从中不但可以了解纳西族最初对于人类产生的猜测和想象，而且有助于考察人类最初对于自身起源的认识的一般规律。原载《社会科学战线》1984 年第 3 期，又收入《云南地方民族史论丛》云南人民出版社 1986 年 4 月。

12. 纳西族象形文字东巴经中的五行学说/李国文/《纳西族哲学思想论集》北京民族出版社 1990 年 12 月//本文根据纳西族古典文献东巴经的记载和其他有关资料，对古代纳西族原始五行说的形成和它的原始面貌、基本内容作一初步探讨，并试图对纳西族和汉族的五行说作些比较和分析。原载《中国哲学史研究》1986 年第 2 期，又载《宗教论稿》一书。

13. 从象形文字看古代纳西族时间观念的形成/李国文/《云南少数民族哲学社会思想史论文集》第 1 集，1983 年 12 月//在纳西族象形文字发展中所反映的古代纳西族人民的时间观念，都是对生活实践中的客观物象变化的一种反映。该文原载《哲学研究》1983 年第 1 期。

14. 云南少数民族《创世纪》中关于世界形成的朴素唯物主义思想/李国文/《云南少数民族哲学社会思想史论文集》第 1 集 1983 年 12 月//云南各民族在叙述天地起源上，虽其细节上各不相同，但他们都把世界看做是某种从混沌的物质中产生出来的东西。说明各民族思维认识的发展既有共同的规律性，又有其特殊性。原载云南省历史所《研究集刊》第一集 1982 年 1 月。

15. 纳西族哲学社会思想史料/李国文/《云南少数民族哲学社会思想资料辑》第 1 辑 1981 年 1 月//选编了纳西族《创世纪》的三个不同版本，东巴经《懂述战争》节录，《辛资恒资》节录，《挽歌》节录，《净水经》节录，《多格绍》节录，《超度沙劳阿爸》节录等翻译资料及纳西族宗教信仰和鬼神迷信观念的调查资料。

16. 古代纳西族的宇宙结构说/李国文/《玉龙山》1990（1）//本文介绍分析古代纳西族对天地形状的认识，对天地空间层次的认识，对天地存在形式的认识，对天体运转的认识。

17. 古代纳西族动物崇拜型的原始宇宙观/李国文/《云南民族学院学报（哲社版）》1988（1）//大凡古老民族的化生神话或多或少都隐藏有早期人类原始图腾，并用被卷进图腾氏族社会的各种关系以及图腾对象的躯体构造等去理解自然界的"原始的哲学"、"遗形"。古代纳西族就有过以老虎、牛和青蛙崇拜为摹本的动物死而化生世界万物的三种神话。如古代纳西族老虎、牛、青蛙崇拜型的世界血肉整体联系说。本文拟从这三种神话中，寻出纳西族动物崇拜型的原始宇宙的"遗形"。

18. 纳西族先民对宇宙结构的哲学思考/李国文/《云南民族学院学报（哲社版）》1989（3）//生活在上千年以上的纳西族先民对天地的形状、结构即存在关系等曾有过的思考和认识。内容大致包括：天地的形状；天地的空间层次；天地的存在关系及形成；天体运转。本文是对此的介绍和分析。

19．从象形文字看古代纳西族空间观念的形成/李国文/《云南社会科学》1983（3）//笔者根据纳西族象形文字所反映的有关空间观念的资料，分析介绍了古代纳西族空间方位观念的形成及发展。收入《丽江文化荟萃》宗教文化出版社 2000 年 4 月。

20．从东巴文化看辩证法的原初形态/李例芬/《东巴文化论》云南人民出版社 1991 年 3 月//东巴文化描述世界是人、鬼、神组成的对立统一的世界，纳西族先民在实践活动中，已初步认识到了客观世界的辩证本性，以这样的方法考察、认识和思考，从而描绘了普遍联系、永恒发展的世界总体画面。纳西族先民的辩证观念基本体现了辩证法的原初形态，但它不能算严格意义上的辩证法。

21．从《创世纪》看纳西族社会的原始宇宙观念/刘文英/《东巴文化论集》云南人民出版社 1985 年 6 月//本文试图应用纳西族神话史诗《创世纪》探讨纳西族的原始宇宙观念。如天地的"起源"，宇宙观的"结构"，人类的"诞生"等哲学观的萌芽。原载 1983 年《东巴文化研究资料汇编之一》。

22．骨与肉：纳西传统建筑空间结构中体现的宇宙观和社会关系/麦克汉著（美）/《东巴文化论》云南人民出版社 1991 年 3 月//本文试图透过纳西族建筑中对空间关系的排列来考察产生并不断重复这种排列形式的社会过程。

23．纳西族的宇宙哲学和宇宙志：《纳西宗教概说》节译/孟彻理著（美）和虹译/《玉龙山》1994（3）//在本文里讨论有关纳西哲学和调整时间、空间的体系。

24．纳西族东巴医学的哲学思想初探/田安宁等/《云南中医中药杂志》1995（1）//东巴经文中涉及了东巴医学的内容，如："东色"即"阴阳"、"精威五行"、"金蛙八卦"等。这些内容是东巴医学的理论工具，并指导着东巴的临床医疗。本文论述了先有天地，后有人类；阴阳观念；独特的"精威五行"与"金蛙八卦"；对脏腑器官的认识。

25.纳西族古代自然观中的系统和混沌问题/王石琦（纳西族）/《纳西族哲学思想论集》北京民族出版社 1990 年 12 月//本文对纳西族古代朴素自然观中的系统观念和朴素自然观中"混沌产生有序"的思想作了系统论述。

26.纳西族史诗《崇搬图》的基本思想及其历史根源/王震亚/《纳西族哲学思想论集》北京民族出版社 1990 年 12 月//本文首先论述了纳西族史诗《崇搬图》的基本思想：万物皆由物质变化而来，其次论述了这一基本思想形成的历史根源是与纳西族的历史、社会和生活的客观现实紧密相连，史诗的性质也决定了它的基本思想的形成。

27.纳西族无神论思想略述/伍雄武/《纳西族哲学思想论集》北京民族出版社 1990 年 12 月//要了解纳西族无神论思想，一个重要的前提是对纳西族的东巴教和东巴经有所了解。本文主要论述了纳西族原始史诗中无神论思想的萌芽以及民间传说、政事和谚语中的无神论思想。收入《丽江文化荟萃》宗教文化出版社 2000 年 4 月。

28.丽江纳西人的宗教信仰/习煜华（纳西族）/《玉龙山》1996（6）//本文分析纳西族的多元信仰现象、多元信仰的特点、多元信仰的历史渊源及多元信仰对纳西族社会发展的影响。指出多元信仰观念注入人们的思想，铸造着民族的灵魂，转化为纳西人的性格，对社会时时发生影响，推动纳西社会发展，促进和制约着纳西历史的进程。

29.纳西族的"青蛙五行"与生命观/杨福泉/《云南民族学院学报（哲社版）》1995（4）//纳西族的东巴文化中有独特的阴阳五行观念，它对纳西族传统文化和社会有深远的影响。本文讨论纳西族的阴阳五行与纳西族的生命观之间的关系。

30. 浅谈纳西族先民的万物有灵观念/杨建水/《玉龙山》1991年春//本文从纳西族先民的自然崇拜、图腾崇拜、鬼魂崇拜和祖先崇拜中窥探"万物有灵论"的特点，并论述了"万物有灵论"对纳西先民的影响。

31. 先民的自然思辨与法意识：东巴经《鹏龙争斗》思维方式一探/杨世光（纳西族）/《东巴文化论》云南人民出版社1991年3月//《鹏龙争斗》着重体现了纳西族先民对于自身与自然相互关系准则的朴素思考，作品展示的思辨脉络在于：人与自然的关系是一种不断变化，起伏曲折，拉锯式的动态关系，此外作品还反映了纳西族先民鲜明的法意识。

32. 纳西文化中的哲学人论意识/杨燕同/《纳西族哲学思想论集》北京民族出版社1990年12月//哲学人论，就是人自身的哲学理论。纳西族古代文化的特点之一，也是对人自身的思考，而在人与自然、人与社会的关系方面，更有一些独特的见解。本文拟就这些问题作一初步探讨。

33. 纳西族史诗、神话中的哲学唯心主义萌芽/杨志明（白族）/《纳西族哲学思想论集》北京民族出版社1990年12月//纳西族的史诗、神话中不仅包含着宗教的萌芽，而且包含着哲学思想的萌芽。本文在一般共性（白色、黑色）与个别事物关系问题上，在肉体与灵魂关系问题上，在"神的世界"与现实世界关系问题上集中对纳西族史诗、神话中所包含的哲学唯心主义思想萌芽作一些探讨。

### B80　思维科学

34. 东巴文之人类童年思维启示/和湛（纳西族）/《玉振金声探东巴：国际东巴文化艺术学术研讨会论文集》社会科学文献出版社2002年6月//文章从文字学（特别是从字的构建）角度，选取十余个象形文字作为对象进行分析研究。认为从中可看到纳西先民在历史的童年时期，在生产生活实践中如何认识个别与一般，特殊与普遍，主体与客体，内容与形式等哲学范畴及鬼神观、时空观、数量观等。它说明纳西先民对自身和周围世界的认识产生了新飞跃，在人类童年的思维领域占有一席之地。

35. 谈东巴古籍的具象思维/李例芬/《民族调查研究》1989 (1、2) //

36. 东巴文计数习俗中所见原始思维/王元鹿/《东巴文化论》云南人民出版社 1991 年 3 月//文章从数字使用看思维的飞跃；从东巴文字看"三"的特殊地位以及对大数的朦胧认识等几个方面考察纳西族的计数习俗，并指出其背后的种种原始思维特征。

## B82 道德哲学

37. "孰古"仪式及其自然道德观/和虹（纳西族）/《民族学》1996（4）// "孰古"（svgv），是纳西人依传统于每年阴历二月份选择龙、蛇或猴日而举行的一种祭祀仪式。本文通过对"孰古"仪式的分析来探讨其中所包含的自然道德。这些道德因素以渗透一切的能力和独特的作用，在纳西先民存在活动的领域中产生了广泛而深刻的影响。

38. 纳西族的道德观念/和志武（纳西族）/《丽江志苑》1989 年（4～5）合刊//本文从自识团结、内聚力强；力作勤苦、勤俭治生；习俗勇武、善战喜猎；进取向上、开放亲和；淳朴忠厚、谨言慎行五方面论述纳西族的道德观念。

39. 中国少数民族道德概览·纳西族部分/和钟华/《中国少数民族道德概览》云南民族出版社 1992 年 11 月//介绍纳西族的恋爱婚姻家庭道德、劳动与职业道德、社会公德和政治道德。

40. 东巴经的伦理思想及其对历史观的意义/雷昀/《纳西族哲学思想论集》北京民族出版社 1990 年 12 月//东巴经丰富的思

想文化内容中不乏大量的社会历史观点，而这种社会历史观和伦理思想融合在一起，或者说贯穿于伦理思想中，通过伦理思想而表现出来。本文首先分析东巴经中的伦理道德思想，进而再分析这些伦理道德在社会历史观上的意义。

41. 丽江生态与纳西人的自然道德观/李静生/《丽江文化荟萃》宗教文化出版社 2000 年 4 月//

42. 纳西族的环境意识与环境伦理观念/李静生（纳西族）/《丽江教育学院学报》2000（2）//本文认为纳西先民认识自然环境并解决与自然所产生的矛盾，大体经历了三个阶段，即原始人类中心主义阶段，人类与自然为兄弟关系和谐相处阶段和科学认识自然环境阶段，并分别加以论述。

43. 边疆民族的智慧：么些民族的生死观/李霖灿/《绿雪歌者：李霖灿与东巴文化》云南教育出版社 2000 年 7 月//

44. 浅谈纳西族传统的生态文化/李群育（纳西族）/《云南文化资源研究与开发》云南民族出版社 1994 年 11 月//本文首先论述了纳西族传统历史文化中关于人与自然的关系问题；其次论述了纳西族怎样处理人与自然的矛盾，有效约束人类伤害自然的行为，保持人与自然永远和好，不相争的三种基本方式。

45. 纳西族《东巴经》说：人与自然是兄弟/李群育（纳西族）/《民族团结》1998（10）//

46. 论纳西族民族生态文化/吕拉昌/《人文地理》1999（2）//纳西族生态环境是纳西族与自然环境相互调适的结果。本文对纳西族的天人感应、祭天民俗、白地圣地的环境优选及宗教信仰等文化生态现象进行了探讨。

47. 纳西族生死观念的演变/木丽春（纳西族）/《文学界》1992 年第 1~2 期合刊//

48. 东巴文化中的纳西古道德/王世英（纳西族）/《东巴文化论》云南人民出版社 1991 年 3 月//文章叙述了纳西族的各种

道德，指出东巴文化中道德虽然没有系统的理论表现，没有成文的道德法规，但已结为一个词，化为一个神，就是"卢"。他与纳西族的生产、生活、生存、发展紧密联系在一起，是在原始社会的早期就产生的道德规范和戒律的雏形。"卢"是衡量纳西族行为的是非标准，是东巴文化中纳西族古道德的体现。

49. 东巴教中的善恶观/习煜华（纳西族）/《东巴文化论》云南人民出版社 1991 年 3 月//东巴经中的"董"和"骤"是纳西族的善和恶，在东巴教中充当着最富有生命力的角色。本文叙述了"董"和"骤"的起源和发展，指出东巴教中的善和恶还在发展完善之中。"董"和"骤"要从原始的不完善状态进入完善的道德状态，中间还隔一段漫长的历史阶段。

50. 东巴经中的黑白观念探讨/杨福泉（纳西族）/《东巴文化论》云南人民出版社 1991 年 3 月//文章归纳了东巴经中所反映的"黑"与"白"观念，指出它提供了纳西族源于古羌人的又一新证，联系古羌人及许多中外民族"以白为善，以黑为恶"的观念，最早都起源于原始先民崇尚光明，恐惧黑暗的心理，最基本的"黑""白"观念当源于此。

51. 东巴文化与纳西族社区的生态保护/杨福泉（纳西族）/《玉振金声探东巴：国际东巴文化艺术学术研讨会论文集》社会科学文献出版社 2002 年 6 月//文章通过对东巴文化基本精神的分析和田野调查结果，主要从 5 个方面论述了东巴文化与纳西族民间生态保护传统之间的关系。①东巴文化中的人与自然观和生态观；②东巴文化在纳西族社区生态环境和自然资源保护中的功能作用；③东巴教祭司在纳西族社区生态保护中所扮演的角色；④东巴文化与社区生态环境保护习俗、乡规民约的体系之关系；⑤如何发扬优秀传统文化来改善人与自然之关系。

52. 纳西族妇女在社区资源使用和管理中的角色/杨福泉（纳西族）/《民族学》2000 年//本文从四方面论述了纳西族妇

女在社区资源使用和管理中的重要角色，即传统观念中所反映的女性与自然资源之间的关系，妇女与山林资源的使用和保护，妇女与水资源的使用和保护，社区资源的衰退枯竭对妇女的影响。

53. 丽江纳西族的社区资源管理传统/杨福泉（纳西族）/《思想战线》2000（3）//东巴文化"人与自然是兄弟"的传统观念对社区资源管理有着深刻的影响。丽江纳西族村寨社区资源管理有许多传统习俗，包括社区组织，管山员和乡规民约的种种社会功能以及良好的社区资源使用和管理方式。只有充分发扬各民族传统文化中所存在的理性生态保护意识，调动民众的生态保护自觉性，完善传统的社区资源管理机制，才能保护好生态环境。

54. 试析纳西族恋爱文化的思辨艺术//《丽江文化荟萃》宗教文化出版社2000年4月//

## B83　美　学

55. 从"模拟自然"到"怡神于自然"：纳西族古代美学文艺观初探/丁立平/《云南民族学院学报（哲社版）》1991（1）//本文追述了东巴文化中的自然美学观，认为在纳西古代艺术的第一高峰东巴艺术里诞生了艺术模拟自然的美学文艺观，16、17世纪木公、木增为代表的文人艺术高峰的出现，又产生了艺术"怡神"于自然的美学文艺观。

56. 纳西族先民审美意识初探/和品正（纳西族）/《玉龙山》1988（3）//本文论述了纳西族先民的社会美及形式美。

·57. 论纳西族人的传统审美观/陆建功/《玉龙山》1986（1）//从6个方面论述纳西族的审美观。认为在美的领域中，纳西人不愧为善于学习的佼佼者。纳西人审美观可塑性的积极意义，也就在于他们能通过鉴赏学习，吸收外来艺术，使本民族的传统审美观不断趋向完善，不断进步，而又使自己合乎美学的普遍规律。

58. 浅谈摩梭人生活习俗的美学意义/彭善秀/《云南师范大学学报》1998（6）//摩梭人是至今仍保留着母系制的最后一块领地，他们和其他民族一样，保留着传统美德和独特的民俗，同时正一步步跨入现代文明，具有其深厚的民俗美学价值。

59. 从东巴经文看纳西人审美意识/王政/《民族文学研究》1998（3）//本文从纳西人的自然美观念，对人的审美意识，对形式美的感受，东巴经文中的审美四方面论述纳西人的审美意识。

### B844.2　青少年心理

60. 维西县不同民族初中生的心理健康状况比较/李辉等/《云南师范大学学报》2001（2）//

### B91　对宗教的分析和研究

61. 东巴教与纳西族的社会教育/和庆元（纳西族）/《玉振金声探东巴：国际东巴文化艺术学术研讨会论文集》社会科学文献出版社 2002 年 6 月//文章认为东巴原始宗教通过宗教仪式活动，对纳西族的民族传统教育、社会规范教育、伦理道德教育、文化知识教育等方面都起到了重要的作用。

62. 纳西族/覃光广等编著/《中国少数民族宗教概览·西南地区》中央民族学院出版社 1988 年 8 月//本文简介纳西族地区的东巴教和喇嘛教。

63. 论东巴教对纳西族社会的影响/杨福泉（纳西族）/《民族学研究第 12 辑》北京民族出版社 1982 年 5 月//本文以纳西族为个案，对纳西族本土宗教——东巴教对纳西人社会生活的影响，对纳西族社会风尚和伦理道德的影响作一初步研究。

## B928.2 宗教概况

64.云南省丽江县中甸县东巴教调查/董绍禹/中国社科院世界宗教研究所油印本 1982 年//

65.纳西族猎神祭俗调查/戈阿干（纳西族）/《云南民俗》第 6 期 1989 年 10 月//介绍纳西族猎神祭祀仪式的七个程序："解秽"、"生献牺牲"、"复解秽"、"熟献牺牲"、"送猎鬼"、"卜贝"、"奠灶祇"。

66.滇川交界纳西族宗教调查/和力民（纳西族）/《滇川纳西族地区民俗和宗教调查》云南社科院东巴文化研究室 1990 年 8 月//作者访问了泸沽湖附近的三位达巴，介绍了达巴教的仪式、信仰体系及神谱，又调查了宁蒗托甸乡油米村东巴教的祭祀仪式的基本类别、活动及特点，最后介绍了俄亚纳西民族乡东巴教的情况，包括东巴教源流、祭祀规程、祭天、祭祖、祭神、祭风、祭鬼、超度、驱鬼等各种宗教活动。

67.云南省中甸县三坝公社纳西族宗教调查/雷宏安等调查整理/《云南少数民族哲学社会思想资料辑》第 4 辑 1982 年 2 月//包括前言、基本情况、东巴经书、东巴教几个部分。

68.九河多元宗教信仰及其习俗/姚世丽/《丽江文化荟萃》宗教文化出版社 2000 年 4 月//介绍丽江九河坝各民族的多元宗教信仰及风俗。

## ▪ B932 神话研究

69.纳西族神话和仪式的结构/安东尼·杰克逊（A.Jackson）（英）/《国际东巴文化研究集粹》云南人民出版社 1993 年 6 月//本文主要选择 6 个论题，描绘出纳西神话和仪式的结构，分别是起源故事；祭祀；药；石与木；路、桥和门；数字理论。

70.藏族本教对东巴神话的影响/白庚胜/《社会科学战线》

1999（4）//如没有本教的作用，古老的纳西神话就不可能升华为东巴文化这样一个丰富多彩的神话。东巴教神话还以本教作为媒介，间接接收过中亚文化及印度文化的洗礼。

71. 东巴文化中的巴格图龟蛙辨释/白庚胜/《云南民族学院学报（哲社版）》1995（4）//在东巴经典中有一种被称为"含失罢美"的水陆两栖动物，它被视为"神蛙"。本文探讨"含失罢美"是否为"神蛙"、有关其化生五方五行等传统是否反映了纳西族固有信仰及巴格图的形成过程等问题。

72. 东巴经典中所载神话中的神海研究/白庚胜（纳西族）/《中国少数民族古籍论》巴蜀书社1997年1月//东巴经典所载神话中的神海，在东巴神话及其象征中占有重要地位。本文研究了神海的表象，生命的摇篮，神海之象征及其比较三个问题。

73. 东巴神话之神海象征/白庚胜（纳西族）/《古籍整理》1996（3）//

74. 揭开"玉龙第三国"的秘密：纳西族"山中灵界"观念与殉情现象/白庚胜（纳西族）/《民间文学论坛》1991（2）//"玉龙第三国"为山中他界，它是纳西族悠久的山岳空间信仰的产物，也是民族文化交流的结果。殉情是社会受迫使然，同时也是精神信仰所造成，它有自己的历程，构成自己的系统，又非孤立的存在，它与纳西族的种种民俗文化相互联系，互为因果。不能将"玉龙第三国"斥为"迷信"而弃之不顾，要进行合理的、科学的、体系性的说明。

75. 东巴神话及其比较研究/白庚胜（纳西族）/《民俗与研究》1996（6）//

76. 东巴神话之神山象征及其比较/白庚胜（纳西族）/《民族文学研究》1996（3）//本文对东巴神话中的神山——居那什罗山的起源、功能、象征意义等进行了比较研究。

77. 纳西族东巴神话色彩象征研究/白庚胜（纳西族）/《民

族学》1996（4）//在东巴神话中，色彩是重要的表现形式，并成为主要的象征手段。由于东巴神话是口传作品的记录，其色彩表现更多地带有神秘主义、程式化等特点。本文通过对色彩起源及其关系，色彩与二元论、黑白的复杂性，色彩与三界表象，色彩与五方表象等问题的研究，更好地理解纳西文化的精神及其美学思想。

78. 东巴神话论/陈烈/《民族艺术研究》1996（6）//纳西族的象形文东巴经卷记载着数量可观的神话，是我国神话宝库的珍品。本文论述了东巴神话的分类及其民族神祇体系；东巴神话的外来神祇体系及其与藏文化的关系；主神丁巴什罗和东西文化的交融。

79. 东巴神话原始审美意识的多重结构/陈烈/《民间文艺季刊》1989（4）//

80. 从纳西族东巴神话外来神祇体系看东西文化交融/陈烈/《中国民间文化》1993（3）//本文探讨纳西族东巴神话外来神祇如何构成，它对以东巴教为核心的东巴文化之形成、发展有何影响以及对东西文化的交流融合有何作用。

81. 干母女神与西王母/冯文俊/《玉龙山》1998（3）//云南宁蒗永宁县东面有一座摩梭人称为干母山（女神山）的，摩梭人对干母女神的母性崇拜，是历史积淀于摩梭人意识深处的原始情结。在发展演变的文化体系中，仍然可读到母性崇拜的原始话语，寻找到西王母干母女神的联系，从而推出二者实为同一祖母。

82. 纳西象形文中的"人狮"形象及其文化渊源/戈阿干（纳西族）/《文艺研究》1995（1）//由纳西东巴书写的众多的象形文献典籍中，有一个特殊的神祇叫"尤玛"，通常表现为"狮首人身"或"狮首鹰翅人身"。本文用图文并茂的形式，描述了纳西象形文中的"尤玛"形象以及所代表的特殊文化形象，阐述了它具有的独特的文化内涵以及古老的历史渊源。

83.东巴文化中的神祇所反映的历史层次/和宝林（纳西族）/《边疆文化论丛》第3辑 1991年//

84.浅谈纳西族的神/李英/《丽江志苑》1996（6）//本文简述纳西族神灵的产生和特点。

85.从仪式神话观点看东巴神话/刘宗迪/《玉振金声探东巴：国际东巴文化艺术学术研讨会论文集》社会科学文献出版社 2002年6月//本文在阐述仪式——神话理论的基础上对东巴文化中的舞蹈、仪式、神话三者之间的关系作初步探讨。

86.纳西族的门神/木丽春（纳西族）/《东巴文化论集》云南人民出版社 1985年6月//有人认为纳西族的门神是陆神石和瑟神石，有人则认为是牦牛和老虎。作者从分析《东巴经》所记载的故事入手，认为牦牛和老虎是纳西族的门神。原载《民族文化》1983年3期。

87.白石图腾崇拜与阿普三多/木丽春（纳西族）/《丽江志苑》1989（6）//本文对"阿普三多"进行探究，认为纳西人民崇拜的"阿普三多"神祇是白石图腾崇拜（多神崇拜）过渡到单一神"阿普三多"神祇的崇拜。

88.纳西族"恩溥三多"新论说/杨志坚/《云南文化资源研究与开发》云南民族出版社 1994年11月//"恩溥三多"是纳西族千百年来笃信的最大的民族保护神，也是战神，是世世代代纳西人民心灵的寄托。本文从民族文化的角度，论述了"恩溥三多"的历史作用及其积极因素，并建议对三多这个纳西族史诗中的英雄人物加大研究力度，应像对待东巴文化一样给予重视，使其在弘扬民族文化、促进民族经济中发挥更大的作用。

89.从口诵神话到笔录神话：语部与纳西族的东巴/伊藤清司（日）/《国际东巴文化研究集粹》云南人民出版社 1993年6月//本文选自学生社 1978年出版的《日本神话与中国神话》。本文有：口诵神话；神话的记录；纳西族的东巴；东巴与语部；纳西族神话与记纪神话的类似点等五部分。

90. 东巴经神话新探/赵净修/20世纪纳西族文学创作讨论会论文 1994 年//

91. "术"是什么：《东巴经》神话中一个名词辨析/赵净修（纳西族）/《玉龙山》1985（2）//《东巴经》神话中的"术"不是龙王，也不是山神，从形象看人首蛇尾，译作"蛇妖"较接近，要么直接用其本名"术"。说明是《东巴经》神话中的捣鬼作恶与人为敌的怪物。

92. 纳西族神祇"三朵"考/周源/《云南师范大学学报》2002（3）//本文认为"三朵"神是一个自然神与社会神的综合体神，是纳西族先民自然崇拜和祖先崇拜的综合产物。名字源于地名，基本定型于宋末元初，定型过程中，丽江木氏先祖麦琮起了关键的作用。

93. 从创世神话看纳西族的游牧民性与农耕民性/诹访哲郎著（日）/《东巴文化论》云南人民出版社 1991 年 3 月//文章从纳西族与古代羌族系谱关系的密切度、纳西族创世神话与创世过程的多重性、混沌主题与卵生主题系谱、天柱主题与死体化生主题系谱、崇忍利恩的游牧民性与衬红褒白命的农耕民性、白与黑从对立走向协力的变化等方面，阐述纳西族母体是土著农耕民，现代纳西族是由土著农耕民与南下的游牧民融合而成的。原载《云南民族学院学报》1989 年 2 期。

## B933　原始宗教

94. 刍析纳西族东巴教中的"东巴"一词/拉巴次仁/《西藏研究》2002（3）//

95. 纳西族原始宗教及社会思想学术讨论会综述/《思想战线》1990（1）//云南省社会科学院东巴文化研究室于 1989 年 10

月 26 日~30 日在云南丽江召开了纳西族原始宗教及社会思想学术讨论会。会议主要讨论以下问题：①东巴教的性质；②东巴教源；③东巴教的祖师丁巴什罗；④东巴教与民俗；⑤东巴文化与哲学。

96. 纳西族宗教的结构分析/安东尼·杰克逊（英）著/于小刚译/《民族学》1991（2）//本文把洛克计算的纳西宗教道场 133 个分解为 980 个亚仪式来分析。认为纳西祈求的主要神灵是丁巴什罗、苏（山神龙王）、始祖。东巴经书中几千个神灵都是为这三个主角充当配角的。

97. 纳西族宗教：历史背景/安东尼·杰克逊著（英）/《玉龙山》1989（1）//本文是杰克逊教授《纳西宗教》一书的部分章节；有关于文献问题和目的两部分。作者认为关于纳西仪式的书籍数目很大，但大小仪式平均下来很短，如果对东巴图书进行整理，不会超过几百种。整理这些书籍的第二目的是阐明宗教仪式的结构，对仪式进行分析。

98. 对本教经典与东巴经异同问题质疑/巴桑罗布/《西藏大学学报》1999（1）//本文认为东巴经是流传保存在纳西族地区的本教经典，东巴文化就是本教文化。

99. 纳西族树木崇拜民俗考察/白庚胜（纳西族）/《彝族纳西族民俗文化考察报告》1997 年//

100. 云南纳西族的蛊信仰之考察/白庚胜（纳西族）/台湾《民俗研究》1997（2）//

101. 纳西族祭天民俗中的神树考释/白庚胜（纳西族）/《云南民族学院学报（哲社版）》1997（2）//本文从纳西族祭天民俗现象中，发现祭祀神树具有特殊含义，依据宗教、民俗、口传文学、典籍的大量证据考释出神树分类具有二无三界的意义和受立体自然气候影响的意义，神树崇拜是植物崇拜的遗迹，神树的位置排列显示了以父权为背景，母权为核心的历史内涵，其中

"万树之王"的出现显示了祖先崇拜向神灵崇拜过渡的痕迹。

102. 纳西族祭天与商周祭天之比较/陈烈/《东巴文化论》云南人民出版社 1991 年 3 月//比较分析古代纳西族和古代汉民族祭天文化的总体面貌和这一文化的内涵诸因素。说明古纳西族同古代中原地区的几个民族族源相同；纳西文化的根在西北高原的黄土地中，后来才传播到了滇西北高原的玉龙山下；纳西族祭天文化可以重整、复合纳西古文化和中华民族古文化。原载《民间文艺季刊》1988 年 1 期。

103. 纳西人的消灾禳邪习俗/陈烈/《云南民俗集刊》第 2 集//介绍纳西人消灾禳邪习俗的种类及活动。如送鬼、招魂、祭天地、念祝愿词等。

104. 纳西族祭天古俗和祭天古歌/陈烈/《云南民俗集刊》第 4 集//本文探讨纳西族祭天古俗和古歌的价值。通过它看到纳西东巴文化的传承模式，可以探索纳西文化的源头，祭天古歌还有极高的文学价值。

105. 东巴教创始人丁巴什罗及其生平/房建昌/《思想战线》1988（2）//本文介绍了东巴教创始人丁巴什罗（东巴先饶）的生平及目前藏文所传先饶的三种传记。

106. 东巴教的原始综合性/冯寿轩/《东巴文化论集》云南人民出版社 1985 年 6 月//纳西族的东巴教是巫教的发展与演进的结果，具有十分明显的原始综合性特征。在它的宗教活动中，综合了神话、传说、故事、诗歌、绘画、音乐、舞蹈等多种文学艺术，它甚至还综合了原始医学、天文等自然科学。

107. 自然崇拜是纳西族最本质的宗教信仰/夫巴（纳西族）/《玉振金声探东巴：国际东巴文化艺术学术研讨会论文集》社会科学文献出版社 2002 年 6 月//本文从三方面：即①"纳西族是祭天的子民，纳西族以祭天为大"。②纳西族的自然崇拜源于古代社会，是中华民族古老风俗的遗存。③自然崇拜在纳西社会发展过程中所产生的影响。对纳西族的自然崇拜作了分析，认为这是纳西族最本质的宗教信仰。

108. 纳西族东巴和藏族钵波心目中的丁巴什罗/戈阿干（纳西族）/《民族学与现代化》1987（1）//丁巴什罗是藏族钵教和纳西族东巴（二者皆有钵波之称）教徒们所一致尊崇的至圣始祖。这里笔者先记下纳西族东巴们所提供的一些资料（大都是口述），在第二部材料里，再介绍藏族钵波心目中的"万能全智的圣者"，并将以上两方面的情况作对比。

109. 纳西族东巴教祭祀仪式和东巴经书/戈阿干（纳西族）/《云南民俗集刊》第5集//

110. 原始巫文化相似性、互渗性与纳西族东巴教的特点/郭大烈（纳西族）/《边疆文化论丛》第3辑1991年//

111. 论纳西族东巴教与藏族钵教关系/郭大烈（纳西族）/《民族学》1993（3）//纳西族文化与藏族文化关系密切，东巴教与纳西族固有的从原始宗教向人为宗教过渡形态的宗教，原称"本"或"本波"。本文从藏族钵教的兴衰以及钵教传入纳西族地区与"皈依"纳西人等问题入手，说明东巴教与藏族钵教关系密切。

112. 试论东巴文化中的木石崇拜/和宝林（纳西族）/《东巴文化论》云南人民出版社1991年3月//文章从东巴文化中的分寿岁神话、木和氏族村落栅栏、石和氏族领地三个方面分析纳西族崇拜木石的原因。原载《玉龙山》1988年1期。

113. 从东巴文化看原始宗教的类比思维/和宝林（纳西族）/《丽江志苑》1989（6）//原始宗教的类比思维是从原始初民的联想方式发展而来的，在人们还未真正认识自然界的内部规律时，这是一种有效的思维方式。原始初民的类比思维是十分幼稚的，与现代文学作品中的比喻有点相似，但又不是一回事。这种类比思维的存在意味着一些尚未被人们认识的神秘事物的存在。

114. 简述东巴经中的战争描述/和宝林（纳西族）/《玉龙山》1985（3）//分析东巴经书中的战争描述，对于进一步探讨东巴教的形成具有重要意义。本文从战争的双方、战争的起因、祭品及其他四个方面进行探讨。

115. 纳西族的创世传说及祭天由来/和长命，和即贵（纳西族）口述/《丽江文史资料·第12辑》1992年10月//根据大东巴和长命、和即贵读解和口述的东巴经《崇搬图》翻译整理。

116. 东巴教祖师丁巴什罗事略/和春红（纳西族）/《玉龙山》1997（5）//本文叙述丁巴什罗的身世，丁巴什罗的业绩和丁巴什罗对后世的影响。

117. "高本"仪式及其文化内涵/和发源（纳西族）/《东巴文化论》云南人民出版社1991年3月//"高本"（意为祭胜利祖神）是与祭天同时在纳西族民间流行，互为补充而又独立地各自进行的祭天礼仪式。本文根据老东巴讲述，介绍宝山乡补绕湾村王姓宗族高本群高本的礼仪及与之有关的几个问题。

118. 关于纳西族祭天的性质/和发源（纳西族）/《云南少数民族哲学社会思想资料辑》第6辑1986年6月//文章认为纳西族祭天的性质，应是以祖先崇拜为主，兼有自然崇拜的一种宗教活动。

119. 纳西族的图腾与图腾文化/和发源（纳西族）/《丽江教育学院学报》2001（2）//本文回顾了过去的学者对图腾和图腾信仰的论述，然后审视被学者们忽略了的其他图腾问题，最后讨论图腾崇拜与生态环境的关系，认为图腾信仰和崇拜对保护生态环境，保持生态平衡所起的作用是显而易见的。

120. 东巴教中的幽冥世界：纳西本土文化与外来文化的聚合/和虹（纳西族）/《玉龙山》2000（5）//通过对纳西东巴教中幽冥世界的分析，认识纳西祖先对灵魂归宿之地的认识，随着社会历史的发展，不断融合外来文化的轨迹，有利于把握纳西文化发展的历史规律。收入《丽江文化荟萃》宗教文化出版社2000年4月。又收入《玉振金声探东巴：国际东巴文化艺术学术研讨会论文集》社会科学文献出版社2002年6月。

121. 东巴授师学习过程及其祭坛的摆设/和即贵（纳西族）讲述/《丽江文史资料·第10辑》1991年10月//本文介绍东巴授师学习的经书、仪式、神坛的摆设、鬼寨的摆设等情况。

122.《格萨尔》史诗中的本教巫术文化与东巴巫术文化的几点对比/和继全著/《丽江东巴文化博物馆论文集》云南人民出版社2002年3月//本文从巫术的方法、原理、巫术（法力）的获得方式以及巫术（巫师）的社会地位等几个角度出发，对《格萨尔》史诗中的本教巫术文化与纳西族东巴教的巫术文化作对比分析研究。

123. 东巴教的龙与藏族的龙/和建华（纳西族）/《云南藏学研究论文集》云南民族出版社1995年4月//东巴教在发展过程中颇受藏族传统宗教——本教的影响。本文通过藏文献和东巴经中有关龙的记载比较分析，认为东巴教"穆日"的各种特征与藏族的"祝"（玉龙）是井然对应的。东巴教的署和藏族的鲁则既有共同点也有不同之处。

124. 借用、重塑与纳西民族自立精神：丁巴什罗源流考略/和力民（纳西族）/《边疆文化论丛》第3辑1991年//

125. 四川省木里县俄亚大村纳西族祭崩鬼仪式调查/和力民（纳西族）/《滇川纳西族地区民俗和宗教调查》云南社科院东巴文化研究室1990年8月//祭崩鬼仪式是祭祀以崩鬼为代表的这类口舌是非鬼。本文介绍了俄亚大村祭崩鬼的全过程。

126. 祭风仪式与殉情/和力民（纳西族）/《东巴文化论》云南人民出版社1991年3月//"祭风"即祭祀风流鬼，它与殉情紧密相关，是纳西族社会历史现象在宗教上的反映，文章分析了祭风与殉情的历史及产生的社会历史原因。

127. 论东巴教的性质/和力民（纳西族）/《东巴文化论》云南人民出版社 1991 年 3 月//作者通过对东巴教的形态、性质的考察研究，认为东巴教是原始宗教向人为宗教过渡的一种特殊的民族宗教形态，或称后原始宗教形态。原载《思想战线》1990 年 2 期。

128. 论东巴教的派系及其特点/和力民（纳西族）/《玉振金声探东巴：国际东巴文化艺术学术研讨会论文集》社会科学文献出版社 2002 年 6 月//本文根据作者十几年田野考察资料，对纳西族东巴教的派系进行梳理，并从不同的信仰群体、祭仪、语言、文字、经典、习俗等方面把东巴教的派系分为 9 类，进一步分析了东巴教派系的共性和个性，论述了东巴教派的发展势态及历史价值。

129. 丽江东巴教现状研究/和力民（纳西族）/《云南民族学院学报（哲社版）》1995（2）//本文从实际调查着眼，对丽江东巴教的现状进行了分析，指出其中一些问题，进而分析今后发展的态势，提出解决问题的对策。

130. 复原东巴教祭风、祭天、祭什罗道场录像/和力民（纳西族）/《云南年鉴》1987 年第 547 页//简介东巴文化研究室为建设立体的东巴文化资料成果，开展了复原东巴教祭祀道场仪式的录像工作。

131. 简论纳西族东巴教物态文化/和力民（纳西族）/《云南社会科学》1999（3）//本文认为纳西族的东巴教文化分为物态文化和语态文化。物态文化用物质形态来表现，如服饰、法器、经典、道具等，是语态文化的基础和载体，表现古代纳西族人民的生产生活和思想意识。东巴教物态文化具有宗教性、形象性、象征性、变异性、地域性和经典性的特点。

132. 纳西东巴仪式简介/和品正（纳西族）/《玉龙山》1997

(6)//介绍了东巴祭天、祭自然神、祭风、祭丁巴什罗等仪式。

133.丽江县鸣音乡冷水沟村东巴仪式记/和品正（纳西族）/《云南民族学院学报（哲社版）》1996（2）//本文是作者亲历丽江县鸣音乡冷水沟进行考察，对东巴仪式——祭祀快乐神，即"扎毕"全过程的真实记载。

134.纳西族祭天古俗/和强/《丝绸之路》2001（9）//

135.东巴原始宗教存在至今的原因/和庆元（纳西族）/《丽江志苑》1989（6）//纳西族原始宗教——东巴教存在至今有着浓厚的社会基础和思想基础，对纳西族社会的稳定和发展起到一定的积极作用。

136.东巴大祭风/和士诚（纳西族）讲述/和力民翻译整理/《山茶》1994（2）//祭风仪式是为祭祀因情死、凶死等非正常死亡而变成足此鬼、风鬼等诸鬼的祭祀活动。本文详细介绍祭风仪式的种类，超度方式，诵读的经典，使用的法器什物及祭祀活动的全过程。

137.和万宝同志在纳西族原始宗教及社会思想学术研讨会闭幕式上的讲话/和万宝（纳西族）/《丽江志苑》1989（3）//讲话主要有四部分：①对会议的肯定；②东巴教是什么性质，其功能及对纳西族历史文化发展的影响需系统研究；③研究的首要手段是语言；④基础工作仍然是抢救、整理、复原和翻译解说。

138.祭天的回忆/和学人（纳西族）/《云南民俗集刊》第3集//回忆丽江坝农村20世纪三四十年代春节大祭的情况。

139.东巴教的派系和现状/和志武、郭大烈（纳西族）/《东巴文化论集》云南人民出版社1985年6月//本文论述了东巴的人数和分布、支系和派别、类别和地位、传授和继承、大型集会和法令、丁巴什罗和阿明以及东巴教的形成和发展、东巴教与一般原始宗教的区别、东巴教对其他民族的影响，东巴的身世和目前活动等问题。

140. 东巴教和东巴文化/和志武（纳西族）/《东巴文化论集》云南人民出版社 1985 年 6 月//本文阐述了东巴教产生的历史背景，东巴教的特征，东巴教的形成和钵教的影响，东巴教祖师丁巴什罗和灵洞崇拜，东巴教的发展，东巴教的道场和纳西族的民俗，东巴教的法具，东巴教的舞蹈等问题。

141. 纳西族原始巫教与古代文化之渊源/和志武（纳西族）/《海峡两岸"中华民族文化"学术讨论会论文集》1990 年 3 月//

142. 略论纳西族的东巴教和东巴文化/和志武（纳西族）/《玉龙山》1983（1～2）//本文有 10 部分：①东巴教产生和历史背景；②东巴教的特点；③东巴教保留的纳西族古文化特征；④东巴教的形成和本教的影响；⑤东巴教祖师丁巴什罗和灵洞崇拜；⑥东巴文字；⑦东巴经的形成和发展；⑧东巴教的道场和纳西族的民俗；⑨东巴教的法具和绘画艺术；⑩东巴教的舞蹈。收入《云南地方民族史论丛》云南人民出版社 1986 年 4 月。

143. 纳西族东巴的现状和过去/和志武（纳西族）/《云南现代史料丛刊》1984（3）//有东巴的人数和分布；东巴的支系和派别；东巴的类别和地位；东巴教的传授和继承；东巴教的大型集会和法会；东巴教祖师丁巴什罗和阿明；东巴教形成于白地，发展于丽江；东巴教与其他宗教的关系和区别；东巴教对其他民族的影响；东巴的历史地位和目前活动情况十个部分。

144. 纳西族东巴的现状和过去/和志武，郭大烈（纳西族）/《世界宗教研究》1983（4）//本文介绍了东巴的人数和分布、支系和派别、类型和地位、传播和继承、大型集会和法令、关于丁巴什罗和阿明、东巴的身世和目前的活动以及东巴教与一般原始宗教的区别。

145. 塔城纳西族祭天实录/和忠祥（纳西族）/《丽江报》1994－03－05//

146. 巫祭一体/和钟华（纳西族）/《边疆文化论丛》第 1 辑云南民族出版社 1988 年//

147. 祭天即祭祖：纳西族祭天文化质辨/和钟华（纳西族）/《东巴文化论》云南人民出版社 1991 年 3 月//本文以纳西族祭天考察所得的资料及汉文古籍文献的记载，从探讨纳西族祭天文化内涵入手，进一步探讨中国传统的尊天敬祖这一文化现象及其内涵。

148. 东巴教中的巫文化/和钟华（纳西族）/《云南文史丛刊》1991（2）//本文记叙东巴教祭司东巴由"帕"到"壁"。集祭师与巫师于一身，介绍了东巴的占卜、驱鬼、祭祀活动及东巴的法器、咒语等。

149. 刍析纳西族东巴教中的"东巴"一词/拉巴次仁/《西藏研究》2002（3）//

150. 东巴教起源漫谈/蓝文亮/《云南宗教研究》1990（2）//本文叙述东巴教起源的各种传说。

151. 略述东巴教的几个问题/蓝文亮/《迪庆方志》1992（2）//

152. 纳西族宗教祭司东巴的穿着服饰/老牛/《东巴文化报》1993 年 11 月号//

153. 纳西族原始宗教与社会习尚/李国文/《民族社会学》1989（1~2 合刊，3~4 合刊），1990（1~2 合刊）//除引言外有：灵魂观念和招魂；葬俗和祖祭；古传祭天；占卜；医药与迷信；结语六部分，目的在于从纳西族古传宗教入手，认识、了解、掌握纳西族的古传文化，以便更深入地分析研究纳西族社会的过去、现在和将来。

154. 丽江巴甸村纳西族宗教习俗调查/李国文/《民族学调查研究》1986（3）//

155. 纳西族东巴教与道教内容互渗二三事/李国文/台湾

《道教学探索》1997年9月第10号//将东巴经记录的有关内容与道教始祖老子的有关情况作比较研究。

156.云南纳西族的东巴教/李国文/台湾《宗教哲学》1996年第2卷第1期//系统介绍了纳西族东巴教信仰内容。

157.纳西族祭天初探/李近春/《东巴文化论》云南人民出版社1991年3月//祭天是纳西族传统的重要习俗，也是一年中最隆重的节庆——春节的主要活动内容。"纳西祭天大"这个俗语，准确地表达了祭天在人们心目中的重要地位和意义。本文主要介绍纳西族祭天的基本情况及所反映的氏族渊源关系，并对祭天活动中的几个问题作初步探索。原载《民族学研究》第三辑。

158.祭署龙仪式及其社会功能/李静生（纳西族）/《东巴文化论》云南人民出版社1991年3月//祭署龙仪式纳西语称"署古"，是纳西人观念中超自然世界里的精灵，汉译为"龙"。本文介绍仪式传说和仪式活动，然后分析仪式行为，指出纳西族传统文化中的"署龙"观念的价值趋向主要是积极的，它有约束人类自身的有害行为，维持生态平衡等社会功能。

159.东巴在一年中的祭祀活动/李静生（纳西族）/《丽江文史资料·第11辑》1992年10月//介绍东巴在一年的祭祀活动中的固定仪式和非固定仪式。

160.纳西族东巴教中的祭署龙仪式及其社会功能/李静生（纳西族）/《思想战线》1990（3）//本文从题解、仪式传说、仪式行为述略、分析、结语五方面对纳西族东巴教中的祭署龙仪式及社会功能进行了研究和论述。

161.纳西族驱瘟疫鬼仪式/李例芬/《台湾民俗曲艺·云南专辑下》第97、98集//

162.东巴教祭祀符号分析与文化解读/李晓敏/《玉振金声探东巴：国际东巴文化艺术学术研讨会论文集》社会科学文献出版社2002年6月//本文分为引言、仪式概述、仪式解读及结语四部分。从仪式行为中符号的设置与应用的角度分析了祭天、祭风与祭署三大仪式，内容涉及仪式的主题、态度、核心、行为特征及符号解读。

163.对东巴教除秽仪式的几点认识/李英/《云南文化资源研究与开发》云南民族出版社 1994 年 11 月//作者通过对除秽仪式中所用之经书的翻译整理，认为除秽仪式是对纳西人社会行为规范的加强，婚姻观念的变迁丰富了除秽的内涵。

164."东巴教本是钵教的一支"辨/林向萧/《东巴文化论》云南人民出版社 1991 年 3 月//通过对东巴教与钵教的祖师、神祇、巫师多方面的比较研究，认为东巴教不是源于钵教，虽然受钵教影响，但东巴教原本面目并没有发生变化，纳西族原始宗教的特色始终没有丢掉。

165.丁巴什罗年代考：东巴经札记/林向萧/《丽江志苑》1989（6）//本文从各种东巴经所记载的丁巴什罗的时代考证，认为丁巴什罗不可能确有其人，7 世纪末 8 世纪初开始逐渐形成丁巴什罗祖师的"影子"，13 世纪东巴教和喇嘛教出现冲突和斗争，丁巴什罗祖师的形象才最后完成。丁巴什罗的出现，是东巴教发展史上的一个里程碑。

166.纳西宗教综论/孟彻理（Mckhann, C.F.）（美）/《国际东巴文化研究集粹》云南人民出版社 1993 年 6 月//本文选自1992 年 3 月完稿的博士论文《骨与肉：纳西宗教中的亲属关系和宇宙论》第一章，作者通过分析中国西南纳西族的神话和仪式，试图弄清他们的宇宙观、社会和历史。本文有：宗教专家、文字和仪式经书；本教、佛教和纳西仪式分类；纳西仪式几部分。

167.论祭天仪式的时间安排和参与人员/孟彻理（Mckhann, C.F.）（美）/《国际东巴文化研究集粹》云南人民出版社 1993年 6 月//本文选自 1992 年 3 月完稿的博士论文《骨与肉：纳西宗教中的亲属关系和宇宙论》第二章。本文研究纳西族的祭天的派别；祭天团体；纳西族的"氏族"；祭天中的人物；祭天仪式中的区域性差异等问题。

168. 纳西宗教概况/孟彻理著（美）/和虹译/《玉龙山》1993（4～5）//介绍纳西宗教主持、文字和经书、纳西仪式中的预示论。收入《丽江文化荟萃》宗教文化出版社 2000 年 4 月。

169. 纳西祭天群/孟彻理著（美）/和虹译/《玉龙山》1993（3）//本文译自《肉从根骨出——纳西宗教里的宗族和宇宙哲学》第二章"祭天的时间和登场人物"中的第二节。收入《丽江文化荟萃》宗教文化出版社 2000 年 4 月。

170. 略谈东巴教徒社会地位的演变/木丽春（纳西族）/《东巴文化论》云南人民出版社 1991 年 3 月//文章认为"明代确立木氏政权后，东巴教徒被逐入民间，拒之于政事之外，东巴地位下降。"原载《民族文化》1985 年 2 期，又载《玉龙山》1989 年 2 期。

171. 阿明于勒考/木丽春（纳西族）/《迪庆方志》1989（1）//

172. 东巴称谓考/木丽春（纳西族）/《东巴文化报》1993 年 11 月号//

173. 论纳西族的原生和次生图腾/木丽春（纳西族）/《云南师范大学学报》1991（4）//本文是作者集先人的才思见解，对纳西族的原生图腾及如何改造成东巴文化的次生图腾的问题作了研究。认为纳西族的东巴文化是纳西各氏族以原生图腾文化为基础，综合发展成次生图腾文化为主要内容的，以原始宗教形式表现出来的古文化。

174. 纳西族东巴教祭祀文化的演变/木丽春（纳西族）/《云南师范大学学报》1993（2）//东巴教祭祀的演变过程里，还债意识贯穿其始末。开始是以施药医治神灵伤残为内容的祭祀仪礼，后演绎到以舞蹈和诵词悦神与斥神的祭祀文化，后又演绎到宰杀动物作牺牲祈神送鬼的祭祀文化；当东巴教受到佛道影响后，才出现放生或象征牺牲替身的祭祀文化。该文是'99中国丽江国际东巴文化艺术节学术会议论文。

175. 丽江鸣音乡东巴传承问题调查/牛耕勤（纳西族）/《民族学》1996（2～3）//本文就东巴的地位、称谓、传承、传习经类与内容，祭坊的摆设，书写及口碑诵词的传习、音乐和舞蹈的传习，书画原料和工具的传习，着装服饰和面具、法具的传习，主祭仪式的传习，禁忌等问题进行了调查研究，认为东巴传承十分紧迫，并提出了自己的四点建议，以利东巴文化代代相传下去。

176. 摩梭人古代宗教的考察/彭耀/《社会科学评论》1987（1～2）//本文作者通过实地考察，对永宁摩梭人的历史、宗教观念有所了解，通过了解该民族的许多原始文化和原始宗教，从中受到一些极为有益的启示。

177. 永宁半月谈：摩梭人古代宗教考察漫笔/彭耀/《世界宗教研究》1984（2）//本文介绍了永宁摩梭人的历史、山、水、谷等自然崇拜；干木崇拜与石祖崇拜；驱鬼与祭祖；达巴和米扎；喇嘛教及其他。

178. 在神界与人间舞蹈：祭署的东巴/钱映紫/《今日民族》2001（8）//简介东巴和即贵举行的一场祭祀活动。

179. 原始社会的石崇拜/宋兆麟/《世界宗教研究》1983（1）//本文指出崇拜图腾、崇拜女神，反映母系氏族的生育观；崇拜男神和石祖，反映了父权制的生育观，它与父系氏族社会和阶级萌芽分不开。还指出祖先崇拜与石崇拜是两回事，前者是对已故亡灵的崇拜，先是母系祖先，进而父系祖先；而石祖则是父权制下乞求生育的膜拜物，两者不能混为一谈。

180. 从神话经典及其所涉及文化因素看东巴教与古本波教

的关系/陶占琦/《西藏研究》1998（4）//本文从纳西族与古本波教徒"辛"的关系、世界起源二元论比较、马的起源比较三方面，认为从东巴教和古本波教的世界观、崇拜对象、宗教观念、宗教活动形式等来看，它们的宗教形态十分相似，当是同源民族的原始宗教形式。该文是'99中国丽江国际东巴文化艺术节学术会议论文。

181. 纳西族民俗宗教诸问题：关于道士、桑尼、东巴之考察/丸山宏著（日）/白庚胜译/《云南文史丛刊》1996（4）//本文首先论述纳西族对道教的接受问题，然后论述被称为桑尼的纳西族萨满或巫师的问题，进而记述纳西族宗教职能者东巴讲述的情况及作者自己的感想。

182. 纳西族山神崇拜初探/王承权/《民族学研究》第7辑北京民族出版社1982年5月//作者将自己在滇、川两省交界的泸沽湖畔调查时的所见所闻——泸沽湖畔纳西族对山神的崇拜介绍给广大研究者。

183. 初探东巴原始宗教之源/王世英（纳西族）/《丽江志苑》1989（6）//作者根据古僰人是夏商周时活跃于西南这一史实，结合纳西东巴原始宗教文化，探讨东巴原始宗教之源，认为纳西东巴原始宗教是源于其先民古僰人的原始宗教，藏、纳、尔苏等族的原始宗教应是同源。

184. 从董神说起/习煜华/《民族团结》1992（10）//介绍纳西族尊"董神"为道德行为规范守护神的习俗。

185. 纳西族的超度什罗仪式/习煜华（纳西族）/西藏民俗1995（1）//仪式名称中的什罗有两种含义，一是传说中的圣人丁巴什罗；二是指死者东巴。短文简述超度什罗仪式的侧面只是藏族文化渗入纳西文化的点滴。

186. 纳西族禁忌探析/习煜华（纳西族）/《玉龙山》1993（2）//本文介绍和探析祭天、祭署神等宗教活动中的禁忌和规范。

187. 东巴教里的"署"所体现的生殖崇拜含义/习煜华（纳西族）/《云南民族学院学报（哲社版）》1997（1）//东巴教里主宰自然的神——署是一蛙头、人身、蛇尾的生命体。在纳西族神话传说中，蛙象征女性，蛇象征男性，署代表阴阳交合衍生万物，随着历史的发展，男性的权力超出了女性，对署的解释强调的是蛇尾的作用。把署与龙对应起来看，能观察到汉族龙崇拜源于生殖崇拜的痕迹。

188. 东巴教中的丁巴什罗/习煜华等（纳西族）/《云南民族学院学报（哲社版)》1987（3）//作者通过对部分东巴古籍和东巴道场的分析，认为丁巴什罗不是一开始就出现在东巴教中，最后也没有成为东巴教的教主，而是在东巴教发展的过程中，从藏族宗教中引进的人物。在东巴教的后期，受到藏族宗教的影响，由此产生了创立教主的说明意念，于是把本教祖师丁巴什罗吸收到自己的宗教中，加以美化，竭力抬高丁巴什罗，但实际上没有成为东巴教主。本文试图从东巴教的崇拜形式，丁巴什罗的传说及其在东巴教中的地位来探讨教主问题。

189. 东巴跳神法仪及其服装道具/杨德鋆/《民族学调查研究》1984（3）//东巴法仪是纳西族东巴教活动的主要形式，以祭祀天、地、祖先、神灵并驱鬼、涤晦、禳灾为目的。根据需要安排诵经、占卜、跳神等内容，有助于对东巴教及其艺术的研究。本文整理了调查所获的东巴跳神法仪，侧重介绍舞蹈及东巴跳神服装、道具的情况。

190. 论唐代吐蕃本教对东巴教的影响/杨福泉/《思想战线》2002（2）//唐代，吐蕃军事势力一度控制了么些人滇西北、川西等地，吐蕃本教对纳西族产生了较大的影响。由于西藏吐蕃统治者实施"扬佛灭本"的政策，迫使藏地本教祭司逃亡或被流放到滇西北、川西等地，形成了本教对纳西本土宗教的进一步影响。从东巴教的神祇体系以及东巴经与敦煌吐蕃文书之间的密切关系中，也可以看出唐代吐蕃本教对东巴教的影响。

191. 纳西族东巴教与藏族本教之比较研究/杨福泉（纳西族）/《云南社会科学院建院二十周年献礼论文集》1999 年 9 月//本文从宇宙起源卵生说之比较；二元论之比较；本教祖师与东巴教祖师之比较；法器和灵物之比较；本教神山与东巴教神山之比较；东巴教与本教是否完全等同六个方面探讨本教与东巴教之间的关系。

192. 纳西族"山中灵界"观及其演变/杨福泉（纳西族）/《中日民俗文化国际学术研讨会论文集》云南大学出版社 1999 年 11 月//文章论述了纳西族的"北方祖先灵地"、"居那世罗神山"、"雾路游翠阁"（玉龙第三国）这几种"山中灵界"信仰形成发展的轨迹、本土和外来文化内涵以及相互间的传承变迁关系，并提示了文化冲突所导致的社会矛盾对纳西族"山中灵界"观的影响。原载《云南社会科学》1998 年 1 期。

193. 丽江中甸纳西族东巴教近况调查/杨福泉（纳西族）/《民族学》1992（3～4 合刊）//作者 1989—1992 年多次到丽江和中甸进行民族学田野调查，先后到丽江的塔城、鸣音、宝山、泰安等山区和中甸三坝乡白地村进行各种专题调查，同时了解东巴教近况。本文结合介绍东巴教活动情况。

194. 纳西族东巴教功能与纳西族民俗/杨福泉（纳西族）/《民族学》1988（1）创刊号//东巴教作为一种已发展到高级阶段的原始宗教，在宗教和民俗的关系上更明显地表现出原始宗教与民俗互相渗透和影响的特点。本文从社会的民俗与东巴教；经济的民俗与东巴教；民间信仰习俗和游艺民俗与东巴教三方面论述东巴教与纳西族民俗的关系。

195. 论纳西族东巴经中的"牲祭"/杨福泉（纳西族）/《民族学与现代化》1986（2）//在纳西族的东巴经中，有丰富的牲祭的资料。本文对牲祭的历史演变、宗教内涵等作进一步的分析和探讨。

196.略论纳西族东巴教中的箭/杨福泉（纳西族）/《民族研究》1996（4）//本文通过阐述东巴教中纳西人生命、灵魂和生命神的箭以及东巴教祭仪、神画像和纳西人生产生活中有关箭崇拜的习俗，联系中外民族有关宗教观念和习俗，指出纳西族传统的箭崇拜源于纳西人在古代战争和狩猎生涯中，将箭这一极具杀伤力的武器神化、灵化的拜物教意识。同时较深入地论析了纳西族箭崇拜意识的二重性表现。文中还论述了箭与纳西人生殖崇拜习俗和"青蛙阴阳五行"之间的神秘关系，最后对东巴教的本教的箭之祀俗作了比较研究，从微观实证研究的角度，对揭示纳西、藏民族这两个本土宗教之间千丝万缕的联系作了独到和有意义的探索。

197.纳西族木石崇拜文化论/杨福泉（纳西族）/《思想战线》1989（3）//本文以大量民族学调查材料，说明古代纳西族的木石崇拜主要是一种生殖崇拜，木石具有繁衍多育的象征意义，同时，木石还具有镇鬼、驱邪、除秽、取悦神灵等方面的宗教内涵。木石成为繁殖、生命、力量、永恒、吉祥等的象征，是包含有多种神秘意义的文化组合体。

198.论纳西族生命神"肆"/杨福泉（纳西族）/《思想战线》1992（3）//本文论析纳西族信奉的生命神"肆"，从词义、"肆"与生命和灵魂的关系、"肆"的诸种象征物、"肆"与人生礼仪等方面论证了"肆"的生命神本质，认为"肆"体现了纳西族先民对自身生命的崇拜心理和关于生命意识的原始思维。

199.纳西族的灵魂观/杨福泉（纳西族）/《思想战线》1995（5）//本文从分析纳西族灵魂观入手，认为纳西族的灵魂观念不仅具有与很多宗教的灵魂观相似的基本要素，而且还具有自己鲜明的特点。

200.论纳西族的飞禽崇拜/杨福泉（纳西族）/《玉龙山》1987（4）//本文从飞禽崇拜的表现之一，神、人、动物、日月星辰、山川草木等皆生于蛋。表现之二以双翼为臂的诸神及人之祖先。表现之三飞禽的神灵化和超人化三方面，论述了纳西先民飞禽崇拜的概貌和特点。

201.论纳西族巫师"桑尼"/杨福泉（纳西族）/《云南民族学院学报（哲社版）》1989（1）//纳西族除了东巴教的祭司以外，还有一种自称为"吕波"，民间称之为"桑尼"的巫师，东巴与桑尼有很大的差异。本文对"桑尼"作简介的同时，分析了"桑尼"的巫术文化性质。"桑尼"与古羌文化的关系，"桑尼"与东巴教之间的关系，指出纳西族古代的巫术文化是东巴教形成的基础，研究"桑尼"有助于了解纳西族的多元文化。原载《民族学》1988年2期。

202.论东巴教中的生命树与死之树/杨福泉（纳西族）/《云南学术探索》1996（3）//树木崇拜是东巴教信仰体系中的重要一环，它普遍反映在纳西族的各种民间礼俗中，体现在纳西人的生死观中。于是，在东巴教中就产生了生命树与死亡树这两种生命观的具象符号。本文就是对纳西东巴文化中丰富多彩的生命树崇拜的神话传说和礼俗作一研究论述。

203.漫漫亡灵路：东巴教"神路图"详解/杨福泉（纳西族）/《云南艺术学院学报》1995（1）//先就神路图的用途及文化背景、内涵作简要介绍，然后对图片作解说，以几年前公安局从文物走私犯手里截获的一幅神路图照片（九座黑山）为依据。

204.纳西族的图腾崇拜及其传承关系/杨杰宏/《玉振金声探东巴：国际东巴文化艺术学术研讨会论文集》社会科学文献出版社2002年6月//据东巴经书记载，纳西先民既崇拜老虎、木、石，也崇拜牦牛、青蛙，即皆以崇拜图腾为万物之祖。东巴经书中为什么会出现这么多创世祖？其中有何内在关系。本文从两个方面论述了纳西先民历史上出现过的图腾崇拜及其传承关系。

205. 东巴神路图/杨礼吉/《东巴文化报》1994年12月号//

206. 东巴之乡的几个著名东巴/杨树高/《玉龙山》1992 (6)//丽江县鲁甸乡新主村"东巴云集，人才辈出"。本文介绍了新主村著名东巴和世俊、和文质、和才、和正才、和云彩、和开祥。

207. 永宁纳西族的达巴教/杨学政/《东巴文化论集》云南人民出版社1985年6月//达巴教是宁蒗纳西族支系摩梭人的古老宗教信仰，万物有灵，崇拜多神，还带有原始巫教的残余。本文从"达巴经典"、"图腾遗迹和石祖崇拜"、"多神崇拜及其祭典活动"三方面论述了永宁纳西族的达巴教。

208. 达巴教与东巴教的比较研究/杨学政/《宗教论稿》云南人民出版社1986年3月//本文综合论述达巴教和东巴教的历史、现状、经典、教义及其影响和它们的宗教哲学思想、早期的医学知识、达巴教原始卜书文字等，并通过比较分析，找出它们之间的内在联系和不同特征，指出达巴教和东巴教的性质，对与它们紧密联系的藏彝语族各民族的宗教特征也作粗略探索。

209. 摩梭人的达巴卜书及原始符号研究/杨学政/《史前研究》1986年3~4合刊//本文对摩梭人的达巴原始宗教的卜书及原始符号作探讨，并对卜书和原始符号记录的原始宗教思想、原始生育观和原始星象知识等作综合论述。

210. 摩梭人和普米族、藏族的女神崇拜/杨学政/《世界宗教研究》1982（2）//在我国四川省凉山彝族自治州木里藏族自治县、盐源县和云南省宁蒗县杂居的普米族、摩梭人、藏族，历来共同崇拜原始女神"巴丁喇木"。本文叙述摩梭人、普米族、藏族是现实古虎族遗裔，介绍他们进山朝拜和在家祭祀"巴丁喇木"的情形和婚姻习俗以及女神崇拜的渊源和历史。

211. 摩梭人的宗教/杨学政/《宗教调查与研究》1986年第

一期//

212. 永宁摩梭人的祖先崇拜/杨振洪/《民族学调查研究》1993（1）//本文从摩梭人的节日、房屋结构、家名与人名的构成等方面介绍摩梭人的祖先崇拜，指出其内容涉及衣食住行、娱乐、生产等领域，是摩梭人宗教信仰的重要组成部分。

213. 东巴及其他原始宗教/杨正文（纳西族）/《迪庆州宗教志》北京藏学出版社 1994 年//

214. 丁巴什罗本事始末/杨正文（纳西族）/《原野》1983（3）//

215. 白地纳西族祭天古俗/杨正文（纳西族）/《云南民俗》第 7 期//本文介绍了白地纳西族祭天古俗的核心、过程，祭天仪式中的有关事项和祭天古俗的特点。又载《中甸县志通讯》1989 年 3 期。

216. 丁巴什罗法事一览/杨正文（纳西族）翻译整理/《云南民俗》第 6 期 1989 年 10 月//本文从人—神—人的角度，探讨和阐明有关丁巴什罗的一些宗教习俗。原载《中甸县志通讯》1989 年 2 期。

217. 东巴大祭风的心理功能/杨知勇/《玉振金声探东巴：国际东巴文化艺术学术研讨会论文集》社会科学文献出版社 2002 年 6 月//祭仪是宗教观念、宗教情感外的规定性群体行为，是各民族巫术、宗教、民间信仰、民俗、宗教观念等符号互动的文化表象。东巴大祭风是对非正常死亡者进行祭祀的仪式，它具有多方面的社会功能和心理功能，文章着重探讨其心理功能，原载《广西民族学院学报》2001 年 3 期。

218. 东巴文化在人类原始宗教发展史上的特殊重要地位/于锦绣/《东巴文化研究通讯》1991（3）//本文认为东巴文化反映的宗教迹象，堪称举世罕见的宗教典型“活化石”。展现了原始社会发展各阶段中原始宗教主要宗教形式和宗教系统形成和发展的丰富迹象，记录了阶级社会时期原始宗教演变的历程和不同阶段的表现形态。东巴文化研究所必将成为人类原始宗教发展史的国际研究中心。

219. 论纳西人的"那伽"崇拜仪式：兼谈纳西宗教的历史背景和文字/洛克（Rock，J.F.）（美）/《国际东巴文化研究集粹》云南人民出版社 1993 年 6 月//本文是作者《纳西人的那伽崇拜和有关仪式》一书的前言，标题是译者根据文章内容所加。那伽：印度教和佛教神话中的一类精灵，其形半人半蛇。

220. 纳西族巫师"占波"和达巴/洛克（Rock，J.F.）（美）/《国际东巴文化研究集粹》云南人民出版社 1993 年 6 月//"吕波"是纳西族巫师，与祭司东巴不同。"吕波"不懂东巴所使用的象形文字和标音文字。"达巴"是云南永宁人的巫师。此文选译自洛克《献给西藏——中国边疆的萨满教》一文。文中叙述了"吕波"和"达巴"的来历及仪式。

221. 东巴经书与东巴/洛克（Rock，J.F.）（美）/《玉龙山》1992（6）//译自洛克《中国西南地区纳西人的"日闷"丧葬仪式》一书，标题系译者所加。

222. 纳西族祭天仪式/洛克（Rock，J.F.）（美）著/赵鸿昌译/《云南宗教研究》1988（1~2）//叙述纳西族祭天的经过和东巴吟唱的经典。

223. 论《东埃术埃》的宗教思想/赵橹/《东巴文化论》云南人民出版社 1991 年 3 月//纳西族东巴教的发展过程中，受藏族钵教、白族原始巫教、诸羌原始宗教的影响较明显，其次是道教，后期受印度佛教密宗的渗透和影响。对神话《东埃术埃》宗教思想和理解，不应停止在"白"、"黑"；"光明"与"黑暗"的概念上，应从神话的具体内容作具体分析、探讨，理解其中精髓。

224. 羌族和纳西族原始宗教法器的比较/赵秀云/《丽江教

育学院学报》2001（2）//本文主要介绍羌族原始宗教法器，并与纳西族原始宗教法器作一比较。

225. 试论纳西族白石崇拜/周源/《云南师范大学学报》2001（3）//纳西族生活中普遍存在着白石崇拜现象，文章对纳西族白石崇拜的特点、形成原因和条件进行了分析，认为纳西族的白石崇拜与东神崇拜和色神崇拜紧密相连；白石崇拜的根源在于纳西族对白色的崇拜，玉龙雪山在纳西族白色崇拜转化为白石崇拜中起了关键作用。收入《玉振金声探东巴：国际东巴文化艺术学术研讨会论文集》社会科学文献出版社 2002 年 6 月。

226. 木里纳西族自然崇拜观念/朱宝田/《云南少数民族哲学社会思想史论文集》第 1 集 1983 年 12 月//本文分析东巴经中的自然崇拜，认为人类早期的自然崇拜观念也同样随着社会的发展，经历了由母系氏族向父系氏族发展的必然规律。纳西族保存了不同程度的母系向父系发展的自然崇拜观念。该文是中国民族学研究会第二届年会论文。

227. 日本民族和纳西族的他界观比较/佐野贤治（日）/《玉振金声探东巴：国际东巴文化艺术学术研讨会论文集》社会科学文献出版社 2002 年 6 月//本文对纳西族的灵魂、亡灵观和日本民族的灵魂、他界观及他界观的民族性与桥的民间习俗作比较研究。

228. 东巴原始宗教存在至今的原因/和庆元/云南省社会科学院东巴文化研究所论文选集，云南民族出版社 2003 年 9 月//文章从东巴教所处的自然、社会环境、纳西族的血缘亲族关系、东巴教的活动及作用、木氏土司对东巴的不完全否定态度等方面分析东巴原始宗教存在至今的原因。

## B941　大藏经

229. 藏文大藏经丽江—理塘版《甘珠尔》经述略/王尧/

《纳西族研究论文集》北京民族出版社 1992 年 10 月//本文根据 1982 年日本东京国际佛学研究所出版的丽江—理塘版《甘珠尔》目录影印本，介绍了佛教的传入与经典的翻译；藏文大藏经的结集与版本；丽江—理塘版《甘珠尔》的名称之由来。刊刻出资主持人木增，校审主持六世噶玛巴活佛曲吉旺秋等。

### B946.6 藏传佛教

230. 历史上纳西族的藏传佛教/冯智/迪庆方志 1992（4）//

231. 纳西族的藏传佛教/冯智/《民族》1993（7）//

232. 丽江藏传佛教噶举派"活佛"的产生/洪开林/《丽江文化荟萃》宗教文化出版社 2000 年 4 月//介绍产生活佛的程序。

233. 黄教喇嘛王国：木里/洛克（Rock，J.F.）（美）著/《云南文史丛刊》1995（1）//文章介绍了木里喇嘛城的实情，文章写于 1924 年 1 月，是作者从丽江出发到四川木里考察的游记。

234. 噶玛巴派喇嘛教在纳西族地区的传播/宋恩常/《云南少数民族研究文集》云南人民出版社 1986 年 10 月//噶玛巴派喇嘛教派流传在纳西族地区已有悠久的历史。本文根据调查资料，从噶玛巴派喇嘛教传进纳西族地区；教派属性、等级；修密宗与静坐；寺院的扎厦组织；寺院的土地占有和喇嘛口粮的分配几个方面，介绍该教在纳西族地区的传播情况。

235. 藏传佛教在丽江的流传/习煜华（纳西族）/《玉龙山》1987（4）//本文介绍藏传佛教在丽江的流传情况，从中看藏族佛教对纳西族社会生活的影响。有藏传佛教及其传入丽江的地理因素，传播的社会条件及影响三部分。

236. 丽江流传藏传佛教的教派属性/习煜华（纳西族）/《玉龙山》1988（2）//本文指出丽江流传的藏传佛教属于"白教"而不是习惯上所称的"红教"。

237. 木氏土司与藏传佛教葛举法派法缘关系浅谈/习煜华、

王晓松/《迪庆方志》1992（2）//

238.从东巴经中的藏语借词看藏族宗教对东巴教的影响/习煜华、杨逸天/《东巴文化论》云南人民出版社1991年3月//明朝以后藏传佛教在丽江大规模传播。东巴教有机会与藏传佛教全面接触，大量吸收藏传佛教的东西。文章剖析四个藏语借词，从而窥视纳西族与藏族人民之间，东巴教与藏族宗教之间源远流长的往来关系。

239.丽江县的藏传佛教文化现状和保护调研/杨福泉/《中国西南文化研究》第五期云南民族出版社2001年5月//本文分保护丽江县藏传佛教的意义和丽江藏传佛教文化保护的几点建议两大部分。论述了丽江藏传佛教的历史和现状，并提出五点保护建议。

240.也谈纳西族的藏传佛教问题：与张波同志商榷/杨启昌/《中甸县志通讯》1990（4）//

241.略谈纳西族地区的喇嘛教/杨启昌（纳西族）/《丽江文史资料·第10辑》1991年10月//本文论述了喇嘛教派及十三大寺的归属问题，木氏土司和藏传佛教的关系以及藏传佛教对纳西族社会的作用。

242.纳西族的藏传佛教问题/杨启昌（纳西族）/《纳西族研究论文集》北京民族出版社1992年10月//本文从藏传佛教的流派及其在纳西族地区的传播；木氏土司和藏传佛教的关系；藏传佛教对纳西族社会的作用问题三个方面对张波《关于纳西族的藏传佛教问题》一文对纳西族地区藏传佛教的源流派别，丽江维西喇嘛教十三大寺具体情况等提出商榷。

243.关于纳西族的藏传佛教问题/张波/《中甸县志通讯》1988（3）//

244.丽江地区宗教简况/中央访问团二分团调查整理/《中央访问团第二分团云南民族情况汇集·上集》云南民族出版社

1986 年 2 月//汇集了喇嘛教及其派系，喇嘛教组织系统，喇嘛寺的联系，小喇嘛的来源，本区内喇嘛人数，喇嘛寺占有土地和租佃等方面简况。

### B947　佛教组织及寺院

245. 丽江喇嘛寺梗概/和克明（纳西族）/《丽江文史资料·第 3 辑》1987 年 6 月//本文叙述丽江县境内七个大喇嘛寺的概况：有福国寺、玉峰寺、指云寺、文峰寺、普济寺、兴化寺、灵照寺。收入《丽江文化荟萃》宗教文化出版社 2000 年 4 月。

246. 丽江佛教圣地：文峰寺/和湛（纳西族）/《丽江文史资料·第 9 辑》1990 年 10 月//介绍了文峰寺院、茶花王国、静坐坛、水源清泉、喇嘛村庄等景观。

247. 丽江喇嘛寺调查/汪宁生调查整理/《纳西族社会历史调查》云南民族出版社 1983 年 7 月//有：五大寺的创始、寺庙组织、寺庙经济、入藏朝参、喇嘛的"学校"——静坐堂、喇嘛的日常生活、新中国成立后的变化等七部分。

### B949.92　佛教人物传

248. 回忆班禅大师到丽江及重塑各寺佛祖/洪开林，郭林/《丽江文化荟萃》宗教文化出版社 2000 年 4 月//

249. 宣慰大法师东宝活佛/段松廷/《玉龙山》1999（3）//东宝活佛是木氏土司后裔，不愿袭世职出家为僧。本文简介其僧人生平。又见《丽江报》1996 年 8 月 30 日。

250. 纳西族高僧正修和尚/夫巴（纳西族）/《丽江文史资料·第 6 辑》1988 年 12 月//简介正修和尚生平。

251. 塔洛活佛：摩梭人罗桑益史/王炳武/《玉龙山》1989（2）//永宁地区的塔洛活佛，摩梭名罗桑益史，他在四川盐源木里及云南宁蒗的摩梭人眼中有空前的威信。本文简要介绍了他作为爱国宗教领袖的一生活动。

## B95　道　教

252. 丽江洞经会调查/雷宏安/《民族学调查研究》1987
(4) //洞经会是云南历史悠久、风格独特的道教组织。作者
1983 年对丽江洞经会的主要活动、组织结构、典章制度、礼器
法物等重要问题作了全面调查。这些资料是研究道教文化与少数
民族关系的重要依据。文章最后介绍了丽江古乐队。

253. 云南丽江纳西族地区的道教/李国文/台湾《道教学探
索》1995 年 12 月第 9 号//主要介绍丽江纳西族地区道教信仰
情况。

## B992.2　占　卜

254. 东巴教的占卜/李霖灿/《东巴文化论》云南人民出版
社 1991 年 3 月//介绍了东巴教的十八种占卜方法。

255. 么些族的占卜/李霖灿/《么些研究论文集之二十》/台
湾：故宫博物院，故宫丛刊甲种之三十二，1984 年 7 月初版//
么些族自称为"占卜的民族"，无事不占，本书收集了常用的占
卜方法 36 种之多。这里详细列举了 18 种：①左拉卦法；②掷海
贝卦法；③抽图片卦；④羊髀卜；⑤鸡胫骨卜；⑥鸡头卜；⑦石
卜；⑧鸡蛋卜；⑨五谷卜；⑩箭卜；⑪异事卜；⑫香卜；⑬八格
卜；⑭梦卜；⑮星卜；⑯四十二石卜；⑰竹片卦；⑱掷骰子卦。

256. 记彝、羌、纳西族的"羊骨卜"/林声/《考古》1963
(3) //用动物肩胛骨占卜的习俗在我国西南一些少数民族之中直
至新中国成立前夕尚有保存，这种"活的材料"可与地下出土的
卜骨相互印证。本文就是对彝、羌、纳西族"羊骨卜"起源和流
行地区，卜问范围、卜者、占卜材料、占卜方法等的记载。

257. 么些之羊骨卜及卜（摘要）/陶云逵/《东巴文化论集》

云南人民出版社 1985 年 6 月//本文根据作者 1935 年夏季在丽江等地的实地调查及参考么些文的占卜经典的结果，分为两部分：第一部分，羊骨卜；第二部分，卜。每部首先将实地观察详细叙述；其次将么些原文之占卜经典加以译释，并将中西书籍对此问题有关之记载摘要录出；末了，再对各问题加以讨论。原载《人类学集刊》1939 年第 1 卷第 1 期。

258.彝族和纳西族的羊骨卜：再论古代甲骨占卜习俗/汪宁生/《民族考古学论集》文物出版社 1989（1）//本文对四川凉山彝族和云南丽江纳西族的羊骨卜作了较详细的介绍，并以此印证古代甲骨占卜习俗。该文原载《文物与考古论集》文物出版社 1986 年。

259.纳西族妇女与占卜民俗/习煜华（纳西族）/《玉振金声探东巴：国际东巴文化艺术学术研讨会论文集》社会科学文献出版社 2002 年 6 月//占卜术是纳西族文化中的一项重要内容，涉及领域广泛，反映层次多面。文章论述了民间占卜的表现形式、特点、产生原因以及民间占卜与纳西族妇女的关系，民间占卜对社会的影响等问题。

260.纳西《巴格图》/杨其昌/《丽江文化》1984 年创刊号。

261.浅释白地东巴的"巴格卜"/杨正文（纳西族）/《丽江志苑》1989（6）//"巴格卜"是纳西族东巴教使用的一种卜法。本文介绍了关于六十甲子的推算及八方祸福禁忌推算。

262.巴格图说明/周汝诚（纳西族）/《民族古籍》1986（2）//

263.纳西族的二十八宿与占星术/朱宝田、陈久金/《东巴文化论集》云南人民出版社 1985 年 6 月//本文根据三位纳西族东巴的口述和提供翻译东巴经典的摘要材料，也参考了前人的调查资料，论述纳西族二十八宿的调查资料、有关文献、二十八宿资料的分析研究及应用，占星术等问题。

264. 关于纳西族的卜卦/朱宝田调查翻译/《云南少数民族哲学社会思想资料辑》第 6 辑 1986 年 6 月//节录东巴经《六十年甲子》卜辞内容。

# C 社会科学总论

## C27 学术会议

265. '99 中国丽江国际东巴文化学术研讨会综述/木仕华（纳西族）/《云南民族学院学报（哲社版）》2000（1）//1999 年 10 月在中国丽江召开的"国际东巴文化艺术节暨国际东巴文化学术研讨会"，对东巴文化的诸多方面作了多角度探讨，取得了许多新成果。本文是对此次研讨会学术探讨与成果的综述。

266. 纳西东巴文化研究国际化综论/木仕华（纳西族）/《中央民族学院学报》1999（2）//本文回顾了东巴文化研究国际化历程，对东巴文化研究国际化的成因、国际化研究的意义、现状及前景作了论析。

267. 国际东巴文化学术研讨会简记/木仕华/《民族研究》1999（6）//

268. 摩梭人婚姻道德研讨会纪要/肖芒/《思想战线》1999（6）//1999 年 10 月 15 日至 18 日，1999 年"云南省少数民族伦理学会年会暨摩梭人婚姻道德研究讨论会"在丽江地区宁蒗县永宁乡举行。本文是该会的纪要。

269. 研究民族传统文化为社会主义建设服务：纳西族原始宗教及社会思想研讨会侧记/益江/《民族工作》1990（1）//该文介绍了 1989 年 10 月下旬在云南省社会科学院东巴文化研究室举办的"纳西族原始宗教及社会思想研讨会"上，来自省内外的五十多位专家、学者对纳西族的原始宗教及社会思想进行的学术讨论，着重总结东巴文化四个方面的学术价值。

## C912.4  社会人类学

270. 西方学者与纳西族的文化人类学研究/甘雪春/《思想战线》2001（3）//20 世纪后半期，大批西方学者前往丽江，用西方文化人类学的理论方法，对纳西文化进行全方位研究，他们在纳西族的宗教、哲学、婚姻家庭、亲属关系、社会结构等方面的研究取得了可喜的成果。

271. 纳西世界的科学人类学初探/田松/《玉振金声探东巴：国际东巴文化艺术学术研讨会论文集》社会科学文献出版社2002 年 6 月//叙述作者为完成博士论文有关科学人类学的写作，在丽江进行的三个月的调查。

## C913.1  家庭婚姻

272. 纳西族多元婚姻形态和东巴文化/和宝林（纳西族）/《丽江文史资料·第 19 辑》2000 年 10 月//本文从现时纳西族的多元婚姻形态，反映在东巴经中的多元婚姻形态，多元婚姻形态下的生产水平与东巴文化，多元婚姻形态和东巴经的历史层次四方面研究，认为丽江坝及附近的纳西族与外界联系较多，脱离母系制早一点。古纳西族南迁确实分三路进入，第一支成为丽江地区的纳喜支系；第二支为零星分布于金沙江沿岸的阮柯人；第三支主要是生活于泸沽湖沿岸的纳日人。收入《玉振金声探东巴：国际东巴文化艺术学术研讨会论文集》社会科学文献出版社 2002年 6 月。

273. 从东巴经书的记载看纳西族古代婚姻家庭的演变/和发源（纳西族）/《民族学研究》第 8 辑北京民族出版社 1982 年 5月//本文首先介绍了古老的纳西族东巴经书，并通过这些经书中的记载论述了纳西族古代婚姻家庭的演变过程：人类童年的原始杂游和血缘婚配痕迹，群婚和母系制的残余，以父系为中心的一夫一妻制家庭的出现。最后作出了结论性的总结。

274．纳西族的婚姻家庭与亲属称谓/和发源（纳西族）/《云南民族学院学报（哲社版）》1995（2）//本文根据东巴古籍，宁蒗县永宁、四川木里县俄亚、纳西族主要聚居区丽江等地的有关情况，对纳西族婚姻家庭和亲属称谓等问题作了进一步的梳理和探讨。

275．东巴经书中的纳西族古代婚姻家庭/和发源（纳西族）/《云南社会科学》1986（5）//根据东巴经书，介绍了人类童年之原始杂游和血缘婚配痕迹，母权制和群婚之残余，以父系为中心的一夫一妻制家庭的出现以及几种纳西族古代婚姻家庭状况。又载《民族学研究》1986年8期。

276．简论摩梭风情的实质和存在价值/和家修（纳西族）/《云南学术探索》2000（5）//本文介绍了摩梭人的来历及风情习俗，指出这些风情是古羌主要习俗的直接传承，是人类发展史，特别是婚姻家庭发展史上关于母系氏族社会形态的活的博物馆，同时并论述其存在的8个价值。收入《丽江文化荟萃》宗教文化出版社2000年4月。

277．东巴教圣地纳西族的家庭结构与社会生活：中甸县白地水甲村田野调查报告及续/和少英/《云南民族学院学报（哲社版）》2000（6），2001（1）//云南省迪庆藏族自治州中甸县的白地村一带，是纳西族东巴教的发源地，也是纳西族的传统文化、古朴习俗与各类仪规保留最为完整的地区。本文以处于这块"东巴圣地"核心区域的水甲村的民族学田野调查资料为基础，较为详尽地对当地纳西族的家庭结构与社会生活等方面的情况进行了系统描述和分析。

278．当代永宁纳西族母系制与婚姻家庭研究/胡阳全/《云南学术探索》1993（6）//本文从永宁纳西族母系制和婚姻家庭之争的源起；关于亲属制问题的争论；关于"衣杜"的社会性质问题；关于母系家庭和阿注婚的起源问题和其他说法等五方面进行归纳综述。

279.摩梭人不是生活在海外奇谈中：对某些反映摩梭人生活的文艺作品的批评/拉木·嘎吐萨（纳西族）/《玉龙山》1989（1）//作者对近年来一些文学作品对摩梭人的婚姻家庭描写中的夸大、猎奇和不真实提出批评，希望不要歪曲民族的形象。

280.纳西族的婚姻家庭/李近春/《中国少数民族的婚姻家庭》中国妇女出版社1986年//

281.丽江纳西族的婚姻和家庭/李近春/《婚姻和家庭》1989（5）//

282.永宁纳西族的阿注婚姻和母系家庭/李近春/首期全国民族学讲习班讲稿//

283.奇异的"女性王国"：访云南摩梭人的母系大家庭/李世义（纳西族）/《瞭望》1981（3～4）//该文是作者的实地采访记。有"知其母；共同劳动平均分食；母系血统高于一切；女神的恋爱方式；朋友婚姻；男儿出嫁；一夫一妻运动；珍贵的遗产"几部分，简介宁蒗永宁公社摩梭人的母系家庭。

284.四川省木里县俄亚纳西族一妻多夫制婚姻家庭试析/刘龙初/《民族研究》·1986（4）//本文根据调查材料对俄亚大村纳西族至今保留的一妻多夫制婚姻进行分析，包括三种不同类型的家庭，兄弟共妻是一妻多夫制的主要形式，一妻多夫制家庭，一妻多夫制婚姻家庭长期存在的原因及几点看法共五部分。

285.略述木里县俄亚乡纳西族的群婚残余/刘龙初/《云南社会科学》1986（5）//本文根据实地调查材料对新中国成立前俄亚纳西族婚姻中保留的群婚残余进行分析，指出俄亚纳西族双系家庭的存在，正是群婚残余在家庭形态上的反映。收入《纳西族研究论文集》民族出版社1992年10月。

286. 云南少数民族婚姻家庭的变迁：以傣族、彝族、纳西族为例/乔亨瑞/《云南学术探索》1999（4）//本文以傣族的家庭结构变迁、彝族家庭与家支制度的变化，永宁纳西族的"阿注"婚及母系大家庭的变异来研究婚姻家庭在现代化过程中的变异情况。

287.20 世纪纳西族的婚姻家庭和亲属制度研究述评/杨文顺/楚雄师范学院学报 2003 年 2 期//20 世纪以来，通过中外纳西学界的共同努力，纳西文化研究已呈现出繁荣的趋势。近百年来，学者们对纳西文化进行了全方位、多角度的探索，使得纳西文化的研究领域不断拓宽，研究深度也不断向纵深发展，并取得了较丰硕的成果。

288. 宁蒗县永宁区纳西族社会及家庭形态调查/宋恩常整理/《宁蒗彝族自治县永宁纳西族社会及家庭形态调查·一》云南人民出版社 1987 年 3 月//有地理、历史和民族关系；经济；新中国成立前土司制度与等级关系；残存于封建制度下的母权制形态；畸形发展的对偶婚与群婚相结合的家庭形态；父系单偶家庭的产生及其发展；封建制度下母权制的畸形变化等七部分。

289. 永宁纳西族的阿注婚姻和母系家庭民主改革后的变化/王承权/《云南四川纳西族文化习俗的几个专题调查》中国社科院民族研究室 1981 年//

290. 拖支乡纳西族各户家庭成员婚姻情况若干世系/王承权，詹承绪/《云南省宁蒗彝族自治县永宁纳西族社会及其母权制的调查报告·二》中国社会科学院民族研究所，云南省历史研究所，1978 年//

291. 永宁纳西族摩梭人的婚姻家庭和发展趋势/徐亦亭/《云南民族大学学报》2003（4）//文章对永宁纳西族母系家庭和人类婚姻历史研究做了简单回顾，进而对泸沽湖摩梭人的阿注婚作了解读，指出阿注婚的实质及发展趋势。

292. 家庭产生和发展的活化石：泸沽湖地区纳西族家庭形态研究/严汝娴/《中国社会科学》1982（3）//迄今居住在我国云南、四川和西藏交界地区的纳西族，尚存在多种多样的家庭婚姻形态，是研究家庭产生和发展的活化石。20世纪60年代初期，作者与刘尧汉同志曾根据当时的调查研究，将这个民族的家庭区分为母系家庭、母系父系并存家庭、父系家庭三类。近年来，他们重赴四川省泸沽湖地区，在更大范围内进行考察，在上述三类家庭之外，又证实了一种新的家庭形态——氏族家庭的存在。本文作者主要分析比较了氏族家庭与其他三类家庭的区别。

293. 阿古瓦和拉梅家庭婚姻补充调查/严汝娴，刘尧汉/《云南省宁蒗彝族自治县永宁纳西族社会及其母权制的调查报告·三》中国社会科学院民族研究所云南民族调查组，云南省民族研究所，1964年//

294. 论泸沽湖畔母系家族在家族婚姻发展史中的地位和作用/杨堃/《北京师范大学学报》1983（3）//泸沽湖母系家族的研究，新中国成立以来出版了4本调查报告，两本专著和二十多篇论文。本文对这一专题研究的主要收获提出个人意见。表现在论亲属制度的起源和发展；论家庭的起源和发展；论婚姻的起源和发展；论泸沽湖畔母系家庭在家庭婚姻发展史中的地位与作用等四方面。最后提出这一专题研究仍有许多问题尚待弄清。

295. 摩梭人的母系家庭和阿夏婚姻：喇瓦村摩梭人家庭婚姻调查研究/杨学政/《云南省历史所研究集刊》1984（2）//笔者对宁蒗县喇瓦村的一个典型摩梭人母系血缘村落的家庭婚姻所作的调查，介绍摩梭人母系家庭和阿夏婚姻在新中国成立前的状况和新中国成立后的发展变化以及它和四化建设的关系。

296. 四川省盐源县左所区罗洼村"纳日"人的婚姻形态和家庭结构调查/杨学政调查/《四川省纳西族社会历史调查》四川省社会科学院出版社1987年6月//有婚姻形态和家庭结构两

部分。

297. 宁蒗县喇波村纳西族家庭婚姻调查/杨学政调查整理/《宁蒗彝族自治县永宁纳西族社会及家庭形态调查·一》云南人民出版社 1987 年 3 月//包括喇波村纳西族父系村落、家庭情况、娶和嫁、阿注关系和缔结与解除、生活习俗、丧葬、节庆习俗七部分。

298. 宁蒗县洼黑村纳西族家庭婚姻调查/杨学政调查整理/《宁蒗彝族自治县永宁纳西族社会及家庭形态调查·一》云南人民出版社 1987 年 3 月//有洼黑村纳西族父系村落、家庭名称及其概念、家庭人口及其类型、家庭管理和财产继承、娶和嫁、阿注关系六个部分。

299. 试论摩梭人的家庭伦理道德观/杨振洪/《民族学调查研究》1994 (4) //介绍摩梭人的社会风尚和传统习俗。

300. 古老的传统与现在的选择: 永宁纳西族 (摩梭人) 婚姻家庭现状探讨/攸延春, 和钟华 (纳西族) /《民族文学研究集刊 3》云南省社会科学院民族文学研究所编 1989 年//

301. 永宁纳西族的阿注婚姻和母系家庭/詹承绪/《民族演讲录》书目文献出版社 1996 年//

302. 当代摩梭社区社会结构研究: 云南省宁蒗县落水村家庭和婚姻结构/张实/《西南边疆民族研究 1》云南大学出版社 2003 年 1//本文在田野调查的基础上, 对当代摩梭社区家庭和婚姻结构进行了详细的论述, 并结合对摩梭人的体质研究, 从多学科的角度论述了摩梭走婚和母系文化现象, 对一些理论问题提出了自己的观点。

303. 永宁纳西族母系制家庭的规模、结构及其变迁: 对云南宁蒗彝族自治县纳西族家庭调查分析/张卫国/《纳西族研究论文集》北京民族出版社 1992 年 10 月//作者 1988 年调查了宁蒗彝族自治县永宁乡的几个自然村中的 163 户人家, 并参考以往调查资料，对这一地区家庭的类型、结构、规模及自民主改革以来的家庭变迁作探讨分析。原载《中国少数民族人口》1989年4期。

## C913.13　婚　姻

304.从一个民族的近代婚姻看理性婚姻的意义/丁立平/《云南民族学院学报（哲社版）》2001（1）//本文通过对纳西族近代婚姻的考察，分析其理性内涵的丰富性、合理性。纳西族近代婚姻是通过对家庭经济状况、家庭社会背景、健康状况的综合考察平衡后，经由"父母之命，媒妁之言"缔结的理性婚姻，这种理性婚姻为婚姻的稳定和美满提供基本条件。本文首次提出"理性婚姻"的概念，并指出理性婚姻在一个私有化、现代化社会有其特殊意义。

305.纳西族与汉族的通婚考察/李近春/《比较民俗研究》1991（3）//

306.俄亚纳西族安达婚姻及其与永宁阿注婚的比较/刘龙初/《民族研究》1996（1）//俄亚纳西族和永宁纳西族（摩梭人）分属纳西族两个支系，前者自称"纳喜"，语言属西部方言，后者自称"纳"，语言属东部方言。笔者分别于1976年和1984年到永宁和俄亚，对两地纳西族进行了实地调查。本文就俄亚纳西族安达婚姻的基本特点、长期存在的原因等做论述，并对永宁的阿注婚姻进行一些比较研究。

307."抽秽"、"祭天"文化和纳西族婚姻形态的关系/木丽春（纳西族）/《玉龙山》1990（4）//"抽秽"和"祭天"的神坛祭祀仪式是纳西族婚姻发展历史进程中应运而生的习惯法规，真实记录了纳西族各类婚姻形态变化的历史轨迹。本文对"抽秽"和"祭天"仪式文化和婚姻形态关系作探讨。

308.从永宁纳西族的"阿注"婚姻谈起/秋浦/《云南社会科学》1984（5）//作者认为对偶婚是处于群婚和一夫一妻之间

的婚姻形态，它保留有若干群婚的残余，又孕育了某些个体婚的因素。

309. 永宁摩梭人的阿注婚/王承权/（台）《汉声杂志》1991年第 29 期//

310. 从婚礼看永宁纳西人的一夫一妻婚/王承权/《民族研究》1980（4）//作者通过调查统计，认为永宁中心区的纳西人正处于从初期对偶婚向一夫一妻婚过渡的时期。本文仅就永宁纳西人的结婚仪式看其正在形成中的一夫一妻婚。

311. 日斯立马、高格高岩、司格甲皮错三人结交阿注的典型调查/王承权，詹承绪/《云南省宁蒗彝族自治县永宁纳西族社会及其母权制的调查报告·二》中国社会科学院民族研究所，云南省历史研究所，1977 年//

312. 永宁金沙江地区拉卡西和拉伯自然村纳西族的婚姻制度/吴光湖/《云南省永宁彝族自治县永宁纳西族社会及其母权制的调查报告》中国社会科学院民族研究所云南民族调查组，云南省民族研究所，1963 年//

313. 关于纳西族家庭类型问题/夏之乾/《中国社会科学》1983（2）//文章对《论纳西族的母系"衣杜"》、《家庭产生和发展的活化石》、《纳西族的母系家庭辨析》三篇文章中的几个主要问题提出自己的看法，认为新中国成立前纳西族中尚存的家庭结构还是分别以"母系家庭"、"母系父系并存家庭"和"父系家庭"定名为宜。

314. 试论云南永宁纳西族的阿注婚/谢剑（香港）/《社会科学战线》1980（3）//本文一部分集中于理论性的探讨，尤其是詹承绪作为主要理论基础的摩尔根的论点，间或涉及詹文的研究方法；另一部分则是从詹文所提出的资料，重新检讨民族学中一般所使用的"婚姻"一词的定义。（詹文指《云南永宁纳西族的阿注婚姻》，载《云南社会科学战线》1979 年 2 期。）

315. 四川前所乡四个自然村的婚姻简况/严汝娴，刘尧汉/《云南省宁蒗彝族自治县永宁纳西族社会及其母权制的调查报告·三》中国社会科学院民族研究所云南民族调查组，云南省民族研究所，1964年//

316. 永宁纳西族的阿注婚不属于群婚范畴/詹承绪/《中国社会科学》1987（2）//本文是对《母系制实例研究的可喜成果》一文的两点商榷意见。针对程文中永宁纳西族的阿注婚姻应该属于群婚和永宁纳西族的母系家庭应称作母系家族的看法，本文作者认为阿注婚不属于群婚；根据永宁纳西族母系家庭的实际情况，唯有称家庭最为相宜，称作家族只能造成混乱。

317. 永宁纳西族从初期对偶婚向一夫一妻制的过渡/詹承绪/《中国史研究》1980（2）//永宁纳西族虽在1956年民主改革以前已进入封建领主制，但在婚姻和家庭方面，却处于初期对偶婚向一夫一妻制的过渡状态。该文一是阐述这种过渡的线索：阿注婚姻——阿注同居——正式结婚——一夫一妻婚；二是阐述了过渡的时间及历史条件。

318. 东巴经中的婚姻形态变迁/赵净修（纳西族）/《玉振金声探东巴：国际东巴文化艺术学术研讨会论文集》社会科学文献出版社2002年6月//本文论述了东巴经故事中关于纳西族婚姻形态的演变过程和脉络：在摒弃了血缘婚后，是对偶婚形态，在对偶婚姻形态的主流下，"姑表亲"、"姨表亲"和亚血缘婚姻形态一直伴随发展。

319. 永宁纳西族婚姻改革的初步调查/周裕栋/《云南省历史所研究集刊》1978（1）//笔者1976年6月22日~8月5日及1977年5月7日~25日两次对宁蒗县永宁公社纳西族母系家庭的社会主义改造问题进行调查。调查报告分析了母系婚姻家庭制度存在的原因，叙述对这种婚姻制度改造的过程，指出进行改造存在的障碍和阻力。

## C913.68　妇女社会学

320. 从摩梭妇女的婚姻家庭状况看在经济文化中的地位和作用/蔡华/《西南民族学院学报》1999（2）//从男不婚、女不嫁的走婚习俗，分析摩梭妇女在婚恋、生产劳动、家庭生活、宗教祭祀活动中的地位和作用。同时指出在现代化进程中，摩梭妇女在文化水平，参政议政等方面的局限。认为对男女平等的理解，不能仅限于家庭中的地位，而应将其深化为人的尊严、价值、权力，即物质和精神上应有的权力。

321. 纳西族文化中的女性意识/蔡维琰/《云南民族学院学报（哲社版）》1999（5）//文章通过对纳西族文化中的图腾崇拜、神话传说及社会生活的分析，得出纳西族女性具备独立自主、勤劳奋进、善良豁达的意识。

322. 论东巴教的女性崇拜及其演变/和钟华/《云南师范大学学报》1991（4）//东巴教的形成经历了一个漫长的过程，不时呈现出不同的历史文化层面，对这些层面的剖析，可以追溯纳西民族和东巴文化所经历的道路，女性崇拜是一个突出的方面，通过这一问题的追溯，可以透视妇女地位递变的某些历史轨迹。收入《玉振金声探东巴：国际东巴文化艺术学术研讨会论文集》社会科学文献出版社 2002 年 6 月。

323. 纳西族传统文化与妇女的发展关系/李例芬/《玉振金声探东巴：国际东巴文化艺术学术研讨会论文集》社会科学文献出版社 2002 年 6 月//通过对纳西族传统文化的分析，可看出纳西族传统文化在对待两性关系的问题上，视两性的存在是世界万物存在并生生不息的根源所在，视两性的平等是天经地义的基本原则，视两性的和美是人生存在价值的根本追求。

324. 纳西女人与战争/沙蠡/《丽江文化荟萃》宗教文化出版社 2000 年 4 月//论述纳西女人是和平的使者，在战争年代中也是创造爱、消灭恨、助长美、消灭丑的使者。

325. 纳西族妇女禁忌产生的社会背景/习煜华（纳西族）/《云南文化资源研究与开发》云南民族出版社 1994 年 11 月//在纳西社会中，对妇女的禁忌表现为宗教和习俗的形式，规范着人的行为，协调着人与自然、人与社会和人与自身的各种关系，在历史进程中发生了深刻的影响。它从否定的角度反映出曾经存在而又被否定的事实，从不能的指令中展示出文化演变的脉络，从强制性的自发力量中折射出纳西族的生产关系、婚姻制度、生育观念和文化发展的过程。收入《丽江文化荟萃》宗教文化出版社 2000 年 4 月。

326. 纳西族妇女文化的地位和作用/习煜华（纳西族）/《玉龙山》1995（2）//本文从 5 个方面论述尊崇女性的传统文化，自始至终贯穿于纳西文化之中。从对女阴的崇拜、神话故事、语言文字到民俗风情，无不渗透妇女的辛苦和智慧，无不体现妇女的地位和作用。

327. 丽江妇女的生活概况/银涛/《边政公论》1941 年 1 卷 3、4 期合刊//

328. 纳西妇女变革观念积极投身经济建设/赵丽云/《今日民族》1996（10）//

329. 纳西族妇女传统美德的继承与发扬/赵丽云/《玉龙山》2000（5）//本文阐述纳西族妇女在谋求平等、和平与发展的时代，发扬优良传统，更新观念，贡献聪明才智，谱写两个文明建设新篇章。

330. 丽江县新民村妇女情况/中央访问团二分团调查整理/《中央访问团第二分团云南民族情况汇集·上》云南民族出版社 1986 年 2 月//包括新中国成立前纳西族妇女在社会及家庭中的地位、婚姻问题，解放战争中和新中国成立后的纳西族妇女等方面情况。

331. 民国时期丽江商界的纳西族妇女/周智生/《思想战线》1998（12）//民国时期是丽江商业发展的黄金时期，本文从纳西族妇女成长的环境与条件，突破樊笼、经商营生，纳西族商妇的历史作用三方面，论述纳西族妇女参与丽江商业发展的进程及她们作出的特有的贡献。

## C92　人口学

332. 古城新韵：云南第五次人口普查宣传活动丽江采风/成思/《中国统计》2000（11）//

333. 宁蒗彝族和摩梭人人口发展问题比较研究/李平/《云南社会科学》1989（3）//本文指出彝族与摩梭人人口发展存在巨大的差异，并分析了存在差异的影响因素，指出：社会制度与人口发展特点有着某种相关性，影响人口发展的传统观念和社会习俗的消失是一个长期过程；制定计划生育政策应依据生存空间的最佳比例，采取因地制宜的措施贯彻落实。原载《民族学》1989年1期。

334. 丽江纳西族自治县历史人口/杨其昌（纳西族）/《纳西族研究论文集》北京民族出版社1992年10月//本文研究探析丽江纳西族自治县元代以前人口，明代以来人口构成分布及再生产类型。

335. 云南丽江纳西族自治县历史人口/杨其昌（纳西族）/《中国少数民族人口》1990（3）//本文对丽江纳西族自治县历史人口作探索，以连贯人口的历史线索，最后提供人口构成及分布情况。

336. 纳西族人口/杨启昌（纳西族）/《丽江文史资料·第13辑》1992年10月//有人口发展变化和开展计划生育、促进人口素质提高两部分。

337. 摩梭人传统生育观与人口规律试探/杨学政/《云南社

会科学》1985（1）//本文讨论摩梭人传统生育观与对人口增殖的影响及其解决办法。

338．摩梭人人口问题研究/杨振洪/《民族学调查研究》1996（1）//本文从社会制度、婚姻家庭形态、传统观念和社会习俗三个方面论述了摩梭人人口长期没有明显增长的原因。

## C951　民族起源

339．纳西族与古羌人的渊源关系/和发源（纳西族）/《云南社会科学》1991（4）//本文在介绍纳西族族源的两种不同观点的基础上，以调查所见和历史资料，从七个方面说明纳西族先民之主体是从西北迁徙而来的古羌人游牧民后裔。

340．东巴教与本教"卵生说"的比较/和建华（纳西族）/《云南藏学研究论文集·第二辑》云南民族出版社1997年9月//本文选东巴教的两个卵生说与本教卵生说作一比较，认为东巴教"卵生说"不但与藏族本教"卵生说"有关，不同的卵生说还有不同的来源。原载《西藏研究》1996年3期。

341．滇川边境纳西族先民迁徙路线考察/和尚礼（纳西族）/《迪庆方志》1992（4）//

342．康南石板墓族属初探：兼论纳西族的族源/李绍明/《思想战线》1981（6）//本文从康南石板墓的特征，康南石板墓与古白狼人的关系，古白狼人与纳西族的关系三方面论述，认为现今发现于康南的石板墓是汉代白狼人先民的墓葬，而白狼人与纳西族有着族属上的联系。

343．川滇边"纳日"人族称问题的由来与现状/李星星/《民族研究动态》1994（1）//

344．从语言探索纳西族与古羌人的渊源关系/李英/《纳西族研究论文集》北京民族出版社1992年10月//本文通过对羌语与纳西语、白狼语与纳西语、旄牛羌与摩沙三部分的词汇与语言比较和分析，指出纳西族祖先与西北地区的古代羌人有密切的关系，与藏、彝、哈尼、傈僳等各族有共同的来源，他们之间存在的文化特征和语言差异是在后来发展中，在不同环境下产生的各自特征。为1990年"纳西族历史专题学术讨论会"论文。

345. 纳西族族源新说再质疑：与诹访哲郎先生进一步商榷/林向萧/《云南民族学院学报（哲社版）》1993（1）//本文就"原始的藏缅语的确与游牧文化无缘"；"纳西族的游牧民性与农耕民性属于分离型"；"纳西族的双系是由南下的父系和土著的母系构成的"；"东巴的送魂路线是统治者的意志的体现"几个问题与诹访哲郎商榷，以求对纳西族族源进行交流、研究。

346. 纳西族源于羌人之新证/汪宁生/《思想战线》1981（5）//本文介绍了"东巴教"仪式中所用的一种木牌——"可标"，并与我国西北地区汉代遗址出土的"人面形木牌"对照研究，认为纳西族"可标"不仅可以解释西北出土"人面形木牌"的具体用途和用法，而且通过二者的比较研究，为纳西族源于羌人之说增添了一条新的证据。

347. 古纳西族四种造人说及其演变/习煜华（纳西族）/《纳西族研究论文集》北京民族出版社1992年10月//本文试图分析东巴教中"卵生说，两性交媾说，道德造人说，男性造人说"四种不同造人说，并揭示其演变过程，使"历史学家可以从神话里找出历史来，信徒们找出宗教来，哲学家找出哲理来。"

348. 纳西族、藏族同源异流关系考略/杨福泉/《云南社会科学》2002（6）//作者用丰富的历史文献和民族志资料，通过考证古羌人首领无弋爱剑、牦牛羌、"白狼国"与纳西族和藏族之间的关系，认为纳西族和藏族之间存在着同源异流的历史渊源。此外，还对民族史重要文献——东汉时的《白狼歌》和纳西、藏、普米等族语言的关系提出了新的见解。

349. 试论唐代磨些的分布、族属和渊源/周裕栋/《民族学》

1993（2）//本文在研究唐代磨些分布地域的基础上，探讨了磨些的族源和渊源，认为唐代"磨些"不仅族属不同，非同族，而且历史源流也有别。其中属于普米族和操"纳木依语"的藏族先民部分，的确是渊源于魏晋"摩沙"，秦汉"筰"和先秦"羌"等，而属于纳西族彝族先民部分，则是渊源于先秦的"靡莫之属"和"嶲昆明"等。

350. 再论纳西族的形成过程：答和发源先生及林向萧先生/诹访哲郎撰（日）/《云南民族学院学报（哲社版）》1992（2）//本文就和发源先生论文《纳西族族源及其与羌人的关系——兼评诹访哲郎的土著农耕民主体说》，林向萧先生论文《纳西族族源新说三疑——与诹访先生商榷》中提出的疑义，先介绍自己对藏缅语系民族诸特色的基本认识，然后介绍和回答和发源先生、林向萧先生提出的疑问。

### C954　民族社会形态、社会制度

351. 也谈东巴经中反映的纳西亲属制度：兼与"吕西"（摩梭）人比较/安东尼·杰克逊（A.Jackson）（英）/《国际东巴文化研究集粹》云南人民出版社1993年6月//本文针对德国学者普鲁纳尔推测纳西社会一直是父系的观点提出不同的看法。通过吕西（摩梭）和纳西的比较，认为纳西曾经是母系制，要探索的是后来的变化。

352. 论纳西族的亲属称谓制/安东尼·杰克逊（英）著/杨福泉译/《民族学与现代化》1987（1）//本文摘自《纳西宗教——对纳西经书的分析评价》，对纳西族亲属称谓作了认真分析。

353. 也谈纳西族的母系"衣杜"和易洛魁人的"奥华契拉"/陈启新/《民族研究》1982（1）//作者通过对纳西族的母系"衣杜"和易洛魁人的"奥华契拉"的比较研究，认为"衣杜"和"奥华契拉"并非同一历史发展阶段上的东西，前者原属

早期母系氏族形态，嗣后，由于土司制度的肢解逐渐趋于畸形化，成为一种残余保存下来；后者则属于晚期母系氏族形态的产物，因受外界影响不大，基本上还保持着原生形态的样子，因此不能把它们作为一种内涵相同的婚姻家庭系列或定名为"母系亲族"而置于普那路亚家庭和对偶家庭之间。

354. 母系制实例研究的可喜成果：读《永宁纳西族的阿注婚姻和母系家庭》、《永宁纳西族的母系制》两书/程德祺/《中国社会科学》1985（4）//新中国成立以后，我国民族学研究者在我国的土地上，发现了存在于永宁纳西族社会的诸种原始婚姻形态和母系制度，对此进行了实地调查和理论研究。本文所评的两本书即是他们研究成果的反映。本文认为两书印证了马克思主义关于原始社会史的基本理论，丰富了人们的认识，而且进行了有益的理论探索，具有引人注意的学术价值。本文作者还对两书的一些观点包括分歧之处发表了自己的见解。

355.《永宁纳西族的母系制》一书评介/程志方/《云南社会科学》1983（5）//认为该书介绍和探讨了当地纳西族氏族的来源、结构和演变过程，并利用国内外其他民族的资料作了比较研究，对原始史的研究所提供的资料和观点都是新颖的。

356. 永宁纳西族的母系家庭和亲属称谓/傅懋勣/《民族研究》1980（3）//本文分永宁纳西族的母系家庭和永宁纳西语亲属称谓的分析两部分。第一部分主要讲了永宁纳西族的母系家庭的特征，婚姻制度；第二部分主要分析永宁纳西语的亲属称谓，最后还谈了母系家庭以及社会发展对亲属称谓的影响。

357. 关于摩梭人阿注走婚和母系家庭的思考/何文华/《山东教育学院学报》1996（1）//

358. 论摩梭人母系文化的研究与宣传/和建华（纳西族）/《云南文化资源研究与开发》云南民族出版社1994年11月//文章首先指出摩梭人母系文化是客观事实，对其研究应实事求是；

其次论述了母系文化在现代社会中的8个特点；最后指出如实研究宣传母系文化的两大意义。

359. 对摩梭母系家庭的再认识/和钟华（纳西族）/《云南社会科学院妇女研究论文集萃》云南民族出版社1999年8月//作者在三次实地考察的基础上，叙述永宁母系家庭的基本情况，指出母系家庭的走婚是摩梭人适应他们生存环境的生存方式的一种选择，而且永宁摩梭人这一支从远古至今，曾经历了母系——父系——母系的演进过程。由于外来文化的冲突，固定走婚已在普遍实行。又见《性别与中国》，三联书店1994年版。

360. 也谈永宁纳西族亲属制/佳水/《民族研究》1980(5)//本文从永宁纳西族亲属制的两个显著特征，永宁纳西族亲属制是氏族外群婚的产物、形态特征的产生、称谓使用特征的产生几个方面，阐述了永宁纳西族亲属制，并对严汝娴、宋兆麟两位先生的"永宁纳西族亲属制不是以婚姻关系为基础，母系氏族制度的建立并未使永宁纳西族的亲属制度发生什么变化"的结论提出异议。

361. 永宁么些族的母系社会/李霖灿/《么些研究论文集》之十五，台湾：故宫博物院，故宫丛刊甲种之三十二，1984年7月初版//永宁是一个十足的土司地，是没有文字的么些人居住的中心，这里是母系社会组织，同时又有公田制度的存在的女儿国，家族世系的承继都是以女性为主。母女相传，延续无穷。男子居于一种附属地位。只知有母，不知有父。文章介绍这一社会现象。

362. 试论永宁纳西族封建领主制土地占有关系及其特点/刘龙初/《民族学研究第3辑》北京民族出版社1982年5月//本文就永宁纳西族封建领主制土地占有关系，封建领主土地制产生的历史条件和封建负担，封建领主土地制的基本特点等问题，进行了系统论述。

363. 论永宁纳西族"俄"等级的来源及其阶级属性/刘龙初/《民族研究》1981（5）//学术界对纳西族"俄"的阶级属性有不同看法。本文从"俄"等级产生的历史背景；"俄"等级的来源；"俄"等级对土地的占有状况；"俄"等级的基本特点几方面分析，对"俄"等级的来源及其性质提出作者的看法。

364. 纳西：摩梭的亲属制度及其文化/孟彻理（美）著/《云南社会科学》2000（4）//本文对云南丽江地区纳西（摩梭）及邻近彝族、藏族等多民族的亲属关系、婚姻、政治、经济及宗教制度进行了深入研究，认为完全的父系和母系是在特定政治、宗教和经济因素条件下形成的，是一种特定的历史转换。

365. 论永宁纳西族母系家庭与封建社会同体的原因/木芹（纳西族）/《思想战线》1990（5）//本文认为永宁纳西族母系家庭绝非原生形态的母系家庭，而是附着在封建社会的次生形态，并从历史发展中的重大挫折、纳西族母系家庭在维护封建领主制的作用以及母系家庭在当地的适应能力等方面对其与封建社会同体的原因进行了较为深入的探讨。收入《纳西族研究论文集》民族出版社1992年10月。

366. 纳西象形文字手稿中所反映的亲属制度/普鲁纳尔（德）/《国际东巴文化研究集粹》云南人民出版社1993年6月//本文分析纳西族的亲属制度及亲属称谓等。认为纳西人的社会是父系结构。

367. 论云南永宁纳西族的群婚家庭残余：家庭形态调查与读书笔记之一/宋恩常/《民族与地方史研究》云南人民出版社1975（1）//作者根据调查资料研究认为，直到新中国成立前，群婚家庭的残余仍在永宁纳西族社会中继续保存。

368. 从母权制家庭到父权制家庭的过渡/宋恩常/《云南少数民族研究文集》云南人民出版社1986年10月//本文从四个方面论述了从母权制家庭过渡到父权制家庭是一个漫长而复杂的历

史过程，父权制家庭本身始终存在着内在矛盾：①过渡的经济前提；②父权制家庭的婚姻特点；③在父权制下妇女的地位；④父权制家庭不可克服的内在矛盾。

369．永宁纳西族的群婚家庭残余/宋恩常/《云南少数民族研究文集》云南人民出版社 1986 年 10 月//本文从以下几个方面论述了永宁纳西族的群婚家庭残余：血缘家庭的痕迹残余、母系氏族残余、对偶婚过渡到一夫一妻制、长期保留群婚残余的周围各族。

370．纳西族的母系家庭/宋恩常/《民族团结》1962（8）//第一部分"封建领主制度下的母系家庭"主要从概述、封建领主经济制度、保留在封建制度下的母系家庭三方面分述。第二部分"对偶婚与群婚相结合的婚姻制度"主要从望门居的"阿注"制度的基本特点、血缘婚的残迹与群婚的特征、"阿注"关系的建立和解除、"阿注"间的经济联系、子女归母方与父方观念的萌芽五方面分述。第三部分瓦解中的母系家庭也是从五方面分述。

371．略论新中国成立前永宁纳西族的群婚家庭残余：学习恩格斯《家庭、私有制和国家的起源》札记/宋恩常/《思想战线》1976（4）//从分析永宁纳西族的群婚家庭残余入手，研究群婚家庭的产生、存在、解体等发展过程。

372．论从母权制家庭到父权制家庭的变革及其内在矛盾/宋恩常/《思想战线》1979（5）//本文从三个方面论述了从母权制家庭过渡到父权制家庭是一个漫长而复杂的历史过程，父权制家庭本身始终存在着内在矛盾：①从由母权制家庭过渡到父权制家庭的经济前提；②在父权制下妇女沦为买卖的对象；③父权制家庭不可克服的内在矛盾。收入《云南地方民族史论丛》云南人民出版社 1986 年 4 月。

373．又一个"新发现的群婚实例"：云南永宁纳西族的阿注婚/宋敏/《史前研究》1987（1）//

374. 纳西族的母系家庭辨析/宋兆麟/《民族研究》1982 (4) //本文就纳西族的母系衣杜的性质问题，具体阐明了纳西族母系家庭的结构，看看它与母系亲族的异同及其历史渊源，兼答之乾等同志的质疑。

375. 论永宁纳西族的对偶婚与对偶家庭/王承权/《婚姻与家庭·人类学研究之三》江西教育出版社 1987 年//

376. 云南永宁纳西族的母系家庭/王承权/《百科知识》1980 (11) //20 世纪 50 年代后期至 60 年代初，我国民族学工作者对全国五十多个少数民族进行了全面的社会调查，特别着重调查了永宁纳西族的母系家庭，发掘出这个对研究母系氏族社会具有重要科学价值的社会活"化石"。本文介绍了永宁纳西族的母系家庭情况。

377. 也论永宁纳西族母系制和阿注婚的起源：兼答赵蔚杨先生/王承权/《云南社会科学》1989 (4) //本文讨论两个问题：1. 阿注婚和母系家庭源于永宁纳西族古代母系制，还是近百年产生的；2. 这种婚姻家庭形态是由于社会诸合力的作用才得以保存下来，还是喇嘛教传入的产物，作者否定了喇嘛教传入作为阿注婚和母系家庭产生的原因。

378. 宁蒗县永宁区忠实乡纳西族封建领主制、阿注婚姻和母系家庭调查/王承权，詹承绪整理/《宁蒗彝族自治县永宁纳西族社会及家庭形态调查·二》云南人民出版社 1988 年 2 月//本调查报告重点是摩梭人的母系家庭和阿注婚姻，对封建领主制、特别是生产力状况只作了扼要叙述。

379. 试论永宁纳西族的阿注婚姻和母系家庭长期保存在封建领主制下的原因/王承权等/《思想战线》1979 (1) //本文扼要介绍了保留于封建领主制下的阿注婚姻以及母系家庭的基本特点。并着重分析了阿注婚姻和母系家庭能够在封建领主制下长期存在的原因：特定历史条件的影响；劳动发展阶段对家庭婚姻的制约；妇女仍然是谋取生活资料的主力；血缘纽带和旧传统的反作用；上层建筑的阻碍。

380.川滇边境纳日文化及其社会性别/翁乃群/《玉振金声探东巴：国际东巴文化艺术学术研讨会论文集》社会科学文献出版社 2002 年 6 月//作者根据田野调查研究，对纳日人表现在女神崇拜仪式，各种生命周期仪式、房屋结构以及创世纪神话和迁徙历史中的文化象征现象进行分析，将纳日文化中的社会性别结构关系诠释为"女源男流"。

381.女源男流：从象征意义论川滇边境纳西文化中社会性别的结构体系/翁乃群著/《民族研究》1996（4）//作者应用象征分析法，通过对川滇纳西人的创世神话、房屋结构、丧葬中的送魂路线、方位和生肖年龄的计算等的象征表达的诠释与分析，探索纳西人的社会性别结构体系。

382.永宁区拉伯乡白亚村纳西族从母权制向父权制的过渡/吴光湖/《云南省永宁彝族自治县永宁纳西族社会及其母权制的调查报告》中国社会科学院民族研究所云南民族调查组，云南省民族研究所，1963 年//

383.西双版纳傣族与永宁摩梭人封建农奴制比较研究/肖崇健/《民族学》1989（1）//本文仅就西双版纳封建社会与永宁摩梭人封建社会的政治结构、经济基础、等级制度和宗教进行比较，说明处于同一社会阶段的不同民族共有性，但由于原有的历史发展进程不尽一致，地理环境殊异，造成社会内涵不同的特点。

384.宁蒗县永宁区八株乡纳西族领主经济和母系制调查/严汝娴，刘尧汉调查整理/《宁蒗彝族自治县永宁纳西族社会及家庭形态调查·三》云南人民出版社 1986 年 9 月//有经济结构；政治组织与等级制度；以阿注异居为主的三种婚姻形式；以母系家庭为主的三种家庭类型；各村家庭婚姻情况分述；物质生活、意识形态和习俗六部分。

385．拖支乡纳西族领主经济和母系制调查／严汝娴，刘尧汉调查整理／《宁蒗彝族自治县永宁纳西族社会及家庭形态调查·三》云南人民出版社 1986 年 9 月／／有经济结构、政治组织及习惯法、家庭和婚姻、文艺与习俗和两个附录：拖支乡纳西族各户家庭成员，婚姻状况及若干世系。

386．永宁温泉乡纳西族母系制及领主经济调查／严汝娴，刘尧汉调查整理／《宁蒗彝族自治县永宁纳西族社会及家庭形态调查·三》云南人民出版社 1986 年 9 月／／有母系家庭的结构、变化、母系家庭所处的社会背景三部分和家庭成员亲属关系表补录、四川前所乡四个自然村的婚姻简况、阿古瓦和拉梅瓦家庭婚姻补充调查三个附录。

387．论纳西族的母系"衣杜"／严汝娴，宋兆麟／《民族研究》1981（3）／／本文从纳西族的家庭结构入手，进一步探索母系氏族繁荣期的变化。作者认为母系"衣杜"不属于家庭或家族的范畴，而是母系氏族不断分裂的产物，是规模比氏族小，血缘关系更为亲近的母系血缘集团，实际是"小氏族"，但它在母系氏族解体后，长期遗留在阶级社会中，在不断分裂中日益小型化，故也不再属于氏族系列，该文对此作了具体分析。

388．纳西母系亲属制与易洛魁亲属制的比较研究：兼论亲属制度的起源问题／严汝娴等／《民族研究》1980（2）／／本文从母系的亲属制度，纳西母系制与易洛魁亲属制的比较，亲属制度的社会基础，单系起源还是双系起源几个方面详尽地阐述了作者的研究观点。

389．纳西族的古典神话与古代家庭／杨福泉（纳西族）／《东巴文化论集》云南人民出版社 1985 年 6 月／／纳西族古典神话大部分记载在《东巴经》中。本文试图透过纳西族神话，辨析纳西族的原始家庭形态，并就原始家庭形态的诸问题略述自己的看法。原载《思想战线》1982年4期、又载1983年《云南少数民族文学论文集》第2集，1983年《东巴文化研究资料汇编之一》。

390. 试析永宁摩梭人母系制长期延续的原因/杨振洪/《民族学调查研究》1993（4）//作者以摩梭人自身的思考指出摩梭人母系制长期延续的原因是：①尊敬老人维护传统习俗；②恋爱、结婚、离婚自由；③独特的地理位置提供了极好的生存条件，促使摩梭人的古老习俗完整保存下来；④元末推行的"五畜租税制"使母系制得到进一步发展和巩固；⑤男人外出，女人成为家庭主宰；⑥舅掌礼仪母掌财，分工协作，无吵闹也是摩梭人留恋母系家庭的原因之一。

391. 加泽乡纳西族领主经济和家庭婚姻调查/詹承绪/《宁蒗彝族自治县永宁纳西族社会及家庭形态调查·二》云南人民出版社1988年2月//有概述、经济和政治、家庭和婚姻、生活习俗几部分。

392. 永宁纳西族的母系家庭/詹承绪/《史学月刊》1965（7）//新中国成立前永宁纳西族还保留着比较原始的"阿注"婚姻以及由此而构成的母系家庭。作者根据对纳西族母系家庭的调查材料，以永宁盆地为主，对母系家庭的主要情况作了介绍。

393. 《永宁纳西族的母系家庭》一文的补充/詹承绪/《史学月刊》1965（8）//亲属称谓是研究婚姻的重要内容之一，为提供有关方面更多的研究材料，作者在此对《永宁纳西族的母系家庭》一文减去的亲属称谓一段内容加以补充。

394. 永宁纳西族母系父系并存家庭试析/詹承绪/《中国社会科学》1981（4）//在云南省宁蒗县永宁地区的纳西族中，1956年民主改革以前，尚存在一部分母系父系血统成员并存的家庭。它是原始社会母系对偶家庭向一夫一妻制家庭转变的一种过渡形式。本文作者根据实地调查，剖析和探讨了永宁纳西族母系家庭向父系家庭转变中的若干问题，对正确认识永宁纳西族的社会和历史，研究原始社会史和家庭发展史，提出了自己的见解。

395.永宁纳西族母系制和阿注婚起源问题商榷/赵蔚杨/《云南社会科学》1987 (2) //本文讨论与永宁纳西族家庭婚姻形态有关的三个问题。1.永宁社会生产力的状况不构成延续母系制和阿注婚的特殊条件；2.永宁不是原始母系制的世外桃源；3.喇嘛教对永宁母系制和阿注婚的特殊影响。

396.纳西族母系"衣度"的社会性质问题/之乾/《民族研究》1981 (5) //本文针对《论纳西族的母系"衣杜"》一文提到的"母系亲族"这一问题，通过分析，得出纳西族的"衣度"应是一种"母系家庭"，而不能定名为"母系亲族"这一结论。认为这种"衣度"是纳西族特殊社会历史条件的产物，它只是"一种历史的偶然"，而不是人类社会历史上的"一种相当普遍的历史现象"。

397.宁蒗永宁区开坪乡纳西族封建领主、阿注婚姻和母系家庭调查/周裕栋，詹承绪整理/《宁蒗县彝族自治县永宁纳西族社会及家庭形态调查·二》云南人民出版社 1988 年 2 月//有生产状况、生产关系、以阿注形式为主的婚姻，以母系为主的三类家庭及附录几个部分。

398.拉伯乡纳西族领主经济和家庭婚姻调查/周裕栋调查整理/《宁蒗县彝族自治县永宁纳西族社会及家庭形态调查·二》云南人民出版社 1988 年 2 月//有：社会经济、永宁土司的统治剥削及人民群众的反抗斗争、婚姻与家庭、宗教丧葬和节庆、丽江县六区善美公社楚科和上瓦两个大队的纳西族的家庭与婚姻几部分。

399.洛水乡纳西族领主经济和家庭婚姻调查/周裕栋整理/《宁蒗县彝族自治县永宁纳西族社会及家庭形态调查·二》云南人

民出版社 1988 年 2 月//有概述、社会经济、永宁土司的统治和剥削、纳西族的婚姻和家庭、在纳西族影响下的普米族家庭与婚姻几部分。

400. 永宁区达坡村纳西族母权制的调查/朱宝田，吴光湖/《云南省永宁彝族自治县永宁纳西族社会及其母权制的调查报告》中国社会科学院民族研究所云南民族调查组，云南省民族研究所，1963 年//

### C955　民族性、民族心理、民族识别

401. 祭天古歌与民族精神/陈烈/《丽江文化荟萃》宗教文化出版社 2000 年 4 月//纳西族东巴经典完整、全面、系统地保存了汉文化中祭天这一古文化的极其丰富的内容，是复活纳西文化和中华古文化的"活化石"。这是祭天古歌可贵的价值所在。

402. 略论纳西族心理素质特点及其变异因素/郭大烈（纳西族）/《纳西族研究论文集》北京民族出版社 1992 年 10 月//纳西族具有强烈的民族自识性和民族意识，有内向性和热爱祖国的优良传统，向上进取和热衷于学习先进文化的精神，深沉谨慎、质朴厚重的性格和为人，兼收并蓄和信而不笃的宗教观。以上心理素质受自然地理、社会发展、阶级因素的影响和制约，会产生不同程度的变异。又载《民族学研究》第五辑，《云南地方民族史论丛》云南人民出版社 1986 年版。

403. 纳西族心理素质初探/郭大烈（纳西族）/《云南省历史所研究集刊》1982（1）//本文论述了纳西族心理素质的特点：民族意识"纳西若米"（纳西儿女）；民族精神：坚忍不拔；民族性格：深沉谨慎；民族道德：质朴厚重；民族信仰：多神观念。指出纳西族心理素质受自然地理、社会发展和阶级意识的影响和制约。

404. 纳西族优秀传统文化精神/和鸿昌（纳西族）/《纳西

族研究论文集》北京民族出版社 1992 年 10 月//本文归纳了纳西族十个方面的优秀传统文化精神。①爱国主义；②对外开放吸收先进文化；③重视教育，重视培养人才；④勇于进取和竞争；⑤勤劳和艰苦奋斗；⑥热爱公益事业和集体主义；⑦助人为乐，团结友爱；⑧尊老爱幼；⑨自爱、自信、自强和珍视民族文化；⑩讲礼貌、热情好客。

405. 试论纳西族的自称族名/和即仁（纳西族）/《思想战线》1980（4）//本文从纳西族的社会历史和语言的角度，论述了自己对纳西族的自称族名问题的认识和看法。收入《纳西族研究论文集》民族出版社 1992 年 10 月。

406. 纳西族的生存发展与心理素质/和庆元（纳西族）/《云南文化资源研究与开发》云南民族出版社 1994 年 11 月//本文从纳西族具有强烈的民族意识，人与自然的优化意识，学习先进文化的开放意识几方面，论述了纳西族的生存发展与心理素质。

407. 泸沽湖畔的纳西族是否是另一个"单一民族"/和志武（纳西族）/《云南省历史所研究集刊》1983（2）//本文就 1979年以来有学者提出"滇川交界泸沽湖畔的纳西族"（自称"纳"和"纳日"），"民族特点突出"，应该承认为"单一民族"的观点发表不同看法。

408. 民族研究必须促进民族团结：从纳西族中再"识别"出一个别的"单一民族"吗？/和志武（纳西族）/中国民族学研究会第二次学术讨论会论文//

409. 纳西族支系研究一题/和志武（纳西族）/《中央民族学院学报》1984（3）//1979 年以来，有学者认为滇川交界泸沽湖畔的纳西族"民族特点很突出"应该成为单一民族。本文提出不同看法：由于各种历史原因，我国西南少数民族的社会历史发展是不平衡的，同一民族内部的各支系中，也往往呈现出不同历史发展阶段的社会形态，这种差异（发展不平衡）丝毫也不能成为分民族的理由。

410. 纳西族远古历史文化的特质/李例芬/《纳西族研究论文集》北京民族出版社 1992 年 10 月//本文从积极探寻，力求根本的认知精神，以善为至理的崇尚精神，热爱生活，崇奉生命的精神三个方面，探寻纳西族远古历史中所蕴含的合理精神内涵。

411. 川滇边境纳日人的族别问题/李绍明/《纳西族研究论文集》北京民族出版社 1992 年 10 月//本文从纳日人与蒙古议长的关系，百灵庙和百灵太子的传说，纳日人的族源与迁徙等三个方面论述，指出纳日人渗入了蒙古族的血统，但却不是蒙古人，他们源于古代西羌，战国时期南迁，汉末出现的摩沙一名，即来源于旄牛羌的"旄"。古么些人分两支，一支即纳日，居川滇边境，为东部，另一支即纳西，居于滇西北丽江一带，是为西部。原载《社会科学研究（四川）》1982 年 6 期。

412. 能歌善思纳西人/李英，木伟军（纳西族）/《森林与人类》1999（10）//

413. 论纳西族共同心理与我国社会主义法制/林霄红/《云南师范大学学报》2000（3）//本文从纳西族的居住地理环境、经济、文化发展入手，剖析其群体心理与我国社会主义法制间的关系，可看出纳西族共同心理对其接受遵循法律起着积极的影响，社会主义法律也促进着纳西族共同心理中健康思想因素的成长。

414. 他们为什么称自己是纳西族/天粒/《民族团结》1999（8）//

415. 纳西族各支系的同异/王世英（纳西族）/《云南文化资源研究与开发》云南民族出版社 1994 年 11 月//作者根据现在不同的地理、经济、生活习俗、自称将纳西族分为三支，并从宗教、社会组织形式、家庭及人数方面论述了各支系的同异。

416. 从心理传统看纳西文化与古羌文化之间的关系/杨福泉（纳西族）/《边疆文化论丛第2辑》中国民间文艺出版社 1989年//

417. 从东巴教仪式和经书看纳西族崇尚勇武精神/杨福泉（纳西族）/《东巴文化论》云南人民出版社 1991 年 3 月//本文略述纳西族崇尚勇武精神，分析崇尚勇武精神萌生于动物崇拜，并在原始狩猎时期产生飞跃，在古代战争和仇杀中深化发展，指出纳西族尚武好勇是继承古羌人民风的反映。

418. 纳西族的崇尚勇武精神及其源流探索/杨福泉（纳西族）/《民族研究》1990（3）//纳西族是个具有丰富的多元文化的民族，既有集本民族古文化大成的东巴古典文化，在历史上又以善于接受外来文化著称于世。另一方面某些特殊的社会形态和习俗又因其独特的价值引起中外学者的关注。因而这样一个民族需要从多方面探索它民族精神和个性，以把握住该民族文化的心理特质，揭示该民族文化的深层结构。本文拟讨论纳西族民族精神的一个构成部分——强烈的崇尚勇武精神，探索其源流演变，作为探索民族精神和个性的尝试。

419. "摩梭"称谓应还其历史面目：兼谈纳西族的他称和自称/杨启昌（纳西族）/《今日民族》1994（6）//"摩梭"一词是自古以来汉、白等民族对整个纳西族的称呼。但20世纪50年代以来部分资料和论著，把"摩梭"一词仅用作纳西族东部方言区内纳恒、纳、纳日等支系的名称，这对正确表述纳西族的历史极为不利，造成了相对混乱，有必要纠正过来。

420. 略论纳西族的民族精神/张东向/《玉龙山》1998（4）//

421. 略论纳西族的民族精神/张东向/《丽江文化荟萃》宗教文化出版社 2000 年 4 月//论述纳西族艰苦奋斗自强不息，尚武好勇，虚心好学，重视群体协调和爱国主义的精神。

422. 大一统思想与纳西族民族观/郑卫东/《昆明社科》1997
(5) //

423. 对纳西民族文化精神和文化表象的粗浅分析/周珊/
《云南广播电视大学学报》1999（2）//本文试图以历史唯物主义
的观点对纳西民族文化精神和文化表象进行考察，客观认识纳西
文化存在的优势和不足，以进一步提高丽江民族文化整体水平，
实现民族文化的可持续发展。

## C956　民族关系、民族融合

424. 么些（纳西）之汉化/方国瑜（纳西族）/《丽江文史
资料·第17辑》1998年10月//本文为《么些（纳西）民族考》
第七部分。原载《民族学研究集刊·第四期》1944年商务印书馆
出版。

425. 明清滇藏政教关系与木氏土司/冯智/《纳西族研究论
文集》北京民族出版社1992年10月//本文从木氏土司与噶玛巴
纳关系及噶玛巴教在滇弘扬；木增与丽江版《甘珠尔》藏文大藏
经；黄、白二教在滇藏间的斗争三方面论述明清滇藏政教关系，
指出这一时期滇藏政教方面的密切联系，促进了滇藏民族融合，
促进了边疆的稳定和民族的团结。

426. 明至清初滇藏关系管窥/冯智/《中甸县志通讯》1990
(3) //

427. 元以来纳西族与傈僳族社会发展差异原因初探/高志
英/《云南学术探索》1998（1）//本文从地理位置、经济、政治
诸方面，对元以来纳西族与傈僳族产生差异的原因作了初步
探析。

428. 试论历史上纳西族和藏族的关系/郭大烈（纳西族）/
《中央民族学院学报》1983（1）//本文从政治、经济文化等方
面，论述纳西族和藏族的历史关系，同时认为纳西族和藏族的经

济文化交往历史悠久，内容广泛，但有局限性，汉族人口众多、经济文化比较先进，对纳西族的影响比藏族更深入、广泛。原载《云南省历史研究所研究集刊》1982年2期。又收入《藏学研究论文集》云南民族出版社1995年4月。

429. 浅论藏文化与纳西文化之交汇/和少英（纳西族）/《民族研究》1995（1）//本文依据有关文献和民族学田野调查资料，从历史、宗教以及民俗三个方面，对两种文化之交汇作探析。原载《云南宗教研究》1993年2期。

430. 普米族与纳西族的关系：对《黑白战争》的一点浅见/胡文明/《丽江文化荟萃》宗教文化出版社2000年4月//文章从《黑白之战》的传说、学者对《黑白之战》的论说及音乐中关于《黑白之战》的描写，论述普米族与纳西族的关系。

431. 纳藏关系资料文摘/郎达辑/《丽江文史资料·第10辑》1991年10月//有关于"藏文目录学"、"丽江里塘版《大藏经》"、与南诏联婚、《大藏经》作者简介等资料文摘。

432. 浅谈纳西族同汉族的通婚/李近春/《民族学研究》第10辑北京民族出版社1982年5月//纳西族与汉族经济上互通有无，连为一体；文化上相互吸收；在接触中互有融合，关系密切，自然产生了民族间的互通婚姻。本文论述了纳汉通婚的历史和现状及对纳西族的发展、经济、文化教育诸多方面的积极影响。

433. 丽江境内的藏族/李静/《丽江文化荟萃》宗教文化出版社2000年4月//文章有：藏族马帮——与纳西族交流往来的纽带；历史上藏族与纳西族的交往；宗教文化促进了藏纳民族的融合；藏族的婚姻、丧葬、饮食、服饰等特点四部分，叙述丽江境内的藏族及其与纳西等民族的交往融合。

434. 云南小中甸藏纳关系调查/李旭/《云南文史丛刊》1998（1）//云南西北部迪庆州的小中甸是通往西藏高原的重要门户，

因其特殊地理位置和历史沿革，在藏族强势文化，尤其是藏传佛教的影响下，产生了强大的文化亲和力，使曾经势不两立、互相争战的民族融合在一起，同时又遗存下一些各民族独特的文化因素，如独特的一年一度的祭天仪式及赛马手的豪侠风采。

435.中甸、丽江：纳、汉、藏文化的交汇点/孙炯/《玉振金声探东巴：国际东巴文化艺术学术研讨会论文集》社会科学文献出版社 2002 年 6 月//文章论述了云南省丽江纳西族的文化源流，汉藏文化在中甸和丽江的撞击。汉藏文化影响下的中甸、丽江特有的文化现象。认为中甸、丽江堪称中国民族研究的活化石。

436.纳西族同周围兄弟民族的友好交往/王承权/《思想战线》1978（3）//本文论述了从古至今纳西族同周围汉、藏、彝、白各族人民的友好往来的史实，说明我国西南边疆各族人民，自古以来就共同劳动生活在祖国的土地上。

437.藏文化与纳西文化的交流/徐丽华/《青海民族学院学报》2001（2）//从青藏高原迁徙到滇西北的纳西族，其宗教文化、民间艺术、语言等受藏族文化的影响。文章论述了两个民族文化交流的历史渊源，澄清了一些历史上遗留下来的问题。

438.论唐代吐蕃与么些的关系/杨福泉（纳西族）/《西藏大学学报》1999（1）//唐朝是藏、纳两族关系上十分重要的时期，本文对这一时期两族的关系作论述。

439.从《神路图》看藏文化对纳西东巴教的影响/杨福泉（纳西族）/《云南社会科学》2001（5）//本文对著名的东巴教布卷画《神路图》中藏文化因素作了考释分析，通过对《神路图》中的鬼界（地狱）、人间、神界等宗教观念的分析，剖析了本教、藏传佛教等对《神路图》内容的影响，通过严谨的实证，从一个方面分析了东巴教与本教、藏传佛教之间的关系。

440.纳西族与藏族关系浅说/杨群、杨启昌等（纳西族）/

《云南藏学研究论文集·第二集》云南民族出版社1997年9月//纳西族与藏族互为近邻，在历史发展的长河中，互相交往，以不屈不挠的精神，开辟了一条漫漫长路——茶马古道。联结各民族，形成谁也离不开谁的民族关系。本文论述了茶马古道以马帮为运输工具经久不衰的历史；抗战中为抗战胜利作出的不可磨灭的历史贡献；以丽江大研镇为中心的几条主要商路；茶马古道上纳藏贸易的漫长岁月，源远流长的纳藏文化交流，从古到今从未停止。

441. 论纳西族与藏、汉民族的历史文化联系/张江华/《玉振金声探东巴：国际东巴文化艺术学术研讨会论文集》社会科学文献出版社2002年6月//纳西族历史悠久，在对待其他民族文化上能"广纳百川"为我所用。文章从以下三方面论述了纳西族与藏族和汉族的历史文化关系。①纳西族与康巴藏族在族源上有渊源关系；②东巴教与藏族本波教及藏传佛教的关系；③纳西族对汉族、藏族物质文化的吸收和融合。

442. 略论丽江木氏土司与噶玛噶举派的关系/赵心愚/《思想战线》2001（6）//噶玛噶举派在康区的长期经营和土司崛起后向康南地区的扩张，使双方建立长期密切关系成为历史的必然。随着新兴教派出现和形势的变化，这一关系呈现出三个大的阶段性变化，其变化的实质是基于利益之上的相互利用和相互依存关系。

443. 纳西族接受儒家教化的历史回顾/周孚政著/《历史文化资源研究》云南教育出版社1994年8月//经过历史的回顾，作者认为纳西族较早接受儒家文化，提倡教化，促进了社会、经济文化的发展，其间经历了六百多年漫长的教化过程，为纳西族奠定了扎实深厚的文化根基。

# D 政治、法律

## D631.43 公共秩序管理

444.关于加强丽江旅游景区公安警务工作的思考/李红新/《云南公安高等专科学校学报》2001（4）//旅游业已成为我区经济发展的支柱产业之一，但从旅游警务情况看，还存在着执法主体与执法范围的矛盾、景区公安民警配置不适应、警务工作统一性协调性差、民警素质偏低等问题。要促进旅游业提质增效，就必须规范旅游行业管理和市场管理，改革旅游景区（景点）公安警务体制，创建具有旅游特色的公安警务体系，建立"联合执法体系"。

## D631.6 消 防

445.为了世界文化遗产的安全//《云南消防》2000（2）//本刊专稿。

## D64 精神文明建设

446.弘扬纳西优秀传统文化搞好丽江精神文明建设/周珊/《创造》1999（9）//论述纳西族以国为重的爱国主义传统；善于吸纳他族文化的优良传统；勤劳勇敢、坚忍不拔的创业精神；强烈的民族自识性和凝聚力；良好稳定的伦理观念和传统；注重精神文化生活的传统。

## D691.4　土司制度

447.解放前木里的土司制度/杜品光/《民族文化》1984
(3)//木里土司制度始于1666年到1951年止，共传21代285
年。本文介绍政教合一的木里土司制度的特点。

## D909　法律文化

448.纳西族先民法意识刍议/杨云鹏/《思想战线》1994
(4)//本文通过从东巴古籍中反映出来的纳西族先民的法意识与
一些法律现象的阐述，看出纳西族先民对法律这一社会现象曾进
行了朴素和自发的思索，形成了独特的和较为稳固的法意识，从
而体现了纳西族先民的睿智与伟大。收入《丽江文化荟萃》宗教
文化出版社2000年4月。

449.浅论纳西族先民的债权观/杨云鹏/《思想战线》1995
(1)//作者通过东巴古籍中所反映的债权债务这一社会现象的分
析，认为纳西族先民的意识中已经产生了债的初始观念，由于东
巴古籍是宗教典籍，所描述的债观念、债现象都蒙上了一层浓郁
的宗教色彩，只有将此剥离开来，才能窥视到真实的纳西族先民
的社会生活。收入《丽江文化荟萃》宗教文化出版社2000年
4月。

# E 军 事

## E291 古代军事史

450. 古代纳西族的"挴瓜"制度/和志武（纳西族）/《纳西族研究论文集》北京民族出版社 1992 年 10 月//本文以《东巴经》资料和汉文文献结合实地调查资料，对古代纳西族的"挴瓜"（兵管）制度的历史、作用及其影响做了初步探讨。有"挴瓜"语源考，"挴瓜"制度的历史渊源，"挴瓜"制度的全盛时期，"挴瓜"制度的影响四部分。

# F 经　济

## F014.5　消费经济

451. 纳西文化与消费经济的相关研究/冯魄/《玉龙山》1988
(4) //本文有"正"金字塔文化结构及其成因；纳西族消费经济
三大特点和文化发展的相关关系两部分。旨在通过比较研究提供
一个民族生活方式构成的概貌。

452. 从纳西文化看消费经济/冯魄/《云南民族学院学报
(哲社版)》1989 (3) //本文是以丽江纳西族为研究对象，拟通
过民族文化与消费经济的相关研究，即对纳西族文化发展现状的
基本评估，纳西族消费经济的三大特点和文化发展的相互关系，
为云南省一些少数民族内部存在过多的"经济内耗"的人们，提
供一个民族生活方式构成的借鉴。收入《纳西族研究论文集》民
族出版社 1992 年 10 月。又收入《丽江文化荟萃》宗教文化出版
社 2000 年 4 月。

## F127.74　民族经济

453. 罗兰滋对丽江民间合作社的评估/杜娟/《民族学》1995
(4) //比利时委员罗兰滋对丽江民间合作社进行了为期四天的调
查研究，就丽江民间合作社发展情况作出了评价，认为在三个方
面做得较好，值得推广，同时在三个方面存在一些需要进一步解
决的问题。

454. 对纳西族商品意识开化——消沉——再开化的思考/高

建群/《玉龙山》1995（4）//本文论述纳西族商品意识起伏的原因及其处在起潮时该如何做的设想。

455. 明清时期纳西族地区经济的发展/郭大烈（纳西族）/《民族学》1995（1~2）//明清两代是历史上纳西族地区经济发展的重要时期。本文从农业、手工业、采矿业、贸易交通、商业、土地的典当与买卖几方面分述了明清两代纳西族经济发展的状况。

456. 永宁：独具特色的民族集镇及其未来鸟瞰/郭大烈（纳西族）/《云南省历史所研究集刊》1984（2）//文章介绍了历史上独具特色的民族集镇；新中国成立后民族集镇的兴衰及建设一个繁荣的民族集镇必须具备的条件。指出广大民族村寨从传统农业向现代农业转变，从自给半自给的经济向商品经济转变过程中，永宁将以丰富的自然资源和优越的地理位置，再度成为欣欣向荣的民族新集镇。

457. 重组民族文化振兴纳西民族经济/和力民（纳西族）/《民族学》1995（1~2）//本文从历史的反思、现实的对策两大方面回答了传统文化较为深厚，当代文化教育均位于全国众多少数民族前列的纳西族，为何现今的经济发展却处于滞后状况这一问题，并提出了重组民族文化，振兴纳西民族经济的6项重要对策。原载《玉龙山》1995年4期。

458. 紧紧抓住几个"千万元"：对丽江县"七五"经济战略规划的设想/和治城（纳西族）/《民族学与现代化》1987（1）//本文对丽江县"七五"经济战略规划提出了设想：继续抓好已有的收入千万元以上的项目，再新增几个收入千万元以上的项目。

459. 丽江发展设想和起步产业/和作宽（纳西族）/《民族学与现代化》1987（1）//文章从"七五"计划的经济和社会发展条件，奋斗目标和指导原则，大力发展商品生产，初步形成商品生产体系等方面，阐述了丽江发展设想和起步产业。

460．丽江建设民族文化大区之我见/解毅/《云南社会科学》1999（6）//丽江是个多元文化区，本文从丽江实际出发，对如何充分利用地区人文景观条件，建设"民族文化大区"，变文化资源优势为文化产业优势，促进地区经济繁荣和社会进步提出了积极见解。收入《丽江文化荟萃》宗教文化出版社 2000 年 4 月。

461．开拓创新走特色经济发展之路——"丽江模式"的思考与启示/李耿年，王永正/《西南民族大学学报》2003（6）//党的十六大提出了全面建设小康社会的奋斗目标，民族地区要实现这一目标就要解放思想，开拓创新，走出一条立足资源和区位优势，以特色谋发展，以发展促特色的良性循环的经济发展路子。"丽江模式"主打的就是三个品牌，一是以旅游为主导的"丽江品牌"，二是以生物创新为依托的"绿色品牌"，三是以实现环境保护为核心的"生态品牌"，这是民族地区实现跨越式发展的必由之路。

462．文化、生态和经济协调发展：和志强省长的九次丽江之行/李群育/《丽江文化荟萃》宗教文化出版社 2000 年 4 月//

463．徐霞客与丽江名胜产品的开发/杨德华/《云南文化资源研究与开发》云南民族出版社 1994 年 11 月//笔者认为丽江开发徐霞客这个"名人资源"有充分的理由，有可能性，也有必要性，并从几个侧面作了初步设想："徐霞客在丽江"雕塑，修筑霞客路，开发霞客酒、霞客宴、霞客鲊、霞客鸡、霞客柔猪、霞客牛舌、霞客酥饼、霞客发糖、霞客毡、霞客锁等。

464．以文化生命体的观点审视文化遗产地的可持续发展——以云南丽江古城为例/杨宏浩，杨桂华/《思想战线》2003（3）//在一个具有生命力的文化遗产地，文化不是以独立的形态存在的，每种文化都有其依附的载体。自然生境、历史意境和创造该文化的人构成了三位一体的文化生命体，其中文化是其灵魂，人是其创造者，自然生境、历史意境及人是文化的载体。通过不断发挥人的主观能动性和创造性，文化生命体便得以持续发展。

465.民族间经济交往对摩梭人社会文化的影响/张磊/《民族学》1992（3~4合刊）//本文分析永宁商品经济的发展对摩梭人的政治、经济的影响。

466.走出四方街/张信，李群育/《改革开放中的云南少数民族》云南民族出版社1996年7月//叙述改革开放以来，丽江各行各业取得的可喜成绩。

467.纳西少女的南腔北调/张信，杨兴红/《改革开放中的云南少数民族》云南民族出版社1996年7月//报道了纳西族少女在改革开放的大潮中，走出玉龙山，走向自我解放的鲜活事例。

## F301.1  土地制度

468.永宁土司的公田制度/李霖灿/《么些研究论文集》之十六，台湾：故宫博物院，故宫丛刊甲种之三十二，1984年7月初版//中国公田制度至今还保存在永宁。土地分为三种，红照田、公田、私田。红照田是出租给佃农的土地，佃农多为夷人（倮倮），亦有一部分汉人。先向土司衙交压头银子若干，由土司发给红照，再得到当地百姓的许可。每年向土司交官租，向百姓交夷租。私田是永宁百姓私有之田地，分布广泛，由百姓自耕自食。公田为土司官家所有，全在永宁坝子中，由坝子老百姓代为耕种，代为收获。代种的人不再支付土司的任何差事，有人说这与"井田制度"很相像。永宁公田制的区划相当周密，规矩繁多。

469.丽江县第五区巨甸乡解放前土地关系初步调查/许鸿宝，和克民/《云南纳西族社会历史调查》中国社会科学院民族

研究所云南民族调查组，云南省民族研究所，1963年//

### F326.22　林业经济

470.丽江县林业工作呈现新局面/阿六/《中国林业》2002 (7) //

471.丽江重拳出击保护红豆杉/利林/《云南林业》2002 (1) //

472.丽江地区林产业结构调整研究/木伟军/《林业调查规划》2001（3）//丽江地区林产业存在着内部结构不合理，经济体制不完善，管理体制没有理顺，产业投入减少，科技含量低，企业资产大量闲置等问题和困难。在调查分析其结构特点及其发展的利弊环境条件基础上，提出林产业结构调整的思路、原则、近中远期目标，拟定了以第一产业中的森林培育、森林花卉业和野生动物驯养繁殖，第二产业中的林产工业和林果加工与贮藏，第三产业中的森林旅游和林商贸易等为重点的建设布局。提出了加强行业管理，深化改革，完善机制，加大产业投入，积极培养和引进人才，健全科技推广体系，积极开拓市场，提高生产经营的设想。

### F327.8　农牧业经济

473.丽江马/段松廷/《云南文史丛刊》1989（3）//简要介绍丽江养马的历史和《东巴经》中有关马的描述和记载。

474.漫话丽江耕作制史/桑文祥/《丽江文化荟萃》宗教文化出版社2000年4月//种子的改良，水的利用，马的驯化是丽江农耕文化的杰作。本文简介丽江耕作制的发展。

475.泸沽湖畔摩梭人的农业/宋兆麟/《农业考古》1982 (1) //

476.俄亚纳西人的农业/宋兆麟/《农业考古》1995（3）//

477. 历史悠久的"丽江马"/苏桂英/《丽江文化荟萃》宗教文化出版社 2000 年 4 月//简介丽江马的形成历史及其分布范围，丽江马中心产区的社会经济条件，丽江马的改良现状、效果。

478. 丽江马的形成历史及改良现状/苏桂英/《丽江文史资料·第 2 辑》1986 年 12 月//文章包括丽江马的形成历史及分布范围，丽江马中心产区的自然环境及社会经济条件，丽江马的改良现状及效果及今后工作意见几部分。

479. 纳西族的养马业/杨国祥/《民族工作》1982（3）//

480. 丽江地区农村经济发展调研报告/俞茹/《民族学调查研究》1995（1）//本文叙述了丽江地区农业自然条件、土地资源特点、发展现状和发展方式以及近年来发展农村经济出现的问题和制约因素，探索农村经济发展的方向。

481. 丽江马史话/张雪英/《云南史志》1995（1）//简述丽江马匹饲养及骡马贸易的情况。

## F427.74 地方工业经济

482. 中加关于丽江"工合"课题研究情况/杜娟/《民族学》1993（2）//本文介绍经省科委和国家科委批准，由云南省社会科学院与加拿大温哥华西门·弗雷泽大学国际交流中心共同签订的《云南丽江地区工业合作社的历史演变及新形势下的发展前景》合作研究课题的情况。该课题的目标和宗旨是通过双方查阅历史文献和实地调查，总结抗战时期中国工合运动在丽江地区发展的历史经验，以及在新形势下借鉴这些经验，在丽江建立多领域、多产业、多层次的合作社，同时探讨利用国际援助以民间合作社形式引进国外资金、技术、发展生产力的可行性。

483. 丽江自古出黄金/段松廷/《丽江文化荟萃》宗教文化出版社 2000 年 4 月//

484. 丽江之新印刷事业/和志坚（纳西族）/《丽江文史资料·第6辑》1988年12月//简介丽江清至民国时期的印刷业。

485. 束河传统皮革业的保护和恢复课题研究/课题组著/《丽江东巴文化博物馆论文集》云南人民出版社2002年3月//报告有三部分：第一，恢复束河传统皮革业生产的社会调查；第二，销售和分配束河皮革生产品的设想；第三，恢复束河传统皮革业生产试验性工程计划。

486. 丽江造纸/李瑞泉，杨杰升/《丽江文史资料·第6辑》1988年12月//简述丽江造纸业的历史。收入《丽江文化荟萃》宗教文化出版社2000年4月。

487. 顾彼得与历史上丽江地区的工业合作社运动/马丽娟/《云南民族学院学报（哲社版）》2002（4）//抗战时期，工业合作社运动曾在云南丽江地区有过成功的尝试，它把云南少数民族经济的特征和新的经济行动联系起来，把长期依附于各种"自然"经济之下的云南少数民族带入了现代化的一条途径，它最大的效果不仅表现在经济的收益和实践的可操作性上，还表现为促使参与者精神的富足和人格的完善。如今，我们重新来分析这一事件，会发现它对于云南的少数民族经济是一笔多么宝贵的财富。

488. 束河皮革/王桂祥/《丽江文化荟萃》宗教文化出版社2000年4月//

489. 铜匠世家德荣昌/杨白沙/《丽江文化荟萃》宗教文化出版社2000年4月//

490. 束河人的工商史/杨启昌/《丽江文化荟萃》宗教文化出版社2000年4月//

491. 试论纳西族名特产品窨酒起源和发展/杨尚星/《民族学与现代化》1987（1）//文章从丽江名特产品窨酒的历史、特点、现状论及抓窨酒可以带动其他产业的发展。

492. 丽江优势产业：天然香料工业/余钟尧/《民族学与现代化》1987（1）//丽江地处滇西北高原，具备各种气候类型和不同海拔高度的地形，由于气候、土壤、日照等自然条件得天独厚，适宜于各种芳香植物的引种栽培。作者提出一些关于丽江建立香料基地发展香料原料的建议。

493. 丽江重走"工合"路/郑茜/《丽江文化荟萃》宗教文化出版社 2000 年 4 月//回顾了中国"工合"及丽江"工合"的历史，介绍 20 世纪 90 年代发展丽江"工合"的情况，指出"工合"是中国处于低发展状态的民族地区实现工业化的一条尤可尝试的经济、简便有效的发展之路。

494. 丽江县制陶工业/周延伟/《丽江文化荟萃》宗教文化出版社 2000 年 4 月//

495. 民国初期的丽江县实业概况/段松廷/《丽江文史资料·第 6 辑》1988 年 12 月//简介民国时期丽江的陶瓷砖瓦业、皮毛皮革业、铜器及铁器加工业、造纸业、机器织布业。资料来源于省档案馆藏云南省建设厅档案 77 全宗 5 目录 507 卷。

496. "工合"的一种典型：云南丽江的"工合"运动/谢本书/《云南文史丛刊》1995（2）//丽江的"工合"运动是抗日战争时期，宋庆龄等人领导的"工合"运动取得成就的缩影和典型。本文介绍丽江"工合"的基本情况。

## F512.9 交 通

497. 丽江地方公路小史/杨陆/《丽江文史资料·第 14 辑》1995 年 10 月//有概述、丽江县地方公路一览，修路历程及养护三部分。

498. 抗战中后期西南国际通道/袁基宏/《丽江文史资料·第 11 辑》1992 年 10 月//抗战时期日本封锁了我国东南国际交通，云南—西藏、印度成为国际通道。本文简介这一通道的具体路线、贸易情况、马帮组织。

## F592.3  旅游经济

499. 从东巴文化与旅游经济的关系看传统的非间断性/曹晋/《玉振金声探东巴：国际东巴文化艺术学术研讨会论文集》社会科学文献出版社 2002 年 6 月//本文受鲁道夫夫妇对印度传统及其现代化的过程这一个案研究所提出的驳证之启示，欲以东巴文化传统在现代文明进程中与旅游经济之间的互动所体现的现代化与传统的复杂关系，说明传统的非间断性。

500. 丽江旅游审美之一，之二/砥石式龙/《丽江教育学院学报》1999（4），2000（1）//本文从引言，预备阶段、实施阶段两部分分析介绍主要景点，如：丽江古城、木府和万古楼、黑龙潭、玉龙雪山、虎跳峡和长江第一湾等，并提出审美主体是发展旅游业的上帝的观点。

501. 丽江启示录：从丽江现象到丽江模式/段松廷/《中国民族》2002（1）//

502. 把丽江建成滇西北商贸中心和国际旅游城市的构想/段增庆/《创造》1998（1）//

503. 丽江旅游业的发展与纳西文化的传扬/甘雪春/《思想战线》1998（7）//本文拟在探讨丽江旅游业的发展与民族文化的传扬之间的关系。即：丽江旅游业的发展有两大基础，其一是秀美的自然景观；其二是丰富的纳西文化。一方面丽江旅游业的发展在一定程度上挖掘、保护、弘扬了纳西文化精华；另一方面经过传扬的纳西文化，又能进一步刺激丽江旅游业的发展，提高丽江旅游业的质量。显然，丽江旅游业的特色在于民俗旅游，丽江旅游业的前景在于进一步弘扬纳西文化。

504. 知识经济条件下民族地区的旅游产业定位与条件支撑：以云南丽江为例/甘雪春等/《思想战线》2000（2）//认为云南

丽江旅游业迅速发展的一个重要原因就是开发建设与知识经济的运行原理相吻合。

505．四方街风韵/高烈明/《创造》1997（1）//

506．云南丽江纳西民族文化旅游资源开发/管宁生/《地域研究与开发》1996（3）//纳西族在其悠久的历史发展过程中，创造了丰富多彩、独具特色的民族文化，古老、神奇的东巴文化中蕴含着丰富的旅游资源，为发展旅游事业作出积极的贡献。

507．试论少数民族地区文化旅游资源的保护与开发：以泸沽湖地区为例/郭颖/《旅游学刊》2001（3）//少数民族文化旅游资源是我国旅游产品的重要组成部分。本文以泸沽湖地区为例，从文化人类学的角度探讨少数民族地区文化旅游资源保护的方式和开发的具体模式。

508．培植旅游产业促进全面发展/和段琪（纳西族）/《创造》1997（10）//从七个方面论述了丽江旅游业的发展。

509．丽江黄山乡纳西乐舞之乡钟灵毓秀之地滇西北乡村旅游新亮点/和国坚，杨承新（纳西族）/《东南亚南亚信息》2001（1）//

510．纳西东巴文化与旅游开发/和鸿昌/《民族工作》1992（7）//作者对开发东巴文化资源提出三点建议：①建立东巴文化博物馆；②建立东巴文化研究中心；③举办东巴文化一条街，开发东巴文化旅游商品。

511．"丽江热"后的担忧/和丽东/《创造》2001（9）//

512．丽江旅游业的春天来了/和良辉/《经贸世界》2001（5）//本文从五方面论述了丽江旅游业的发展。即①加大旅游基础设施的建设力度，为旅游业的发展提供优越的条件：加大城市市政建设力度、突出旅游功能，把丽江建设成为国际旅游城市。②加大旅游资源的开发力度、形成独具特色的旅游产品。③不断拓宽客源市场，使丽江成为更多游客向往的重要旅游胜地。④探索新的、科学有效的旅游行业管理方式。⑤抓好旅游资源和旅游环境的保护工作，实施丽江旅游业可持续发展战略。

513. 可远观而不可亵玩矣：丽江旅游景点建设总原则：保护自然神韵/和湛（纳西族）/《丽江教育学院学报》1998 (2) //文章从世界旅游趋势，我们真正的优势，腾飞的接轨点在哪里三个方面，阐述丽江旅游景点建设总原则。

514. 省政府提出把丽江建成旅游胜地精品和生物资源开发创新基地/华模/《东南亚南亚信息》2001 (1) //

515. 大理、丽江旅游业发展的启示/江庆波/《创造》2002 (4) //近一些年来，云南省大理、丽江的旅游业得到了快速发展，旅游体系基本形成，支柱产业地位初步显现，旅游形象逐步树立，旅游市场开拓初见成效，产业经济效益和社会效益快速增长，在云南省旅游业的发展中占据了举足轻重的地位，在全国旅游业发展中的影响也日益增强，已成为受世人关注的一朵正在盛开的旅游之花。据了解，两地旅游业去年共接待国内外游客八百多万人次，其中外国游客二十多万人次；旅游业总收入 45 亿元左右，占两地 GDP 的比重达 20% 左右，成为两地的一大支柱产业；旅游业直接和间接的从业人员已有几十万人，成为第三产业和人们就业的龙头行业。

516. 东巴文化与丽江旅游/蓝伟/《国际纳西学会通讯》2000 (1) //本文从东巴文化是纳西文化特色的集中体现，东巴文化中最吸引人的旅游资源，东巴文化保护与开发三方面，论述把传统旅游升华为高层次、高效益的文化旅游，使资源优势转化为经济优势。'中国丽江国际东巴文化艺术节学术会议论文。

517. 丽江旅游应突出特色/李静/《创造》1999 (6) //

518. 东巴文化在丽江旅游业中的地位/李例芬/《东巴文化报》1996 年 12 月号//

519. 玉龙雪山冰川公园的旅游资源特色及其保护/李铁松/

《资源开发与市场》1998（1s）//本文总结了云南玉龙山以现代冰川和古代冰川遗迹为主的旅游资源，探讨现代冰川和古代冰川遗迹的旅游价值，并结合全球气候变化的趋势，提出了保护冰川旅游资源和建立国家冰川公园的建议。

520.中国昆明国际旅游节丽江分会场暨丽江国际东巴文化旅游节取得圆满成功/丽江旅游局/《东南亚南亚信息》2000（6）//

521.传统与发展：对一个摩梭社区旅游生产组织体系的人类学分析/刘永青/《东陆学林·第11辑》云南大学出版社2001年12月//作者考察了宁蒗县永宁乡落水村摩梭社区创立的新的、具有民族特点的旅游组织体系，提供了一个少数民族传统文化面对外来冲击，进行自我调整适应和自我发展的研究个案。

522.民族文化资源也能出生产力：以云南丽江保护开发东巴文化为例/刘煜，曹良/《云南农村经济》2001（1）//目前以民族文化资源为主要支撑的丽江旅游业已成为丽江地区的支柱产业，并成为最具活力的新的经济增长点，它不仅使丽江的少数民族走上了脱贫致富之路，而且使丽江地区社会经济都得到了较大的发展。

523.立足特色，发展旅游主导产业/罗学军/《创造》2000（1）//从丽江有得天独厚的旅游资源；旅游产业粗具规模，已步入发展的快车道；深化发展丽江旅游产业的对策和措施三个方面，论述走丽江特色的经济发展之路。

524.从纳西族历史文化看丽江旅游资源的开发/秦树才著/《历史文化资源研究》云南教育出版社1994年8月//文章从木氏土司业绩与相关的旅游资源开发，东巴教与有关旅游资源开发，藏传佛教与有关旅游资源开发三个方面，论述丽江的旅游资源开发。

525.东巴文化旅游项目开发与可持续设计/王声跃，严舒红/《玉溪师范学院学报》2001（2）//东巴文化旅游资源丰富多彩，别具一格，具有较高的社会价值和经济价值。本文从可持续旅游的观点提出了东巴文化旅游项目开发的基本原则，分析了东巴文化旅游可持续设计的思路和主要内容。

526. 丽江利用旅游业促进文化遗产保护的个案研究/希特·A. 彼特思/张文力译/《旅游人类学与中国社会》云南大学出版社2001年7月//作者是联合国教科文组织云南自然保护项目顾问。本文有：为什么教科文组织要介入并支持旅游业；旅游业与文化遗产保护的冲突何在；中国云南丽江的例子，寻求各方在古城的管理和维护上达成共识，关于保护古城如何进行旅游创收的建议几部分，论述旅游业与自然遗产保护的关系问题。

527. 泸沽湖旅游开发前景看好/杨车子/《民族》1997（6）//文章从泸沽湖的自然景观、人文景观分析了其开发旅游的前景。

528. 生态环境与旅游发展：保持丽江旅游魅力的思考/杨国清/《丽江教育学院学报》1999（4）//本文提出保持丽江旅游魅力，实现人与自然和谐共处，要处理好三个方面的关系，抓好四个方面的关键环节。

529. 旅游发展与丽江古城命运的思考/杨慧/《中央民族大学学报》2002（1）//旅游业的迅猛发展所带来的社会文化后果是利弊并存的，为使丽江古城保持永久的生命力，要让古城居民尽快参与到对古城生态和文化的开发和保护中，并建立适合当地特点的文化行为和管理模式；各级政府应在政策和资金上予以扶持；认真研究和探索使旅游业与古城保护协调发展的措施。

530. 浅议丽江旅游业发展的资源条件/杨金山，陈忠暖/《云南师范大学学报（自然科学版）》1994（4）//对丽江纳西族自治县发展旅游业的自然和人文资源进行了归纳、阐述及评价，对该县旅游业存在的问题提出了建设性的意见。

531. 云南丽江地区旅游资源的开发利用与保护/杨兰英/《昆明社科》1995（2）//丽江地区旅游资源十分丰富，有众多的民族风情和文物古迹及得天独厚的地理优势。本文从旅游资源的评价、开发利用和旅游资源的保护三方面论述开发旅游资源，为地区经济腾飞服务。

532. 从文化视点论丽江旅游业的可持续发展/杨晓敏/《玉振金声探东巴：国际东巴文化艺术学术研讨会论文集》社会科学文献出版社 2002 年 6 月//丽江以其原始生态与古老文明满足了人类关于"人与自然"，"资源与环境"问题困惑的需求，在旅游业开发实践中，实现了自我定位——建设民族文化大区，建成拥有世界文化遗产的国际旅游景区，为了发展丽江旅游业，作者认为应呼唤民族传统精神的回归，并提出在发展过程中应注意的五个问题。

533. 现代"女儿国"：永宁摩梭母系文化旅游开发刍议/杨勇/《创造》2000（12）//

534. 丽江旅游业要走向成熟期/尹钟瑞/《创造》2001（6）//

535. 旅游业发展中的文化价值论——以云南丽江旅游业为例/张波/《思想战线》2003（3）//丽江通过文化研究，进行文化创新开发和整合文化资源，拉动了丽江旅游业的发展。这一经验说明，旅游业的发展必须重视文化价值的作用。让文化精品提升旅游业的档次和品位。

536. 对丽江旅游业发展走向的思考/周俊华/《丽江教育学院学报》2000（3）//本文提出认识丽江旅游业的现状，加强旅游发展理论研究，提高旅游产品的文化含量，发展生态旅游，实施"政府主导型"战略，以促进丽江旅游业的可持续发展。

537. 试论丽江旅游业与乡镇企业的互动性发展/周智生/《民族学调查研究》1995（4）//论述丽江乡镇企业与旅游业结成

互动性发展格局，是促成该地区经济持续、协调、稳定发展的战略选择。

538. 发展生态旅游是丽江旅游业的必由之路/朱桂香/《丽江教育学院学报》2001（1）//本文通过对生态旅游产生的背景、含义与传统旅游的区别及对丽江发展生态旅游条件的分析，阐明丽江发展生态旅游的社会、经济、科技教育和环境保护的一般政策和原则。

### F632.9　邮电事业史

539. 丽江邮路史略/和国英/《丽江文化荟萃》宗教文化出版社 2000 年 4 月//简介丽江邮路的开通和发展。

540. 丽江电报局和回忆/和汝恭（纳西族）/《丽江文史资料·第 7 辑》1987 年 6 月//回忆清末民初到新中国成立前丽江电报局的情况。

### F719.2　旅馆业

541. 丽江旅马店/李瑞泉/《丽江文史资料·第 12 辑》1992年 10 月//记叙丽江旅马店的历史和发展。

542. 丽江古城民居客栈业的人类学考察/宗晓莲/《云南民族学院学报（哲社版）》2002（4）//古城民居庭院是高品位的旅游资源，是古城旅游业的重要吸引物之一，是古城旅游的一个新亮点。本文简要分析古城民居客栈业的现状，指出目前存在的问题，并提出几点建议。

### F729　贸易经济　贸易史

543. 茶马古道上的纳藏贸易之道/耕勤（纳西族）/《丽江文史资料·第 19 辑》2000 年 10 月//介绍茶马古道路途的艰险，走茶马古道的纳西商家、赶马人、布满艰险的茶马古道线路、茶马古道在抗日战争时期的辉煌，说明茶马古道与纳藏的经济繁荣密切相关，谱写了民族文化交流和民族团结的赞歌。

544. 东巴经反映的纳西古代社会经济情况/和发源（纳西族）/《民族学调查研究》1987（1）//作者在翻译东巴经典的过程中，辑录出包裹在神话内的、记录纳西族古代社会经济情况的资料。本文包括半牧半农经济与农耕经济、农牧业社会中的手工业经济。

545. 丽江的商业/和汝恭（纳西族）/《丽江文史资料·第3辑》1987年6月//简介新中国成立前丽江的商业状况。

546. 浅谈西南"古道"的文化特色/侯蕊玲/《云南文化资源研究与开发》云南民族出版社1994年11月//"古道"——南方丝绸之路是古代国内外经济文化交流的交通线。本文论述了这条道路的文化特色，并指出了其突出的几个特点：浓郁的商业性；独特的地域性；明显的融合性。

547. 丽江工商业资料/赖敬庵，杨超然/《丽江文史资料·第3辑》1987年6月//介绍纳西族商业的起源、西藏与丽江的商业关系，西藏民族性与一些交易方式，丽江商业贸易的极盛时期，丽江纳西族商业概况。

548. 民国时期民间粮食贸易简况/木枝连（纳西族）/《丽江文史资料·第11辑》1992年10月//介绍丽江大研镇四方街的粮食贸易情况。

549. 远古纳西族经济发展脉络/王世英（纳西族）/《纳西族研究论文集》北京民族出版社1992年10月//本文从五方面简述东巴文化中反映的纳西族古代的经济文化。即①石、木、火为代表的远古文化；②从狩猎采集向农牧业过渡；③古纳西先民的酿酒历史及其文化；④古纳西先民生活资料和生产；⑤东巴教仪式上反映的经济文化。

550. "茶马古道"与纳西族/王志泓/《云南文化资源研究与

开发》云南民族出版社 1994 年 11 月//"茶马古道"是一条历史悠远绵长的滇藏贸易古道。它以马帮驮运茶叶为主要特征，南起普洱、昆明、大理至丽江，以丽江为中转站，可由两条路线往西进入西藏，故丽江是"茶马古道"唯一的通道。它既是一条贸易古道，又是各民族间进行文化交流的走廊，对纳西族经济文化发展产生过巨大影响。又收入《丽江文化荟萃》宗教文化出版社 2000 年 4 月。

551. 丽江县大研镇解放前的商业情况/许鸿宝，谢朝昆/《云南纳西族社会历史调查》中国社会科学院民族研究所云南民族调查组，云南省民族研究所，1963 年//

552. 丽江县大研镇解放前的商业情况/许鸿宝调查整理/《纳西族社会历史调查·一》云南民族出版社 1983 年 7 月//分别调查介绍大研镇清初商业情况；改土归流后至抗日战争前的商业情况；抗日战争时期的商业；抗日战争胜利后至新中国成立前夕的商业。

553. 丽江县大研镇解放前商业手工业和医疗情况调查/杨福泉（纳西族）/《民族学》1991（2）//丽江大研镇已有七八百年的历史。本文是作者对其商业、手工业和医疗情况的调查报告。

554. 纳西族古代商品贸易活动史略/杨其昌（纳西族）/《云南文化资源研究与开发》云南民族出版社 1994 年 11 月//本文简述了纳西族中的商品思想，汉晋时期的纳西族商品贸易痕迹；唐宋时期的纳西族商贸活动及其文化因素；元明清时期商贸活动及其文化因素。收入《丽江文化荟萃》宗教文化出版社 2000 年 4 月。

555. 蓦然回首：谈纳西族善于经商的优良传统/杨启昌（纳西族）/《今日民族》1995（3）//

556. 重唤纳西族开拓经商的民族精神/杨启昌（纳西族）/《民族学》1995（1～2）//本文用具体事实说明纳西族具有善于

经商和勇于向外开拓市场的优良传统，并且阐明了在今天深化改革，扩大开放，发展社会主义市场经济中，很有必要继承和发扬这些优良传统，重振纳西商人走康藏，进印度，跑昆明，下广州，敢于冒险闯市场的民族精神。又载《玉龙山》1995 年 6 期。

557. 束河人进藏经商概况/杨学信，张儒信口述/《丽江文史资料·第3辑》1987 年 6 月//简介丽江束河乡的七家人于民国年间深入拉萨、印度做生意，发家致富的情况。

558. 纳西族近代工商业的发展/杨毓才/《丽江文化荟萃》宗教文化出版社 2000 年 4 月//介绍了纳西族近代工商业发展中手工业行会的建立和发展，由封建商帮到资本主义商业的发展，由商业资本向银行资本过渡的近代工商业发展的情况。

559. 明代丽江纳西族经济的发展及原因初探/余海燕/《云南民族学院学报（哲社版）》1991（1）//丽江纳西族木氏土司的鼎盛时期是明代，这一时期纳西族地区的社会经济曾经迅速发展。本文对明代丽江纳西族的农业、手工业及采矿冶金业的发展状况作了概述，并探究其发展的原因，不仅有助于纳西族历史的研究，对今天的民族经济的发展也有借鉴作用。

560. 纳藏贸易概况/周发春/《丽江文化荟萃》宗教文化出版社 2000 年 4 月//简介清朝至抗战时期，丽江与康藏的贸易概况。

561. 纳西商人与近代丽江社会/周智生/《新浪集：云南大学中国民族史研究生论文》云南大学出版社 2001 年 7 月//本文对丽江纳西商人产生的条件、成长兴衰、商帮形成、资本运作和历史作用进行细致的分析，将丽江商人与大理白族喜洲商人进行了比较，对丽江商人的代表人物作了个案剖析，揭示了地理环境、地域区位、民族个性、社会结构及周边社会的经济发展、政治时局等影响少数民族商品经济发展的重要因素。

562. 近代丽江纳西族商人的兴衰/周智生/《玉振金声探东

巴：国际东巴文化艺术学术研讨会论文集》社会科学文献出版社 2002 年 6 月//作者从商帮的形成条件，纳西族商人的整合趋势等综合考察后，认为近代丽江纳西族商人在清代中后期逐渐成长，民国初至抗战前有一定的发展，抗战时期是辉煌的鼎盛时期，20 世纪 40 年代末至 50 年代逐渐走向衰落。

### F762.7　土特产品

563．丽江窨酒/杨尔鼎/《丽江文化荟萃》宗教文化出版社 2000 年 4 月//又见《丽江文史资料·第 10 辑》1991 年。

### F832　金融信贷

564．丽江民间信用史话/杨贵身/《丽江文化荟萃》宗教文化出版社 2000 年 4 月/简介丽江纳西族的借贷种类及活动。

565．解放前的丽江银行/杨贵身/《丽江文史资料·第 19 辑》2000 年 10 月//介绍了丽江富滇银行和富滇新银行，丽江县合作金库，丽江县银行的情况。

# G  文化、科学、教育、体育

## G02  文化哲学

566. 东巴文化研究呼唤着哲学的理论思维/和力民（纳西族）/《丽江教育学院学报》2000（1）//本文指出《纳西东巴古籍译注全集》的出版，代表着 21 世纪东巴文化研究的最大成果，也代表着原始资料搜集阶段基本结束，东巴文化将进入理论研究阶段。文章从五个方面论述 21 世纪东巴文化呼唤哲学理论思维，其任务是构建东巴文化的哲学理论体系。

## G03  文化的民族性

567. 东巴文化进入国学研究领域/巴茅（纳西族）/《云南民族学院学报（哲社版）》1998（1）//本文是对纳西族学者戈阿干的长篇论文：《纳西东巴骨卜和象形文骨卜书》（由北京大学中国传统文化研究中心主办，北京大学出版社出版发行的《国学研究》第四卷）的评介。

568. 东巴文化在这里弘扬光大：访中甸三坝纳西族乡/巴若（纳西族）/《今日民族》1995（1）//

569. 谈谈日本的纳西东巴文化研究/白庚胜（纳西族）/《东巴文化论》云南人民出版社 1991 年 3 月//本文分析了日本纳西文化研究迅速崛起的原因及日本纳西文化研究的特点，介绍一批将纳西神话与日本神话进行比较研究的学者及其成果。

570. 纳西文化阶段论/白庚胜（纳西族）/《国际东方学者

会议纪要》1983年第33期//

571. 日本的纳西文化研究新动向（上、下）/白庚胜（纳西族）/《丽江报》1995年9月1日及9月8日//收入《丽江文化荟萃》宗教文化出版社2000年4月。

572. 东巴文化漫谈/白庚胜（纳西族）/《中外文化交流》1994（2）//

573. 纳西族东巴文化与东巴经/白庚胜/《中国民族》2003（3）//在顾比得的《被遗忘的王国》里面，纳西族称为"被遗忘的王国的子民"。就是这样一个"被遗忘的王国"的民族，在最近十几年以来，其文化不断走出玉龙雪山，已越来越多地引起全世界的关注。

574. 纳西族文化和藏文化的渊源关系/陈烈/《民间文学论坛》1996（1）//本文从历史和现状两方面探讨两个民族文化的幽深、渗透、演进，从而认识纳西文化形成的重要历史根源。

575. 独特的东巴文化/段松廷/《云南文史丛刊》1989（3）//简要介绍了东巴文化的内容。

576. 古老东巴放新彩/方小翔/《人民日报》1982－09－10//

577. 东巴与东巴文化/冯寿轩/《民族文化》1983（5）//东巴教是一种带有较原始性的宗教，它具有更多的原始宗教的综合性。东巴文化综合了多种文学艺术甚至还综合了原始医学、草药、天文等自然科学，东巴文化通过东巴文学或口头流传下来，是珍贵的文化遗产，然而，东巴教也有人为宗教和欺骗性的东西，故应充分估计到东巴文化是值得研究的，从而认真地严肃地加以批判继承。

578. 纳西族文化中的多元现象/盖兴之，高慧宜/《云南民族学院学报（哲社版）》2001（5）//本文根据纳西语中古今的汉语、藏语、白语借词，从东巴文化、民俗礼仪文化、语言文字文化三个方面，对东巴教的藏族钵教影响、纳西族、汉族传统节日民俗的融合，汉族年画、对联文化对纳西族的影响，纳西族语言文字中含蓄的中华多元一体思想等方面进行分析，阐释了纳西族现代社会的多元文化现象及与中华文化的内向凝聚力的特色。

579．滇川藏纳西东巴文化及源流考察/戈阿干（纳西族）/《边疆文化论丛第1辑》云南民族出版社1988年//

580．《黑白战争》文化内涵探索/戈阿干（纳西族）/《民族艺术研究》1995（5）//黑白战争是一部由东巴祭司用古纳西象形文记录保存的著名经典。本文探讨其独特的文化内涵，包括：①一份有关这部史诗的民俗考察记录；②《黑白战争》史诗的内容梗概；③"尤玛"形象所提示的文化渊源线索；④史诗中"黑"与"白"的来历；⑤从丁巴什罗"神迹"看古代东巴文化交融的踪影五部分。

581．东巴文化览胜/戈阿干（纳西族）/《民族艺术研究》1999（2）//本文介绍活着的纳西象形文，传递古文化信息的东巴祭典、用古谱记载的东巴舞蹈，异彩纷呈的东巴绘画，东巴文化的世界文化遗产价值。指出东巴文化作为人类的"世界文化遗产"是当之无愧的。

582．由纳西象形文保存的河图洛书/戈阿干（纳西族）/《民族艺术研究》1999（4）//《周易》等汉文献典籍中的"河图洛书"与中华文明相牵连。本文通过对纳西象形文《碧帕卦松》（白蝙蝠取经记）一书的解读、阐释，依据东巴经所保存的古羌文化因素与中原华夏古文化之间存在真实可比性这一事实，指破"河图洛书"的某些迷津，它所表露的文化端倪，复原至迟在周代的河图洛书的原始形貌及其真实内涵。

583．纳西族传统文化及其保护/郭大烈/《云南社会科学》2001（6）//作者对被列为世界文化遗产的丽江古城纳西族文化资源进行了阐述，对纳西文化独特的价值，主要文化资源及其保护工作进行了论述，肯定了五十多年来纳西族文化工作的成就，

并对如何保护纳西族东巴文化的措施、开发的办法提出了积极的
建议。

584. 第二届丽江国际东巴文化学术研讨会纪要/郭大烈，和
东升/《云南社会科学》2003（6）//2003 年 9 月 25 日～27 日在
云南丽江召开了第二届国际东巴文化艺术节学术研讨会，有一百
八十多位学者出席了会议，其中有来自日本、波兰、加拿大、美
国、澳大利亚以及台湾等国家和地区的二十多位学者，也有来自
四川、云南的十位大东巴。会议收到了 124 篇论文，近四十位代
表在大会上发了言，云南省社科院院长纳麒等学者对发言进行了
精彩的点评。会议代表还欣赏了大型文艺表演《灿烂丽江》，部
分学者还参加了滇、川、藏毗邻地区民族生态文化保护座谈会和
方国瑜故居落成座谈会。出席会议的学者普遍认为这是一次深化
文化转型的会议。

585. 试论东巴文化的构成层次/郭大烈（纳西族）/《东巴
文化论》云南人民出版社 1991 年 3 月//从五行方面分析东巴文
化层。①从《木氏宦谱》看东巴文化层；②从经济形态看东巴文
化层；③东巴教载体文化层；④东巴教形成文化层；⑤东巴神职
人员形成文化层。

586. 关于东巴文化及其研究/郭大烈（纳西族）/《东巴文
化论集》云南人民出版社 1985 年 6 月//概述了近年来国内外东
巴文化研究的状况。

587. 东巴、达巴文化研究概况/郭大烈（纳西族）/《东巴
文化研究资料汇编之一》东巴文化研究室 1983 年 8 月//文章分
三部分，第一部分概述，第二部分从东巴、达巴本身的贡献，丽
江地区对东巴、达巴文化的研究，纳西族学者对东巴、达巴文化
教育的研究，国内学者对东巴、达巴文化的研究，国外学者对东
巴、达巴文化的研究 5 个方面叙述。第三部分研究的问题涉及纳
西族古代文化、语言文字、社会形态、宗教哲学、占星术与天文

科学、神话与文学、东巴跳神与舞蹈艺术、东巴卷轴画与绘画艺术、东巴音乐等。

588. 国内外学者对东巴文化的研究/郭大烈（纳西族）/《丽江文史资料·第14辑》1995年10月//叙述中外学者对象形文字、东巴教、东巴神话文学、东巴舞蹈的研究。收入《丽江文化荟萃》宗教文化出版社2000年4月。

589. 纳西族文化及其变迁/郭大烈（纳西族）/《云南社会科学院国际及对港、澳、台地区学术交流文集（1980—1999）》云南社会科学院二十年院庆丛书1999年9月//本文有六部分：论述纳西族族源和历史发展脉络，纳西族社会历史文化特点，多种婚姻家庭制度并存及其变迁，纳西族葬俗变化及其原因，纳西族东巴教与其他民族原始巫文化相似性及其不同特点。又收入日本筑波大学《西南中国民俗学术讨论会论文集》1996年10月。

590. 东巴文化学科的建立及东巴文化面临的危机/郭大烈（纳西族）/《云南社会科学院建院二十周年献礼论文集》1999年9月//本文论述了东巴文化特色及其学科的形成，东巴文化面临的危机，培育生态环境，繁荣东巴文化学科等问题，最后提出东巴文化研究的三个层面及构建东巴文化学科理论体系的纵向研究和横向研究问题。收入《玉振金声探东巴：国际东巴文化艺术学术研讨会论文集》，社会科学文献出版社2002年6月。

591. 中国少数民族文化史：纳西族文化史/郭大烈（纳西族）/《中国少数民族文化史》辽宁人民出版社1994年6月//介绍纳西族文化史研究的状况、纳西族文化史的分期、特点、发展和变迁。

592. 纳西族传统文化模式探微/郭大烈（纳西族）/《民族学》1988（1）创刊号//本文论述了纳西族人生哲学的三个基本点。即怎样处理人与自然的关系，人与外部文化的关系，人与人的关系及纳西族传统人生哲学在现代化过程中的扬弃。

593.抢救国宝：东巴文化方略/郭大烈（纳西族）/《民族学》1991（1）//本文论及东巴文化的价值，四十年来东巴文化研究的曲折、发展，抢救东巴文化的迫切性及具体抢救措施。

594.纳西文化学的新成就/郭大烈（纳西族）/《云南日报》1986 – 05 – 03//

595.东巴文化的深层次开掘/和宝林（纳西族）/《云南文化资源研究与开发》云南民族出版社1994年11月//作者首先根据东巴文化的内容，将东巴文化大致分为四个不同的层次，并论述了其鲜明的层次特点；其次论述了深层次的东巴文化的利用、开发和挖掘；最后论及重视东巴文化研究成果的利用。

596.东巴文化点摘/和宝林（纳西族）/《丽江文化》1984年创刊号//

597.有关东巴文化渊源的几个问题/和宝林（纳西族）/《民族古籍》1991（3）//

598.试论纳西族东巴文化的产生/和宝林（纳西族）/《玉龙山》1991春季号//作者认为东巴文化反映了古羌文化的遗俗，并和汉族的部分神话都是共同起源于古羌文化。本文将东巴文化与彝族神话传说和藏族本教进行比较研究后，认为东巴文化和彝族神话的许多共同点，产生本教的"獾戎"人和纳西族先民"笮人"，彝族先民"徙人"都同源古羌，三种文化同出于一个文化圈，存在于秦汉或秦汉以前的川西地区。

599.东巴文化和神路图长卷/和宝林（纳西族）/《玉龙山》1994（4）//本文通过东巴文化丧葬仪式中所使用的神路图长卷，对照东巴经中的一些记载，分析东巴文化中的劈神路及其演变，目的在于使人们对东巴文化有一个全面的认识。

600.纳西族传统文化对其社会发展的影响/和发源（纳西族）/《云南社会科学》1989（5）//通过对云南丽江地区、永宁县和四川俄亚乡等纳西族聚居地的深入考察，较全面地论述了纳西族传统文化包含的内容、形成的环境以及对纳西族社会所产生的影响和作用。收入《纳西族研究论文集》1992 年 10 月。

601. 纳西族传统文化变迁的几点思考／和继全著／《丽江东巴文化博物馆论文集》云南人民出版社 2002 年 3 月／／本文有东巴文化的变迁之路，传统文化存在的社会基础，当前文化变迁的动力因素，东巴文化往何处去四部分。最后提出提高认识、确立新的文化核心、多方位沿袭传统文化、利用法律手段来保护传统文化等建议。又收入《玉振金声探东巴：国际东巴文化艺术学术研讨会论文集》社会科学文献出版社 2002 年 6 月。

602. 浅析东巴文化的传承／和力民／《民族艺术研究》2002 (3)／／东巴文化这一具有世界性文化价值的传统文化，由于东巴阶层的断代而濒临危机。东巴文化的传承，必须在政府整体规划的指导下，在恢复东巴教宗教形态的基础上，广泛以民间文化组织为依托进行传承，才能获得新生。

603. 试论东巴文化的传承／和力民／《云南社会科学》2004 (1)／／作者针对以世界上独一无二的东巴图画象形文字著称的纳西族活态东巴文化面临着断代消亡的危机，重申了东巴文化世界级品位的学术和社会文化价值，总结了近 20 年东巴文化抢救的成就，陈述了目前在东巴文化传承研究中存在的社会问题，最后提出了建设性的东巴文化传承模式，认为转型期的纳西文化应该是纳西族传统文化基础上的发展和创新。

604. 简论东巴文化的特色／和力民（纳西族）／《云南文化资源研究与开发》云南民族出版社 1994 年 11 月／／本文论述了东巴文化的特色：古老而丰富的历史资料；独立而完整的思想体系；活着而综合的文化形态；多元而独特的文化内涵；宗教性和民间性的文化特质。

605. 纳西东巴文化研究的世纪回顾／和力民（纳西族）／《寻根》1999 (6)／／介绍了东巴文的研究、东巴舞的研究、东巴教的研究、东巴传承危机及纳西文化面临的挑战。

606．一份必须十分珍视的遗产/和品正，李共久（纳西族）/《玉龙山》1991 冬号//本文概述东巴艺术、东巴文学、东巴美术、东巴画、东巴雕塑、东巴工艺、东巴舞蹈、东巴音乐。说明东巴艺术是人类原始艺术中的精品，是纳西族先民馈赠给后人的一份珍贵的艺术遗产。

607．藏文化对纳西文化的影响/和志武（纳西族）/《藏族学术讨论会论文集》西藏人民出版社 1984 年//

608．略论纳西族的东巴教和东巴文化/和志武（纳西族）/《世界宗教研究》1983（1）//本文对我国纳西族群众所信仰的东巴教的产生、发展和以云南中甸县白地为中心的东巴文化的形成过程进行简要论述。认为东巴经是研究纳西族和我国民族关系史的珍贵宝藏，而象形文字符号系统，更为研究人类象形表意文字的发展历史提供了典型范例，是一个很有学术价值的文化瑰宝。又收入《云南地方民族史论丛》一书。

609．东巴文化概述/和志武（纳西族）/台湾同学会学术讨论会论文 1991 年//

610．纳西文化三个类型/和钟华（纳西族）/《纳西族研究论文集》北京民族出版社 1992 年 10 月//文章指出纳西文化三个类型中，丽江型文化的特点是在本民族传统文化的基础上，吸收了汉文化的较大养分，形成具有多元性、开放性的民族文化；永宁型文化突出了母系制的特色，同时受到藏文化的较大影响；白地型文化较完整地保留了纳西族固有的文化特征，较少受外来文化的冲击，表现出较强的保守性。

611．东巴文化的摇篮：白地/贺华/《云南社会科学》1991（3）//简略介绍白地的基本情况及东巴经典收藏状况。

612．东巴文化源流研究序说/荒屋丰（日）/《国际东巴文化研究集粹》云南人民出版社 1993 年 6 月//本文选自作者的硕士论文《中国西南纳西族东巴文化源流研究试论》。研究了东巴之由来及其性质；东巴古称与邻近诸民族萨满的比较，认为东巴文化是以东巴之导入为契机，当地民俗宗教总体变异而逐渐形成的。

613.闪烁在纳西族东巴经里的火花/李纲/《云南消防》1998 (6) //在滇西北高原，依山傍水的丽江居住着一个有悠久历史、灿烂文化的民族——纳西族，她以其独具的魅力，在中外享有盛名，其东巴文体现了这个民族古老的历史渊源，反映了深层次的文化体系，其中构成哲学主要内容的"精吾五行"思想便是一朵绚丽的奇葩。

614.目前纳西文化研究中若干问题/李国文/《民族学与现代化》1987（1）//为了提高我们系统研究纳西文化的水平和质量，作者特别提出目前纳西文化研究中的若干问题，以引起重视。如纳西文化研究理论体系的建立问题；对国内外研究纳西文化现状的成果和系统了解问题；研究内容、方法问题；研究人员的知识结构问题；研究队伍的组织和人才培养问题；纳西文化研究的配合问题；汉族学者的问题。

615.元明时期纳西族文化的多重结构/李劼/《云南社会科学》2001（3）//一个民族的文化其实是由不同来源的文化因子（当然包括本民族特有的），以本民族特有的宇宙观、人生观及价值观为框架有机地组合在一起的。可以把民族发展视为这个有机的统一体对新的文化因子的不断吸收及自身结构的不断协调创新的过程。这样一个过程伴随民族的产生而产生，伴随民族的存在而存在，只不过在今天发生得更为剧烈。它包含两个方面的含义：借鉴是发展的捷径，创新是发展的生命。

616.纳西族传统文化功能的转移/李劼/《中央民族大学学报》2002（3）//云南省丽江县是纳西族的聚居区，近年来随着旅游业的兴旺，纳西族的传统文化也在发生着巨大的变化，传统信仰正在发展成为文化产业，纳西族世代栖居的古城的价值已经超越了纳西族文化本身的价值，人们的生活面临着前所未有的选择。人们在追求现代生活方式的同时，其实是不可能彻底摆脱过去生活的影响的。

617. 试论东巴文化的传承/和力民/云南社会科学 2004 年 1 期//作者针对以世界上独一无二的东巴图画象形文字著称的纳西族活态东巴文化濒临着断代消亡的危机，重申了东巴文化世界级品位的学术和社会文化价值，总结了近 20 年东巴文化抢救的成就，陈述了目前在东巴文化传承研究中存在的社会问题，最后提出了建设性的东巴文化传承模式，认为转型期的纳西文化应该是纳西族传统文化基础上的发展和创新。

618. 灿烂的东巴文化/李捷/《玉龙山》1988（1）//从东巴文化所包含的东巴文字、经典、艺术、音乐、舞蹈等方面，论述东巴文化的价值。收入《丽江文化荟萃》宗教文化出版社 2000 年 4 月。

619. 纳西族的东巴文化及其研究述评/李近春/《民族研究动态》1991（2）//本文对东巴文化所包括的东巴文字及哥巴文字、东巴经书、东巴文学、东巴绘画、东巴舞蹈等内容作了综合介绍，并对东巴经书的翻译、象形文字的研究及专题和综合性研究作简要介绍和评述。

620. 纳西族东巴文化研究的过去和现在/李静生/《古籍整理研究》1988（2）//

621. 东巴文化的价值及其研究近况/李静生/《丽江报》1991 - 04 - 09//

622. 纳西族东巴文化研究三题/李静生（纳西族）/《思想战线》1993（5）//本文对纳西族东巴文化"董"与"沈"；释"彤"卜师与祭司三题进行了研究。

623. 东巴文化价值浅论/李丽芳/《民族艺术研究》2002

（4）//东巴文化作为世界文化之一，为人类文化提供了一种文化与宗教、世俗化与宗教相协调、相互融合的独特的文化模式。其价值主要体现在东巴教与纳西社会的建造、东巴教与纳西社会的维系关系、东巴教的世俗化及其合理化价值、遗留的东巴文化对世界多元文化的意义、丽江世界文化遗产地的价值等几个方面。

624．西南一隅的神奇文化/李晓光/《北京日报》1990－10－06//

625．人类文明的奇葩——东巴文化/丽江东巴博物馆/《人民论坛》2003（1）//东巴文化以其独特的历史文化和艺术价值，成为人类文化中的宝贵遗产和众多中外专家学者研究的热门课题。

626．中国纳西族东巴文化的放想/梁玖/《东南大学学报》2001（4）//本文从文化人类学和艺术学角度考察纳西族东巴文化的现状，提出并论述了三个论题，即文化模式生成于生命存在的意义化、当下中国美术文化的集成空白、良好对话生态环境与文化生态环境的建构以及文化变迁之策略。

627．东巴经与纳西族古代文化/林向萧/《东巴文化论集》云南人民出版社1985年6月//本文从两方面阐述了《东巴经》与纳西族古代文化的关系。①《东巴经》是纳西族文学的丰富宝藏。它比较完整地记载了反映纳西族远古时期生活的神话，不仅对后来纳西族文学的发展有很大影响，而且大大地丰富了祖国各民族的神话宝库。②《东巴经》集纳西族古文化之大成，可以说是了解和认识纳西族古代社会的"百科全书"。原载《思想战线》1981年3期。又载《云南少数民族文学论文集（第1集）》中国民间文艺出版社1982年4月。

628．浑博的力作崭新的成果：《东巴文化论》赏析/林向萧/《民族学》1991（3～4）//评论《东巴文化论》一书特点。①着眼于东巴文化研究的新收获。②着眼于东巴文化是一门世界性的学问。指出《东巴文化论》所收国外学者论作显得少了些。

629. 东巴文化走向世界之路/林向萧/《云南民族学院学报（哲社版）》1999（6）//本文全面回顾了东巴文化走向世界的一百三十多年历史，提出五个发展时期说，并对"东巴文化即将在这个星球上消失"的预言进行探究，认为21世纪应该是东巴文化走向世界的新纪元。

630. 纳西族传统文化的历史亲缘关系/刘龙初/《民族学研究》第10辑北京民族出版社1982年5月//纳西族是一个有着悠久历史和古老文化的民族，其语言可分为东（永宁纳西族）西（俄亚纳西族）两个方言区。虽然东西两个地区的纳西族由于各种原因，许多方面差异较大，发展不平衡，但作为一个民族，两地纳西族至今仍保留了本民族共有的古老文化和传统习俗。本文试从永宁和俄亚纳西族保留的一些传统文化习俗来追溯他们之间的历史亲缘关系。

631. 文化板块与丽江纳西族地区的文化特征/吕拉昌/《人文地理》1996（6）//丽江是多元文化角逐的重要场所，本文从文化板块的角度，对这一地区的文化特征进行了剖析。

632. 漫评《东巴文化揭秘》/马旷源/《民族艺术研究》1996（5）//作者认为《东巴文化揭秘》一书将民间的民俗文化与东巴古籍相结合，以田野考察的第一手资料构成其主体，贡献主要有三点：①图腾层次说；②木石崇拜与性力；③东巴教田野考察及其他。

633. 纳西族东巴文化研究取得重大进展/木基元（纳西族）/《光明日报》1994 – 02 – 16//

634. 三四十年代纳西东巴文化的传承与发展/木基元（纳西族）/《云南文物》1996（3）//

635. 19世纪末20世纪初西方关于纳西文化研究的述评/木仕华（纳西族）/《云南民族学院学报（哲社版）》1999（1）//纳

西文化的研究在国际学界享有引人注目的特殊地位，除去纳西文化本身神奇丰富的内容及其多学科价值外，与开创这一研究领域的早期中外纳西文化研究先驱们的拓荒和奠基工作密不可分。

636. 东巴文化研究保护组织策略的思考/尼玛多吉/《国际纳西学会通讯》2000（1）//文章有四部分。①警惕：旅游业的迅猛发展对东巴文化的负面影响；②城市发展建设与保护人类历史文化遗产的责任；③东巴文化博物馆以人为本的文化艺术重建；④东巴文化研究保护基金会的组织、作用及意义。提出纳西人的文化自觉意识是非常重要的。通过对东巴文化保护作积极的努力和贡献来反思自己民族文化的保护是最"当代"和最"世界"的。

637. 举世无双的东巴文化/欧之德/《海内海外》1999（8）//

638. 纳西族文化艺术与上古羌文化的相似性/桑德诺瓦（纳西族）/《艺舟》1989（1）//

639. 纳西族政治文化初探/施芳/《东陆学林·第11辑》云南大学出版社2001年12月//本文对纳西族政治文化的形式、基本内容及其对当前纳西族地区的影响作了初步分析，提出了一些建设性意见。

640. 论民族文化遗产在西部大开发中的立法保护/孙学华/《学术探索》2001（3）//本文从立法保护的制高点入手，分析了民族文化遗产的内容、保护的意义、立法保护的内容、保护性开发的战略等，旨在避免出现丧失优秀民族文化遗产的遗憾。

641. 纳西族传统文化在告诉我们什么？/天粒/《民族团结》1999（1）//

642. 东巴文化世界注视着你/天粒/《民族团结》1999（9）//

643. 神秘的"东巴文化"/田晓雯/《云南文史丛刊》1991

(1)　//简要介绍"东巴文化"。

644．纳西奇葩：东巴文化/万策水/《信息日报》1990－09－15//

645．东巴教和东巴文化/汪宁生/《纳西族社会历史调查·一》云南民族出版社 1983 年 7 月//有：关于东巴教创始的各种传说、东巴教的性质及和其他宗教之关系、东巴的各种迷信活动、关于东巴经书、传说、东巴字的历史五部分。附纳西族"送魂"路线。

646．东巴文与东巴画——纳西族文化札记/王伯敏/《美术观察》1999（8）//文化是思想意识在社会生活各方面有节奏地延伸和有声有色的渗透。文化由传统积累、融合，潜入生命，体现于民族精神之中。我国纳西民族的东巴文字与东巴图画，足以说明了这一点。东巴的文字图画，伴随纳西族漫长的历史逐步形成，关系到他们的宗教、宗法、礼俗和生活爱好。这种文字图画，虽然古老，但仍充满着活力，时至今日，它仍被纳西人民应用着，而且正在开拓、发展。他们有所谓"新生"的文字图画，各写各的，各取所需，尽管这些新创造的文字与图画还未取得社会的共识，但已引起当局的重视。

647．论东巴在纳西文化发展史上的地位/王可/《云南民族学院学报（哲社版）》1990（2）//本文将东巴放在纳西族文化总体发展中加以考察，认为：东巴是宗教祭司、巫师，同时他们也是整个历史时代中纳西族的知识分子，他们记录了一代纳西族文化，参与创造了一代纳西族文化，传承了纳西族的传统文化。

648．论纳西古文化中的潜戏剧/王耐夫/《民族艺术研究》1992（3）//本文从戏剧的角度与层面来开掘论及纳西族古代文化《东巴经》经典中（如《创世纪》、《东埃术埃》）的潜戏剧性。

649．浅析纳西族古文化中的"怪诞"形态与现象/王耐夫/《民族艺术研究》1995（1）//纳西族古代文化典籍对其"怪诞"

的表征类别大致分为：①气场声蛋化说；②人神鬼魔说；③开天造物说；④物类拟人说；⑤禳灾还债说。浅析纳西古籍中的怪诞形态，都能找到怪诞审美诸要素的相应例证。这是人类文化艺术中理应涵盖和客观存活着的人文现象之一。收入《丽江文化荟萃》宗教文化出版社 2000 年 4 月。

650. 东巴文化研究错误辨析/王世英（纳西族）/《东巴文化报》1994 年 12 月号//

651. 纳西象形文字所反映的纳西族文化习俗/夏之乾/《民族研究》1994（5）//纳西象形文字不仅对纳西族社会历史的研究具有相当重要的价值，而且对更深入地了解纳西族的文化习俗也有相当的参考作用。本文主要依据纳西象形文字对纳西族文化习俗中的"阿注婚"、"神判法"、"丧葬"、"男九女七"的数字概念四个方面进行了讨论。又载《民俗研究》1994 年 5 期。

652. 东巴文化/徐鹍/《滇云文化》第四章辽宁人民教育出版社 1998 年 6 月//有纳西族与东巴文化；东巴文化的具体内容；东巴经中反映的纳西族古代社会生活；东巴经与东巴文学；东巴经中体现的纳西族古代哲学思想及东巴文化的世界意义共六部分，简述东巴文化的基本内容。

653. 雅龙文化与东巴文化/许根全/《丽江报》1996 – 12 – 09//

654. 纳西东巴文化艺术欣赏/杨福泉（纳西族）/《春城晚报》1991—1992//

655. 西德对纳西族文化的研究及其他/杨福泉（纳西族）/《民族文学研究》1986（1）//作者 1983—1985 年期间，应西德科研协会的邀请，赴西德进行合作研究。该文介绍了合作研究的概况和成果以及西德对纳西族文化研究的概貌。

656. 联邦德国研究纳西族文化概述/杨福泉（纳西族）/《民族学与现代化》1985（1）创刊号 79—80//作者从 1983 年起，

应邀在科隆大学印度东方学研究所与所长雅纳特教授进行了两年的合作研究。在该文中作者介绍了合作的成果和感受。

657. 文化人类史的明珠：纳西东巴文化/杨福泉（纳西族）/《云南日报》1990 - 12 - 01//

658. 西方纳西东巴文化研究述评/杨福泉（纳西族）/《云南社会科学》1991（4）//本文简略介绍西方国家的纳西学的研究情况。后与白庚胜的《谈谈日本的纳西东巴文化研究》合为《国际纳西东巴文化研究述评》，收入《国际东巴文化研究集粹》一书。

659. 纳西族东巴文化走向试阐释/杨海涛，李丽芳/《思想战线》1999（6）//社会的变迁，现代化的高速发展，往往会导致民族性的变异或消失。云南纳西族东巴文化也面临着这样的问题。今天的丽江，作为保留民族文化最根本内涵的宗教——东巴教正在消失和消亡。"没有宗教，便没有文化"，东巴教的消亡会导致东巴文化递减、衰退甚至深层次的消亡。造成东巴文化内核衰退的原因，有政治、经济上的原因，也有决策、现代文明的冲击等几方面的原因。本文试论之，以期望引起对这一珍贵的世界文化遗产的重视、保护和研究。

660. 时代要求与文化传统——以摩梭人为例/杨世光/《思想战线》1998（1）//本文从对摩梭人"女儿国"的担心与预测这一事例入手，分析了传统文化与现代化的关系问题，阐述了在实现现代化的同时应保持民族传统文化。

661. 东巴文化研究的新收获（代前言）/杨世光（纳西族）/《东巴文化论》云南人民出版社 1991 年 3 月//本文勾述了近年来东巴文化研究的总体轮廓。

662. 东巴文化研究的新拓展/杨世光（纳西族）/《云南民族学院学报（哲社版）》1988（3）//本文即《东巴文化论集》的概述，该书由云南人民出版社编辑出版。全书 40 篇，涉猎了不同侧面的专题，既对以往的研究轮廓进行历史的较全面的回顾，又相对集中地反映了近几年来研究的突出成就，并在新的方位上对未来研究前景做了有益的展望。

663. 香格里拉之源——玉龙第三国：兼论"殉情"的民族历史文化内涵/杨式龙/《丽江文化荟萃》宗教文化出版社 2000 年 4 月//从历史事实的追根溯源，以审美角度的对比分析，以及新近发现的，"香格里拉"古石碑、古地图和披露历史事实的许多文章，说明丽江纳西是"玉龙第三国"之源。

664. 试论东巴文化的三个阶段/杨正文（纳西族）/《云南藏学研究论文集·第二辑》云南民族出版社 1997 年 9 月//本文有：问题的提出、民族大迁徙与东巴文化的历史阶段、东巴文化的三个历史阶段三部分。提出东巴象形字走过了幼稚、完美、变异三个时期，并逐渐走向音字历程。在这当中，白地象形字是最成熟、最完美的东巴象形字。白地东巴文化也是整个纳西族东巴文化的高峰、典范。原载《迪庆论坛》1993 年 4 期。

665. 应当重视东巴文化的研究/杨正文（纳西族）/《迪庆报》1989 - 04 - 05//

666. 圣地东巴民俗文化/杨正文（纳西族）/《迪庆报》1995 总 244~251 期//

667. 三坝纳西族源及东巴文化概要/杨正文（纳西族）/《中甸县志通讯》1987（3）//

668. 试论白地东巴文化在纳西族东巴文化中的地位/杨正文（纳西族）/《中甸县志通讯》1988（2）//

669. 走向深层：《东巴文化揭秘》序/杨仲录，张福三/《玉龙山》1994（6）//序言认为作者没有孤立地、封闭地去把握纳西东巴文化，许多结论是建立在深入调查的基础上。

670. 感悟东巴文化/于鹏/《西部人》2002（2）//作者以抒情的手法，描写了滇西北的宝地——丽江古老神奇、无限浑厚的远古文化秀丽的土地、悠悠的茶马古道，引人忘情地投入这块热土，去圆一个回归自然的梦想。

671. 雪山文脉传千古——兼谈土司文化评价的几个问题/余嘉华/《民族艺术研究》1996（2）//列举丽江土司文化的几个侧面加以分析，以此来证明丽江土司文化是民族文化的重要组成部分。

672. 东巴经所反映的纳西族古代文化/洛克（Rock，J.F.）（美）著/赵鸿昌译/《民族学与现代化》1985（2）//该文节译自1963年发表于德国《The lifeandcultureofthe Nakhi Tribeofthechina - TibetBorderland》的刊物，标题是译者后加的。主要对从纳西族的生活、生产等状况中所反映出的古代文化进行了阐述。

673. 纳西族东巴文化述要/张信/《今日民族》2000（9）//

674. 纳西族的文化神韵/张云堂/《中国石化》2001（5）//

675. 民族瑰宝：东巴文化/赵净修/《丽江报》1991 - 04 - 05//

676. 云南纳西东巴文化的再现/赵省华，甘雪春/《云南社会科学》2000（1）//

677. 从东巴经书物质形式看藏文化对纳西族的影响/赵心愚/《中国藏学》2002（1）//从东巴经书的文字、材料、形状及制作方法等方面来看，藏文化对东巴经书物质形式的影响是明显的。东巴经书是纳西族物质文化的标志，其物质形式所受的影响又从一个方面证明了藏文化对纳西族的影响。

678. 东巴文化研究的历史和现状/周克坚/《玉龙山》1991秋号//本文以昨天——几代耕耘，沉埋宝珠重现异彩，今天——承前启后，东巴文化饮誉九州；明天——任重道远，团结奋斗再展宏图，概括东巴文化研究的历史和现状。又载《民族古籍》1991年3期。

679. 和力民的东巴文化传承之路/宗晓莲/《今日民族》2002

(3) //我们在各级党委和政府的关怀下进行东巴文化的传承，目的是为了把东巴文化这份世界文化遗产流传给后人，让后人继续享受和研究。在没有任何经济后盾的情况下，我们坚持了三年，如今还在定时上课。我们希望能真正完整地把东巴文化传承下来，因为社会、民族、大众需要它。———摘自和力民给本刊编辑部的来信。

## G05　政治文化

680. 纳西民族政治文化探微/周俊华/《云南广播电视大学学报》1999（3）//分析纳西族政治文化。收入《丽江文化荟萃》宗教文化出版社2000年4月。

## G112　专题文化研究

681. 纳西族色彩崇拜考/白庚胜/《民族团结》1987（11）//

682. 纳西族色彩文化功能研究/白庚胜/《民族艺术》2001（2）//纳西族色彩文化具有图腾、巫术、区别、审美四种功能。它们不仅反映人们的思想感情并为社会服务，而且也塑造民族性格，影响到纳西人的思维定式、社会秩序、行为规范。

683. 纳西族色彩文化的基本特征/白庚胜（纳西族）/《思想战线》2001（5）//纳西族民俗中的色彩信仰具有多元，物色浑一，重于精神表现，体系性、地方性等特征。探寻其起源及发展过程，认识其基本功能，可从一个侧面窥视纳西文化的某些重要内涵。

684. 纳西族色彩文化制约机制谈/白庚胜（纳西族）/《云南社会科学》2001（1）//本文认为纳西族的色彩观念、色彩崇拜、色彩认知、色彩分类、色彩审美等受信仰、哲学观念、地理条件、宗教、生产发展水平、政治等因素的制约，它们直接或间接地决定了纳西族固有的色彩信仰，也决定了对外来色彩的取舍。

685. 纳西象形文"龙"/戈阿干（纳西族）/《民族艺术研究》1996（5）//从东巴的八十余卷祭龙经典、大大小小祭龙仪式和诸多有关龙的象形文和东巴画造型中，可以看到由纳西东巴保存的龙文化，在当今中国乃至世界，堪称为最古老、最丰富、也是很有价值的龙文化宝库，从中可以窥探世界龙文化相互传播交融的一些奇异踪影。

686. 滇西文化走廊丽江部分的特点和建设构想/和家修（纳西族）/《玉龙山》1994（2）//本文从影响和决定走廊特征的诸要素分析，滇西文化走廊丽江部分具有四个特点，并提出建设文化走廊的三点构想。

687. 黑白：人类最初认识的色彩/和品正（纳西族）/《丽江教育学院学报》1988（2）//

688. 纳西色彩文化的重层性/吉川文子著/白庚胜译/《云南文史丛刊》1994（4）//文章指出崇拜白色只是纳西文化的表层部分，在其深处尚存在有若干层文化的积重情况。

689. 鸟兽虫鱼类东巴文化揭秘/木丽春（纳西族）/《玉龙山》2000（6）//揭示东巴经中鸟兽虫鱼类的文化含义。

690. 男九女七的习俗：话说纳西族计数传统文化/云华/《玉龙山》1998（6）//纳西族从生到死，男离不开"九"，女离不开"七"。本文论述这种习俗受汉族阴阳五行八卦的影响，源于纳西族的日月崇拜。"男九"的习俗与母性崇拜和生殖崇拜有关。

691. 纳西族与汉族箭事象比较/赵小刚/《中央民族大学学报》2001（6）//采用象征符号与语言和文字符号比较的方法，从生殖与生命事象、邪祟与巫医事象、血缘与宗亲事象三个方面考察纳西族与汉族文化中箭的内容，从中可揭示出中华民族文化血脉相通的特点。

692. 纳西人家的厦子文化/赵晓鹰/《玉龙山》2000（3）//简介纳西族民居中厦子（前廊），它不单是一般的起居活动场所，而且是一种独特的文化。

693. 丽江古城的老宅院/赵晓鹰/《玉龙山》2001（3）//介绍具有纳西族特点，具有文化气息的丽江老宅院。

## G123  文化事业组织与活动

694. 纳西文化学会的特点和功能/郭大烈（纳西族）/《民族学与现代化》1987（1）//文章论述了纳西文化学会的五个特点，具体工作及主要功能作用。

695. 玉龙起舞：'99 中国丽江国际东巴文化艺术节走笔/木基元（纳西族）/《民族工作》1999（12）//

## G127.74  地方文化与文化事业

696. 云南省人民代表大会常务委员会关于批准《云南丽江纳西族自治县东巴文化保护条例》的决议/2001 年 6 月 1 日云南省第九届人民代表大会常务委员会第二十二次会议通过/《东巴文化报》2001－06－28//

697. 东巴万神园创意/白庚胜（纳西族）/《国际纳西学会通讯》2000（1）//提出在丽江玉水山寨与玉湖度假村之间建立"东巴万神园"的创意。

698. 造一座东巴万神园/白庚胜（纳西族）/《民族团结》2000（3）//

699. 郭沫若与纳西文化二三事/白庚胜（纳西族）/《民族文化》1982（3）//简要介绍郭沫若先生关心丽江纳西族文化事业的轶事。

700. 丽江文化辉耀京城/曹志娟，丁洪美/《森林与人类》2001（5）//

701. 丽江文化断层告急/戈阿干（纳西族）/《玉龙山》1996
（1）//本文从东巴文化亦属世界文化遗产，东巴文化濒临断代绝
根的严酷现实，老东巴们所苦苦求圆的世纪梦，再次呼吁把东巴
文化抢救在活人身上四个方面，呼吁抢救东巴文化功在千秋，迫
在眉睫。

702. 继承和发扬开放进取优良传统促进纳西文化的新繁荣/
刘龙初/《玉振金声探东巴：国际东巴文化艺术学术研讨会论文
集》社会科学文献出版社 2002 年 6 月//文章认为一个开放进取
的民族，文化会昌盛起来。纳西族古老的文化，属于中华文化瑰
宝，她除了自我开创精神是主要原因外，开放进取，学习和吸收
先进文化、优良传统是重要条件。

703. 逐鹿中原独领风骚：丽江文化北国行记/木里著/《东
巴文化报》2000 年 12 月//

704. 纳西族民俗文化的保护和利用/牛增裕/《云南文化资
源研究与开发》云南民族出版社 1994 年 11 月//本文论述了何谓
民俗、纳西族民俗文化有哪些内容以及怎样利用这些民俗文化为
丽江的发展服务等问题。

705. 结成国际东巴经共享联盟的建议/欧匹兹（瑞士）/
《国际纳西学会通讯》2000（1）//对国际东巴经书共享提出结成
一个共享联合体的建设步骤。文中提到西班牙收藏有东巴经
4 400 多册，是洛克所搜集的。

706. 云南纳西东巴文化在京展出/荣桦/《云南政协报》1990
– 09 – 13//

707. 建设民族文化强区努力把丽江建设得更美好——访云
南丽江地区行政公署常务副专员和自兴/苏生/《经贸世界》2001
（2）//

708. 在瑞士举行的国外首次纳西族东巴文化展述评/杨福泉
（纳西族）/《云南社会科学》1998（3）//本文介绍 1997 年 12 月

4日—1998年5月15日在苏黎世举办的纳西族东巴文化展,作者认为这个展览具有构思独出心裁,别具一格,展览与学术活动密切结合两个特点。

709.坚定地树起东巴文化这块名牌:探索保护和发展迪庆州东巴文化的路子/杨正文(纳西族)/《国际纳西学会通讯》2000(1)//本文以中甸三坝乡、白地显赫的国际地位,面临的严峻客观现实出发,探寻迪庆州保护和发展东巴文化的可行路子,提出紧迫的几件事情。

710.纳西文化赴会印第安部落/张北星文/《东巴文化报》1998年12月号//

711."东巴碑林"总体规划/张春和/《国际纳西学会通讯》2000(1)//介绍白庚胜关于建立"东巴碑林"的创意。有"东巴碑林"的文化价值及表现内容和"东巴碑林"的总体创意布局两部分。

712.把丽江的历史文化作为区域文化来研究/张附孙/《云南文化资源研究与开发》云南民族出版社1994年11月//丽江的历史文化是独特的文化,它不仅历史悠久,内容丰富,而且与周围的几个民族文化比较是完全不同的文化类型。本文介绍了构成这种文化的各种因素,认为应把它作为一个独立的文明或区域文化来研究。

713.纳西族东巴文化展轰动京城/张信/《云南日报》1990 – 09 – 25//

714.浅谈东巴文化的保护和抢救/赵世红(纳西族)/《玉振金声探东巴:国际东巴文化艺术学术研讨会论文集》社会科学文献出版社2002年6月//文章从四个方面对东巴文化的保护和抢救提出看法:①东巴文化失传的危险依然存在;②东巴文化抢救在民间;③抓紧时间对东巴文化进行全面整理和深入研究;④走一条保护与开发良性循环的发展之路。

715. 古朴宏大璀璨：纳西族东巴文化展览印象/郑惊鸿/《农民日报》1990 – 09 – 18//

716. 中国丽江纳西文化展在加拿大成功举行/中国丽江县博物馆/《东巴文化报》1998 年 12 月号//

717. 龙潭风物活生生//《北京日报》1982 – 03 – 26//

718. 纳西族东巴文化展在京开幕//《人民日报》1990 – 09 – 11//

719. 纳西族来京展示东巴文化//《人民日报（海外版）》1990 – 09 – 11//

## G219.29　新闻事业史

720. 光绪年间的《丽江白话报》/衍孙/《丽江文史资料·第19 辑》2000 年 10 月//介绍光绪年间《丽江白话报》的创办及部分文章内容，说明戊戌变法运动对边疆地区有一定影响。

721. 抗战时期的《丽江周报》/张星泽/《丽江文史资料·第5 辑》1988 年 6 月//记叙《丽江周报》的诞生经过及《丽江大众壁报》和《丽江周报》的作用。

722. 丽江周报始末/张星泽/《玉龙山》1980（4）//叙述1940 年创《丽江大众壁报》，办十多期，1942 年改《丽江周报》，到 1944 年止。

## G250.74　数据库建设

723. 纳西东巴文化数据库及其网站的建立/宋光淑/《东南大学学报》2002（1A）//本文研究探讨纳西族东巴文化数据库建设的数据源、数据采集标引、数据库结构、软件选择和数据录入等相关问题，分析东巴文化数据库与东巴文化网站的关系，对两者的共同发展提出建议。

## G256.22　文献版本

724. 丽江木氏土司著作雕印本/黄裳/《丽江文史资料·第 16 辑》1997 年 10 月//记叙《一氓题跋》中著录的 4 种木氏著作及作者在昆明翠湖图书馆见到的木氏家集 11 种及其版本刊刻情况。

725. 论么些经典之版本/李霖灿/《么些研究论文集》之七，台湾：故宫博物院，故宫丛刊甲种之三十二，1984 年 7 月出版//么些经典版本众多，有丽江的，南山区的，刺宝的，若喀江边等。怎么判断呢？第一，由形式上来看，可分做形状、行列、色彩三项说明；第二，由内容来看，可分做形字经典、音字经典、形音混合经典及异族语言经典四项；第三，从地理分布来看有无量河边象形文字发源地带，金沙江 N 字大湾北端河套左近地带，丽江城附近大本营，丽江之西至维西一带等。由上述论及的版本形式及地理分布，可以归纳出手抄本，形字，音字，形音混合，形字经典格式，无行式经典，彩色经典等多种形式。

## G26　民族博物馆

726. 东巴文化博物馆大事记//《东巴文化报》1993 年 11 月号//

727. 生活的展场——丽江东巴文化博物馆设计研究/李冰/《华中建筑》2003（4）//对博物馆建筑展示空间模式的思考与研究，侧重于在地方乡土环境下，如何体现建筑的现代性这一主题，并且以设计的方式进行了有益的尝试。设计概念源于特定的环境——云南丽江大研古城，以东巴文化博物馆扩建为载体，重点表达了在丽江地区传统文脉条件下，以特定的方式体现建筑的现代性——将设计概念建筑化，形成"开放式"的展示空间系统，最终融入纳西人的现代生活。

728. 关于建立东巴文化博物馆的构思及其初步实践/李锡/

《云南文化资源研究与开发》云南民族出版社 1994 年 11 月//作者首先从东巴文化的概况及建立博物馆的环境条件，馆址的选择，类型及其功能，建筑形成、规模，展厅布局及民俗场景安排几个方面谈了建立东巴文化博物馆的构思；其次阐述了建立丽江纳西东巴文化博物馆的初步实践。

729. 建设中的东巴文化博物馆/李锡（纳西族）/《东巴文化报》1993 年 11 月号//

730. 丽江县博物馆观感/杨延福/《丽江文化荟萃》宗教文化出版社 2000 年 4 月//

### G264　藏品整理和保管

731. 丽江县文物收藏和保护/赵净修（纳西族）/《丽江文史资料·第 9 辑》1990 年 10 月//记叙了出土五器（旧石器、新石器、红铜器、青铜器、铁器）及传世五古（古字、古画、古城、古寺、古树）的收藏保护情况。

### G279.27　地方档案事业

732. 建立民族地区特色档案浅议/陈子丹/《今日民族》1996 (4) //

### G322.237.4　地方科学研究机构

733. 十年的回顾：纪念东巴文化研究室成立十周年//《东巴文化研究通讯》1991 (1) //本文回顾十年的历史、总结十年的工作成果，对今后的工作进行了展望。

734. 纳西族东巴文化研究简况：云南省社会科学院东巴文化研究室成立/郭大烈（纳西族）/《云南社会科学》1981 (3) //简要介绍纳西族东巴文化研究的历史和概况。

735. 我们的设想：和万宝同志在纪念东巴文化研究室成立

十周年座谈会上的讲话/和万宝（纳西族）/《东巴文化研究通讯》1991（1）//对今后五年、十年的东巴文化研究提出五点设想。

736．探寻东巴文化的奥秘：访省社科院东巴文化研究室/木基元（纳西族）/《民族工作》1987（5）//这是一个专访材料，介绍了东巴文化研究室的工作情况。

## G527.74　地方教育

737．丽江纳西族自治县教育调查报告/郭大烈（纳西族）/《云南现代史料丛刊》1983（1）//报告追述了丽江县教育发展的历史，分析了教育存在的问题和原因，记述了县政府对农村教育改革采取的措施。

738．回望纳西/何国梅/《学前教育》1998（3）//

739．丽江县教育史述评/和灿鑫/《丽江文化荟萃》宗教文化出版社2000年4月//记叙新中国成立前的丽江教育和新中国成立五十年来丽江教育的发展情况。

740．丽江县教育回顾与展望/和灿鑫/《丽江教育学院学报》1999（4）//主要介绍新中国成立前的丽江教育和新中国成立五十年来丽江教育的发展情况，最后分析存在问题，提出对策。

741．丽江各时期的学校/和汝恭（纳西族）/《纳西族社会历史调查·三》云南民族出版社1988年3月//有：丽江最早的学校——高等小学堂，民初的实业传习所、丽江自治学堂、丽江六所联合中学校纪事，彭公生祠五部分。

742．丽江民众教育馆书报部简况/和志坚/《丽江文史资料·第6辑》1988年12月//简介民国早期丽江民众教育馆书报部设立情况。

743．教化与教育：兼论纳西族历史上的教育/李劼/《民族教育研究》1998（4）//本文从民族教育史的分期、简略述评、从教化到教育三方面对历代中央政府在边疆地区实施的教育作述评。

744. 丽江教育文化史话/李世宗/《丽江文史资料·第19辑》2000年10月//介绍丽江的书院、古城私塾、古城诗文社、丽江科举等。

745. 纳西族地区第一所中学的创立和发展/李世宗执笔/《纳西族社会历史调查·三》云南民族出版社1988年3月//记叙纳西族地区中学创立的四个时期，并有附录9篇。

746. 和积贤与清末丽江的文化教育/司马贾/《玉龙山》1995 (2)//简介和积贤生平及主张新学、在丽江办文化教育的事迹。

747. 丽江雪山书院奖励科甲人员述略/唐兆坤/《丽江文史资料·第19辑》2000年10月//作者根据在丽江地区供销社址内发现的一块石碑整理、介绍了碑记的内容、科甲考试层次和科甲奖惩制度。

748. 丽江县立中学办学九年纪略/杨承烈，张星泽/《丽江文史资料·第7辑》1989年6月//有：县中学前身、县立女子简易师范学校概况，丽江县立中学的诞生及其发展。李觉民任校长时期，李杨铣任校长时期，张星泽任校长时期，叙述县立中学简史。

749. 汝吉小学校史（解放前部分）/杨尔刚整理/《丽江文史资料·第5辑》1988年6月//1983年12月丽江县人民政府为纪念纳西族人民的好儿子戴汝吉捐资助学的崇高风格，宣布原文治小学命名为汝吉小学、历史可追溯到雍正元年（1723）丽江改土归流。

750. 束河地方教育简况/杨沛诚，陈光平/《丽江文史资料·第4辑》1987年12月//束河位于大研镇西北，包括现在的龙泉、开文、中济三乡，是多种宗教交汇的地方。本文介绍束河文化教育渊源、中心小学创校的背景，和石衡先生主持创建中心小学，从建校到新中国成立前夕的完小，新中国成立后改办初中前的情况及毕业生中的学有成就者。

751. 丽江纳西族自治县教育简史/杨启昌（纳西族）/《丽江文史资料·第2辑》1986年12月//本文简介丽江明清时期、抗日战争时期、新中国成立后几个时期的教育概况及教育界的知名人士。

752. 文明古邦源远流长：丽江纳西族文化教育发展概略/杨启昌（纳西族）/《玉龙山》1980（3）//简介了丽江文明发展的历史。

753. 乐群学校和木松园先生/曾广鑫/《丽江文史资料·第5辑》1988年6月//记叙抗日战争时期丽江的乐群学校及其创建人木松园的事迹。

754. 解放前丽江教育资料二则/曾广鑫/《丽江文史资料·第8辑》1989年12月//有职业教育和丽江府中学堂办学经费始末两则。

755. 抗战时期丽江教育文化纪略/曾广鑫整理/《丽江文史资料·第5辑》1988年6月//记叙抗战时期的省立丽江中学、国立丽江师范学校的创建、集资兴学、私人办学等经过及抗战时期的文艺宣传活动。

756. 略论丽江纳西族历史上的学校教育/张大群/《云南师范大学学报》1987（6）//在调查的基础上论述：学校教育产生与发展的社会基础；纳西族历史上学校教育的演变过程；纳西族历史上学校教育特点及其发展原因；纳西族历史上学校教育的局限性。

757. 丽江县元、明、清及民国时期教育大事记/张永林/《丽江文史资料·第14辑》1995年10月//

## G75　民族教育

758. 丽江纳西族自治县民族语文教学实验小学试行细则//
《民族工作》1986（2）//该细则包含：开展民族语文教学实验的
意义、方针、指导思想、教学任务、学制、课本、教学方法、教
师、学生、经费、校风等十二条。

759. 论丽江地区民族教育的特殊性及其对策/马立三/《民
族学与现代化》1985（2）//本文认为在新的历史时期，以"面
向现代化、面向世界、面向未来"为指针，紧紧把握民族教育的
特殊性，大力发展纳西族地区民族教育事业的重要性。从四方面
指出了纳西族教育的特殊性，并从七方面提出了把纳西族教育搞
上去的对策。

760. 发展民族教育、振兴民族经济——宁蒗彝族自治县发
展教育的调查/薛英/《民族学调查研究》1995（1）//介绍宁蒗
县保证教育投入，狠抓基础教育和职业培训，取得成绩的经验。

761. 纳西族热爱文化教育的优良传统/杨启昌（纳西族）/
《民族学与现代化》1987（1）//丽江县教育始于元代。文章自古
至今论述了丽江教育事业的发展及优良传统。

762. 浅议纳西族地区小学的双语教学/杨振洪/《民族学调
查研究》1996（2）//本文通过对丽江纳西族地区小学推行双语
教学的主客观必要性的分析，论述该区的双语教学。

763. 永宁公社摩梭人教育初步调查/云南省教育科学研究所
民族教育调查组/《昆明师院学报（哲社版）》1983（3）//本报
告反映新中国成立前永宁摩梭人的教育，新中国成立后永宁民族
教育的发展，当前永宁摩梭人教育事业发展中存在的主要问题，
最后提出几点设想。

764. 纳西族学生学习普通话教学研究//《保山师专学报》
2002（1）//

765．教化与教育——兼论纳西族历史上的教育//《民族教育研究》1998（4）//

## G85　民族体育

766．高原体育风/夫巴/《丽江文化荟萃》宗教文化出版社2000年4月//

767．我的"家博"/戈阿干（纳西族）/《组织人事报》1994－12－15//

768．纳西族儿童游戏（纳西文三种）/纳文/《民族学》1993（4）//纳西族既善于学习外部先进文化，又保存了独具特色的民族传统文化。本文介绍了三种纳西族儿童游戏。①"嘛受图"——抛石子；②"次柯余柯金"——走羊洞；③走王棋。

769．起始节：盐源纳西族的体育狂欢日/宋明/《新体育》2003（3）//在美丽的泸沽湖边，每年总有一次纳西族的起始节——一个民族的体育盛会，一次风情浓郁的狂欢节，新的一年开始了……

770．纳西族的足球运动/张信/《民族文化》1982（5）//丽江被称为云南的足球之乡，原有其悠久的历史。纳西族诗人木公在明代用诗写下的纳西族足球运动，生动地反映云南省的足球运动，是云南省明代足球运动的宝贵文献。

# H　语言、文字

## H004　语言的分布

771．藏缅语言分布圈与纳西语汇的重层分布/诹访哲郎（日）著/白庚胜译/《民族学》1996（2～3）//本文通过对140个分布于东亚的基本语汇的考察，叙述丽江纳西语到底对应于十一个分布圈中的哪一个，指出各个分布圈的特点。

## H02　文字起源

772．中国文字的起源/董作宾/《大陆杂志》第5卷10期//内容有：中国文字在殷代；比较埃及文及么些文，可见甲骨文是演进很久、来源很古；介绍几个在殷商时代还在使用的"古字"——原始图画文字；中国文字起源的推证四部分。

## H172.3　西南方言

773．丽江方言词语的文化内涵透视/何守伦/《云南师范大学学报》1998（5）//丽江的文化是一种复合型的文化积淀，主要是云南西北部与其他地区，汉民族与其他少数民族以及相邻地区少数民族的文化积淀，透视当地特有的方言土语，能揭示该地区文化的丰厚内容和鲜明特色。

## H2　民族语言

774．川西民族走廊地区的语言/孙宏开/《西南民族研究》

四川民族出版社 1983 年 6 月//

775.一块少数民族语文工作的里程碑：在丽江纳西族自治县拉巴乡、兰香乡实现傈僳文无盲乡表彰大会上的发言/张贡新/《民族工作》1985（8）//该文是对拉巴乡、兰香乡的民族文字扫盲工作的总结，并归纳出了十条经验及重要启示，最后谈了希望和建议。

776.丽江县推行民族语文工作的重要经验/周津/《民族工作》1985（8）//这是周津同志 1985 年 5 月 9 日在拉巴乡、兰香乡实现傈僳文无盲乡表彰大会上的报告的一部分，主要是经验部分。

## H257  纳西语

777.纳西语/陈嘉瑛/《中国少数民族语言》四川人民出版社 1987 年 11 月//按声母、韵母、声调介绍丽江坝区的纳西语。

778.纳西族《祭风经——迎请洛神》研究一/傅懋勣遗稿/《民族语文》1993（2）//《纳西族〈祭风经——迎请洛神〉研究》是我国著名语言学家傅懋勣先生遗稿，由其夫人徐琳研究员编辑整理成这份研究报告，它对于研究纳西族的文字、语言、文学、历史、哲学、宗教、民族学等都有重要的参考价值。

779.纳西族《祭风经——迎请洛神》研究二/傅懋勣遗稿/《民族语文》1993（3）//

780.纳西族《祭风经——迎请洛神》研究三/傅懋勣遗稿/《民族语文》1993（4）//

781.纳西族《祭风经——迎请洛神》研究四/傅懋勣遗稿/《民族语文》1993（5）//

782.纳西语中的多元文化现象/盖兴之/《玉振金声探东巴：国际东巴文化艺术学术研讨会论文集》社会科学文献出版社 2002 年 6 月//本文从纳西语言对东巴文化多元性的反映，纳西语对纳西族社会文化多元性的反映，汉语、汉文的使用与汉族文化的引进，纳西族语言文字对中华多元一体格局的反映四方面论述纳西语言中的多元文化现象。

783. 纳西族双语地区的汉语中介语研究/盖兴之/《中央民族学院学报》2000（2）//中介语是复杂的语言现象之一，中介语理论是一种较新的语言学理论。本文应用中介语理论对纳西族双语地区汉语中介语的形成、性质、特点以及语音系统进行深入探讨。

784. 纳西语在藏缅语言中的地位/盖兴之，姜竹仪/《民族语文》1990（1）//纳西语东部和西部两个方言的差异，造成了纳西语语支归属的不同分类。国内学者认为应归属彝语支，国外学者中，有人认为西部方言应归彝语支，东部方言应归西夏语支（或羌语区）。本文把纳西语与彝语作比较，认为两种方言之间不仅有严整的音韵对应，而且同源词占 60%～70%。摩梭话（东部方言）与羌语的同源词占 40.7%。因此从族源和方言两方面看，纳西语归入彝语支是合理的、科学的。

785. 纳西语月份名称的结构及其来源/和即仁（纳西族）/《民族语文》1994（4）//纳西族的历法跟汉族的历法一样。一年分为 12 个月。这 12 个月的名称通常以 1.2.3……12 个数词加"月"的方式组成，但有些地方也有少数月份的名称是特殊的。本文就月份名称在两个方言中的使用情况、月份名称的结构、月份名称的由来几个问题进行了阐述。

786. 纳西族的社会历史及其方言调查/和即仁，和志武（纳西族）/《纳西族社会历史调查·三》云南民族出版社 1988 年 3 月//有：人文简况、方言的划分和比较，关于纳西语基础方言和标准音的选定意见，纳西族文字方案四部分及前言、后记，从现有的语言和人文材料来加以分析和比较。

787. 纳西族东巴经语言试析/和志武（纳西族）/《东巴文

化论集》云南人民出版社 1985 年 6 月//纳西象形文写成的东巴经的产生和发展，同纳西语言发展和整个历史紧密联系。东巴经中保留了很多古语古词，涉及语言的各个要素。本文分语言、词汇、语法三个方面，就东巴语言的特点作了简要概述。原载《语言研究》1983 年 1 期。

788．试论汉语在纳西语丰富发展中的作用/和志武（纳西族）/《中国语文》1961（7）//从实地调查中可看出纳西族的口语中使用着大量的汉语借词，还吸收了大量的词组和短语。本文就汉语在纳西语丰富发展中的作用，把反映在词汇、语法、语音方面的情况分述之。

789．纳西族自治县语言使用情况/姜竹仪/《世界的书面语使用程度和使用方法概况：中国卷》加拿大拉瓦尔大学出版社 1993 年//

790．纳西语东部方言的土语/姜竹仪/《民族学调查研究》1987（2）（3）//纳西语分东、西方言，东西两个方言又各自分三个土语。本文介绍东部方言的三个土语及其比较研究。三个土语为永宁坝土语、北渠坝土语、瓜别土语。

791．纳西族语言研究概况/姜竹仪/《民族研究动态》1986（2）//本文从纳西语的产生、历史、语支以及纳西语的研究工作、纳西语的研究著作、东巴文研究工作、东巴文的研究论著、国外研究东巴文著作等四方面详细阐述了新中国成立后纳西族语言研究工作的总概况。

792．纳西语概况/姜竹仪/《民族语文》1980（3）//本文主要根据云南丽江纳西族自治县丽江坝区调查的材料，简述纳西语的语音、词汇、语法情况。

793．纳西语话材料/姜竹仪/《民族语文》1988（6）//"老虎和乌鸦"这个故事的材料是作者根据纳西语方言丽江坝话的语音系统翻译整理出来的，笔者还对这一方言和语音、语法、词汇作了简要介绍。

794. 纳西东巴古籍与语言研究/李例芬/《云南民族学院学报（哲社版）》1997（4）//本文通过对纳西族宗教文化的主要载体东巴经的语言特征：口语特色的书面语与早期文字相对应的书面语，东巴文的历时性与共时性并存等的描述，对东巴古籍作语言学研究的前景作了理论探讨。原载《民族学》1996 年 2、3 期。

795. 论么些族象形文字的发源地/李霖灿/《东巴文化论集》云南人民出版社 1985 年 6 月//作者认为么些象形文字发源于无量河下游一带。

796. 纳喜语介绍/李孺韩/《语文知识》1954（10）//简介纳西语的语音、语法和构成成分。

797. 纳西语玛莎话/马忠义/《云南民族语文》1991（4）//玛莎话能与纳西话通，与永宁摩梭话不通。本文研究其语音问题。

798. 纳西东巴文与藏文的关系/木仕华/《民族语文》2001（5）//纳西东巴文中的若干藏文字母、元音符号以及藏文文献中常用的字段标记符进入东巴文后发生了变异，并出现了切音标音法，还派生出一批与藏文字母及元音符号相关的字符，丰富了东巴文字体系。本文的研究还为探讨东巴文的形字和音字的产生先后次序的讨论提供了若干佐证。

799. 纳西语在藏缅语族语言中的历史地位/孙宏开/《玉振金声探东巴：国际东巴文化艺术学术研讨会论文集》社会科学文献出版社 2002 年 6 月//本文试图从纳西语的基本特点出发，从五个方面讨论纳西语在藏缅语族总体性中的历史地位。①介绍 19 世纪以来语言学界的讨论情况；②纳西族和藏缅语族一些重要语言常用词的比较；③一些重要的语音、语法现象的比较；④结论；⑤思考。原载《语言研究》2001 年 1 期。

800. 纳西东巴文与汉文形声字比较研究/王元鹿/《中央民

族学院学报》1987（5）//通过比较研究认为：汉古文字在甲骨和西周铜器时代，已进入在假借字或引申字上增添类符以大量制造形声字阶段，而东巴文字刚刚开始，部分形声字还保留着双音节读音，形声字的使用频率和字数比较低，而且被用作另一形声字的声符的现象极为少见。

801．纳西语/杨焕典/日本国立亚非语言研究所 computational Analyses of Asian and African languages No 22．March 1984．Tokyo Tapan//

802．关于纳西族东巴文字信息处理的设想/郑飞洲/《学术探索》2003（2）//关于纳西东巴文字信息处理的设想，在东巴文字电脑检索系统开发的基础上，建立相关资料档案库和研究资料目录，通过电脑实现东巴文字形、音、义检索；对东巴文字字素的描写及分类分层次描写；对与之相关的古文字字素的对照描写等。检索内容的建立，有望为东巴文字的研究建立新的门径。

803．论东巴文与纳西语之关系/朱炳祥/《玉振金声探东巴：国际东巴文化艺术学术研讨会论文集》社会科学文献出版社2002年6月//本文通过分析两种"能指"及东巴文的发生道路、论述东巴文不是记录纳西语的符号体系。

## H257.1　纳西语语音

804．关于纳西语的松紧元音问题：兼论彝缅语语音历史演变的研究方法/戴庆厦/《民族语文》1993（1）//本文就纳西语究竟有无松紧元音对立，怎样研究认识彝缅语语音的历史演变两个问题，提出了自己的见解：纳西语的元音没有松紧对立，只有松元音，没有紧元音；彝语支语言是由舒促韵对立转为松紧元音对立。

805．纳西语语音系统/姜竹仪/《藏缅语语音和词》中国社会科学出版社1991年//

806. 纳西语中西部方言音位系统中的几个问题：兼答杨焕典同志/姜竹仪/《民族语文》1985（2）//针对杨焕典对作者在《纳西语概况》[《民族语文》1980（3）]一文提出的不同意见做进一步说明。

807. 么些语音系统/李霖灿/《么些研究论文集》之十，台湾：故宫博物院，故宫丛刊甲种之三十二，1984年7月初版//本文是作者与和才、张次瑶的合作成果。作者认为么些语的音韵系统，其所用的音标，包括声母、韵母、声调、音值的描写也包括声母、韵母、声调部分；并制定了声韵配合的三个表：A. 单纯的声母、韵母、声调配合表；B. 带W介音的声母、韵母、声调配合表；C. 带J音的声母、韵母、声调配合表。

808. 么些文音调图表/李霖灿/《华南港澳暨东南亚历史考古语文研究论文集》香港中文大学印行//

809. 从纳西语的紧松元音对立看汉藏语系语音发展轨迹/杨焕典/《民族语文》1991（1）//本文论述纳西语有 i22 三个紧元音，分别与 i22 三个松元音对立。在具有同样的声母、声调的情况下，由于元音紧松的不同而区别词义的情况比较常见。通过与彝语支诸语言的紧松元音进行比较，作者认为汉藏语系语音发展的历史轨迹，很可能是先有紧松元音的对立，接着紧元音的逐步消失，然后才有促声韵和鼻尾韵的出现。

810. 论纳西语的音位系统/杨焕典/日本，《国立亚非语言研究所》第22期//

811. 纳西语辅音的声学分析/杨鉴，刘兵，普圆媛/《民族语文》1998（5）//本文以纳西语西部方言的丽江坝土语的大研镇土语为对象，利用数字语音信号处理方法，分析纳西语辅音的主要声学参量，为纳西语语音合成和进一步的研究提供了依据。

812. 摩梭话元音的松紧/杨振洪/《云南民族语文》1991（2）//摩梭语中紧元音和松元音发音时有明显的不同，指出摩梭语中紧元音正在逐步消失，这是有些人看不到摩梭语中有紧元音存在的主要原因。

813. 摩梭话 a 或 e 音节浅说/杨振洪/《云南民族语文》1997 (3) //本文介绍摩梭话 a 或 e 音节的类型、功能、性质。

## H257.2 纳西象形文字研究

814. 浅论纳西族东巴文的数字系统/鲍江/《民族学调查研究》1995 (4) //东巴文数字系统是一种十进位制，但又有自己的特征。本文试图给这一系统建立一个结构模式，借以说明一些数字在整个系统中的突出地位。剖析东巴经中反复出现的数字的内涵，揭示其非神秘的本质。

815. 纳、汉形声字声符形化比较/陈年福/《玉振金声探东巴：国际东巴文化艺术学术研讨会论文集》社会科学文献出版社 2002 年 6 月//本文是对东巴字和甲骨文中的一类特殊形声字所作的比较研究。其结构特点是：声符除标记字音外，实际上还以形的身份参与构形示意，而且有声符、形符的双重功能，就像是声符被形符化了，故称其为声符形化字。

816. 从么些看甲骨文/董作宾/《么些研究论文集》之一，台湾：故宫博物院，故宫丛刊甲种之三十二，1984 年 7 月初版//本文是董作宾为李霖灿《么些象形文字字典》所作的序言，从大家知道的甲骨文说到大家不知道的么些文。现收入李霖灿的《么些研究论文集》作为该书的"导论"。董文认为么些语与甲骨文同属汉藏语系，但两者之间没有亲属关系。世界文字起源于图画，但从图画演进到文字的过程却不尽相同。本文把么些文与甲骨文作比较研究，可以清楚地看出几点：第一是可以反映甲骨文演变之久；第二是可以反映甲骨文来源之古；第三是可以对证造字时的地理环境；第四是可以对证造成字时的社会背景；第五可以看出造字心理相同的原则；第六是可以看出造字时印象各异的结果。文章即以以上六部分展开论述。

817．从么些文看甲骨文（上中下）/董作宾/《大陆杂志》第 3 卷 1～3 期//全文两部分，首先介绍么些文象形字。然后研究么些文与甲骨文：从么些文反映甲骨文演进之久、来源之古、从么些文对证造成字时的地理环境、社会背景、造字时的心理之同、造字时的印象之异等六方面，论述么些文与甲骨文字创造演变的关系。收入《中国现代学术经典·董作宾卷》河北教育出版社 1996 年 10 月。

818．方国瑜与纳西象形文字研究/方福祺（纳西族）/《云南文化资源研究与开发》云南民族出版社 1994 年 11 月//作者介绍了方国瑜先生的人生简历、学术经历以及一生致力于纳西族象形文字的研究及其研究成果。

819．"古"之本义为"苦"说：汉字甲骨文、金文、篆文与纳西象形文字比较研究/方国瑜（纳西族）/《东巴文化论集》云南人民出版社 1985 年 6 月//本文分纳西族及其象形文字，古之本义为苦说两部分，试以纳西文字与汉字的甲骨文、金文、篆文中的"古"字作比较研究，以说明研究纳西族象形文字的重要意义和价值。原载《北京师范大学学报》1982 年 5 期，又载《东巴文化研究资料汇编之一》1983 年。

820．纳西族古文字的创始和构造/方国瑜，和志武（纳西族）/《中央民族学院学报》1981（1）//就作者所知，叙述纳西族象形文字和标音文字的创始和构造。

821．纳西族图画文字和象形文字的区别/傅懋勣/《东巴文化论集》云南人民出版社 1985 年 6 月//本文论述东巴文经书中图画文字的特征和象形文字的特征。认为古代文字发展过程中，由简单的表意图画发展到图画文字，是一个重要步骤，然后由图画文字发展到一个字表示一个音节的象形文字或形意文字，或逐步产生了形声字，这是文字发展的又一个重要步骤。东巴经象形文字在文字发展的两个步骤上提供了明确的重要范例。原载 1983 年《东巴文化研究资料汇编之一》。又载《民族语文》1982 年 1 期。

822. 关于纳西族图画文字和音节文字的几个写本中一处正文的校定问题/傅懋勣/《民族语文》1984（4）//作者在研究和翻译纳西族图画文字《白蝙蝠取经记》的时候，先指出存在的问题，然而提出校正的意见。

823. 甲骨文与纳西东巴文农牧业用字比较研究/甘露/《大理师专学报》2000（1）//甲骨文是汉民族的古文字，东巴文是云南纳西族今天还在使用的古文字。文章从语用角度，对甲骨文和东巴文这两种古老文字之间的相似之处作了比较，并对二者的部分农业、畜牧业用字的异同，以及产生这些差异的社会背景和历史地理原因等进行了分析研究，指出了二者之间的三点差异和形成差异的五方面原因。收入《玉振金声探东巴：国际东巴文化艺术学术研讨会论文集》社会科学文献出版社 2002 年 6 月。

824. 纳西象形文字（照片十三幅）/高秀峰撰文并摄影/《民族画报》1981（5）//

825. 亦字亦画的纳西象形文/戈阿干（纳西族）/《中国民族博览》1997 – 05 – 01//

826. 东巴图画文字的产生和运用/和宝林（纳西族）/《云南民族学院学报（哲社版）》1988（4）//本文认为纳西族的东巴图画文字是从原始初民的图画中发展起来的。起初他们运用在祭祀的木石之上，作为祭祀对象的符号，后来才被搬到经书中，成为真正的图画文字，而纳西族的东巴们开始用图画文字书写经书的年代应该在唐朝以前。

827. 纳西族东巴古籍读写及书写文字的起源问题（提要）/和发源（纳西族）/《东巴文化报》1995 年 12 月号//

828. 纳西古文字研究/和即仁（纳西族）/《云南民族语文》

1998（1）//本文探讨纳西古文字的起源、创始地及其年代问题。

829.东巴文源于金沙江岩画/和力民（纳西族）/《丽江教育学院学报》2001（1）//本文探讨金沙江岩画与纳西东巴文字的起源关系，论述了东巴象形文字起源问题；金沙江岩画和纳西东巴象形文字的共同特征、个性特征；金沙江岩画与纳西族东巴象形文字之间的逻辑关系。认为是智慧的纳西民族在金沙江岩画的启示下创造了东巴象形文字。金沙江岩画和纳西象形文字是图画演进为文字的"活化石"。

830.纳西族古文字研究的成就和任务/和力民（纳西族）/《民族古籍》1991（3）//

831.东部方言区的纳西族没有文字的说法不尽确切/和力民（纳西族）/《玉龙山》1989（4）//本文认为东西两个方言区均有达巴教和东巴教，均有文字经书，但达巴教和不用文字书写的口诵经，主要流传在东部方言区，东巴教和用图画象形文字书写的东巴经，主要流传在西部方言区。

832.东巴文字/和品正（纳西族）/《奥秘》1990（1）//以连环画形式简介东巴文字。

833.崖画与古文字的关系/和品正（纳西族）/《云南社会科学》1990（5）//本文参照云南纳西族的原始图画文字和甲骨文字与崖画作比较研究，以探求它们之间的关系。

834.纳西族的古文字和东巴经类别/和志武（纳西族）/《东巴文化论集》云南人民出版社1985年6月//本文论述了纳西族古文字的创始、构造及书写特征、东巴经典籍、文字变体及派生的经书等问题。

835.试论纳西象形文字的特点：兼论原始图画字、象形文字和表意文字的区别/和志武（纳西族）/《东巴文化论集》云南人民出版社1985年6月//本文从语言文字学的角度，论述了纳西象形文字属于能代表和书写语言的象形文字符号体系，并阐述了其特点及其与图画和表意文字的区别。指出纳西象形文字是处于原始图画字和表意文字中间的一种象形文字。原载《云南社会科学》1981 年 3 期。

836. 东巴文和哥巴文/和志武（纳西族）/《中国古文字图案》中国社会科学出版社 1990 年 10 月//简介东巴文和哥巴文及研究简况，后附 26 种东巴经典图录。

837. 纳西族古文字概况/和志武（纳西族）/《中国民族古文字研究》中国社会科学出版社 1984 年 8 月//本文介绍了文字的创始，东巴经典籍，文字变体及派生的经书，纳西文字研究的情况。

838. 纳西象形文字和东巴经/和志武（纳西族）/《民族文化》1980（1）//纳西族象形文字的产生和使用，对纳西族历史文化的发展产生过深远的影响，对纳西族象形文字派生出来的东巴经书的研究，对民族识别和民族学的研究方面，都会有一定的价值。本文着重介绍了纳西象形文字的产生和使用以及东巴经这部巨著。

839. 纳西族文字简介/和志武（纳西族）/《玉龙山》1980（1）//作者认为东巴象形文字的产生和应用，可能开始于公元 7世纪的唐代，标音文字则是东巴弟子创制使用，比东巴文字晚，很大部分是由象形字蜕化缩减演化而来。

840. 谈谈为什么要试验推行纳西族新文字/和志武（纳西族）/《云南民族语文》1986（1）//

841. 纳西族新文字的制定和试验推行/和志武（纳西族）/《云南民族语文工作》1985（1）//

842. 纳西族古文字概论/和志武（纳西族）/《云南社会科学》1982（5）//本文论述了纳西族象形文字的创始、文字构造及书写特征；东巴经典籍；文字变体及派生的经书，如玛丽玛沙文和阮可经等。

843. 纳西族的象形文字/胡起望/《羊城晚报》1961－11－04//

844. 西南边区的特种文字/江应樑/《边政公论》1945（1）4卷//

845. 纳西族的象形文字/姜竹仪/《中国民族古文字研究》中国社会科学出版社 1984 年 8 月//主要介绍象形文字的造字方法。如象形、会意、合体、形声、指事、转义、假借及象形文字的变化。

846. 积极推行纳西文提高纳西族文化/姜竹仪/《民族语文》1994（3）//本文认为为了尽快发展全体纳西族的经济、提高文化水平，普及科学知识，改善生活条件，必须通过本民族的干部和知识分子去带动，引导落后地区的纳西族群众去发展经济，首要的任务是提高他们的文化水平，通过使用纳西文字来传递科学、生产、经营和管理知识。

847. 东巴画与东巴文的关系/蓝伟/《东巴文化论集》云南人民出版社 1985 年 6 月//本文通过对东巴画与东巴文关系的分析研究，向人们展示了东巴文是怎样由图画逐步发展演变起来的，后来图画与文字又是怎样向各自不同的方向发展的脉络。收入《丽江文化荟萃》宗教文化出版社 2000 年 4 月。

848. 世界上唯一还活着的象形文字/李方清/《湖北日报》1994－07－14//

849. 纳西族文化的精粹：古老的象形文字和东巴经/李国文/香港《今日东方》1997 年 1 月（中文版）//介绍纳西族的象形文字和东巴经的情况。

850. 论纳西哥巴文的性质/李静生（纳西族）/《东巴文化论》云南人民出版社 1991 年 3 月//文章认为前人把哥巴文说成"标音文字"是一个误解。作者认为哥巴文是以记号文字为主，吸收了相当一部分脱胎于东巴象形文及创新的表意文字，以及有少量几个表音假借的文字体系。

851. 纳西东巴文与甲骨文的比较研究/李静生（纳西族）/《东巴文化论集》云南人民出版社 1985 年 6 月//本文仅从文字学的角度，对东巴文、甲骨文两种文字作些初步的比较研究，通过对二者的文字和字形结构，假借情况，书写行款等方面的异同比较，试图证明东巴文字尚处于图画文字的阶段，并试图探索甲骨文中某些未识文字。原载《云南社会科学》1983 年 6 期。

852. 论么些象形文字的发源地/李霖灿/《么些研究论文集》之二，台湾：故宫博物院，故宫丛刊甲种之三十二，1984 年 7 月初版//么些象形文字"南"与"北"很特别，以水的上游为北，水的下游为南。作者断定么些象形文字的发源地不是丽江，而应是无量河边。无量河在东经 100 度至 101 度之间，正北直南的流向，进一步推断么些文字发生的地点是在这条河的下游而不是上游地方。

853. 与洛克博士论么些族形字音字之先后/李霖灿/《么些研究论文集》之三，台湾：故宫博物院，故宫丛刊甲种之三十二，1984 年 7 月初版//么些族以自创两种文字闻名于世，一是应物写形的图画文字（简称形字），一是以符号表音值的音缀文字（简称音字）洛克认为么些族文字音字在先而形字在后，可以叫他作先音后形派。作者认为是先形字而后音字，可以叫做先形后音派，作者从地理分布，名称来源、音形字蜕化痕迹，经文组织、音字经典、音字最近发展情况六个方面来阐述这一问题。

854. 论么些族"音字"之发生与汉文之关系/李霖灿/《么些研究论文集》之四，台湾：故宫博物院，故宫丛刊甲种之三十二，1984 年 7 月初版//么些音字发生不早于明代万历（1573）年，么些音字中有一些是汉字，如上、下、犬等，上、下是借用汉字之音，犬是借汉文之义，不过这些在全部音字中所占比例太小，影响程度有限。走向音字的道路已经具备，首先是形字中原有同音假借的大法则，有一些汉字已混入形字经典中，于是就依方块字的笔意，作了一些代表音值的符号，和道光年间以来即已发展的少数音字合用，音字的大局遂由此展开，音字已正式建立了自己的王国。可见汉字对么些音字的影响还是存在的。

855.么些文字的发生与演变/李霖灿/《么些研究论文集》之五，台湾：故宫博物院，故宫丛刊甲种之三十二，1984年7月初版//这是作者亲手收集来的资料，给么些文字发生和演变所作的总结。自称为"一家之言"。么些现在平行使用着两种文字，一是形字、一是音字。么些形字比音字早得多。形字发生，一是日常的应用，一是宗教上的需要。发源于木里境内无量河一带。文字在地面上有不同程度演变，文字自身则由图向字，由形向音，由疏到密的演变。音字是晚近兴起的文字，分布区域限于丽江以下逆金沙江走向维西一带地方，比形字地区狭得多。

856.试论拿喜（纳西）文与汉文字源之异同/李霖灿/《边疆文化》创刊号//

857.从纳西族东巴文化探讨设计创作的新感与启迪/廖仲旋/《玉振金声探东巴：国际东巴文化艺术学术研讨会论文集》社会科学文献出版社2002年6月//东巴是一群设计创作的先行者，东巴舞谱是人类艺术史不可多得的一页。本文从现代的C.I.S.系统去探求纳西族的整体文化，认为东巴文字不应只从保存的角度处理，若能在故有文字设计概念及表现形式上继续当年东巴的传统，它将如千年古树般，继续枝叶茂盛，开花结果。

858.对东巴文东巴经形成时代的探讨/林向萧/《玉龙山》1984（1）//本文介绍了李霖灿、董作宾、方国瑜、和志武关于这一问题的论述，以此为基础进一步研究，认为从古纳西人迁徙路线及东巴经产生的地点等推断，东巴文和东巴经产生的时代至迟应在公元3~7世纪之间。收入《丽江文化荟萃》宗教文化出版社2000年4月。

859. 东巴文新探：也谈纳西族图画文字象形文字/林向萧/《玉龙山》1987（3）//本文在傅懋勣先生的《纳西族图画文字和象形文字的区别》一文基础上，进一步说明东巴文经书可分为两类，一类是图画文字经书，另一类是一字一音的象形文字经书，两者共存并用于东巴经中，说明东巴文是已由图画文字向象形文字过渡，且尚未完成过渡而出现共存并用的古文字。

860. 关于"东巴文是什么文字"的再探讨/林向萧/《云南民族学院学报（哲社版）》2002（5）//对于东巴文字是什么文字有十六种不同解说。本文通过对两段东巴文、经文、各种异文的比较研究，发现东巴文的发展轨迹，提出东巴文是独立形成、自成体系的。从图画和口诵东巴经典脱胎而出的，原始文字形态与成熟文字形态长期混沌不分的、是能够解开图画如何发展成为文字之谜的"活化石"。

861. 纳西文字、汉字的形声字比较/刘文辛/《中央民族学院学报》1993（1）//纳西东巴文字是11世纪才产生的文字，同汉字没有同源关系，保留的原始成分较多，文字体系尚未定型。本文叙述东巴文字形声字的形成，并与甲骨文、金文的形声字比较。

862. "思究鲁究"重放异彩/鲁巴/《东巴文化报》1999－02－03//记叙东巴文化博物馆为保护丽江文物所做的工作。"思究鲁究"指纳西象形文字。

863. 哥巴文性质再认识/毛远明/《玉振金声探东巴：国际东巴文化艺术学术研讨会论文集》社会科学文献出版社2002年6月//文章分哥巴字字符的来源、性质、哥巴字在文字发展史上的地位三部分，运用比较文字学的研究方法论述了纳西哥巴字的性质问题，认为哥巴文字符同语音直接联系，属于表音文字。

864. 哥巴文的创始人东文裕的传说/木丽春（纳西族）/《丽江民族文化》2001（1）总2//记叙东巴东文裕创造哥巴文的

传说。

865. 东巴图画：象形文中的古印度文化赜考/木仕华（纳西族）/《玉振金声探东巴：国际东巴文化艺术学术研讨会论文集》社会科学文献出版社 2002 年 6 月//本文以东巴图画象形文字为凭借，以语词为核心探析东巴文化中的古印度遗存，结合纳西族的迁徙发展史，认为古印度文化留存于东巴文化中，并进一步论述了东巴文化中的古印度文化留存的形态及时间层次性。

866. 纳西东巴文中的卐字/木仕华（纳西族）/《民族语文》1999（2）//本文对纳西东巴文中卐字的音、形、义及其来源，传入时间、传播路线等进行了研究，结合纳西族与其周边民族间的文化交流史，认为纳西东巴文中的卐字源于古印度文化中的卐字（swastika），后随佛教、本教，经西藏传入纳西族中。

867. 东巴文：纳西族的象形文字/慕空/《民族文化报》1994 - 03 - 12//

868. 纳西文与甲骨文比较研究/山田胜美（日）/《国际东巴文化研究集粹》云南人民出版社 1993 年 6 月//本文选译自玉川大学出版社出版的山田胜美著的《活着的象形文字》，本文重点进行字根与本义的比较。

869. 纳西东巴文形声字形成过程初论/史燕君/《福州师范学院学报》2001（1）//作者认为依据以形声字声符的表音化程度和形符的类化程度来判断形声字发生、发展程度的原则来阐述纳西东巴文形声字的发生、发展过程，可以明确：由象意字声化途径产生的声兼意的形声字，不是真正意义上的形声字；在意符上直接加声符而产生的注音式形声字已是严格意义上的形声字，但还带有一定的原始性；假借字加意符而产生的形声字是成熟的形声字；组合式形声字是能产性最强、发展到最高阶段的形声字。

870. 东巴文化与纳西象形文字刍议/舒家政/《丽江教育学

院学报》2001（2）//本文认为东巴文与象形文为同一文字，正名为纳西象形文字，仅在特定环境下称为东巴象形文字。对学习、继承、利用象形文字提出建议。又载《东巴文化报》2001 - 06 - 28//

871. 纳西族的刻画符号/宋兆麟/《化石》1981（4）//

872. 纳日人的刻画符号/宋兆麟/《凉山彝族奴隶制研究》1981年1月//纳日人是古摩梭人的一支，分布在云南的已归入纳西族，他们在木结构建筑上留下了许多刻画符号。按内容分，基本上包括方位符号、数字符号和私有符号三类。本文分别介绍这三类符号。

873. 日月之恋与象形文字/宋兆麟/《中文丛刊》1981年210期//

874. 尔苏沙巴图画文字/孙宏开/《民族语文》1982（6）//介绍四川西部甘洛、汉原、冕宁、石棉等地尔苏人从事宗教活动的沙巴所珍藏的图画文字，认为它是表形文字的低级阶段形式，是由图画向文字演变的过渡阶段。

875. 从东巴文看原始宗教对文字发展的作用/王世英（纳西族）/《东巴文化论》云南人民出版社1991年3月//作者认为文字特别是古文字的产生、运用和发展离不开宗教。宗教对文字的发展起了重大的作用。不能否定宗教在文字发展史上的地位和作用。

876. 东巴文字与汉字不同源流说/王元鹿/《东巴文化论》云南人民出版社1991年3月//文章从神话和传说所提供的证据及其他民族古文字的对比两方面，论证东巴文字是独立创制的一种文字。它的创制与发展不受汉字的启发与影响。

877. 纳西东巴文字黑色字素论/王元鹿/《华东师范大学学报》1986（1）//东巴文字中的黑色字素被看做一种表意文字，有时还起着声符的作用，作者把东巴文中区别意义和读音所表示的黑色称为黑色字素，并通过四方面的分析认为，纳西东巴文黑色字素的使用，标志纳西东巴文字比甲骨时代和铜器时代处于一个文字发展史上更为原始的时代。它较多地反映出原始意识和原始宗教的残余，从另一个角度证实纳西东巴文字的原始性格。

878. 纳西族东巴文字与汉古文字假借现象的比较及在文字史上的认识价值/王元鹿/《徐州师范学院学报》1987（2）//本文从四方面进行比较，指出东巴文字形声造字法还处于初级阶段，其假借用字法处于负荷过重状态，有着种种紊乱的情况。

879. 纳西东巴文字与汉字不同源流说/王元鹿/《云南民族学院学报（哲社版）》1987（1）//本文认为纳西东巴文字在其创制过程和发展中，并未受到汉字的启发和影响。并从神话和传说所提供的证据，与其他民族古文字的对比，与哥巴文字的对比几个不同的角度来论证，证实了纳西东巴文字不是汉字系统的文字，它在创制过程和发展过程中，走着一条独立的道路。

880. 纳西族图画文字研究动向/魏治臻/《民族文化》1982（1）//是对傅懋勣《纳西族图画文字研究》（上册）一书的书评介绍。

881. 么些象形文之初步研究/闻宥/《人类学集刊》第2卷1～2期1940年//

882. 论摩些文写本之形式（附图）兼论荷兰图书馆所藏"摩些文解"/闻宥/《中国文化研究汇刊》第6卷1947年//论述么些文写本的形式、种类。后半部分将两本译释象形字的写本中的单字录其十字，与李霖灿先生字典相比照并略加疏证。

883. 活着的象形文字/吴越/《解放日报》1985－01－27//

884. 汉字的六书与纳西文/西田龙雄（日）/《国际东巴文化研究集粹》云南人民出版社1993年6月//此文选自中央公论社刊行的《活着的象形文字》。本文归纳汉字结构原理，进而对纳西文的结构原理进行探讨，用四种造字法与两种转用法分析纳西文。

885.纳西族表音文字的诞生/西田龙雄（日）/《国际东巴文化研究集粹》云南人民出版社 1993 年 6 月//本文选自中央公论社刊行的西田龙雄著《活着的象形文字——纳西族的文化》。文中分析了纳西族表音文字的特点，与纳西象形文字的关系，与彝文、汉文的关系，指出纳西表音文字是一种无统一性的、发音不健全的文字。这种文字混入了彝文、汉文、纳西象形文等多种因素，将它们汇成一体，是纳西族人具有创造力的一种体现。

886.汉字及其周边的文字/西田龙雄著（日）/《丽江教育学院学报》1999（4）//本文简介东亚的文化遗产，纳西象形文的形态、特征、图画文字与象形文字，彝文中的有关形态，纳西象形文字之形成年代，沙巴文字的发现，沙巴文字的形态，色彩的使用，纳西象形文的变种玛丽玛萨文，摩梭的达巴文，达巴教占卜经，西南地区的象形文系统。

887.东巴文/杨甲荣/《东巴文化研究资料汇编》之一东巴文化研究室 1983 年 8 月//叙述了东巴文字研究的状况及东巴字的特征、结构，东巴经典的分类，所保存的原始宗教资料等简况。

888.纳西象形文字研究的里程碑：《纳西象形文字谱》/杨甲荣/《中国典籍与文化》1996（1）//这是作者对方国瑜编撰，和志武参订的《纳西象形文字谱》一书的评价、介绍。该书包括五部分：绪论；象形文字简谱；纳西标音文字简谱；纳西文字应用举例；东巴经书简目。内容丰富全面，现今能见到的两种古老文字都已辑入，也对纳西族的族源、历史、宗教、语言等情况作了详尽的介绍，材料翔实可信，既是一本高水平的研究专著，又是一本实用性很强的工具书。

889.东巴教及象形文字的产生年代问题/杨启昌（纳西族）/《云南社会科学》1994（1）//本文从纳西族的"木牌画"

祭天仪式，经书本身的内容，唐代纳西族所处的社会环境等方面，探讨纳西族东巴教和象形文字产生的年代问题。笔者认为纳西族早在春秋战国之际就有了象形文字和东巴经书，有了东巴教的各种仪式。纳西族象形文字及东巴经书产生于唐代的说法不符合当时纳西族所处的社会环境。又载《史与志》1995 年 5 期。又见《云南史志》1995 年 1 期。收入《云南文化资源研究与开发》一书，云南民族出版社 1994 年 11 月，'99 中国丽江国际东巴文化艺术节学术会议论文。又收入《丽江文化荟萃》宗教文化出版社 2000 年 4 月。

890. 国内东巴文研究状况/杨正文（纳西族）/《玉振金声探东巴：国际东巴文化艺术学术研讨会论文集》社会科学文献出版社 2002 年 6 月//本文介绍前人对东巴文的解释、今人对东巴文的理解及有关东巴文的几本专著。认为纳西东巴象形文源自纳西族古代岩画，其产生年代至迟约在公元前 3 世纪，东巴象形文字经过幼稚、成熟、变异三个阶段。

891. 从岩画到东巴象形字/杨正文（纳西族）/《思想战线》1998（10）//本文从东巴象形字的产生、发展到变异的历史轨迹，作了初步的研究，从东巴象形字的身上，不仅可以了解到纳西族古代的宗教、历史、文化、政治、经济等诸方面的内涵，还可以找到纳西先民的生产生活情况，以及他们的思想、道德、行为、人际关系、战争场面和民俗民情、语言、服饰、住房等遗迹，尤其是从母系社会向父系社会演进的轨迹。东巴象形字是东巴文化的载体，是纳西族的百科全书。

892. 纳西族东巴象形文字的演变/杨正文（纳西族）/《思想战线》1999（5）//纳西族东巴象形文字的演变经历了初创、成熟、变异三个阶段。初创阶段的象形文字是从岩画中脱胎产生的，以"岩喀"（或"阮可"）字为代表，成熟阶段以中甸白地字为代表；变异阶段象形文字则出现由简变繁或由繁变简的分化现象，而白地字至今仍保持了其原生性和稳定性。

893.东巴文字的历史演绎轨迹/杨正文（纳西族）/《香格里拉》1999（1）//本文研究了东巴象形文之前身、产生和发展的幼稚时期、成熟时的变异时期。认为纳西东巴象形文源自纳西族古代岩画，中间经过了漫长的创生过程，并形成一定规模。后期有人对原东巴象形文作添补、修改，出现了异字、怪字，影响了东巴象形字的纯洁性。

894.纳西族的象形文字（照片八幅）/余鹏飞等撰文并摄影/《人民画报》1981（6）//

895.纳西东巴文应用性文献的语言文字考察/喻遂生/《玉振金声探东巴：国际东巴文化艺术学术研讨会论文集》社会科学文献出版社2002年6月//纳西东巴字应用性文献大致可以分为医书、账本、契约、谱牒、歌本、规程、书信、日记、文书、对联、墓铭、经书、跋语等类。本文举出医书、账本、歌本、日记、文书各一种，账本二种（均为片断）进行逐字释读。全句标音和汉译，详细考察其语言文字应用情况，并得出几点初步认识。

896.纳西东巴字的异读和纳汉文字的比较研究/喻遂生/《云南民族学院学报（哲社版）》1990（1）//本文从东巴字异读的类别、构词异读的举例、构词异读的性质，构词异读的比较研究四个方面，对"汉字形声字在初始阶段必然经过一个双音节阶段，后来逐渐向单音节转化"的观点提出质疑并进一步申论。

897.纳西东巴文本有其字假借原因初探/喻遂生/《中央民族大学学报》2002（1）//本有其字的假借，一般认为是仓促之间写了别字，但实际要复杂得多。东巴文本有其字假借的原因主要有：别音义、避重复、求新奇、不规范、仿古。这对研究其他文字本有其字假借字的产生，有一定的参考价值。

898.甲骨文纳西东巴文的合文和形声字的起源/喻遂生/

《中央民族学院学报》1990（1）//

899. 东巴形声字的类别和性质/喻遂生/《中央民族学院学报》1992（4）//本文就东巴形声字的类别：a、b 类字的性质；c 类字的性质；d 类字的性质；东巴字的异读对认定形声字的影响等问题进行了研究，这对于研究形声字的起源和发展，确定东巴字的性质以及甲骨文和东巴文的比较研究都有重要的意义。

900. 纳西东巴字、汉古文字中的"转意字"和殷商古音研究/喻遂生/《中央民族学院学报》1994（4）//本文叙述了纳西东巴字中转意字的类别、性质和使用，以汉古文字"转意字"举例，并与殷商古音比较研究。

901.《纳西东巴文与甲骨文比较研究》质疑/喻逐生/《东巴文化论》云南人民出版社 1991 年 3 月//本文对《纳西族东巴文与甲骨文比较研究》一文中关于字音发展由繁变简的结论颇为可疑，并就此提出自己的看法：①东巴合体象形字和甲骨文会意字所记录（或表示）的语言单位的大小并不完全相同；②不能简单地说东巴文字的读音是逐步简化的；③甲骨文字音不可能是多音节的；④"连续成语"的会意字是后起的文字现象。原载《云南民族学院学报》1988 年 3 期。

902. 纳西语英语百科词典/洛克（Rock，J.F.）（美）著/杨逸天等译/《云南民族学院学报（哲社版）》1988（4）//作者在这部书中，第一次向读者提供了有象形文字音标的《纳西语英语百科词典》，它确实是一部纳西文献中的百科全书，凡是作者所收集到的有关纳西族的宗教生活、文化、语言等方面的资料，都简明地发表在这本百科词典中。这里主要登载了书的前言、序言及 A、B 开头的词条。

903. 斯究鲁究：纳西族独特的奇葩/赵净修（纳西族）/《东巴文化报》1993 年 11 月号//

904. 纳西文字中的"六书"：纪念语言学家傅懋勣先生/周

有光/《民族语文》1994（6）//纳西文字是多成分、多层次的文字，处于"形意文字"到"意音文字"之间的过渡状况。纳西文字可以用六书来说明它的造字和用字原理。东巴文大部分是象形字。指事符号有的独立成字，有的依附于其他字符。会意字有的是篇章会意，有的是语词会意，形声字有的代表语词，有的代表语段。东巴文的假借是部分假借，哥巴文的假借是全部假借，从东巴文可以看到在古汉字中已经看不到的早期的六书变化。收入《纪念语言学家傅懋勣先生》第6期。

905. 纳西族象形文字的分布与传播问题新探/朱宝田/《云南社会科学》1984（3）//本文根据考古新发现和实地调查材料，对木里、丽江地区的象形文字作了比较研究，认为国外学者关于木里地区无象形文字的结论是不符合实际的。纳西族象形文字的使用范围，应该扩大到金沙江上游的木里、永宁等地，其传播是由南而北。

906. 古文字研究的新成果：介绍《汉古文字与纳西东巴文字比较研究》/子寿/《民族研究动态》1989（2）//本书把汉古文字和纳西东巴文字两种不同类型，处在不同发展阶段的文字进行多方位比较，既论证它们的共性，又特别重视二者的不同特点。

## H257.3　纳西语词汇

907. 东巴文抽象词汇及其表现形式/甘露/《丽江教育学院学报》2000（2）//本文对约瑟夫·洛克的《纳西语英语百科辞典》中的抽象词汇作了穷尽性的调查和研究。指出抽象词汇分为象形、指事、会意、形声、借形、假借、综合等七种表现形式。

908. 纳西语"纳母"一词的由来：兼论"纳木衣"人的历史渊源/和即仁（纳西族）/《云南民族语文》1988（2）//

909. 纳西语助词浅析/和即仁（纳西族）/《云南民族语文》

1999（2）//简述纳西语助词的特征和语法功能。

910．丽江纳西语构词法/和志武（纳西族）/《云南省历史所研究集刊》1982（1）//本文概述丽江纳西语的五种主要构词方法：附加法、复合法、重叠法、四字格及语音构词等。

911．丽江纳西语的词类和句法/和志武（纳西族）/《云南省历史所研究集刊》1984（1）//介绍纳西语的名词、形容词、代词、数词、量词、副词、助词、连词、叹词和句子成分；谓语、宾语、修饰语、补语、同位语、序语和句子种类等。

912．"黑"、"白"词汇及其文化背景/李例芬/《东巴文化论》云南人民出版社 1991 年 3 月//"黑"、"白"在古籍中是作为词素，参与修辞的形式出现的，本文特从这一角度，谈谈"黑"、"白"词义在古籍中发挥的特殊修辞功用及与此相关的人文因素。

913．简谈纳西语中的汉语借词/李英/《玉振金声探东巴：国际东巴文化艺术学术研讨会论文集》社会科学文献出版社 2002 年 6 月//本文以纳西语中的汉语借词作为讨论对象，就汉语借词的语言、借词借人方式、借词对纳西语言的影响几个方面进行分析。

914．论纳西语动词的使用范畴/木仕华（纳西族）/《中国语言论丛》（二）中央民族大学出版社 1997 年//

915．尊重残疾人的纳西语词汇/舒放/《丽江报》1992 – 11 – 30//

916．论纳西语中语体助词"teiq"和"neiq"/孙堂茂（美）/《玉振金声探东巴：国际东巴文化艺术学术研讨会论文集》社会科学文献出版社 2002 年 6 月//纳西语和其他藏缅语族的语言一样，有丰富的语法助词，种类繁多使用灵活。本文从静态谓语和动态谓语两方面对纳西语中语体助词"teiq"和"neiq"进行分析。

917.试论纳西文"纳"是否表黑/王慧敏/《闽西职业大学学报》2001（1）//本文从纳西族的历史渊源，纳西人的风俗习惯，纳西族宗教史三方面论述纳西之"纳"表"黑"义，纳西族可释为"黑"族。

918.纳西语异根动词 lw33（来）和 mbw33（去）/杨焕典/《中国民族语言论文集》四川人民出版社1985年//本文将纳西语"来"与"去"的多种形式看做是异根的动词，分析各种形式在句子中的结构类型。

919.纳西语代词研究/杨焕典/加拿大第20届国际汉藏语文学会论文//

920.纳西语中的数量词/杨焕典/《民族语文》1983（4）//纳西语的数量词是丰富多彩的，本文在简要地介绍纳西语西部方言区丽江大研镇话的数词、量词、数量词的特点、作用和句法功能的同时，对一些值得注意的语言现象提出了自己的看法。又收入1988年10月广西师范学院科研处编《广西师范学院社会科学研究论文选编》一书。

921.纳西族动词的时体式范畴/杨焕典/泰国曼谷第18届国际汉藏语文学会论文1985年//

922.纳西语形容词的形态/杨焕典/《语言研究》1984（1）//

923.纳西语形容词的重叠形式/杨焕典/《语言研究》1984（2）//

## H257.4　纳西语语法

924.纳西语东部和西部方言语法异同概述/姜竹仪/《民族语文》1993（4）//本文简述纳西语东西两种方言在语法方面的异同点。第一部分分述名词和数量词、动词的情态、助词等方面的共同之处，第二部分分述名词转为动词、动宾结构的助词、单音节形容词表示程度加深的方式，动词词根的重叠形式等方面的差别。作者认为两种方言虽说有诸多语法上的差异，但从语音、词汇和语法的整体来看，不能视为是两种语言的差别。文中对《纳西语简志》涉及的内容作了补充或修正说明。

925.纳西语的几种构词方式/姜竹仪/《民族语文论集》中国社会科学出版社 1981 年 3 月//本文主要谈纳西语利用自己原有的词汇材料构词的几种方式。

### H257.59　纳西语翻译

926.谈谈纳西族东巴经起首语的翻译/和即仁（纳西族）/《云南民族语文》1989（4）//本文指出翻译中要理解原文的语言现象、逻辑关系及原文所涉及的事物。

927.纳西东巴古籍整理中的词语翻译/和即仁（纳西族）/《云南民族语文》1999（3）//由于纳西东巴古籍中的神话故事大多源自民间传说，经文里保留了大量纳西古语成分，一些地名、人名、物名和晦涩难懂的句子成为东巴古籍整理工作中一大难题。本文认为过去对有些词语的翻译并不准确，有待进一步改进。文章对东巴经中的三个词的不同译法，从三个部分谈了作者的认识和看法。’99 中国丽江国际东巴文化艺术节学术会议论文。

928.纳西族文字汉译问题浅议/和建国（纳西族）/《云南民族语文》1991（2）//本文就一些具体词句说明翻译中直译也不能生搬硬套，要讲究译文的艺术效果。

929.寻葬记：纳西东巴经翻译/和尚礼，蓝文亮（纳西族）/《中甸县志通讯》1988（2）//

930.纳西象形文字东巴经破译成功/张爱平/《人民日报（海外版）》1992－09－02//

931.杨仲鸿与第一部东巴文字字典/阿向/《玉龙山》1991冬//杨仲鸿于20世纪30年代初期编撰了第一部东巴字典《么些

多巴字及哥巴字汉译字典》，虽未问世，在东巴文化研究领域里无疑是开拓者之一。本文记叙了杨仲鸿先生简历及其接触东巴文化到立志编撰东巴文字典的过程。

### H257.6  纳西族字典研究

932.一本"四不像"的辞典——评《中国少数民族大辞典·纳西族卷》/褚剑/《中国图书评论》2003（9）//作者认为《中国少数民族大辞典·纳西族卷》，无论从内容和编排看，既不像辞典，又不像百科全书，也不像民族志和地方志。如果把它看作综合介绍纳西族及丽江纳西族自治县的一般书籍，它又有大量像辞典的词目一样的标题和像释文一样的介绍和论述。是一本"四不像"的辞典。

933.《么些象形文字字典》序（摘要）/董作宾/《东巴文化论集》云南人民出版社1985年6月//本序原载于《说文月刊》第5卷第3期，认为该字典可以反映汉字演进之久，可以反映汉字起源之古，可以对证造字的地理环境，可以对证造字的社会背景，可以见造字心理之同，可以见造字印象之异。

934.《么些象形文字字典》序（附图）/董作宾/《说文月刊》5卷3期1945年12月//作者认为在文字演变过程中，么些文字处理是童年，而今日所能看到的汉古文字已到少年时代。较么些象形文来比较甲骨文、金文可印证汉字的演进历史，造字的地理环境、社会背景等。摘要收入《东巴文化论集》。

935.读方编《么些文字字典》甲种/董作宾/《中国文化研究所集刊》第1卷2期1940年2月//

936.《纳西象形文字谱》的特色/郭大烈（纳西族）/《东巴文化论集》云南人民出版社1985年6月//本文介绍了方国瑜先生《纳西象形文字谱》一书的突出特点、成就和价值。

937.评《纳西象形文字谱》/郭大烈（纳西族）/《思想战

线》1982（3）//本文对由方国瑜先生编撰，云南人民出版社出版的《纳西象形文字谱》一书进行了评介。认为该书编撰参订珠联璧合；体例完善，内容丰富；释义简明，准确可靠；把握整体，探索文字；抓住本质；分析文字。具有很高的学术参考价值。

938. 我国民族文化收集整理理论研究的重大成果评《中国少数民族大辞典·纳西族卷》/海边，黎杰/《广西社会科学》2003（10）//20 世纪 90 年代，《中国少数民族大辞典》编纂工程开始启动，至今已是 21 世纪初，真可谓"十年磨一剑"。在国家民委和各省（区）市民委领导的鼎力支持下，经各民族专家、学者的共同努力，由中国著名社会学家、民族学家费孝通先生主编的《中国少数民族大辞典》首卷本《纳西族卷》终于正式出版发行，其他各卷亦将陆续面世。《中国少数民族大辞典》首卷本《纳西族卷》为 16 开精装本，该书的出版，具有很高的价值。

939.《纳西语——英语百科辞典》在东巴文化研究中的地位和作用/和匠宇（纳西族）/《玉振金声探东巴：国际东巴文化艺术学术研讨会论文集》社会科学文献出版社 2002 年 6 月//《纳西语——英语百科辞典》不仅是一本纳西象形字和音形字的英语辞典，而且是以简明扼要的形式介绍东巴文化的一部百科全书。本文阐述了该辞典在东巴文化研究中的地位和作用。

940. 第一本《英语——日本语——纳西语象形文字字典》/胡起望/《民族研究动态》1986（2）//简介日本学者诹访哲郎所编的《英语——日本语——纳西语文字字典》，收 1 300 多个象形文字，有英、日释义。

941.《纳西象形文字谱》简介/李惠铨/《世界图书》A 辑1982（4）//《纳西象形文字谱》一书是由方国瑜先生编撰，是一部系统研究纳西族象形文字及标音文字的专著。本文是介绍这部专著及作者的一篇短文。原载《云南省历史所研究集刊》1982

年 1 期。

942.《么些象形文字字典》引言，迁徙图/李霖灿/1944 年国立中央博物院专刊乙种之二//

943. 纳西东巴象形文字辞典说略/木仕华（纳西族）/《辞书研究》1997（4）//文中以时间先后为序，对已刊行于世的纳西象形文字辞典作一简要追寻，叙述了编纂经过和学术价值。

944. 纳西语象形文字辞典概论/木仕华（纳西族）/《云南民族语文》1995（6）//

945.《纳西象形文字谱》评介/王元鹿/《辞书研究》1987（4）//作者认为《纳西族象形文字谱》是一部纳西族的《说文解字》，是研习纳西族文字的入门书，最后对一些具体问题进行讨论。

946. 一部研究纳西族文字的词典/魏治臻/《辞书研究》1980（1）//《纳西——英语百科辞典》一书是奥地利维也纳出生的美籍学者约瑟夫·弗朗西斯·查尔斯·洛克编著的。是 20 世纪 60 年代国外研究我国纳西族象形文字的一部著名词典。第一卷收词 3 414 条，除杜奇写的前言和洛克自己写的序言和导论以外，全部是用英文释读的纳西象形文字，书末附纳西族照片 28 张。第二卷收纳西族象形文字关于鬼神、祭祀、仪式、星象和地名等约 4 600 多个词。杜奇为此卷写了一篇前言，卷首载有洛克写的纳西族象形文字的发音，书末附有有关图片 29 张。

947. 评《么些象形文字字典》/闻宥/《东巴文化论集》云南人民出版社 1985 年 6 月//原载于《燕京学报》第 30 期，1946 年 6 月，是对《么些象形文字字典》一书的评介。

948. 洛克的《纳西语英语百科辞典》/杨逸天，习煜华/《玉龙山》1987（3）//洛克先生的这部二十余万字的重要著作，词条繁多，内容丰富，有较高学术价值。该书出版时书前有杜齐先生所写《前言》和洛克先生所写序言《绪论》和《民族间的称谓》三篇文章。本文是这三篇文章的中文翻译。

949.《纳西族东巴象形文字辞典说略》补正/喻遂生/《辞书研究》1999（4）//本文对《辞书研究》1997年第4期木仕华先生的《说略》依页码顺序作了7个补正。

950.么些文字典（方国瑜编）序/章太炎/《制言》1940年2月62期//

## H257.9 纳西语教学

951.从纳西语到英语的探索/赵庆莲/《玉振金声探东巴：国际东巴文化艺术学术研讨会论文集》社会科学文献出版社2002年6月//纳西语、汉语、英语有三种不同思维方式，由于思维的差异，纳西族学生不论学习汉语还是英语都要经过思维的转折。纳西语和英语在语音等方面有许多相似之处，利用这些有利因素，纳西族学生学习英语只需经过一度转折。如果通过汉语再学习英语，则要经过思维的二度转折，势必影响教学效果。

952.纳西文图书概述/郑卫东/《云南民族语文》1998（2）//纳西文图书分为拼音字图书和象形文字图书两种，分别介绍了新中国成立后推广的33种5类拼音文字图书和象形文字图书十多种。

## H319.3 英语学习方法

953.纳西族学生英语习得研究/李强/《云南师范大学学报》2001（4）//本文从语言学、语法学以及文化语言学的角度来探讨纳西族学生英语学习的有关问题，通过这些问题的研究和探讨，一方面帮助纳西族学生学习掌握英语，另一方面让人们更多地认识和了解这个古老优秀的民族。

# I 文　学

## I01　文艺美学

954. 木氏"怡神"、"逸趣"的文艺观：纳西族古代美学文艺观评介/了评/《民族艺术研究》1992（5）//在纳西古代艺术的第一高峰——东巴艺术里，诞生了艺术模拟自然的美学文艺观。16、17世纪，纳西古代艺术又异峰突起，出现了以木公、木增为代表的文人艺术的高峰，其间产生了艺术"怡神"于自然的美学文艺观。即以自然为诗的对象，在摹写中尊奉自然而然的作风，以求得"山水于形状之外"的"怡神""逸趣"的美的境界。本文就是对此的评介。

## I207　各体文学评论和研究

955. 丽江文史掇拾（六则）/蓝华增/《玉龙山》1995（2）//有《王世贞认为"白狼歌诗"先有汉诗》、《乐西城——〈旧唐书〉及丁福保均误》、《阿普三多与格萨尔》、《顾彼得对纳西古乐有先见之明》、《李寒谷、和柳作品集》、《梅绍农情诗本事》六则。

## I207.22　纳西族诗歌评论和研究

956. 纳西族的《创世纪》/白庚胜/《中国少数民族文学》人民文学出版社1985年//

957. 纳西族《猎歌》试辨/白庚胜（纳西族）/《民族文学

研究》1984（3）//《猎歌》是一部著名的纳西族民间叙事长诗。长诗歌颂劳动，歌颂劳动者，赞美崇高的爱情，表现了纳西族人民对美好生活的向往和对自由幸福的追求。本文仅就《猎歌》的流传变异及产生时间诸问题作一些探讨。

958.话说"大调"/白庚胜（纳西族）/《民族文学研究》1986（5）//大调是纳西族民间文学宝库中的珍品，是纳西族民间诗歌发展到特定阶段的产物。大调作品计有四十余部之多。本文论述大调艺术上的特点。

959.论纳西族英雄史诗《黑白战争》/陈烈/《民族文学研究》1988（6）//《黑白战争》是记载在东巴经卷中的一部长诗，共三千行左右。对这部长诗的翻译整理工作，早在20世纪50年代就开始了，本文仅就其历史真实性和文学性问题进行了探讨。

960.英雄史诗《黑白战争》主题思想的形成/陈烈/《民族文学研究》1998（2）//作者认为远古的神话、古朴原始的哲学观念和社会现实生活都是作品主题思想形成缺一不可的重要因素，惟其如此才使作品具有深刻的哲理性、较高的审美价值和浑厚的文化积淀。

961.英雄史诗《黑白战争》主题思想的二重性/陈烈/《玉龙山》1997（2）//本文主要从东部落和术部落的战争，理想化的半人半神艺术形象米利东主，为日月而战主题思想的成因三方面，探讨史诗所表现的英雄时代的特征及作品如何形成表现主题思想的现实性和象征性。

962.英雄史诗《黑白战争》的美学价值/陈烈/《中国民间文化》1996（2）//

963.纳西族女诗人赵银棠/陈正强/《中央民族学院学报》1991（2）//简要介绍和评价纳西族女诗人赵银棠的诗作。

964.《白狼歌》是纳西族古代的伟大诗章/董绍禹/《玉龙山》1981（2）//作者认为纳西族分布的地区和古代的白狼族活

动地域完全吻合，所以白狼族是纳西族先民。《白狼歌》应是纳西族古代先民创作的。

965．《白狼王歌与云南》/傅光宇/《滇池》1981（1）//简介《白狼王歌》，说明云南各民族很早就和内地各民族有密切的交往和文化交流。

966．纳西族诗歌中的增苴/何密/《山茶》1985（2）//增苴是纳西族诗歌中普遍运用的一种句式，关于增苴的艺术价值，目前存在着几种不同的、甚至截然相反的看法。本文就是对此的讨论。

967．民间文学遗产必须批判继承：小议纳西族长诗《游悲》中的情死/和鸿春著（纳西族）/《边疆文艺》1963（11）//本文仅就纳西族传统长诗《游悲》中的情死问题，谈了作者自己的看法，认为在发掘、整理、出版民间文学作品工作中，应该有批判，有选择，在阅读中也应如此。

968．《诗经》与《东巴经》诗体文比较研究/李德祥/《玉振金声探东巴：国际东巴文化艺术学术研讨会论文集》社会科学文献出版社 2002 年 6 月//《诗经》是汉族文学之"源"，《东巴经》是纳西族文学之"源"，尤其是东巴文学之"源"，二者有许多相同和不同的地方。本文就两者的诗歌题材、艺术表现手法、写作技巧、诗体的演变进行了比较研究。

969．出自东巴武库的丰碑：简说纳西族古典叙事长诗《鲁般鲁饶》/李德祥/《丽江报》1990 – 11 – 07//

970．纳西族诗歌艺术表现手法"增苴"/李德祥/《云南民族学院学报（哲社版）》1994（3）//本文对纳西族诗歌艺术表现手法——"增苴"的渊源、艺术功能、运用等进行了研究和阐述。

971．浅谈纳西族史诗《创世纪》/李近春/《东巴文化论集》云南人民出版社 1985 年 6 月//本文以 1963 年丽江县文化馆和芳经师讲述，周汝诚先生译注的《崇搬图》为主要依据，参考其他整理本，试图从民族历史的角度，简介《创世纪》的梗概，浅谈《创世纪》对纳西族历史文化的影响以及对《创世纪》的产生和形成时代问题作一初步探讨。原载《民族学研究》第六辑，北京民族出版社 1982 年 5 月。

972. 明代丽江木氏诗集序跋辑录/李世宗校注/《丽江文史资料·第 8 辑》1989 年 12 月//辑录《雪山始音》序等 11 篇序跋。

973. 评长诗《格拉茨姆》/李之惠/《民族文学评论》1981 (1) //《格拉茨姆》是戈阿干根据纳西族古代神话创作的长诗。本文评介论述长诗的主题及其意义、形象塑造、艺术特色。

974. 金沙江边民歌/舒家政/《丽江文化荟萃》宗教文化出版社 2000 年 4 月//

975. 关于《游悲》的整理：兼答李缵绪同志/谢德风/《民间文学》1963 (6) //当作者读到李缵绪同志的《是整理，还是创作》一文后，认为有必要谈谈纳西族民间长诗《游悲》的有关流传、搜集和整理情况，特撰此文，谈谈作者在整理中对《游悲》的分析和认识，以求公论，并答复李缵绪同志提出来的主要问题。

976. 关于相会调/徐嘉瑞，和鸿春/《民间文学》1961 (11) //相会调是纳西族劳动人民口头代代相传下来的，主要流传在丽江纳西族地区，是纳西族口头诗歌中流传最广影响最深的优秀作品。其中优秀的是《鱼水相会》和《蜂花相会》两则。

977. 东巴经殉情长诗《鲁般鲁饶》刍议/杨福泉（纳西族）/《民族文学研究》1996 (2) //《鲁般鲁饶》是纳西族殉情悲剧第一首悲歌，也是纳西族殉情文学中最为绚丽的篇章。本文从题解、主题、艺术魅力三个方面将这篇记载于东巴经中的作品进行了研究论述。

978. 论纳西长诗《游悲》/杨福泉（纳西族）/《山茶》1982

（3）//抒情长诗《游悲》是纳西族人民口头创作的爱情悲歌。它已成为纳西族中流传最广、影响最大的民间口头文学作品。该文通过《游悲》，论述了纳西族不同历史时期的社会生活风貌，特别是在婚姻问题方面的观念、习俗以及纳西族的民族性格和心理。

979.《高勒趣》：狩猎时代的挽歌/杨世光（纳西族）/《东巴文化论》云南人民出版社 1991 年 3 月//文章从 8 个层次论证东巴神话作品《高勒趣》所反映的绝非狩猎时代的生活，而是农耕崛起并替代狩猎所经历的曲折、艰辛却又必然的过程，是为狩猎时代送终的挽歌。

980. 纳西族民间诗歌的特点初探/杨世光（纳西族）/《云南少数民族文学论文集》第 1 集中国民间文艺出版社 1982 年 4 月//作者归纳纳西族民间诗歌特点为：五言句式，借字谐音，以物拟人，排比造句，能唱，设喻打比方六点为最基本的特点。

981. 重读纳西族叙事长诗《玉龙第三国》/杨世光（纳西族）/《边疆文艺》1978（7）//评介纳西族叙事长诗《玉龙第三国》的内容、主题、艺术特点、意义和作用。作者认为《玉龙第三国》是具有一定思想性和文艺性的较好的叙事长诗，被罗织的种种罪名应予否定，让其重见天日。

982. 香格里拉之源——玉龙第三国：兼论"殉情"的民族历史文化内涵/杨式龙/《玉振金声探东巴：国际东巴文化艺术学术研讨会论文集》社会科学文献出版社 2002 年 6 月//文章以审美的角度对《玉龙第三国》和《消失的地平线》作对比分析，认为二者描写的地域、主人公遭遇、自然景观、居民生活、民风民俗及作品虚构性等方面具有共同之处，并认为丽江纳西族的"玉龙第三国"之源，流出了《消失的地平线》，真正神奇的是现实的"玉龙第三国"；丽江是离开了小说的香格里拉。

983. 采自"女儿国"的歌：云南摩梭人的民歌/殷海涛（普

米族）/《音乐探索》1987（2）//

984.民族精神的凝聚与折光：读《纳西族诗选》/余海波/《昆明社科》1989（2~3）合刊//本文对纳西族女作家赵银棠辑注的《纳西族诗选》进行了评价。

985.试谈明代纳西族诗人木公和木增的诗/张信/《文学遗产》1981（3）//

986.明代纳西族诗人木公和木增/赵银棠（纳西族）/《云南少数民族文学论文集》第1集中国民间文艺出版社1982年4月//木公和木增是明代丽江的土知府，同时也是纳西族历史上两位著名诗人。他们的诗各有特色，曾对纳西族文学发展有过一定的影响。本文介绍评论了他们的部分诗作。原载《山茶》1980年2期。

987.改流后纳西族的首批诗人和诗/赵银棠（纳西族）/《玉龙山》1981（1）//综合叙述几个有代表性的诗人和他们的作品。

988.明清时期纳西族诗歌的民族观/郑卫东/《史与志》1997（2）//纳西族诗歌的民族观，从明代单纯的忠君效国，维护国家"大一统"的思想，到清代发展为一种视天下民众安危、民族团结、国家领土不受侵犯为己任的中华民族观。

989.游悲：纳西族长抒情诗/周良沛整理/《人民文学》1957（1）//这首长抒情诗是作者根据五个人所唱的记录整理出来的。后附有关于这首诗的说明。

### I207.36　地方剧研究

990.丽江戏剧概述/王志强（纳西族）/《丽江文史资料·第7辑》1989年6月//简述丽江戏剧的发展。

## I207.42 小说评论和研究

991. 一个执著追求的人：读《铁核桃》/成志/《民族文学评论》1981（1）//本文评论小说《铁核桃》的人物刻画。

992. 戈阿干短篇小说散议/奋夏/《民族文学评论》1981（1）//本文评论了戈阿干反映纳西族现实生活和斗争的短篇小说。

993. 纳西族第一白话小说家李寒谷及其创作/高培槐/《民族文学研究》1989（1）//李寒谷（1914—1951）是纳西族第一个白话小说家，其文艺观是革命的、进步的。本文介绍和评价了他的小说作品。

994. 雪山路正长：评戈阿干的短篇小说/刘辉豪/《山茶》1983（6）//戈阿干是纳西族作家，他的作品赞颂了丽江淳朴坚毅的人民，讴歌了奇丽优美的丽江风情。本文评价了其短篇小说。

## I207.6 散文评论和研究

995. 山美、文美、情美：评纳西族青年作者杨世光的散文/任兆胜/《民族文学评论》1981（1）//评论纳西族作家杨世光在《山茶》、《边疆文艺》等刊物上发表反映丽江山川风物和时代风貌的散文。

996. 东巴文对联研究/余德泉/《玉振金声探东巴：国际东巴文化艺术学术研讨会论文集》社会科学文献出版社 2002 年 6 月//东巴文对联属于非汉语对联的范围。它是学习对联的产物，是中国对联家族的一个重要成员，它不仅具有文学欣赏价值，亦具有市场开发价值。本文对东巴文对联的种类、特点、需改善之处等进行研究分析。

## I207.957　纳西民族文学评论和研究

997. 一束烂漫的山花：简评《纳西族民间故事选》/阿石/《玉龙山》1981（4）//评介作品中的机智人物故事、神话故事、动物故事，通过作品享受纳西族浓郁的乡土气息，看到古纳西族社会的经济、政治、文化、习俗。

998. 明代纳西族诗人木公及其著作：《纳西族汉文古籍举要》之一/阿向/《玉龙山》1990（1）//木公为明朝丽江第八代土知府，创作有六部诗集和一部选集。本文评价其诗作。

999.《黑白之战》象征意义辨/白庚胜（纳西族）/《东巴文化论》云南人民出版社 1991 年 3 月//《黑白之战》共有 5 个版本，作者认为这部作品是东巴教徒们以当时的氏族战争为背景，汇总了本民族从古流传下来，或是其他民间传播进来的太阳神话，英雄短歌，悲恋转生型故事而形成的。"黑"代表的是纳西族先民作为氐羌系统一个部落而存在时的原生文化；"白"代表的是纳西族分离为单一民族之后的次生文化，在西南从事定居的农耕生产，在钵教和佛教的影响下，以原始巫教为基础创造了东巴教。原载《民间文学论坛》1987 年 6 期。

1000.《东巴神话象征及其比较研究》后记/白庚胜（纳西族）/《丽江报》1996 – 11 – 08//

1001. 谈谈日本的纳西族文学研究/白庚胜（纳西族）/《民族文学研究》1989（5）//日本的纳西族研究起步较迟，但"青出于蓝而胜于蓝"。目前从学科之全、学者之众、规模之巨已跃居国际纳西族文化学界之首。本文分析了推动日本纳西族文化研究发展的原因，介绍了日本在纳西族文学研究方面的学者及其成果。

1002.20 世纪纳西族文学创作讨论会综述/白庚胜（纳西族）/《民族文学研究》1995（1）//1994 年 10 月 6 日～9 日在丽

江举行了由中国社科院少数民族文学研究所参与召开的"二十世纪纳西族文学创作讨论会"。讨论会主要围绕"二十世纪纳西族文学创作的总体认识";"二十世纪纳西族文学创作的基本经验教训";"发展二十世纪纳西族文学创作事业新思维"三大问题进行。本文对此进行了综合论述

1003. 黑色白色的象征性：以中国云南纳西族史诗《东岩术岩》为中心/白庚胜（纳西族）/《日本学报》1989 年第 8 期//

1004. 对 20 世纪纳西族文学几种思考/白郎/20 世纪纳西族文学创作讨论会论文 1994 年//

1005. 神坛祭献英雄歌：论英雄史诗《黑白战争》与宗教的关系/陈烈/《云南民间文艺源流新探》云南民族出版社 1986 年 12 月//《黑白战争》叙述纳西族远古时代东部落和本部落一场血族复仇的英雄故事，它以宗教的形式表现出来，包含着原始宗教和其他的文化因素。本文探讨它与宗教的内在联系。

1006. 黑白战争的历史真实性与文学价值/陈烈/《民间文学》1986（4）//文章认为《黑白战争》以其丰富的内容和科学性，不失为一部研究古代纳西族社会的"百科全书"，又因其很高的文学价值而不失为我国文学艺术宝库中的珍品。

1007. 纳西族文学概况/冯寿轩，李子贤/《云南少数民族文学资料·第 2 辑》//有古老的神话及神话史诗，民间诗歌，民间传说和故事，书面作家及其创作 4 部分。

1008. 纳西族文学/冯寿轩，李子贤/《中国少数民族文学》下册第八编，金沙江流域与元江流域，湖南人民出版社 1983 年 10 月//介绍纳西族的神话及神话史诗、民间传说和故事、民间叙事诗和民歌、作家文学及歌手的创作。

1009. 纳西族文学史的新突破/傅光宇/20 世纪纳西族文学创作讨论会论文 1994 年//

1010. 纳西族民间文学形式调查/郭大烈（纳西族）/《纳西

族社会历史调查·二》云南民族出版社 1986 年 12 月//纳西族民间文学形式有《东巴经》中的史诗、神话、歌词；有口耳相传的民间故事、民歌寓言童话、儿歌谚语等。本文分别加以介绍，并总结其文学魅力、艺术技巧、表达方式，分析民间文学与东巴教的关系，介绍几个有名的民间歌手。

1011. 纳西族民歌格律/郭大烈（纳西族）/《中国民族民歌格律》西藏人民出版社 1986 年//文章介绍了纳西族民歌的六种形式及五种民歌韵律。原载《云南省历史所研究集刊》1983 年 2 期。

1012. 纳西族民歌与纳西族现实生活：丽江纳西族民歌活动情况调查/何密/《山茶》1986（1）//这是一篇调查报告。它从"一个新的民歌繁荣时期"，"历史的回顾"，"民歌活动空间的三个突破"，"民歌与纳西族现实生活"几个方面入手，以调查材料为主，寓分析和观点于其中。

1013. 走出迷惘之旅：纳西文学创作之我见/和汉中（纳西族）/《民族文学研究》1995（1）//本文指出了近百年纳西族文学创作中诗歌与散文成果显著，而其他文学品种相对较弱的状况和原因，并认为要走出迷惘必须从自然走向自觉，自觉地与当代文学发展接轨。这当中必须解决"精品文学与大众文学的关系"，"重视起传媒作用的文学体裁"这两个方面的问题。

1014. 从《创世纪》看古代纳西族社会/和力民（纳西族）/《东巴文化论集》云南人民出版社 1985 年 6 月//《创世纪》是纳西族古典文学中最优秀的诗篇。它形象、优美、生动地反映了古代纳西族先民的社会生活，叙述天地形成，万物生长，人类起源等初民创世立业，繁养后代的过程。本文就是从《创世纪》入手，展示了一幅纳西族古代社会生活的画面。原载《玉龙山》1982 年 4 期。

1015. 试论戈阿干的短篇小说创作/和丽洪/《民族文学研

究》1985（1）//介绍纳西族作家戈阿干的创作经历，论述了其创作的成功与失败。

1016. 论纳西族民间文学的崇高美/和明远（纳西族）/《山茶》1984（6）//纳西族民间文学是纳西族人民与现实的审美关系的集中反映，而在诸种审美属性中，崇高是其鲜明而突出的一大特点。本文从这一命题出发作探讨。

1017. 20世纪纳西族文学创作与民间文学之关系/和强/20世纪纳西族文学创作讨论会论文1994年//

1018.《鲁般鲁饶》中爱情悲剧的实质/和时杰（纳西族）/《东巴文化论》云南人民出版社1991年3月//文章认为延续到近代的纳西族的殉情悲剧是对远古婚姻斗争史还"保留着一点朦胧的记忆"的表现，是历史的遗迹。

1019. 论《鲁般鲁饶》/和志武（纳西族）/《东巴文化论》云南人民出版社1991年3月//《鲁般鲁饶》是东巴经名著之一，是后期东巴文学的一部现实主义的优秀代表作。本文论述作品产生的年代、地点、所反映的主题及悲剧性的艺术特点。

1020. 论纳西象形文东巴经《鲁般鲁绕》/和志武（纳西族）/《思想战线》1986（1）//《鲁般鲁绕》是纳西族象形文东巴经名著之一，是后期东巴文学中划时代的一部现实主义的优秀代表作。本文简要介绍了鲁诗的主要内容，并就鲁诗产生的时代背景和它所反映的主题以及悲剧性艺术特点等进行了论述。

1021. 言出肺腑、情发心底：谈纳西族古代作家文论/和钟华/《民族文学研究》1990（1）//

1022.《竹枝词》中的纳西风俗/和钟华/《民族文学研究集刊》1992（5）//

1023. 略谈纳西族长诗中的殉情/和钟华（纳西族）/《云南民间文艺源流新探》云南民族出版社1986年12月//本文探讨纳西族殉情长诗产生的背景和民族心理特征。

1024. 神话内涵与文化背景：纳西族创世神话研究之一/和钟华（纳西族）/《玉龙山》1988（2）//纳西族创世神话分口传神话和宗教经文两种，因流传的地区不同分为三类，同时呈现出内涵的差异，造成不同地区神话差异的原因，还有宗教的影响，主要是丽江地区的东巴教和永宁地区的达巴教。

1025. 纳西族神话的特点/和钟华（纳西族）/《云南民族学院学报（哲社版）》1984（2）//纳西族神话，除以经文形式保存之外，至今还有一部分口传于民间。从开辟神话到解释各种自然现象和自然物的神话，从反映人类征服自然的神话到反映部族战争的神话，各种类型都有。其特点为：众多的神及神的系谱，独具特色的卵生神话，强烈的人的自识性，浓郁的高山牧场气息。

1026. "东巴圣地"的文学：白地纳西族民间文学调查/和钟华（纳西族）/《云南民族学院学报（哲社版）》1987（2）//据作者的实地考察，白地在社会历史及自然条件、经济文化等方面，较其他纳西族地区有以下突出的特点：①东巴教影响较深；②位于纳西族与藏族地区交接地带，历史上较长时期都属于藏区所辖，接受了一定的藏文化；③地处偏僻山区，四周为雪山峻岭所环抱，长期处于封闭状况，因而保留了较浓厚的自然经济色彩以及较古朴的生活和文化。反映在文学上，呈现出某些独特的色彩，即东巴教色彩较浓，有一定的藏家风味，保留了较地道而古朴的纳西民族特色。

1027. 纳西族文学的发展概况及其特色：《纳西族文学史》绪论（摘要）/和钟华，杨世光（纳西族）/《玉龙山》1990（3）//本文摘要纳西族文学发展轮廓和特色两部分。收入《丽江文化荟萃》宗教文化出版社2000年4月。

1028. 丽江纳西族三朵（多）传说的结构/荒屋丰（日）/《文化·历史·民俗：中国西南边疆民族文化论集》云南大学出版社1993年4月//本文通过实例把三朵（多）在丽江纳西族共同

体中具有什么意义，作为中心来分析研究，并进一步分析纳西族共同体背后运动着的历史的政治权力，从现实的角度把握三朵（多）传说的生成，认为三朵（多）灵的本质是纳西族共同体潜意识的象征，是为了战胜敌方或是战神相助的结论。

1029. 纳西（么些）族的传说及其资料：以《人类迁徙记》为中心/君岛久子（日）/白庚胜译（纳西族）/《民族文学研究》1985（3）//本文译自1978年日本《中国大陆古文化研究》第8集《纳西族特辑》。分么些族与传说资料，关于《人类迁徙记》的若干见解两部分。作者吸取了洛克、李霖灿等学者的研究成果，并且根据自己所收集到的大量资料，把纳西族洪水故事放在一个广阔的时空中进行了剖析比较，尤其是在它的类型、原型、劳动婚以及与始祖故事的关系上提出了许多新见解。原载《民族译丛》1980年5期。又收入《国际东巴文化研究集粹》一书。

1030. 摩梭人达巴文化中的文学色彩及哲学意蕴/拉木·嘎吐萨（纳西族）/《云南文史丛刊》1998（3）//

1031. 纳西族作家文学的历史走向/蓝华增/20世纪纳西族文学创作讨论会论文1994年//

1032. 纳西族东巴经文学中的比兴艺术/李静生（纳西族）/《楚雄师范专科学校学报（社科）》1993（8）//

1033. 人神的交流：浅论纳西族东巴经文学和民间文学的互动发展/李琳/《民族文学研究》2002（1）//本文主要分析了纳西族东巴经文学和民间文学在题材和形式方面的互动发展，并着重指出了东巴的特殊身份促使了这种互动，强调了东巴在纳西族文学中的特殊地位。

1034. 么些族的故事/李霖灿/《么些研究论文集》之十八，台湾：故宫博物院，故宫丛刊甲种之三十二，1984年7月初版//本文从文艺观点探讨了么些族的故事，并列举了八个故事：敦和庶的故事；分寿分岁的故事；青蛙和乌鸦的故事；十二生肖的故事；洪水的故事；白蝙蝠的故事；多巴神罗的故事；都萨峨突和龙王的故事。这些故事是作者与么些人生活时搜集到的。他们不但秉承了西藏民族的能言善道，而且富于美丽的幻想能力，更有巧于组织编排的精心妙用，这在洪水的故事和白蝙蝠求经的故事中充分地表现了出来。

1035．玉龙大雪山下的歌谣：为朱介凡兄的中国歌谣增加一点资料/李霖灿/《么些研究论文集》之十九，台湾：故宫博物院，故宫丛刊甲种之三十二，1984年7月初版//这是应朱介凡之邀，为他的歌谣论所作的一篇序。

1036．么些族的故事：一个文学观点研究的尝试/李霖灿/台中《中央研究院民族学研究所集刊》第26期1968年//

1037．木氏土司的诗文别集/李孝友/《云南文史丛刊》1999(3)//简略介绍各代木氏土司的诗文别集。

1038．丽江纳西族洪水神话的特点/李子贤/《探寻一个尚未崩溃的神话王国》云南人民出版社1991年3月//丽江纳西族洪水神话特点的形成与纳西族先民所经历的婚姻形态的历史发展息息相关。本文就是借助于民族学的研究成果，以及与洪水神话有关的民俗资料加以探讨，科学地解释了以崇忍利恩为中心所展开的多层次的婚姻纠葛所包含的历史内容。原载《思想战线》1983年1期，又载《东巴文化论集》云南人民出版社1985年6月及《云南少数民族文学论文集》第2集，中国民间文艺出版社1983年8月。

1039．永宁纳西族的神话及史诗/李子贤/《探寻一个尚未崩溃的神话王国》云南人民出版社1991年3月//永宁纳西族的神话、史诗产生和形成于纳西人的母系氏族社会繁荣期，较多地保留了母系氏族社会的生活习俗及思想观念。

1040．谈纳西族的神话及史诗/李子贤/《民族文化》1982(6)//纳西族的神话及创世史诗，较多地保留了母系氏族社会的生活习俗及思想观念，具有鲜明的特色。本文就是对至今还在纳西人中广为流传的神话，包括洪水泛滥，人类起源等内容的创世神话《月其嘎》和《黑底干木》等三个神话组的详尽阐述。

1041. 东巴经与纳西族文学的关系/林向萧/《东巴文化论集》云南人民出版社 1985 年 6 月//本文试图从东巴经中记载的文学作品出发，对东巴经与纳西族文学的关系作了分析研究。如宗教求助于文学，而不是文学求助于宗教；东巴经中的文学作品并不都是宗教文学；并对东巴经在纳西族文学史上的功过等进行了阐述。原载《山茶》1982 年 3 期。

1042. 20 世纪纳西族新文学的三大支柱/林向萧/20 世纪纳西族文学创作讨论会论文 1994 年//

1043. 神的世界和人的气息：纳西神话初探/林向萧/《玉龙山》1980 (3) //任何神话都有一个神的世界，纳西族也不例外，在神的世界里，人的气息几乎无处不在。人们用人格化的方法来同化自然力，正是这种人格化的欲望，创造了许多神。

1044. 从纳西族神话产生的时代说起：对《纳西族文学史》(初稿) 的一点商讨/林向萧/《玉龙山》1982 (3) //作者认为纳西族神话都是原始神话。《纳西族文学史》一书把纳西族神话和整个纳西族早期文学融合在一起，把相当的纳西族原始神话当作奴隶社会，甚至封建社会早期的作品。本文以《创世纪》、《马的来历》、《黑白战争》为例，论述证实原始神话的本来面目。

1045. 面向新世纪的纳西族文学/林向萧/《云南民族学院学报 (哲社版)》1995 (1) //20 世纪是纳西族历史上新旧交替复杂多变的转折时期，也是纳西族文学发展史上传统文学与新文学的分水岭；纳西族新文学崛起的过程，既是一个传统文学脱胎而出的过程，又是一个青出于蓝胜于蓝的过程；从 20 世纪走向 21 世纪，历史把纳西族新文学推上了一个新的阶段，要同整个中国文学和世界文学接轨。

1046.《东巴神话研究》序言/刘魁立/《丽江报》1997 - 07 - 07//

1047.试论东巴经《鲁般鲁饶》的排比修辞法/刘青/《丽江教育学院学报》2001（2）//本文指出《鲁般鲁饶》将排比与其他辞格糅为一体的修辞特色，并指出对称、否定或肯定与否定并用在《鲁般鲁饶》诗歌排比中的作用。

1048.赵银棠——纳西族第一位女作家/陆庸/《民族文学》1987（3）//

1049.浅谈《鲁般鲁饶》的音律美/木春燕（纳西族）/《丽江教育学院学报》2001（1）//以《纳西东巴古籍译著》（一）中（祭风）《鲁般鲁饶》本为依据，从节奏和声韵两方面讨论这部长诗的音律美。'99 中国丽江国际东巴文化艺术节学术会议论文。

1050.纳西族文学发展模式初探/木霁弘（纳西族）/《民族文学研究》1990（3）//本文指出自体生殖——创造再生——多元吸收——转换拓展。这便是纳西族文学发展的整体模式。

1051.谈东巴文学札记/牛耕勤（纳西族）/《中甸县志通讯》1989（4）//

1052.东巴文学中的几个女性形象/牛耕勤（纳西族）/《中甸县志通讯》1993（4）//

1053.《鲁般鲁饶》后记/牛相奎，赵净修（纳西族）/《玉龙山》1984（2）//简介《鲁般鲁饶》的产生和形成，故事梗概和艺术特点等。

1054.哲理与情感的交融：赏析《纳西一奇》片断/普敏/《云梦学刊》2000（1）//

1055.纳西族《黑白之战》与芬兰《卡勒瓦拉》之比较/潘明兹/《民间文学》1985（2）//《黑白之战》是纳西族著名的民间文学作品，将此与芬兰史诗《卡勒瓦拉》作比较研究，证明不但可以运用人类社会发展的共同规律来认识和解释不同民族创作中出现的巧合现象，而且可以从一些古老作品中所发现的各种巧合，来进一步印证早已为前人所论证过的结论，并加以丰富和补充。此文收入《史诗探幽》，中国民间文艺出版社，1986年。

1056. 纳西族文学简介/芹春强，章凤杰/《边疆文艺》1957(4)//叙述纳西族文学的基本情况，介绍了《创世纪》、《游悲》、《蜂花相会》、《鱼水相会》、童谣、谚语、故事等，并归纳了纳西族文学的艺术风格和民族形式。

1057. "古王国"之声：云南纳西族民歌浅谈/桑德诺瓦（纳西族）/《音乐探索》1988（4～5）//

1058. "女儿国"的婚姻形态及情歌/桑德诺瓦（纳西族）/《音乐探索》1989（4）//

1059. 论白地摩崖作者为木高之证据不足/田松/《云南社会科学》2002（3）//白地摩崖诗刻（五百年一行僧）的题诗者一向被认为是明代丽江土司木高。笔者通过对碑文的署名、书写格式以及摩崖的制作工艺的分析，认为此诗的作者并非木高。

1060. 永宁纳西族的民间传说和女神崇拜/王承权/《思想战线》1980（2）//本文介绍了一些纳西族的民间传说，在这些民间传说中描绘出一幅幅母系氏族公社以女性为中心的景象。妇女被视为智慧和力量的源泉，是生产的组织者和社会生活的管理者，并予女神以最高的地位。所以说，永宁纳西族对女神的崇拜，是母权制思想和习俗的残余，是他们古代的和现实生活的曲折反映。

1061. 摩梭人的文化精华：评《云南摩梭人民间文学集成》/王承权/《云南社会科学》1992（4）//本文评介了《云南摩梭人民间文学集成》一书的特点、价值。

1062. 论纳西族文学（艺术）的再度辉煌/王耐夫/20世纪纳西族文学创作讨论会论文1994年//

1063. 浅析纳西族"阿一旦故事"的戏剧小品特征/王耐夫/

《民族艺术研究》1994（3）//阿一旦的故事，不愧为近代创自纳西族民间的，具有戏剧性的专题系列小品。作者就故事产生的时代性，故事包含的戏剧性，故事兼备的专题系列小品性，故事富有的地域民族特色性作一辨析。

1064.试论纳西族创世纪史诗的基本思想及其形成/王震亚/《东巴文化论集》云南人民出版社1985年6月//本文从《创世纪》即《人类迁徙记》这部史诗的内容入手，阐述其基本思想及其形成的看法。纳西族先民信奉物的变化，这种万物皆由变化来的思想，就是《人类迁徙记》解释万物起源的基本思想。作者认为这一思想的形成是因纳西族的历史、频繁的大迁徙以及史诗的性质所决定的。原载《民族文学研究》1984年1期。

1065.从纳西族十二生肖的故事谈起/魏治臻/《民族文化》1984（6）//用十二生肖记岁是纳西族最常见的方法，其起源可追溯到原始社会或氏族社会的图腾信仰和图腾崇拜。

1066.浅谈纳西族东巴经与民间诗歌的关系/习达兼/《玉龙山》1984（4）//本文记叙东巴经与民间文学的关系。民间文学是东巴文学的重要源泉和母体，而东巴文学又孕育了后来纳西族的民间文学。

1067.纳西族和傈僳族的洪水传说比较/徐琳/《玉振金声探东巴：国际东巴文化艺术学术研讨会论文集》社会科学文献出版社2002年6月//纳西族和傈僳族都有《创世纪》洪水传说。这些传说都是史诗中重要的章节。本文从传说的范围及依据资料、洪水起因、躲避洪水、人和仙女、龙女婚配等方面对纳西族、傈僳族的洪水传说进行比较研究。

1068.纳西族汉族龙故事的比较研究/阎云翔/《民间文学论坛》1986（1）//本文试图通过比较纳西族、汉族龙故事的系统和类型，比较东巴经中的龙与汉族的龙，比较纳西族民间故事的龙与汉族的龙来探讨纳西族的龙与汉族的龙之异同及其原因，进而探讨龙在中国文化中的地位和作用。

1069. 纳西族古典殉情文学中的灵界信仰/杨福泉（纳西族）/《民族艺术》1997（3）//本文分析了灵界信仰与纳西人传统的死后灵界信仰的传承关系与区别。指出与山林飞禽走兽和睦相处，"青春在此永恒"等观念的民族历史和传统的深层意蕴，及它与纳西族"人与自然是兄弟"、"生命最终回归大自然"等传统观念的渊源关系。

1070. 纳西族民间爱情悲剧文学审美论/杨福泉（纳西族）/《山茶》1986（6）//本文试图从美学的角度对纳西族民间爱情悲剧文学作品作一些探索，全文分为：牵情引旧的美之哀歌——殉情；荡人心旌的哀歌前奏——悲剧氛围；动人怜爱的悲剧美——柔秀；催人奋起的悲剧美——崇高四部分。

1071. 摩梭女的烦恼/杨美清/《大理文化》1986（2）//本文讲述一个摩梭女在爱情与"男不娶，女不嫁"的摩梭祖制的矛盾中难以取舍的故事。

1072. 绮丽宏富蔚为大观：《纳西族文学史》评价/杨荣昌（纳西族）/《玉龙山》1994（3）//认为《纳西族文学史》是一部系统的族别文学史，又是一部含量丰富的文学史。

1073. 轨迹、思考——《玉龙旧话新编》简介/杨世光/《民族文学研究》1987（1）//简要介绍了纳西族女作家赵银棠的诗文集《玉龙旧话新编》的主要内容。

1074. 论明清时期纳西族作家文学的崛起/杨世光/《云南社会科学》1982（5）//本文论述了明清时期纳西族作家文学崛起的标志、政治条件、客观动力和主观因素。

1075. 庄严祭坛上的讽谑幽默/杨世光（纳西族）/《边疆文化论丛》第2辑中国民间文艺出版社1989年//

1076. 试论纳西族的东巴文学/杨世光（纳西族）/《东巴文化论集》云南人民出版社1985年6月//本文探讨了以下问题：

什么是东巴文学？东巴文学产生于何时？东巴文学是整理还是创作？东巴文学的主体特点及其缺陷。原载《思想战线》1983 年6 期。

1077. 纳西族羌族的柏树神话和白石神话之比较/杨世光（纳西族）/《云南民间文艺源流新探》云南民族出版社 1986 年12 月//柏树神话形象是纳西族、羌族历史上的一棵精神支柱，象征的是崇高、刚强和昌盛。白石神话也与纳西族、羌族的自然崇拜相联系。纳西族和羌族的柏树神话和白石神话有奇妙叠合，从民族渊源，可以探讨出神话形象叠合的原因，神话形象的叠合又可为民族的渊源提供佐证。又载《山茶》1986 年4 期。

1078. 20 世纪纳西族文学创作概观/杨世光（纳西族）/《民族文学研究》1995（1）//本文从创作的分期；成果与轨迹；差距与展望三个方面对纳西族文学创作作了概述。又载《云南民族学院学报》1995 年1 期。

1079. 独特的诗歌艺术形式：纳西族文学的民族特色研究/杨世光（纳西族）/《思想战线》1978（6）//该文论述了纳西族诗歌在艺术形式上的几个最突出、最基本的特点：一、独特的艺术方法与称韵方式的结合——“增苴”的运用；二、为纳西族广大群众所喜闻乐见的诗歌表达方式——吟咏和吟唱。

1080. 论纳西族阿一旦的故事/杨世光（纳西族）/《玉龙山》1981（2）//阿一旦是纳西族机智人物。本文论及故事的分类、阿一旦及木土司的形象塑造，故事揭示的封建社会矛盾、故事的艺术特征及其阶级局限性。

1081. 东巴文学：纳西族早期的书面文学/杨世光（纳西族）/中国少数民族文学学会第 3 届年会论文//

1082. 东巴文化与东巴文学/杨正文/20 世纪纳西族文学创作讨论会论文 1994 年//

1083. 神话与民间故事：大穴牟迟与纳西族利恩的难题求婚

故事/伊藤清司（日）/《国际东巴文化研究集粹》云南人民出版社 1993 年 6 月//本文选自学生社出版的《日本神话与中国神话》。文章有：纳西族的难题求婚故事；纳西族的《古事记》和神话与传说三个部分。

1084. 东巴文对联研究/余德泉/《民族艺术》2000（4）//作者认为东巴的对联分春联、风景联、题赠联、装饰联、广告联。对仗方式与汉字对联基本一致，几种技巧也相差不大，但不讲平仄，语序有些不同汉语，有时借字，有时一字多形，张贴方式上下联位置不甚固定。

1085. 明代纳西族文化的奇葩：丽江木氏土司著作/余海波，余嘉华/《西南古籍研究》2001 年云南大学出版社 2002（5）//介绍了云南丽江历代土司木公、木高、木东、木青、木增、木靖等人的著作。

1086.《纳西人》序/余嘉华（纳西族）/《云南文艺评论》1993（2）//本文是对纳西族作家夫巴所作散文集《纳西人》所写的序，对所收 31 篇散文作了评价。

1087. 妙造自然尽示本色：纳西族作家和国才的小说散文特色/张承源/《民族文学研究》1998（4）//评论了作者的《寻找第三国》等中短篇小说和散文，并在他的《后记》末写下了几句读后感："纳西族的优秀儿子，祖国的栋梁之材。三十年军旅生涯胸中剑气；八千里边关风云笔下境界。"

1088. 略谈纳西族民间文学/张俊芳/《思想战线》1978（5）//本文介绍了丰富多彩的纳西族民间文学。如古老的神话传说叙事诗，独具一格的民歌，优美动人的传说故事，生动活泼的寓言、童话、儿歌和谚语等。

1089. 谈谈木公木增在纳西族文学史上的地位/张信/《玉龙山》1981（1）//本文针对《纳西族文学史》1959 年版中对木公、木增诗文的否定提出异议。

1090．纳西族文艺调查/张云卿调查整理/《纳西族社会历史调查·一》云南民族出版社 1983 年 7 月//有文学、诗歌、民间歌曲、舞蹈艺术等内容。

1091．东巴经文学漫话/赵净修（纳西族）/《山茶》1984（1）//东巴经里收录了一部分古代纳西族的长诗、短诗、歌谣、谚语、故事等作品。因为它们既有别于纳西族的口头文学，又不同于纳西族文人的汉语文作品，故称之为东巴经文学。本文对此进行阐述。

1092．马子云与玉龙山/赵银棠（纳西族）/《玉龙山》1980（2）//马子云是清朝中叶丽江诗人。本文简介其经历及诗作。

1093．清代后期纳西族的部分科举人物/赵银棠（纳西族）/《玉龙山》1981（4）//文章分两部分：民族悲剧中的乱离之音、科举前后的诗人及"桂香诗社"，介绍了科举人物及其诗作。

1094．立志勉高洁永持白雪心：读赵银棠先生《雪影心声》随笔/中孚/《云南文艺评论》1993（4）//追忆评价赵银棠一生为发掘整理纳西族文化所作的贡献。

1095．纳西族文学是纳西族劳动人民智慧的结晶//《云南日报》1961－03－07//

## I207.99　宗教文学评论和研究

1096．论纳西族的《祭天古歌》/陈烈/《民间文学论坛》1989（3）//纳西族东巴经中保存的大量祭天词，组成了独具民族特色的《祭天古歌》，反映了纳西族祭天文化完整、系统、丰富的内容以及反映这一文化的原始艺术形成和丰富的内涵。文章最后论述了纳西族祭天文化得以传播的主要原因。

1097．纳西族创世神话中的藏文化信息管窥/丹珠昂奔/《海峡两岸中国少数民族研究与教学研讨会论文集》中国边政协会编印 1996 年 6 月//纳西族创世神话中蕴含着丰富的藏文化信息。

本文从与本典相似的宇宙观和人类形成说；与本典相似的祖神（师）来源；纳西族的早期居地及南迁；纳西族创世歌反映的时代四方面，研究这一珍贵文化遗产与藏文化的相互影响。

1098．饶有意味的哲思：谈东巴经中的《挽歌》/和钟华（纳西族）/《东巴文化论》云南人民出版社 1991 年 3 月//《挽歌》是西部纳西族祭唱死者之歌，以纳西象形文字记载于东巴经中，由《牡咨》（送葬挽歌），《谷起谷塞》（养马卖马），《库起库塞》（买卖寿岁）等三首长歌组成。三首长歌各自独立成篇，相互间又存在有机关系，浑然一体，寓哲理于生动形象的比喻和故事之中，娓娓道来，启迪人们去思考，韵味无穷。本文认为《挽歌》起到了以积极乐观的态度去对待死亡的作用。原载《山茶》1990 年 1 期。

1099．多巴神罗和密勒日巴的故事/李霖灿/《么些研究论文集》之十七，台湾：故宫博物院，故宫丛刊甲种之三十二，1984 年 7 月初版//多巴神罗是么些巫教的教主，他曾和密勒日巴祖师争夺冈坻斯山（后藏地方），这座山被称为众山之王，也被称为万山之根。多巴神罗与密勒日巴两人比赛，谁先到达山顶，谁就算最强，谁就留在这儿教化百姓，谁失败了，谁就搬到别的地方去。密勒日巴借助第二天太阳出来的阳光飞上了冈坻斯山的山顶。多巴神罗认输说，请你大发慈悲，为我指点新的去处吧？密勒日巴抓起山上的白雪，掷向东方天边说，那儿有白雪山峰所在就是你们奔波教的地段吧——于是现今云南丽江地方就有了千古不化的玉龙雪山。么些人的奔波巫教也就在这里生根发芽了。

1100．纳西族人猴婚配神话刍议/杨福泉（纳西族）/《民间文学论坛》1984（3）//作者从纳西族神话中所反映的人猴婚配这一奇异现象，分析了纳西族人猴婚配神话的真正涵义，认为研究纳西神话必须同原始先民的图腾崇拜联系起来，而猴子正是纳西先民远古时的一种图腾。

1101. 敦煌吐蕃文书《马匹仪轨作用的起源》与东巴经《献冥马》的比较研究/杨福泉（纳西族）/《民族研究》1999（1）//本文对伯希和敦煌古藏文写本 1 134 号《马匹仪轨作用的起源——西藏东北部的古代文学》和纳西族东巴经《献冥马》作了细致的比较，并以汉文中有关马在藏族、纳西族宗教生活中的作用和保存至近现代的各地纳西族民间习俗与两种古籍所反映的内容相印证，对进一步研究敦煌古藏文写卷的内容和历史上本教与东巴教之间的关系作新颖的探索。收入《丽江文化荟萃》宗教文化出版社 2000 年 4 月。

1102. 东巴神话的形象美/杨世光（纳西族）/《东巴文化论集》云南人民出版社 1985 年 6 月//记载于纳西族东巴经中的东巴文学作品，主体是神话。这些作品描述了奇姿异彩的神话生活，塑造了琳琅满目的神话艺术形象。本文主要论述了以下问题：以崇高美为主体的英雄群体；与原始审美形式相联系的造型特征。

1103. 纳西族东巴教神话与蒙古叙事诗/斋藤达次郎著（日）/白庚胜译/《民族文学研究》1995（3）//纳西族图画文字经典中确有咬啮兽纹等象征动物姿态的纹样形式。既存在斧、刀、镜、玉、神树等北方文化的因素，同时也存在有锄、犁、掘棒、碗、家神等农耕文化的因素。本文将以这种文化现象为线索，探讨纳西族东巴教神话与蒙古族叙事诗之间的关系。认为纳西族文化多系统、多重地复合有北方文化与南方文化。又载《民族学调查研究》1995 年 1 期。

1104. 纳西族神话中创世过程的重复性及各创世主题谱系/诹访哲郎（日）/《国际东巴文化研究集粹》云南人民出版社 1993 年 6 月//本文认为纳西族的创世神话中的混沌型主题来自汉族文化，卵生主题来自吸收了南方文化的本教文化，死体化生创造万物及天地的主题来自以西亚或中国西南为中心的文化，天柱型主题则属于受佛教染指的汉文化，此文为作者所著《中国西南纳西族的畜牧民性与农耕民生》第五章之第四节。

## I253 通讯、特写、专题报道

1105．丽江大地震实录/在昆丽江同胞支援家乡抗震救灾委员会编/《民族学》1996（1）特刊//1996年2月3日丽江发生了一场七级大地震。本期选编了多种报刊登载的有价值和深度的文章报道，真实反映了灾情和抢险救灾情况。

## I267 散　文

1106．丽江抒情（散文）/陈希平/《边疆文艺》1962（4）//这是一篇散文，赞美丽江这座名城重镇及生活在此的纳西族人民。

1107．丽江散记/刘超/《民间文学》1958（1）//介绍丽江、纳西族及歌手。

## I295.7 纳西族文学

1108．中国少数民族文学作品选：纳西族/《中国少数民族文学作品选》第五分册上海文艺出版社1981年9月//有民间文学和作家文学两部分，作家文学收入木公、木增、桑映丰及戈阿干的诗作。

1109．丽江纳西族土官木氏群书叙录/孙太初/《云南文物》1982（6）总第11期//辑录介绍了《雪山始音》、《木氏宦谱》、《隐园春兴》、《雪山庚子稿》等十多种木氏著作。

1110．明代纳西族文化的奇葩：丽江木氏土司著作/余海波，余嘉华/《古籍整理研究学刊》2002（1）//明代丽江木氏土司在承传东巴文化和民间文化的同时，积极学习和运用汉文化取得了优异的创作成果，先后有十余部诗文集问世。本文对这些诗文集逐一介绍。

## I295.72　纳西族歌谣、诗歌

1111. 玉龙山情歌/阿定等唱（纳西族）/和崇仁整理/《云南民族民间文学资料》第一辑中国作家协会昆明分会民族民间文学委员会编 1958 年 12 月//

1112. 纳西族古歌（二首）/白庚胜（纳西族）翻译/《山茶》1984（4）//有："太阳赞歌"，"三花歌"两则。

1113. 送葬歌（纳西族）/多比茸唱（纳西族）；张信，杨尔车整理/《山茶》1985（4）//纳西族老人去世后的当天晚上，死者的亲人和村里的乡亲都来到灵堂向死者告别，举行隆重的葬礼仪式，并请达巴吟诵传统的《送葬歌》。这里选取了其中的三首，即：安慰死者、敬酒、希望。

1114. 白云的歌/戈阿干（纳西族）/《山茶》1983（2）//这是一支专门唱白云的纳西族牧民歌。

1115. 玉龙山牧歌（三首）/戈阿干（纳西族）/《边疆文艺》1979（1）//牧歌三首：翠绿的玉盘；新露；流花河。

1116. 玉龙山情歌（诗二十二首）/戈阿干（纳西族）整理/《民间文学》1979（3）//这里搜集整理了二十二首纳西族民歌。

1117. 玉龙山情歌（纳西族）/戈阿干（纳西族）整理/《民间文学》1980（9）//此处搜集整理了十六首纳西族民歌。

1118. 猎鹰放鹰（纳西族风俗歌）/戈阿干（纳西族）整理/《民间文学》1981（11）//这是由和锡典口述，戈阿干整理的一首纳西族风俗歌。

1119. 挽歌（纳西族习俗歌）/戈阿干（纳西族）整理/《山茶》1982（1）//这是纳西族人献给死者的一首传统葬歌，东巴经里有记载，口头也有流传。

1120. 纳西族《祝婚歌》/和发源（纳西族）收集翻译/《云

南少数民族哲学社会思想资料辑》第 6 辑 1986 年 6 月//

1121. 依古墩情歌（纳西族）/和强（纳西族）整理/《山茶》1985（3）//这是一首纳西族情歌。

1122. 三坝纳西族丧歌/和尚礼（纳西族）收集整理/《中甸县志通讯》1989（2）//

1123. 纳西族风俗歌/和锡典唱（纳西族）/戈阿干（纳西族）整理/《山茶》1980（2）//即：嫁女调，新娘哭，招魂，含殓词，送葬歌。

1124. 开年歌（纳西族风俗歌）/和锡典口述，戈阿干（纳西族）整理/《民间文学》1983（1）//这是一首纳西族风俗歌。

1125. 永宁纳西族民歌简介/和志武（纳西族）/《玉龙山》1980（2）//民歌反映了纳西族社会情貌和自然风物，在纳西族文学界中有它自己的特色。本文简介采自永宁的民歌 3 首。

1126. 丽江江边调简介/和志武（纳西族）/《玉龙山》1980（4）//丽江江边调是金沙江两岸的汉族和纳西族人民的共同财富，作者根据巨甸记录的材料整理了 29 首江边调。

1127. 生产习俗歌（纳西族）/和钟华（纳西族）翻译整理/《山茶》1986（2）//这是几首流传于中甸县三坝区白地乡的纳西族生产习俗歌。"犁田耙田祝词"，"播谷种祝词"，"请哦美"。

1128. 纳西族丧葬歌/和钟华（纳西族）搜集整理/《民间文学》1985（11）//这是流传在"云南中甸县三坝区白地乡"的纳西族丧葬歌，由纳西族老歌手和义财演唱。

1129. 诗歌/李德祥，杨曾烈搜集整理/《山茶》1982（3）//搜集整理了三首纳西族民歌。即：起房歌，栽秧歌，买寿岁。

1130. 玉龙大雪山下的歌谣：为朱介凡兄的中国歌谣论增加一点资料/李霖灿/《玉龙山》1992（4）//介绍一些东巴文歌谣。

1131. 摩梭古歌（纳西族）/李子贤等搜集整理/《山茶》1982（1）//这是三首摩梭古歌。即打猎歌，结亲歌，跳舞歌。

1132. 纳西族的短歌/刘超搜集/《民间文学》1958（1）//共搜集整理了十六首新歌、情歌。

1133. 纳西族民歌/木丽春（纳西族）整理/《边疆文艺》1962（5）//这是一首纳西族民歌。

1134. 纳西族情歌/木丽春（纳西族）整理/《民间文学》1981（11）//这里整理了七首纳西族情歌。

1135. 纳西族情歌十首/木元，杨世光（纳西族）整理/《山茶》1980（1）//收集了纳西族情歌十首。

1136. 祝婚歌（纳西族古歌）/牛相奎（纳西族）翻译整理/《民间文学》1982（7）//祝婚歌是过去纳西族在举行婚礼时必不可少的一项仪式。古老的祝婚歌，记载在用象形文字写成的东巴经中。这篇祝婚歌是根据老东巴和彩云口述的东巴经、迎喜神类中的经书进行翻译整理的。

1137. 纳西族古歌两首/牛相奎（纳西族）整理/《红岩》1957（4）//一首是挽歌"白鹤不再回来了"，一首是情歌"鱼和水"。

1138. 摩梭情歌对唱/秦振新等翻译整理/《山茶》1983（1）//这是一首摩梭情歌。

1139. 送毛毯/秦振新翻译整理/《山茶》1984（4）//这是一首摩梭人的古代祭祀歌，虽带迷信色彩，但它反映了摩梭母系家庭的起因。

1140. 求婚歌（纳西族）/秦振新整理/《山茶》1981（3）//这是摩梭人在办婚事时，为了教育后代懂得求婚的礼节，懂得父母之恩，由几个老人以求婚者、媒人、被求婚的姑娘、女方父母的身份对唱的歌。这个歌谣盛行在父系家庭制已比较稳定的拉伯摩梭人中。

1141. 摩梭情歌/石高峰（纳西族）/《山茶》1993（2）//这是一首情歌。

1142. 丽江即景（三首）/孙定国/《边疆文艺》1961（10）//即：丽江春色；石鼓；玉龙山。

1143. 纳西族民歌（十一首）/孙剑冰，木丽春（纳西族）搜集整理/《民间文学》1965（2）//搜集整理了十一首纳西族民歌。

1144. 蜂花相会（纳西族相会调）/徐嘉瑞，和鸿春整理/《边疆文艺》1961（9）//相会调是纳西族劳动人民的口头文学创作，是纳西族口头文学中流传最广、影响最深的作品之一。

1145. 颗颗为着歌（纳西族情歌）/杨世光（纳西族）搜集整理/《山茶》1981（4）//这里搜集了四首纳西族情歌。

1146. 我要摘一颗星星送给她（摩梭人情歌12首）/杨廷圣，牛相奎（纳西族）整理/《边疆文艺》1962（9）//12首摩梭人情歌。

1147. 金筝之歌（纳西族欢乐调）/云南省民族民间文学丽江调查队搜集/和鸿春等整理/《边疆文艺》1979（6）//这首长诗是根据1958年云南省民族民间文学丽江调查组搜集的八份材料整理而成的。该诗通过一对青年男女克服种种困难，终于制成金筝的描写，表现了纳西族青年对劳动的赞美和对幸福爱情的追求。

1148. 鱼水相会（纳西族相会调）/云南省民族民间文学丽江调查队搜集/徐嘉瑞、和鸿春整理/《民间文学》1961（11）//相会调是纳西族口头诗歌中流传最广影响最深的优秀作品。

1149. 纳西族民歌/张信搜集整理/《民间文学》1984（7）//即：插秧歌、喂玛达歌、骨气歌、其中《牙哈哩歌》由纳西族歌手和义戚演唱。

1150. 达勒·乌萨米（纳西族叙事长诗）/周良沛整理/《红岩》1957（2）//这是作者根据几个参加丽江报纸会议的四区代表所唱整理的。"达勒·乌萨米"这部流传在人民口头的长诗十分动人。能够唱全它的人已不多，但每一个纳西人都能很详细地讲完这个故事。

### I295.77　纳西族民间文学

1151. 虎的传说（纳西族）/阿向整理/《山茶》1986（1）//这是一篇根据《东巴经》整理而成的传说故事，流传于丽江地区。

1152. 木老爷（纳西族）/白庚胜（纳西族）/《山茶》1986（4）//这是一个纳西族历史人物传说。

1153. 幽默故事六则（纳西族）/白庚胜（纳西族）整理/《山茶》1981（2）//这六则故事是：烟袋在嘴上、藏中头、老头与小偷、被骗铁匠上当、以毒攻毒、在暗中。

1154. 围腰（纳西族）/曹振技整理/《山茶》1986（5）//这是丽江县的纳西族服饰传说故事。

1155. 丽江古城掌故、纪事/耕勤（纳西族）/《丽江文史资料·第16辑》1997年10月//辑录9则掌故、纪事。

1156. 金沙江和玉龙山的传说/何密，和时杰等搜集整理/《山茶》1982（3）//搜集整理了七篇关于金沙江和玉龙山的传说故事。即：金沙江姑娘的出世，金沙神女与石鼓青年，金沙江姑娘，金沙江的金子是怎样来的，红石岩，金垒岭和玉龙山，玉龙雪山的传说。

1157. 熊娃/和爱华搜集整理/《山茶》1982（5）//这是一则纳西族生活故事。

1158. 三枚象牙（外一首）/和成典（纳西族）口述/戈阿干整理/《山茶》1985（3）//纳西族情歌。外一首"三对明珠"。

1159. 都丁都塔命/和即贵（纳西族）讲述/牛耕勤整理/《山茶》1985（2）//这是一则东巴神话故事。

1160. 崇人抛鼎寻不死药（纳西族民间传说）/和即仁（纳

西族）翻译整理/《民间文学》1956（7）//这是一个纳西人中最流行的神话传说，因此东巴巫师把它列在象形文字经典里头，纳西族向来是勤劳勇敢的民族，他们经常歌颂着他们的祖先曾经是怎样的勤劳和勇敢。崇人抛鼎就是这一类祖先的典型。

1161．阿一旦的故事（二则）/和时杰，赵兴文搜集整理/《山茶》1982（4）//有：癞蛤蟆，千里马换万里羊两则。

1162．游悲（节选）/和时杰（纳西族）翻译整理/《山茶》1985（1）//《游悲》是流传在丽江纳西族地区的一部著名的民间抒情长诗，全诗两千多行，这里节选了第二、第五、第六及其尾声。目的在于帮助读者研究和了解旧时代纳西族青年在婚姻恋爱问题上的遭遇，有助于对殉情风俗的研究。

1163．阿一旦的故事/和时杰（纳西族）整理/《边疆文艺》1979（8）//纳西族民间故事。

1164．阿一旦的故事二则（纳西族）/和时杰（纳西族）整理/《山茶》1981（1）//有：双双桥好过，木老爷吃寿面两则。

1165．歹毒的继父/和文清（纳西族）讲述/牛耕勤整理/《山茶》1985（3）//纳西族伦理道德故事。

1166．苏罗姑娘的命运（纳西族）/和玉才（纳西族）讲述/《山茶》1985（6）//纳西族东巴经的故事。

1167．人类迁徙记（纳西族古代传说）/和志武（纳西族）翻译整理/《民间文学》1956（7）//这篇纳西族古代传说是和志武根据东巴文的经典，并参考采用口头材料翻译整理出来的。编辑部对译文曾作了一些修改，修改时参考和即仁同志所记录的材料。

1168．犀牛潭/解庆余讲述，解红记录整理/《山茶》1982（5）//纳西族风物故事。

1169．阿以代和木天王（纳西族）/李镜仁搜集/《民间文学》1956（11）//三个纳西族民间故事。

1170. 傩与东巴文化/李例芬/《民族艺术研究》1994（4）//傩和东巴文化都是原始宗教文化延续到近代的奇特文化现象，为了提示古老文化的许多普遍性问题，作者对两者的共性和各自不同的特征进行了比较研究。

1171. 旦郎若（纳西族）/李易红讲述/牛耕勤整理/《山茶》1985（5）//纳西族传奇故事。

1172. 摩梭故事四则/李子贤，邓启耀搜集整理/《山茶》1981（4）//有：摩梭人为什么没有文字？人和狗换寿命、舅舅的右衣角哪里去了？宝猎四则。

1173. 纳西族阿一旦故事十篇/丽江地委宣传部供稿/《山茶》1980（1）//阿一旦是纳西族传说中的"阿凡提"式的机智人物，在纳西族人民中享有很高的荣誉。这组短小精悍、诙谐幽默的作品，自清末以来便广泛流传在纳西族地区，经过一代代的加工充实，更臻完善，脍炙人口。

1174. 四川盐源县"纳日"人动物故事/马子云等讲述/《玉龙山》1984（2）//收集记录6则动物故事。

1175. 四个部族的由来（纳西族）/木丽春（纳西族）/《山茶》1986（4）//这是一篇关于纳西族古代禾部落、梅部落、束曾部落、叶部落四个氏族起源的故事。

1176. 哈拉库伯和山神的女儿/木丽春（纳西族）翻译整理/《山茶》1985（3）//纳西族东巴经故事。

1177. 安魂乐（纳西族）/木丽春（纳西族）搜集整理/《山茶》1990（1）//纳西族逢到丧葬事情，民间乐手们都要从四山聚拢来，绕着熊熊燃烧的火塘，用竹笛、熟古毒、胡琴、芦笙、筝等乐器，弹奏脍炙人口的"白王什礼"乐章。本文便是关于这古老乐章的动人故事。

1178. 木老爷三留杨神医/木丽春（纳西族）整理/《玉龙山》1986（3）//传说明朝丽江土司木公在北京张贴告示，以重金厚禄广邀志士能人开发丽江。本文整理讲述木老爷三留杨神医的传说。

1179. 东巴故事/木宛，杨润光等翻译整理/《山茶》1982（3）//搜集整理了三篇富有民族特色的纳西族东巴故事。即：勇士和牧女，丁巴什罗，明拉和丁巴什罗。

1180. 汽车生小马（纳西族民间故事）/木学达（纳西族）口述/云南民族民间文学界丽江调查队收集/《边疆文艺》1961（12）//纳西族民间故事。

1181. 大话客的下场/牛耕勤（纳西族）搜集整理/《山茶》1984（1）//纳西族讽刺笑话。

1182. 阿达的故事（纳西族）/牛耕勤（纳西族）搜集整理/《山茶》1986（3）//流传于丽江县鸣音区的纳西族孤儿故事。

1183. 人为什么有智慧（纳西族）/牛耕勤（纳西族）整理/《山茶》1986（5）//流传于丽江县一带的纳西族事物起源神话传说故事。

1184. 民俗故事/牛相奎，和汉（纳西族）等搜集整理/《山茶》1982（3）//搜集整理了三篇纳西族民间故事。即：火把节的来历，露鲁供祖的由来，厄由坎美。

1185. 火种和鸡/七星搜集整理/《山茶》1984（4）//纳西族神话传说故事。

1186. 《阿一旦》（新编）十则/沙蠡（纳西族）/《玉龙山》1999（6）//有新编纳西族机智人物阿一旦故事十则。

1187. 纳西族创世史诗/陶阳，钟秀/《中国创世神话》第三章第二节上海人民出版社1989年9月//《创世纪》是纳西族创世史诗。三千余行，全诗分开天辟地、洪水翻天、天上烽火、迁徙人间四部分。本文依次介绍各部分内容。

1188. 国王和蜂王（纳西族）/王川蓉翻译整理/《山茶》1986（6）//有关纳西族、傈僳族友谊的传说故事。

1189.嫁女歌（纳西族）/王川蓉整理/《山茶》1986（2）//
纳西族嫁姑娘时诵唱的风俗歌。

1190.丁巴什罗的故事/王思宁，牛相奎整理/《玉龙山》
1982（1）//

1191.姑娘的心海掀起层层波浪（纳西族）/夏侯搜集整理/
《山茶》1986（2）//纳西族情歌一首。

1192.巧媳妇：纳西族民间故事/晓牧著/《云南日报》1962
－07－26//

1193.神话传说/杨尔车，牛耕勤翻译整理/《山茶》1982
（3）//两篇有关纳西族的神话传说。即：锉沼路一苴——摩梭人
的洪水故事及高取高拔。

1194.创世纪/杨世光，赵净修（纳西族）整理/《玉龙山》
1979年创刊号//

1195.黑白之战（纳西族神话）/杨世光搜集整理/《民间文
学》1981（5）//《黑白之战》是纳西族民间的神话故事，曾由
纳西族东巴教士采录进《东巴经》中。此稿根据"东巴经"和民
间口头流传的故事整理，它表现了古代纳西族劳动人民善良、勤
劳和追求光明生活的愿望和理想。

1196.龙女树（纳西族民间故事）/杨世光（纳西族）搜集
整理/《民间文学》1979（5）//讲述了纳西族民间流传着的关于
"龙女树"的一段动人的故事。

1197.阿一旦的故事（纳西族）/杨世光（纳西族）搜集整
理/《民间文学》1981（1）//主要搜集了纳西族机智人物阿一旦
的故事。即：耍狗戏、打赤脚、高贵吉利的礼物、鸡脚与熊掌。

1198.七星披肩的来历（纳西族）/杨世光（纳西族）搜集
整理/《民间文学》1981（9）//"七星披肩"是纳西族妇女喜爱
的一种服饰，该文着重介绍了这种精致美丽的"七星披肩"的来
历（一个古老的传说故事）。

1199. 火把节（纳西族）/杨世光（纳西族）搜集整理/《民间文学》1982（7）//作者根据杨增华讲述的民俗故事整理而成的。

1200. 黑白之战（古典神话叙事诗）/杨世光（纳西族）整理/《玉龙山》1980（1）//全诗分20章。

1201. 大鹏之歌：纳西族古典神话叙事诗/杨世光（纳西族）整理/《玉龙山》1980（4）//

1202. 纳西族谚语/杨一奔辑（纳西族）/《山茶》1983（4）//有几则纳西族谚语。

1203. 玛达达（纳西族）/杨曾烈，石高峰（摩梭）整理/《山茶》1986（3）//这首习俗歌是摩梭人在小孩年满十三岁举行穿裙礼或穿裤礼的成丁仪式上唱的歌，一般由老年人和成丁的孩子演唱。

1204. 买寿延（纳西族东巴经故事）/禹尺整理/《边疆文艺》1982（12）//作者整理的纳西族东巴经故事。

1205. 纳西族地区山川传说/张枥，寿轩搜集整理/《民族文化》1984（6）//介绍了三个山川传说故事。

1206. 纳西药神/章虹宇搜集整理/《玉龙山》1991春//云南鹤庆黄坪乡的山寨中，供奉着松木雕的药王，传说是木天王的兄弟叫木义。本传说简述木义到鸡足山挖药寻丹，遇害变药，造福人民的传说。

1207. 昂姑咪（纳西族）/章天锡等搜集/章虹宇整理/《山茶》1986（3）//摩梭人始祖神话传说故事，流传于宁蒗地区。

1208. 纳西族谚语故事（二则）/赵净修整理/《山茶》1983（3）//二则谚语故事即：只要粮米，雪山能搬移；臂膀没力气，斧头再快也没用。

1209. 东巴经神话故事两则/赵净修（纳西族）整理/《山茶》1980（2）//有：崇仁潘迪找药，大鹏斗孽龙两则。

1210. 靴顶力士/周汝诚讲述/王思宁等记录，牛相奎整理/《山茶》1983（2）//纳西族传说故事。

1211. 古生土称与享命素舍玛、马的来历、虎的故事/周耀华整理/《玉龙山》1980（1）//三个东巴经动物故事。

1212. 纳西族叙事长诗：鲁摆鲁饶1～7//《云南民族文学资料》第六辑中国作家协会昆明分会民间文学工作部编印1962年9月//1～6号根据东巴经翻译，第7号资料根据口头唱词记录。

# J 艺 术

## J02　艺术理论

1213. 纳西等滇西北少数民族艺术符号刍议/宋坚/《玉振金声探东巴：国际东巴文化艺术学术研讨会论文集》社会科学文献出版社 2002 年 6 月//本文从视觉形象传递角度对滇西北的少数民族艺术符号作三方面的分析：①论具象与抽象的艺术符号，直接或间接地再现了高原山区的生活特色。②造型符号优美而含蓄，体现了人类对生命强烈的渴求与热爱。③艺术形象的演变是一种自然的过程也是一种必需的趋势，意义在于本土特色如何选择和重建。

1214. 东巴文化的艺术个性/杨福泉（纳西族）/《滇文化与民族审美》第六章云南大学出版社 1992 年 6 月//有三部分：蔚为奇观的东巴文化、独具特色的宗教艺术、审美的主题。论述具有学科综合性质的东巴文化及独具特色的宗教艺术，指出东巴文化具有多方面的审美意蕴，选择大自然的颂歌、人的礼赞及悲剧精神三个审美主题加以论述。

## J03　艺术工作者

1215. 应各有所长/方国瑜（纳西族）/《边疆文艺》1956（12）//作者提出民族文艺工作者应有所专，要做长远打算，先多做收集工作，积累大量资料后，再来从容整理。

## J19 宗教艺术

1216. 纳西艺术精神试论/金重/《民族艺术》1991（4）//纳西族有着丰富多彩的艺术宝藏。本文探讨纳西艺术精神，指出东巴艺术与民间艺术、汉文艺术三者结合，形成纳西艺术的丰富多彩而别具一格的特点。

1217. 纳西族的"东巴"艺术/雷宏安/《民族文化》1982（5）//东巴艺术包括绘画、音乐、舞蹈、雕塑。本文对东巴艺术进行研究和阐述。

1218. 东巴经典艺术论/李霖灿/《东巴文化论》云南人民出版社1991年3月//从艺术观点来看，东巴经典有五项特色：①贝叶经的形式；②优美的线条；③美丽的彩色；④动态的表现；⑤特征的摄取。

1219. 么些经典的艺术论/李霖灿/《么些研究论文集》之二十一，台湾：故宫博物院，故宫丛刊甲种之三十二，1984年7月初版//本文可增加我们对么些人智慧禀赋的了解。从艺术观点来看，可以列举出么些经典的五项特色：①贝叶经的形式，从形式上看么些经典和喇嘛教所用经典一样，都是横长竖短的格局，这种贝叶经的细长格式和么些象形文字配合，相得益彰，美不胜收。②优美的线条，么些巫师中不乏天才横溢的大艺术家，而且如汉人的书法家一样，颜柳欧赵，各有千秋，燕瘦环肥，各具姿态，纵览比较，美不胜收。③美丽的色彩，经典上的五彩缤纷，木牌上丹青焕采，相应生趣。④动态的表现以成群结队的动物中表现最为显著。⑤特征的摄取。

1220. 撩开东巴艺术的神秘面纱/世光，维东（纳西族）/《美术之友》1995（2）//本文评价《东巴文化艺术》一书。

1221. 纳西族东巴木雕木牌画艺术研究/张云岭/《装饰》1998（4）//东巴文化艺术是纳西族古文化中独具风采、颇具价值的珍贵遗产，它完整全面地保存于东巴教，并以其宏富的内涵饮誉海内外。纳西族的东巴教，是介乎原始巫教与发达宗教之间的过渡性宗教，在以信奉万物有灵、崇拜多神为主的基础上，先后融合藏族本教、内地佛教、喇嘛教和道教的内容。其祭司东巴（意为智者）集巫、医、学、艺、匠于一身，既是学问家，又是擅长歌、舞、绘、雕、编、扎的艺术家，是纳西古文化的重要传播者和继承者。东巴们用世界罕见的活的纳西族象形文字书写的东巴经书，被称为纳西古文化的"百科全书"。

## J2 绘画艺术

1222. 浅析东巴经的艺术价值和张云岭的现代东巴画/何一夫/《民族艺术研究》1991（1）//东巴经虽为一种文字、一种象形文字，而其所含的艺术美感已为美术家、美术史论家们逐步重视。本文对东巴经的艺术价值进行了论述，并介绍了纳西族青年画家张云岭及其作品。

1223. 东巴木牌画研究/和品正（纳西族）/《玉振金声探东巴：国际东巴文化艺术学术研讨会论文集》社会科学文献出版社2002年6月//文章分木牌画中继崖画之后的纳西族书画载体、木牌种类、基本格式、艺术性、现代价值五个方面，对云南丽江纳西族东巴教的木牌画进行了研究。

1224. 浅论纳西族现代东巴书画/和品正（纳西族）/《民族艺术研究》1991（4）//本文首先对东巴画进行了介绍，其次对现代东巴书画的崛起进行了阐述；再次介绍了几位痴情于现代东巴书画的探索者，他们是这一领域的铺路石与闯关人。

1225. 东巴画的种类及其特色/蓝伟/《东巴文化论集》云南人民出版社1985年6月//直接为东巴教活动服务的各种东巴绘画，统称"东巴画"。东巴画具有自己的独特风格和民族特色，并且有相当高的艺术价值。本文就东巴画的种类，如：竹笔画、木牌画、卷轴画及其特色分别进行论述。原载《玉龙山》1982年4期。收入《丽江文化荟萃》宗教文化出版社2000年4月。

1226. 纳西族东巴神轴画技法概述：兼谈藏传佛教唐卡画对东巴神轴画的影响/木琛著/《丽江东巴文化博物馆论文集》云南人民出版社2002年3月//本文介绍神轴画在东巴教祀仪中的产生，神轴画的绘制过程，神轴画的一般构图，大神的画法，祖先神、阴阳神、护法神、神明东巴及自然神"署"的画法，神轴画中的动物形象，东巴轴画的艺术特色等。认为神轴画在仪式中的使用，是东巴教从原始宗教向人文宗教过渡的标志之一。

1227. 纳西族的仪式用木牌和汉代烽燧遗址出土的人面木牌/汪宁生/《民族考古学论集》文物出版社1989（1）//我国西北地区出土之人面木牌应和纳西族仪式用木牌一样，是在祭祀时插在地上作祭祀之用的，其上所绘人面形，即代表祭祀之对象。这种习俗印证了纳西族是羌人后裔，南迁时必然带来了故乡一些文化习俗，该文原载《思想战线》1981年第5期。题为《纳西族源于羌人之新证》。

1228. 东巴文化与现代东巴画派/吴戈/《玉龙山》1994（6）//本文介绍了现代东巴画的特点、种类及东巴画派，指出现代东巴画派在绘画工具、材料、流派、种类或技法手段上都是不拘一格，兼收并蓄的，体现出纳西民族走向世界，走向未来的朝气蓬勃的民族精神。

1229. 丽江县博物馆藏唐卡画简介/雪峰/《丽江文化荟萃》宗教文化出版社2000年4月//

1230. 纳西族东巴绘画艺术特征及其审美意识/杨凤英/《云南民族学院学报（哲社版）》2002（1）//古老的纳西族东巴绘画艺术与纳西民族的历史变迁、开放意识、善于吸收多民族文化、信奉万物有灵、自然崇拜、图腾崇拜、多神崇拜、祖先崇拜的原始宗教分不开。其久远的绘画历史，独特的民间绘画艺术风格，是由它绘画材料的特殊性，绘画形式的多样性及深厚的民族文化积淀、民族审美意识和民族宗教思想所形成的，所以东巴绘画艺术具有永久性的审美价值和不朽的艺术魅力。

1231. 丽江国画和其他画种/杨礼吉/《丽江文化荟萃》宗教文化出版社 2000 年 4 月//介绍了几个著名的国画师及农民画。

1232. 丽江纳西族绘画历史概述/杨礼吉/《丽江文史资料·第 8 辑》1989 年 12 月//介绍了东巴画中的竹笔画、木牌画、卷轴画及丽江壁画、国画和其他画种，对农民画及古建筑彩绘也有简要介绍。

1233. 纳西族东巴画古画谱《冬模》/杨礼吉/《丽江报》1993 - 12 - 05//

1234. 东巴木牌画/杨礼吉/《丽江报》1996 - 06 - 14//

1235. 东巴画使用工具颜料随笔/杨礼吉/《丽江文物通讯》1992 - 10 - 28//

1236. 丽江纳西族绘画简史/杨礼吉/《中华文化大观》1999 年//

1237. 多彩的纳西木牌画/杨晓/《民族工作》1999（1）//

1238. 馆藏唐卡画浅识/杨志坚著/《丽江东巴文化博物馆论文集》云南人民出版社 2002 年 3 月//丽江东巴文化博物馆所藏一套 27 幅唐卡画，是现今存世的藏传佛教密宗画中难得的珍品。本文从其来历及思想内容作辨析，认为唐卡画至少已有三百六十年历史，是来自西藏的藏传佛教密宗的修密画，是纳藏民族友好往来的历史见证。

1239. 东巴文化与现代画派/张春和/《东方艺术》1994（4）//

1240. 纳西的绘画艺术/赵净修/《丽江文化荟萃》宗教文化出版社 2000 年 4 月//

1241. 纳西族的彩绘艺术/赵净修/《丽江报》1995 - 08 -

25//收入《丽江文化荟萃》宗教文化出版社 2000 年 4 月。

1242. 现代东巴画派的特色/赵有恒/《丽江文化荟萃》宗教文化出版社 2000 年 4 月//简论现代东巴画派稚拙美和崇高美的特征。

1243. 画格、人品、笔墨：纳西族画家周霖国画展览观后//《人民日报》1963 – 10 – 08//

## J29  书法、篆刻发展史

1244. 纳西象形文字画/戈阿干（纳西族）/《民族艺术》1990（1）//东巴象形文字尚处于从图画文字向象形文字过渡的文字发展原始阶段，所以它们既是一个极为古老的原始字符，同时也是一幅幅朴拙而神奇的图画，具有亦字亦画的特点。又载《民族文艺》1990 年 1 期。

1245. 戈阿干纳西象形文字画概览/和平（纳西族）/《民族艺术研究》1992（1）//文章介绍了戈阿干的生活足迹以及文化求索履历，并着重介绍了戈阿干的象形文字画，这些字画力图准确地向人们展示纳西文化所特有的内涵及其形貌。

1246. 独具特色的东巴墨/和士华/《丽江文化荟萃》宗教文化出版社 2000 年 4 月//

1247. 松柏常青友谊长存（纳西族象形文字题词）/李国文/日本《东京女子大学学报》1997 年 6 月 25 日第 3 种第 2 版//

1248. 香港归祖国举世世腾欢（纳西族象形文字题词）/李国文/《云南日报》1997 – 07 – 03//

1249. 明清纳西族书法简史/王志泓/《丽江文史资料·第 10 辑》1991 年 10 月//简介明清时期纳西族书法家木公、木高、木青、木增、李洋、李樾、马子云、和饮、杨光远、杨庆远、杨卿之、木坤、李万全等人。收入《丽江文化荟萃》宗教文化出版社 2000 年 4 月。

1250. 东巴文及其书法艺术比较研究/玉志泓/《玉龙山》1990（4）//本文从东巴文及其书法价值与汉文和其他一些文字现象作比较研究。

1251. 现代东巴字画的特色/赵有恒/《丽江报》1992 - 05 - 10//

1252. 丽江汉字书法渊源/周耀华/《玉龙山》1980（2）//简介木增等丽江历史上几个有名的书法家。

### J3 雕刻 木雕

1253. 纳西族图腾雕刻/曾晓峰搜集整理/《山茶》1983（5）//有十一幅图腾雕刻画。

1254. 纳西族东巴木雕欣赏/张云岭/《民族工作》1999（5）//

1255. 纳西族东巴木雕木牌画艺术研究/张云岭/《中外文化交流》1999（6）//简介东巴祭仪中的木牌画和木雕面偶。

1256. 纳西族的木雕艺术/子涛/《民族文化》1985（3）//简介纳西族的木雕艺术。

1257. 丽江木雕艺术//《云南日报》1982 - 09 - 22//

### J405 摄影评论欣赏

1258. 人文视野里的光与影：约瑟夫·洛克的摄影艺术与文化底蕴/和锵宇（纳西族）/《玉振金声探东巴：国际东巴文化艺术学术研讨会论文集》社会科学文献出版社 2002 年 6 月//20 世纪 20 年代到 30 年代，洛克为美国《国家地理杂志》撰写了十篇有关中国西南边疆自然与人文地理的游记文章，其中数百幅精美的摄影图片，完美地再现了该地区雄伟壮丽的人文与自然景观，许多历史图景，如曾在西方文化视野中震撼人心的木里寺如今只剩下残迹。洛克的摄影艺术渗透着对该地区民族文化的精深研究，从而赋予了其摄影艺术深刻的文化内涵。

## J5　工艺美术

1259. 丽江纳西族福寿剪纸与福寿文化/何红一/《中南民族学院学报》2001（2）//本文通过对丽江纳西族福寿剪纸的构图特征及文化背景的分析，找出它与内地福寿吉祥文化的内在联系以及它所独具的地域文化特色。文章指出，丽江纳西族福寿剪纸属中国福寿主题纹样，在造型上受内地传统福寿纹样的影响较深，与内地常见的福寿纹样有相似之处，同时它又是在丽江地域文化土壤中生长、发育的民族艺术之花，具有独特的文化个性，是汉文化与丽江纳西文化融合之果。

1260. 纳西族的剪纸艺术/王炳武/《玉龙山》1987（3）//简介纳西族的剪纸艺术。

1261. 丽江纳西族民间美术概述/杨礼吉/《中华文化大观》1997年//

1262. 千姿百态的纳西族建筑瓦当艺术/周文钟/《玉龙山》1990（4）//主要从装饰工艺图案探讨，介绍了文字瓦当，莲花瓦当，兽面瓦当，纺轮瓦当和动物瓦当。

1263. 精巧美观的丽江铜锁/周文钟撰文/《春城晚报》1982 – 03 – 20//

## J607　纳西族音乐研究

1264. 我看朱践耳的交响诗《纳西一奇》——兼谈其中西音乐之交融观念在创作中的实现/陈大明/《中国音乐》2002（2）//本文通过对中国作曲家朱践耳创作的交响诗《纳西一奇》的音乐分析，试图研究作曲家诸多作品反映出来的中西音乐交融观念的具体体现。因为，笔者认为，这一观念不仅在作品中得以充分体现，形成了作曲家的主要创作特点，它也是作曲家毕生追求的创作理想,《纳西一奇》是实现其理想的成功之作。

1265. "纳西古乐"是纳西古乐吗? 我听丽江大研纳西古乐社音乐会/阿民/《音乐生活》1998(10)//

1266. 红烛映太极,古典赋新声:淡泊而神奇的《纳西古乐音乐会》/卜大伟/《国际音乐交流》1998(3)//介绍在京演出的古音乐会演奏的濒临失传的唐宋年间的古曲,使用的乐器及演奏神韵。

1267. "白沙细乐"中的舞蹈踪迹:访纳西族老艺人和锡典/陈卫业/《舞蹈论丛》1982(2)//"白沙细乐"已有数百年的历史,是著名的纳西族古典乐曲。过去有舞蹈,因年代久远失传。老艺人和锡典讲述了"白沙细乐"的舞蹈情况,并表演了舞蹈动作,这只是一些踪迹。"白沙细乐"比较完整的乐舞形式,还需要更多的整理、加工。

1268. 音乐文物:纳西古乐/陈雄/《乐器》2001(6)//介绍了1998年春节期间,在北京音乐厅表演了中华民族的音乐文物——纳西古乐。其舞台设计、服装款式、台上环境突出了两个字"音乐"。

1269. 古老、朴素、纯真、雅致:记云南丽江洞经音乐赴京演出/陈自明/《玉龙山》.1996(1)//本文分析纳西族文化素质及洞经音乐在丽江的流传,归纳大研古乐会的演奏技巧和特点。原载《人民音乐》1994年8期。

1270. 纳西古乐:在宣科的领导下:云南丽江采风小记/程天健,李康,夏滟洲/《西安音乐学院学报》1998(3)//

1271. 试析纳西族民歌中的一领众和形式及其内涵/崇先/《民族艺术研究》1990(4)//作者对纳西族民歌中的一领众和形式及内涵,从种类的分述、内涵探析、结语三个方面论述。改名为《一领众和出心声》收入《丽江文化荟萃》宗教文化出版社2000年4月。

1272. 纳西族歌曲创作的回顾与思考/崇先/《民族艺术研究》1998（1）//本文从创作思想、艺术分析的角度，回顾纳西族歌曲创作的历史，并对其发展脉络作一梳理，对今后走向更高层次的发展作初步探讨。

1273. 崩时与《崩时细哩》：丽江旅游审美之三/砥石式龙（日）/《丽江教育学院学报》2000（2）//介绍有关《崩时细哩》的传说和来源，指出《崩时细哩》不是"元人遗音"而是丽江纳西族的土特产，至迟源于西周和战国以前，与洞经音乐和东巴音乐成为音乐欣赏史上的奇观，成为丽江旅游的一大热门。

1274. 音乐的活化石：纳西古乐/冬之春/《四川财政》2000（3）//

1275. 纳西古乐响京城/杜京/《云南日报》1998－01－06//

1276. 云南丽江纳西族古乐调查/杜庆云/《人民音乐》1996（3）//1993年9月丽江古乐队在北京演出，引起音乐文化界人士极大关注。本文调查了洞经音乐传入丽江的情况，所保留的曲牌及洞经会的组织，所使用的乐器等。

1277. 纳西族的民间合唱/樊祖荫/《中国音乐》1985（4）//介绍了纳西族保存着的古老的民间合唱《窝热》、《夕独热》，并分别加以介绍。

1278. 交响音诗《纳西一奇》/冯丰南/《乐器》1999（1）//

1279. 古韵犹存的纳西古乐/夫巴（纳西族）/《玉龙山》1996（1）//本文原载《纳西人》。

1280. "热美"与宣科/夫巴著/《东陆时报》1998.6.10//

1281. 天籁之音人间仙乐：纳西古乐赏介/赶村/《黑龙江金融》2001（2）//

1282. 纳若先祖之音：关于纳西古乐《崩时细哩》的研究和开发问题/高建群/《丽江文化荟萃》宗教文化出版社2000年4月//

1283. 纳西族古乐《崩时细哩》的价值/高建群/《民族艺术》1999（2）//《崩时细哩》是丽江音乐三宝之一，艺术独特淳朴、内容精湛深远，演奏乐器全为纳西族自制，效果又可与交响乐相媲美。本文从五个方面阐述了《崩时细哩》的历史价值、民族文化价值、艺术价值、市场价值和再研究价值。'99 中国丽江国际东巴文化艺术节学术会议论文。

1284. 谈《崩时细哩》的历史价值和民族文化价值/高建群/《玉龙山》1998（6）//纳西族音乐包括《崩时细哩》、《东巴音乐》、《洞经音乐》被称为纳西族音乐三宝。本文叙述《崩时细哩》的内涵中展示的历史和民族文化价值。认为《崩时细哩》的闪光时限在西周和战国以前。

1285. 谈《崩时细哩》的市场研究价值/高建群/《玉龙山》2000（1）//《崩时细哩》走出省门、国门目前已不是南柯梦了，细乐历经外族音乐多方位多层次的渲染，至今仍能保持"原汁原味"。本文分析三个历史原因。

1286. 牛津大学出版纳西音乐专著/戈阿干（纳西族）/《云南民族学院学报（哲社版）》2001（2）//本文介绍牛津大学出版社 2000 年底出版的音乐专著——《历史有回声——当代中国纳西音乐》的内容及其作者。

1287. 纳西古乐：世纪末有绝响/龚雯/《人民日报》1997 - 12 - 24//

1288. 纳西人的音乐、美术和闲暇时光/顾彼得（俄）著/《玉龙山》1996（1）//这是顾彼得感受纳西人的音乐、美术和闲暇时光。收入《丽江文化荟萃》宗教文化出版社 2000 年 4 月。

1289. 纳西音乐中的杜鹃：《阿默达》/禾雨/《民族音乐》1987（4）//

1290. 古木新枝展异彩：纳西族古典（唠喂歌）/禾雨/《玉龙山》1990（2）//论述唠喂歌与羌族《清酒歌》的亲缘关系及

其演变发展。

1291. 玉湖明珠：纳西族古典乐曲《北时细礼》/禾雨（纳西族）/《玉龙山》1980（1）//简介古乐曲"白沙细乐"的乐章、传说、乐器等情况。对它的不同领会、解释，反映了这套乐曲的多种要求和多重可塑性，又刊于《民族》1980年2期。

1292. 国宝埋藏在喜马拉雅云岭深处：为丽江古乐团晋京演出作/何昌林/《玉龙山》1996（1）//本文追述了洞经音乐传入丽江的历史，认为丽江洞经音乐是宋元"细乐"与道教经腔"广成南韵"的有机结合，并论述了丽江洞经"细乐"及其乐队建制的历史背景，指出丽江洞经乐队特设的"调音曲"应是唐存乐工积习的自然传承。原载《人民音乐》1993年11期。收入《丽江文化荟萃》宗教文化出版社2000年4月。

1293. 试论纳西族的东巴音乐/和桂莲（纳西族）/《丽江教育学院学报》2000（2）//本文从六个方面论述纳西族的东巴音乐。①东巴音乐功能；②东巴音乐的宗教色彩；③东巴音乐的调试；④东巴音乐与民间音乐；⑤东巴音乐的乐器；⑥东巴音乐的声部划分，又载《玉龙山》2000年1期。收入《玉振金声探东巴：国际东巴文化艺术学术研讨会论文集》社会科学文献出版社2002年6月。

1294. 纳西古乐的进一步保护和开发/和家修（纳西族）/《玉龙山》1996（1）//本文认为对纳西古乐事业应加强领导，加强统一协调。目前应主要解决统一思想，统一组织领导，统一文化政策等三方面的问题。

1295. 纳西古乐震撼英伦/和家修（纳西族）/《玉龙山》1996（1）//本文记叙报道丽江大研古乐队赴英演出情况。有怀胎十月，成行两周；追赶太阳，时差反映；古乐显威，醉倒英人；"三朵"保佑，有惊无险；广交朋友，登天也易；文明社会，礼仪之邦；显赫博物，"芝麻开门"；明月有食，并非天堂；世界变小，古乐不古九部分。

1296.纳西族东巴音乐文化简述/和力民（纳西族）/《玉龙山》1992（1）//本文介绍东巴声乐（经腔）、东巴器乐（配乐），并论述了东巴音乐文化的六个特点，指出它的存在及价值，为研究古代纳西族音乐的产生和发展，提供了不可多得的音乐文化资料。

1297.玄妙的纳西古乐/和丽琨（纳西族）/《云南档案》2001（1）//

1298.关于《北石细哩》的调查报告/和睦晶等调查/毛继增执笔/《纳西族社会历史调查·二》云南民族出版社1986年12月//本调查有概况、来源和历史、艺人简介、演奏形式和乐队编制、乐曲简介、音乐的初步分析、乐器、乐谱和附录。

1299.《别时谢礼（白沙细乐）》的流传与演奏/和锡典（纳西族）/《纳西族社会历史调查·三》云南民族出版社1988年3月//作者家传演奏《别时谢礼》已4代人，本文简叙《别时谢礼》的流传及演奏。

1300.纳西族的"打跳"音乐/和新民/《丽江文化荟萃》宗教文化出版社2000年4月//

1301.纳西族民间音乐概述/和新民（纳西族）/《民族艺术》1991（2）//本文介绍纳西族的民歌、舞蹈音乐和器乐曲。又载《音乐探索》1990年4期。

1302.东巴教的舞蹈/和志武/《丽江文化荟萃》宗教文化出版社2000年4月//

1303.无形的文化财富活的音乐文物：丽江洞经音乐晋京演出学术讨论会综述/黄大刚整理/《云南文艺评论》1993（4）//本文整理刊出了讨论会上袁炳昌、何昌林、秦鹏章、赵讽、田联滔、沈洽、修海林、冯光钰等中央音乐学院教授、音乐家的发言。

1304．东巴音乐初探/黄镇方/《民族文化》1985（2）//介绍了东巴音乐的来源；东巴音乐的旋律形态；东巴音乐的差异。

1305．白沙细乐之谜/黄镇方/《民族艺术研究》1992（5）//白沙细乐是流传于云南丽江境内部分纳西族村寨中的一部古乐，以器乐为主，间以歌唱和简单的舞蹈，以其独特的风格特色，严谨而精巧的旋法艺术，以筝、笛、琵琶、二胡、火不思等多种外来乐器组合演奏而令人惊异。本文对其来源及产生进行了研究探讨。

1306．将历史长卷诉诸琴瑟：听纳西古乐演奏有感/江世震/《改革开放中的云南少数民族》云南民族出版社1996年7月//记叙聆听纳西古乐的经过及感想。

1307．纳西族民间音乐概况/寇邦平/《云南纳西族、普米族民间音乐》云南人民出版社1985年//

1308．纳西族的民间音乐/寇邦平/《中国音乐》1986（2）//纳西族民间音乐可分为民歌、歌舞音乐和器乐音乐三个大类。本文分别加以介绍。原载《民族音乐》1984年4期。又载《玉龙山》1986年3期。

1309．美妙的纳西古乐/雷宏安/《民族文化》1984（2）//介绍具有独特风格和优美旋律、且具严谨结构和完整体系的纳西古乐。

1310．略论纳西古乐的文化内涵及其价值评判：一种多学科的文化阐释/雷宏安/《音乐探索》1999（2）//本文用更大的视角，从多学科多层面的范围对纳西古乐的渊源、内涵和价值进行客观公正的分析评判。

1311．纳西古乐《别时谢礼》/李黎民/《云南日报》1957－03－02//

1312．音乐图像学及纳西族音乐图像学阐释/李丽芳，杨海涛/《民族艺术研究》1998（4）//音乐图像学是研究图像中的音乐现象的。纳西族有丰富的音乐图像资料，主要通过东巴象形文字，东巴教绘画中的音乐图像资料，东巴舞谱和东巴教至今仍存在的一些祭祀活动中的"活形态"的音乐表现等几个方面进行描述，分析研究。

1313. 纳西族音乐美学思想及其在音乐图像中的阐释/李丽芳，杨海涛/《民族艺术研究》1999（6）//全文从有关纳西族音乐起源的美学命题断想，古纳西人旧石器中的音乐因子与审美，东巴音乐美学思想及在音乐图像学中的阐释三部分，论述以"和"为美的思想是纳西先民东巴音乐与舞蹈审美的最高标准。

1314. 纳西族民间音乐的竹笛演奏/李新民/《玉龙山》1989（2）//纳西族民间音乐大体分为民歌、舞蹈音乐和器乐曲三大部分，其中舞蹈音乐的伴奏音乐和器乐曲大多以竹笛为主奏乐器。本文以器乐曲中的《白沙细乐》、《古乐》、《谷凄调》和《打跳》音乐，谈竹笛演奏的风格问题。

1315. 民族文化交流的结晶：谈纳西古乐《白沙细乐》/刘赛/《民族团结》1980（11）//简介丽江纳西族地区民间流传的古乐曲《白沙细乐》。

1316. 白沙细乐考/毛继增/《民族艺术研究》1988（1）//针对近年来发表的一些关于白沙细乐的文章中的观点，阐述作者自己的观点。

1317. 蒙古族、纳西族音乐文化交流的产物：白沙细乐/毛继增/《音乐研究》1997（3）//在丽江纳西族的白沙细乐中有一种叫"苏古笃"的乐器，是元代传入纳西族地区的蒙古乐器"火不思"的原型。作者通过对调查材料和白沙细乐的分析研究，认为白沙细乐年代久远，是纳西族和蒙古族长期音乐文化交流的结晶。

1318. 丽江赏古乐/潘妙贤/《南方日报》1997 – 05 – 27//

1319. 昨天的音乐/乔迈/《人民日报》1994//收入《丽江文

化荟萃》宗教文化出版社 2000 年 4 月，又载《玉龙山》1996 年
1 期。

1320．对《崩时细哩》考释的若干质疑/桑德诺瓦/《民族艺
术研究》1992（2）//《崩时细哩》是迄今仍保留和传承于云南
丽江纳西族民间的一部大型器乐、歌舞组曲。对其研究不少，概
括其研究有"元人遗音"和"创自民间"（纳西族音乐）两种主
要观点。本文认为：《崩时细哩》的产生和形成，曾经历过一个
与纳西族民间音乐、东巴音乐、汉族音乐（洞经音乐）"你中有
我，我中有你"的历史演变过程。

1321．纳西文化背景中的传统音乐：关于东巴音乐崩时细
哩、洞经音乐的调查与考证/桑德诺瓦/中央音乐学院音乐研究所
硕士学位论文，1994 年//

1322．"一台乐舞满堂学问"：丽江东巴宫民间艺术团晋京演
出部分节目文史背景简释/桑德诺瓦/《中国音乐》2001（4）//

1323．纳西族东巴唱腔研究/桑德诺瓦（纳西族）/《民族艺
术》1997（3）//

1324．纳西族《崩时细哩》考/桑德诺瓦（纳西族）/《民族
艺术研究》1993（3）//本文围绕《崩时细哩》及其曲牌的相关
称谓、社会功用、文化背景三个方面作进一步探讨与考证。

1325．云南纳西族民歌的调式与旋律特点及演唱风格/桑德
诺瓦（纳西族）/《音乐探索》1991（1）//

1326．民俗之魂：纳西族的风俗歌曲及其习俗特点/桑德诺
瓦（纳西族）/《中国音乐》1991（3）//纳西族风俗歌内容、体
裁及演唱风格是多种多样的。本文介绍了祭祀歌、送葬歌、婚礼
歌、祝酒歌、农事节令歌。

1327．东巴仪式音乐的若干调查与研究/桑德诺瓦（纳西
族）/《中国音乐学》1995（4）//东巴仪式音乐即运用于纳西族
东巴教道场仪式、法事仪式之中的音乐，东巴教仪式繁多，仪式

音乐的种类也相对较多。本文就最具代表性的"核拉勒扣"（大祭风）仪式和"哦热热"（超度亡灵）歌舞仪式两种加以论述。又载《中国音乐家》1995年4期。

1328．纳西族东巴唱腔的旋律风格及分类/桑德诺瓦（纳西族）/《中央音乐学院学报》1993（2）//本文探讨纳西族唱腔中宝山、白地、白沙、太鲁、永宁五派唱腔的旋律风格和祭祀、丧葬、叙事、消灾禳解四大唱腔分类。

1329．纳西族歌曲的结构与质变：关于"热美蹉"之分析与"猛达调"/生明庆（日）/《玉龙山》1993（6）//本文探讨丽江及其周边的纳西族歌曲中，至今仍保留有浓厚原始性，并伴以舞蹈的多声部民歌"热美蹉"的结构及质变问题。收入《丽江文化荟萃》宗教文化出版社2000年4月。

1330．纳西族民歌与神话/式啸/《民族音乐》1986（4）//对民歌本身来说，这些神话故事虽不能作为民歌起源的科学依据，但民间许多难得的重要歌种，得以一代一代地保留下来，与这些神（鬼）的力量和习俗的"功能"是分不开的。本文仅从纳西族的两个传说故事中，分析民歌与神话的依存关系。

1331．对《纳西族多声民歌热美蹉的原始状态》一文的我见/孙致和/《丽江文史资料·第3辑》1987年6月//作者认为《纳西族多声民歌热美蹉的原始状态》一文的社会效果，不仅限于音乐、舞蹈方面，而且对历史、语言、宗教、考古等学术的探讨上，也不失为一种难得的参考资料。

1332．从图像看"纳西族音乐"：评《凝固的旋律：纳西族音乐图像学的构架与审美阐释》/唐应龙/《民族艺术研究》2002（6）//读李丽芳和杨海涛合著的《凝固的旋律：纳西族音乐图像学的构架与审美阐释》（云南人民出版社2002年10月出版，26万字，图200多幅）一书，颇有感慨。本书借鉴、运用西方音乐图像学理论和方法，研究纳西音乐文字与图像，以阐释纳西族音乐文化。音乐图像学在国人的眼中，迄今为止还是很陌生的，国内系统运用此方法来研究我国音乐尚属首创。

1333．丽江地区纳西族民歌旋律特征初探/王建民/《南京艺术学院学报（音乐及表演版）》2000（4）//

1334．东巴唱调的音乐结构形态浅析/吴学源/《玉振金声探东巴：国际东巴文化艺术学术研讨会论文集》社会科学文献出版社2002年6月//1994年—1995年间，笔者与和力民较系统地采录搜集了丽江县、中甸县、宁蒗县和四川省盐源县的东巴（达巴）唱调近200首，从这些繁杂的唱调中，筛选了其中81首进行了记谱整理，通过对这些曲调的归类量化分析与比较研究，对东巴唱调的音乐结构形态得到了几点规律性的初步认识。

1335．纳西古乐名实谈：答《人民音乐》记者问/伍国栋/《人民音乐》1999（1）//

1336．云南摩梭人今日的音乐生活：永宁采风日记（摘录）/萧梅/《中国音乐》1994（2）//这是作者1991年5月在纳西人和摩梭人居住地区采风的日记，是为"东巴文化情死道场之仪式音乐及今日永宁的音乐生活"两个主题调查的，调查材料不幸被窃，只能以日记保存一些情况。

1337．元代余音《别时谢礼》/霄云/《民族文化》1982（3）//介绍古乐的来源传说及保留至今的六章。

1338．听纳西古乐/晓雪/《玉龙山》1996（1）//记叙听纳西古乐的情况和感受。又载《中国作家》1995年6期。

1339．白沙细乐探源/宣科（纳西族）/《丽江文史资料·第3辑》1987年6月//作者从文献学、语义学、乐器史、音乐特征等多方面雄辩地论证了历来被认为是蒙古族音乐的白沙细乐不是蒙古族音乐，而是纳西族先民遗留下来的音乐《安魂乐》。

1340．纳西族多声民歌"热美蹉"的原始状态/宣科（纳西族）/《丽江文史资料·第3辑》1987年6月//本文从"热美蹉"

的称谓及社会内涵、多声的讨论、唱跳的方式、歌唱的描述、舞蹈的描述、无乐器的民歌及其民族、"热美蹉"作者们的背景材料分析七个方面，对丽江县东区热水塘村的"热美蹉"母曲的原始状态作初步分析和探讨，并推断它源自氏族社会前期或更早，即旧时器时代晚期。另一题名《音乐起源于恐惧："热美蹉"研究》为'99中国丽江国际东巴文化艺术节学术会议论文。

1341.纳西古乐在中国音乐史上的地位/宣科（纳西族）/《云南文化资源研究与开发》云南民族出版社1994年11月//作者介绍了纳西古乐，指出白沙细乐是我国屈指可数的几部大型古典管弦乐之一，丽江洞经音乐是一种道教经腔音乐，在全国早已绝种，丽江洞经音乐中与承德难离宫音乐传谱相同和相近的就有8首，它们的保存是音乐的一件幸事。并论述了其在中国音乐史上的地位，认为应发掘、整理和弘扬。收入《丽江文化荟萃》宗教文化出版社2000年4月。

1342.纳西古乐/宣科（纳西族）/《玉龙山》1995（1）//纳西音乐由《白沙细乐》和《丽江洞经音乐》组成，《白沙细乐》是我国屈指可数的几部大型古典管弦乐之一。《丽江洞经音乐》保留了部分中原早已失传的经典音乐。本文介绍这些艺术珍品发掘、整理、弘扬方面的情况。

1343.音乐起源于恐惧："热美蹉"研究之二/宣科（纳西族）/《玉龙山》1996（1）//原名《对热美蹉的来历经的研究》载《音乐探索》1990年第4期。

1344.音乐起源于恐惧："热美蹉"研究之一/宣科（纳西族）/《玉龙山》1996（1）//原载《天津音乐学院学报》1986年第四期，题名为"纳西多声民歌'热美蹉'的原始状态"。

1345.纳西族的"谷凄"调/杨德祥/《丽江文化荟萃》宗教文化出版社2000年4月//

1346.纳西族的《喂玛答》/杨德祥/《丽江文化荟萃》宗教

文化出版社 2000 年 4 月//《喂玛答》是纳西族喜闻乐见的一种文艺形式，兼备诗、曲、舞蹈的特点。三者相互补充，形成了一个完美的艺术整体。本文介绍《喂玛答》的唱跳、唱词内容、语言、旋律、声调等。

1347. 东巴音乐述略/杨德鋆/《东巴文化论集》云南人民出版社 1985 年 6 月//东巴音乐是东巴艺术的有声部分，其中保存着民间古老而质朴的大量乐品。本文从声乐、器乐、探言三个方面作了简要的综合述评。

1348. 金沙江大湾的旋律：纳西音乐的颤音乐彩/杨德鋆/《民族艺术研究》1998（1）//颤音是纳西族民间歌唱显著的一个特征。本文举例说明。

1349. 纳西古代音乐概说/杨德鋆/《民族音乐》1984（1）//纳西族不愧是具有悠久历史文化传统的民族，音乐艺术源远流长。本文概述了纳西古代音乐。

1350. 凝结在纳西古老图画象形文字里的音乐：云南民族传统音乐研究/杨德鋆/《文艺研究》1998（3）//在世所罕见的纳西族古代图画象形文字东巴经典中，不仅有舞谱——栩栩如生地记录着丰富玄美的种种舞蹈，而且有音乐——凝藏着仿佛可视可听的诸类乐歌、乐器。"戏味"音乐，还有萌芽状的歌舞和乐谱。作者在多年前识辨东巴舞谱并对其进行广泛深入考察研究的基础上，对绚丽多姿的东巴音乐进行了细致的挖掘与探析，浪漫奇妙的纳西古老音乐被揭开面纱，纳西古老图画象形文字东巴经典中容藏的古老音乐，无论从历史角度还是文化角度审视，都具有重要的人类学价值。'99 中国丽江国际东巴文化艺术节学术会议论文。

1351. 纳西古乐和我的家/杨继唐/《玉龙山》1998（3）//介绍 49 年前丽江余乐村一个古乐演奏团的情况，有家庭古乐缘起、仙乐相濡于我、洞经之乐不绝如缕、亲情叙在丝竹管弦间 4 个段落。

1352. 纳西族的古乐器觱篥和葫芦笙/杨启昌（纳西族）/
《玉龙山》1997（1）//纳西族对竹制管乐器"笛"和"箫"统称
为觱篥。纳西族的"觱篥蹉"乐曲和"葫芦笙蹉"乐曲优美动
听，充满热烈欢快的气氛。值得作为纳西音乐源泉发掘整理，升
华提高，创作出一些纳西族的优美音乐，改变纳西族音乐中受
"谷气"、"表达"等悲歌影响而形成的缺少优美欢快的音调的状
况。收入《丽江文化荟萃》宗教文化出版社 2000 年 4 月。

1353. 纳西古乐/杨世光（纳西族）/《云南画报》1979
（4）//

1354. 纳西古乐与商业社会/杨曦帆/《丽江教育学院学报》
2001（1）//本文探讨纳西古乐的美学意义及商业化的冲突，认
为古乐在职业化的进程中，已不再是一种文化的存在，而是异变
为一种技术的存在，如果我们要保护则应尽可能全面地保护它的
整个生存土壤。

1355. 论丽江"白沙细乐"的风格形成与现代化发展/杨曦
帆/《西南民族学院学报》2001（9）//"白沙细乐"是云南丽江
纳西族的一种民族传统音乐，目前正面临着失传的危险；"白沙
细乐"作为在中国西南地区乃至中国音乐史上有重要地位的一个
代表性乐种，它不仅具有不可替代的音乐史料研究价值，而且其
艺术风格的形成与特点对面向 21 世纪的现实社会中的传统艺术
的发展而言也具有重要的参考意义。

1356. 魂在清音流韵间/杨新红/《中外文化交流》1997
（3）//本文记叙纳西族音乐家宣科的生平、赴英演奏纳西古乐的
盛况以及宣科对纳西古乐的研究、挖掘和整理。原载《春城晚
报》1995 年 12 月 17 日及《玉龙山》1996 年 1 期。

1357. 纳西古乐：中国古代音乐的"活化石"/杨耀萍/《炎
黄世界》1998（5）//

1358. 国宝级的文化遗产：丽江纳西古乐/杨曾烈/《丽江文化荟萃》宗教文化出版社 2000 年 4 月//论述丽江洞经音乐的传入、流变、音乐类型、乐器配置、传承等内容。

1359. 东巴音乐/杨曾烈/《丽江文史资料·第 12 辑》1992 年 10 月//本文介绍东巴音乐的功能、分类、东巴乐器、东巴音乐的风格特征及形态。

1360. 玉龙大雪山下的纳西古乐/杨曾烈/《音乐研究》1998 (2) //简介纳西古乐。

1361. 摩梭人音乐概述/殷海涛（普米族）/《民族艺术》1990 (4) //简要介绍摩梭人民间音乐的几种类型。如阿哈巴拉（山歌）、传统调子、阿夏情歌、其他情歌、舞蹈音乐及摩梭音乐的特征等。

1362. 纳西古乐飘进宝岛/张彤，王德胜/《台声》1999 (7) //

1363. 纳西族民间音乐的原始宗教色彩及艺术特色/张新民/《玉振金声探东巴：国际东巴文化艺术学术研讨会论文集》社会科学文献出版社 2002 年 6 月//纳西族音乐丰富多彩，博大精深，千百年流传下来的大量纳西族音乐渗透着浓郁的原始宗教色彩，具有强烈的艺术魅力。文章着重论述其原始宗教色彩，艺术特色的主要表现。

1364. 中国式交响乐：赴一场纳西古乐演奏/赵启文（泰）/《玉龙山》1996 (1) //本文原载泰国《星洲日报》1995 年 9 月 10 日。

1365. 我听丽江大研《纳西古乐音乐会》/赵世民（纳西族）/《国际音乐交流》1998 (3) //作者认为在京表演的古纳西音乐会主要曲目其实都是道教音乐，和纳西族土生没关系，不过是汉族音乐传过来而保留到现在而已，每曲之前的浪漫解说使人感到："语言的巨人，音乐的矮子"。

1366. 东巴音乐简述/赵兴文（纳西族）/《民族艺术研究》1992（4）//本文就东巴音乐在东巴文化中的功能，东巴音乐对纳西族民间音乐家的集成与发展起到积极作用。东巴音乐的记载有一定的科学性和先进性，东巴音乐是世界音乐宝库中一粒闪光的珍珠几方面，对东巴音乐作了论述和评价。

1367. 鲜艳多姿的奇葩：读宣科同志文章有感/赵砚臣/《丽江文史资料·第3辑》1987年6月//认为宣科的文章推出一系列新论。如"热美蹉"是旧时器时代晚期纳西族祖先的民歌，音乐舞蹈之源于古人类对大自然现象的恐惧，音乐舞蹈的起源首先应与图腾主义有关，而未必直接与劳动有关，合唱先于齐唱。祖国的文化发源地，丽江可占一席位。纳西族的祖先不是古羌人，而是四川西南边区古称"耄"的部族等。

1368. 纳西古乐团在挪威访演/郑连成/《中外文化交流》1998（6）//

1369. 千年古乐动地来/周敏/《长江日报》1998 – 02 – 20//

## J608　宗教音乐研究

1370. 丽江洞经音乐初探/崇先/《民族艺术研究》1989（1）//丽江的洞经音乐，因其地域、历史以及民族等方面的原因，形成了浓郁的地方特色。笔者曾多次采访老艺人，对流传在丽江的洞经音乐就其历史概况、乐曲种类、音乐特点、乐队组织、音乐传承作了初步探究。

1371. 云南丽江洞经音乐/崇先/《中国音乐》1989（4）//丽江的洞经音乐，因地域、历史和民族等方面的原因，形成了其地方特色。本文介绍了丽江洞经音乐的历史、乐曲种类与音乐特点、乐队组织与传承。

1372. 文昌洞经音乐与道释儒雅俗文化/甘绍成/《音乐探索》1996年（2）//

1373.云南丽江纳西族洞经音乐/何春/《中央民族学院学报》1992（2）//为了继承民族文化的宝贵遗产，更好地弘扬民族文化，本文对纳西族洞经音乐的历史、曲调、风格、乐队、乐器等进行了论述研究。

1374.论云南洞经音乐组织的社会属性/黄林，吴学渊/《民族艺术研究》1992（2）//本文认为洞经会是以音乐为维系手段，有某些封建色彩，松散的民俗性群众组织，其以洞经音乐为活动载体，是起源于道教科仪，后又融合其他多种音乐而形成的大型民俗性乐种。

1375.略论中国洞经音乐的起源及其流变/雷宏安/《民族艺术研究》1999（6）//洞经音乐是道教文化的产物。云南是其普遍流传的地区，在长期流变过程中，又吸收了其他多种音乐成分而成为中国传统音乐文化宝库中一颗璀璨的明珠。

1376.从历史渊源看洞经音乐组织的道教特征/雷宏安，杨韵笙/《民族学调查研究》1993（2）//本文认为云南洞经音乐组织的起源与道教有关，是从上清派演化而来的，同时论述了其道教特征。

1377.略论洞经音乐的历史渊源及其道教特征：兼与黄林、吴学源同志商榷/雷宏安、杨韵笙/《民族艺术研究》1993（2）//作者认为云南洞经音乐组织是历史悠久，货真价实，不折不扣的宗教组织。起源与道教有关，并有可靠证据说明它是从上清派之中演化出来的。

1378.云南洞经会的危机和前景/李海伦（英）/《民族艺术研究》1996（3）//本文是英国音乐学博士李海伦女士1991和1993年两次来云南考察民族民间音乐后，用中文撰写的，叙述"文革"前至"文革"中洞经会面临的危机和1978年以后洞经会开始恢复活动的情形。

1379.永胜县洞经音乐概述/刘志昌，王章/《玉龙山》1996

(6) //介绍历史沿革及流传情况，洞经的内涵及活动场合，洞经会的组织和经费，经坛的设置，使用乐器的人员编配等情况。

1380. 丽江纳西族洞经音乐的功用、异变及现状/桑德诺瓦（纳西族）/《民族艺术研究》1995（1）//丽江洞经音乐自传入之日起，便以谈演道教《大洞仙经》为目的，是紧随明清汉文化——道教传入纳西族地区的纯器乐演奏形式。"改土归流"后，洞经音乐在丽江的传播普及达到极盛时期。

1381. 丽江纳西族洞经音乐的传说、曲牌及形态/桑德诺瓦（纳西族）/《民族艺术研究》1996（2）//目前纳西族地区流传的器乐音乐通称"丽江古乐"，实际上大多可归属道教洞经音乐的范畴。本文探讨其传统称谓及其异变、民间传说、溯源、其分类及曲牌等，指出汉文化对其影响深厚，证明了纳西文化多元一体、兼收并蓄的格局。

1382. 纳西洞经音乐及其人文地理环境/杨曦帆/《玉振金声探东巴：国际东巴文化艺术学术研讨会论文集》社会科学文献出版社 2002 年 6 月//本文将纳西古乐放回其所处的人文环境中去研究，其核心宗旨是要搞清楚纳西古乐与其所生存的社会文化背景之间以及和民族精神之间的关系。

1383. 丽江洞经音乐调查/杨曾烈/《丽江文史资料·第 9 辑、第 10 辑》1990 年 10 月、1991 年 10 月//本文记叙丽江洞经音乐的主体即传入较早，流行于丽江拉市坝及金沙江沿线的洞经音乐。介绍其渊源及流布；乐队类型、建制及经费来源；洞经的谈演场合及主要内容；经坛布置、谈演程序，乐曲风格特色及形态浅析。第 10 辑续传承方式、洞经及音乐在丽江的变异，丽江洞经乐队及音乐的现状，鲁甸地区的洞经音乐，丽江当代重要洞经音乐艺人简介等内容。又载《艺舟》1990 年 1 期、《玉龙山》1996 年 1 期。

1384. 丽江洞经音乐研究与开发/杨曾烈/《云南文化资源研

究与开发》云南民族出版社 1994 年 11 月//古老的乐曲、古老的乐器、高寿的老艺人是丽江洞经音乐的价值和特点，这是"稀世之宝"，文章着重介绍了这三宝，同时介绍了丽江洞经音乐的研究和开发情况。

1385. 云南"洞经音乐"发微/张宝庆/《音乐探索》1994
(2) //

1386. 寻千年古声，谱四化新曲：云南永胜的洞经音乐/张金云/《中国音乐》1984 (2) //介绍云南永胜洞经音乐中的纯器乐曲，有唱词的音乐、打击乐和唢呐牌子三个大类。

## J617.574  地方戏曲音乐

1387. 浅谈纳西族民间音乐在戏曲中的运用/张云鹏/《玉龙山》1986 (2) //滇剧《达勒—乌莎命》是根据纳西族民间故事编写的故事剧。本文论述将纳西族民间音乐"唠喂调"、"叶子调"、"谷气调"、"纳西古乐"及部分藏族音乐运用到该剧中来。

## J632  民族器乐

1388. 纳西古篇—泊波/戈阿干（纳西族）/《民族艺术研究》1997 (5) //泊波是演奏纳西古乐的一种芦管乐器。本文认为泊波为周人之古篇，堪称中华古乐器的活化石；从与泊波相关联的白沙细乐中，可窥探中华乐舞的某些形貌与内涵，纳西古乐有永恒的生命力，泊波也将有永恒的生命力。

1389. 纳西族—管多簧乐器"窝碟"浅识/杨曾烈/《民族音乐论集》云南民族出版社 1991 年 7 月//"窝碟"是纳西族用大麦秆制作的一种管簧乐器。本文介绍这种古老的乐器品种及其现状与前景。有独特的一管多簧，古老的乐器品种，民间演唱的窝碟调，纳西人与大麦，窝碟流传现状及发展前景的设想 5 部分。原载《玉龙山》1990 年 1 期。

1390. 纳西族"波拨"源流及改革/杨曾烈/《民族艺术》1988（2）//介绍纳西族民间器乐中一种小巧玲珑，音色独特的双簧竹管乐器（汉语叫"芦管"，纳西语称"波拨"）的源流、制作，改革等方面的情况。

1391. 纳西族乐器窝硪浅识/杨曾烈/《民族艺术》1991（3）//窝硪即麦管，是一种簧管乐器及古老的乐器品种。本文简述民间演唱的窝硪调及其流传现状和发展前景。

1392. 纳西族民间乐器波拨及其改革/杨曾烈/《玉龙山》1982（4）//在纳西族古典乐曲《白沙细乐》的演奏中，使用着一种小巧玲珑，音乐独特的竹管乐器，汉语称芦管，纳西语称波拨。本文叙述笔者自己动手对波拨进行改革，增加了音乐伴奏中的纳西族民间音乐特色，丰富了波拨的表现力。

1393. 丽江古"胡拨"的收集/赵宽仁/《民族艺术研究》1988（4）//"胡拨"是一种古代乐器。作者论述了丽江"胡拨"的流传历史、发掘经过。三种"胡拨"的流传和形制以及几点补充说明。

## J64  民歌曲  舞曲

1394. 古老的合唱曲《哦热》/杨放/《民族音乐》1984（2）//简介《哦热》是纳西族古老的舞蹈歌，也是一首传统的男女声二部合唱曲。附：纳西族传统合唱歌曲《哦热》。

1395. 丽江拿喜（纳西族）的民歌/赵纪舞/《人民音乐》1951（12）第3卷3期//简介几首纳西族的民歌及舞曲。

1396. 纳西古典歌曲：《美丽的白云》/赵宽仁/《云岭歌声》1979（2）//

## J721.1  古代舞谱

1397. 让东巴舞蹈与东巴舞谱走向世界：抢救东巴舞谱和舞

蹈纪实/陈烈/《舞蹈》1996（2）//1995年4月为抢救东巴舞蹈和舞谱的专题片终于摄制完成。本文叙述了这一抢救工作的历程和海峡两岸有识之士及舞蹈专家们所做的努力，抢救东巴舞谱和舞蹈的成功，使舞谱的价值超出了舞谱文化本身的价值。

1398．纳西族象形文舞谱的现状及其新生前景/戈阿干（纳西族）/《定位法舞蹈及其运用国际会议论文集》1988年//

1399．古纳西象形文舞谱及其谱源探考/戈阿干（纳西族）/《东巴文化论》云南人民出版社1991年3月//文章提出在介绍、评述和译释东巴舞谱中的6个方面问题，提出对古谱的补救设想，最后提出记录在东巴舞谱里的舞蹈是古代东西方文化交汇的一个例证，它的来路是遥远的，需要纵览印度、波斯、两河流域及埃及、希腊的古代文化创生演播踪影。原载《民间文学论坛》1990年1期。

1400．东巴舞谱录像记事/戈阿干（纳西族）/《东方艺术》1997（5）//

1401．东巴神系与东巴舞谱/戈阿干（纳西族）/《文艺研究》1998（3）//由纳西象形文书写并保存的东巴舞蹈动作规程即东巴舞谱，为中华民族舞蹈文化宝库中一份弥足珍贵的遗产。本文作者结合田野考察、学习、译述东巴舞谱和舞谱舞蹈录像实践，阐释该舞谱的创建者——纳西东巴祭司的确切身份；借助现存的六本象形文舞谱手抄本，概述东巴舞蹈舞谱所记录的主要舞种、舞名以及舞谱类型属性；依据东巴舞谱的基本动作，揭示东巴舞谱舞蹈自成体系的特点及其韵律特色；通过对东巴教神系的考察，探讨东巴舞谱源流，提出它与古代印度宗教舞蹈有渊源联系这一线索。

1402．一份珍贵的舞蹈遗产：纳西族《东巴舞谱》整理后记/和发源（纳西族）/《玉龙山》1983（3）//《东巴舞谱》产生于原始社会解体并向阶级社会过渡时期。原始舞蹈是原始宗教的重要组成部分，内容丰富，舞姿优美，动律和谐。《舞谱》保留了不少原始舞蹈的精华，总揽了纳西古乐舞类别及跳法，且以图画文字与符号标记对舞蹈的姿势、动律、场位、路线、特殊造型、技巧作了规则有序的科学描述。

1403. 纳西族《东巴舞谱》简介/和发源（纳西族）/《云南民族学院学报（哲社版）》1984（3）//《东巴舞谱》是纳西族东巴经中保留下来的一份珍贵的民族舞蹈遗产。本文介绍了《东巴舞谱》的发掘和整理过程、基本内容、东巴舞蹈的特点和艺术形式及东巴舞蹈的道具与服饰。

1404. 东巴舞蹈经典译注二种/和发源译（纳西族）/《民族学报》1983（3）//本文对丽江县图书馆所藏两种东巴舞蹈经典《跳神舞蹈规程》、《东巴舞蹈来历》进行了翻译和注释。文中列有原文释文和注释，并有注者所绘大量舞蹈动作图画，是对东巴舞蹈经典进行系统研究和探索的结果。

1405. 油米舞谱/和发源（纳西族）整理/《滇川纳西族地区民俗和宗教调查》云南社科院东巴文化研究室1990年8月//舞谱是整理者1988年5月在宁蒗拖甸乡油米村发现的。这本舞谱描写的舞蹈动作尽管非常简略，但包含有不可忽视的科学价值。本文对舞谱作了汉译。

1406. 东巴舞谱：世界上最早的舞谱/和品正（纳西族）/《奥秘》1992（11）//以连环画形式介绍迄今为止世界上最早的、独一无二的图画象形文字舞谱——东巴舞谱。

1407. 东巴舞谱发掘记/雷宏安/《云南日报》1983－05－01//

1408. "东巴跳"与《蹉磨》跳谱的定位/黎华/《云南艺术学院学报》1999（1）//作者认为东巴跳《蹉磨》既是舞谱，也是武谱。

1409. 东巴舞谱的形成及演变初探/吴宝兰/《民族艺术研

究》1990（4）//"东巴舞谱"是纳西族所信仰的原始宗教——东巴教中的巫师——东巴在祭祀仪式中所用的跳神经书。本文从国内目前可见的"东巴舞谱"、"东巴舞谱"形成的若干前提、"东巴舞谱"形成年代的下限与上限、"东巴舞谱"的形成过程等四个方面，对"东巴舞谱"形成年代及其演变作探索。

1410．心灵的足迹：试谈《东巴舞谱》中原始思维方式的遗存/吴宝兰/《舞蹈论丛》1988（4）//本文从舞谱符号——原始思维具象性的体现；仪式用具——象征物与原型的同一；舞蹈形象——动物性、神性、人性的合一；舞蹈动作——中断或缓和人鬼互渗的手段四个方面，分析《东巴舞蹈》中原始思维方式的遗存。

1411．艺术奇珍：东巴舞谱/杨德鋆/《民族舞蹈》1983（2）//作者认为舞谱在表现内容方面的广泛性是罕见的，舞谱记录方法的科学性，说明纳西古代舞蹈有很高的水平，东巴舞谱有很高的艺术性，是一面历史的镜子，也是云南各民族密切交往的见证。

1412．云南发现象形文字东巴舞谱//《人民日报》1984 - 03 - 11//

### J722.22　民族舞蹈

1413．摩梭人的丧事祭祀舞蹈/阿泽明次尔独支/《民族学调查研究》1994（2）//本文介绍摩梭人的4个丧事舞蹈。

1414．在东巴达巴座谈会上的讲话/戴爱莲/《人民舞蹈》1993（2）//

1415．舞蹈文化遗产的一颗明珠：对纳西族象形文字舞蹈的一点认识/董锡玖/《民族舞蹈》1983（2）//本文探讨纳西族象形文字舞谱的价值、特点及相关问题，并对如何整理、发展东巴舞谱提出几点建议。

1416. 纳西族勒巴古舞考察/戈阿干（纳西族）/《民族艺术研究》1996（1）//作者1995年到勒巴舞流传地考察，对纳西勒巴舞保存流传地域、舞队及其传承古俗，所包容的众多舞蹈、勒巴舞蹈与东巴舞蹈与藏传佛教——噶玛噶举派的历史因缘，勒巴舞的独特文化价值问题进行思索和探讨。

1417.《朗巴舞》与《热巴舞蹈》的区别及其他/和文光（纳西族）/《丽江报》1994 – 12 – 02//简介两者跳法、服饰、内容上的区别等。收入《丽江文化荟萃》宗教文化出版社2000年4月。

1418. 纳西族的"郎巴蹉"与藏族"热巴舞"的区别及其他/和文光（纳西族）/《玉龙山》1993（4）//本文从两种舞蹈的动作、鼓点、表现内容等方面作了详细的比较。

1419. 塔城民间歌舞/和忠祥/《丽江文化荟萃》宗教文化出版社2000年4月//简介朗巴舞、锅庄舞、弦子舞。

1420. 东巴舞蹈的形式和继承发展/胡克/《民族舞蹈》1983（2）//本文从思想内容和艺术形式方面介绍东巴舞蹈，并阐述了传统舞蹈的继承和发展问题。

1421. 纳西族跳神舞蹈考察简记/胡克/《舞蹈论丛》1983（3）//本文在肯定东巴跳神舞蹈是货真价实的古代舞蹈的基础上，探讨东巴跳神舞蹈的特点，叙述作者对宗教舞蹈的认识。原载《东巴文化研究资料汇编之二》。

1422. 纳西东巴跳武与舞/黎华/《中华武术》1999（7）//

1423. 纳西族舞蹈《蹉模》和《蹉摆蹉历》的初步研究/林向萧/《东巴文化研究资料汇编》之二东巴文化研究所1985年5月//东巴经典《蹉模》即《舞蹈教程》，《蹉摆蹉历》即《舞蹈来历》，前者是帮助东巴们记录和记忆舞蹈的工具。本文认为最早的东巴经典可能在公元7世纪以前即已形成，两部舞蹈经典具有自己的特点，是研究舞蹈起源的"活化石"。

1424. 纳西族舞蹈/刘金吾/《民族文化》1986（4）//简介纳西族的东巴舞、哦热热、阿哩哩。

1425. 纳西族原始祭祀文化与东巴舞源流/木丽春（纳西族）/《民族艺术研究》1991（1）//笔者通过多年田野考察，从源流上辨清自然崇拜与原生东巴舞、鹰舞——纳西的图腾舞、各种拟兽舞的内涵、兼容并蓄的东巴舞、东巴舞与民间舞的关系几方面，对东巴舞蹈的源流关系作了一番探析，剥开了文化的影响层，深入到沉淀在深层次的原生文化实质。

1426. 纳西族的芦笙舞/欧阳家祺/《玉龙山》1982（4）//简介葫芦笙舞的跳法及跳葫芦笙舞的习俗。

1427. 纳西族古典舞蹈简介/秦国华/《玉龙山》1983（2）//介绍东巴经里记载舞蹈的经书——蹉模。主要介绍了男性跳的"丁巴什罗"和"优麻"；男扮女跳的"女神跳"、"巴蹉"、"般米蹉"及"带角的动物跳"、"带爪的动物跳"。收入《丽江文化荟萃》宗教文化出版社 2000 年 4 月。

1428. 流行在丽江县境的热巴舞及其传说/秦国华/《玉龙山》1985（3）//热巴舞流行于丽江县的塔城。本文论述了热巴舞的起源、传说、表演形式、风格特点。

1429. 东巴舞蹈值得重视：在东巴座谈会上的发言/孙景琛/《民族舞蹈》1983（2）//作者认为东巴舞谱健康自然，在貌似原始的舞蹈形象中酝藏着强大的生命力和深沉的内在美德，有浓郁的生活气息和独特的风格色彩，是民族舞蹈艺术中的优秀组成部分，是中华民族的共同财富。

1430. 活的音乐化石：热美舞/孙炯/《丽江文化荟萃》宗教文化出版社 2000 年 4 月//记叙热美舞唱跳的方式、歌唱的描述、舞蹈的描述、无乐器的民歌及其民族舞蹈。

1431. 历史的行履：从东巴舞蹈的外部特征看东巴舞蹈的发展轨迹/吴宝兰/《丽江志苑》1989（6）//本文论述了东巴舞蹈

九个方面的外部特征，探索其发展轨迹，认为东巴舞蹈是活的舞蹈发展史，正处于从原始宗教舞蹈向人为宗教舞蹈的过渡时期。

1432. 对《热美蹉的来历经》的讨论/宣科（纳西族）/《东巴文化论》云南人民出版社 1991 年 3 月//"热美蹉"是云南丽江大东、宝山一带纳西族死人时唱跳的歌舞形式。作者认为"热美蹉"属氏族社会前期的艺术形态之一，对它的研究可能对人类早期艺术，特别是音乐舞蹈的发生理论产生一些未知的重要前景。

1433. 纳西族古代舞蹈与东巴跳神经书/杨德鋆，和发源（纳西族）/《东巴文化论集》云南人民出版社 1985 年 6 月//丽江县图书馆收藏着两本详载东巴教巫师跳神的经书，是国内外民族古代文字中迄今仅见的舞蹈专著。它不仅总揽了纳西族古乐舞类别及跳法，自成体系，独树本族传统，而且以图画似的象形字与符号标识，对舞的姿势、动律、场位、路线、特殊造型（动作）、技巧及乐舞器用法等作了规律化的比较科学的描述，具有舞谱的特征。本文从较早见于文献的民族、远古乐舞推测、古代乐舞踪迹三方面，论述纳西族民间濒于绝影的古乐舞的流风遗韵。原载《舞蹈论丛》1982 年 4 期。

1434. 东巴跳神舞蹈/杨德鋆，和发源（纳西族）/《舞蹈论丛》1983（1）//本文论述了东巴跳神舞蹈的种类、基本特点、风格、舞蹈的节奏。

1435. 纳西族的东巴跳/杨津津，张雁飞，方征/《北京体育大学学报》2002（2）//少数民族传统体育活动与民间舞蹈源远流长、根深叶茂，它根植于传统的民族文化土壤，具有强烈的民族特色和生活气息，无疑是一份宝贵的文化财富。通过对纳西族的传统体育舞蹈东巴跳的阐述，揭示了纳西族人民的风俗习惯、宗教信仰、军事斗争、生产劳动、爱情与婚姻生活等。歌颂了纳西族人民不屈不挠的顽强精神和无限的创造力。

1436. 纳西族的麒麟舞/杨益发/《丽江文化荟萃》宗教文化出版社 2000 年 4 月//简介麒麟舞每个场次的内容。

1437. 纳西族的"麒麟舞"/杨益发/《春城晚报》1982 - 02 - 09//

1438. 纳西族的麒麟舞浅析/杨益发/《玉龙山》1986（4）//麒麟舞蹈是以麟、凤为主的各种动物组成的大型民间舞蹈剧目。纳西族每年春节都要进行这种舞蹈活动。第一场序幕，第二场彩云南现；第三场是白鹤和梅花鹿的舞蹈；第四场是麒麟和凤凰的舞蹈，最后一场是牦牛现瑞，表示六畜兴旺。这个舞蹈保留了许多原始性的东西，也反映了不同的社会制度和社会经济生活的内容。

1439. 纳西族民间舞蹈简介/杨跃文/《玉龙山》1981（2）//介绍了纳西族民间的"打跳"舞蹈，东巴舞、民间原始舞蹈。

1440. 摩梭锅庄舞："打跳"/章虹宇/《民族艺术》1987（4）//简单介绍"打跳"的形式、来历和跳法。

1441. 纳西族的古典民间舞蹈"蹉模"简介/赵兴文/《玉龙山》1981（4）//"蹉模"是舞蹈的规模或模子，是东巴教的"武功"，是东巴舞蹈的理论依据。本文简介 1804 年 2 月 4 日由塔城东巴"东主"传抄下来的版本，它忠实记载了当时东巴教跳的 60 个舞蹈的基本动作及其舞蹈场面。

1442. 纳西族的古典舞蹈/赵兴文/《云南画报》1981（2）//

## J892.4　剧团和演出

1443. 回忆纳西剧团/闾占典/《丽江文史资料·第 11 辑》1992 年 10 月//本文回忆 1951 年为配合减租退押，成立纳西剧团的经过及剧团活动情况。

# K　历史、地理

## K204　古代史籍研究

1444. 传自远古的足迹：纳西族东巴经/梁屹峰/《云南档案》2002（2）//诞生于远古，传承至今的纳西族东巴经是世界档案百花园中的一枝奇葩，本文简述其诞生的基本情况。

1445. 有关《东巴经》的一段往事/阿向/《丽江文史资料·第14辑》1995年10月//记叙大东巴和文灿将其600多册《东巴经》赠送云南省图书馆收藏的经过。

1446. 纳西族宗教经书/安东尼·杰克逊（A.Jackson）（英）/《东巴文化论》云南人民出版社1991年3月//这是作者《纳西族宗教》第一部中的部分内容，题目是《东巴文化论》编者所加。介绍西方纳西族经书的收藏情况。

1447. 纳西仪式之两个关键问题：书目及卜书/安东尼·杰克逊（英）/《玉振金声探东巴：国际东巴文化艺术学术研讨会论文集》社会科学文献出版社2002年6月//本文阐释了在纳西宗教发展的过程中，东巴经书的来历及成千上万的经书的形成原因。

1448. 本教经典与东巴经异同问题的质疑/巴桑罗布/《西藏大学学报》1999（z1）//作者认为本教经典和东巴经，本教文化和东巴文化是同一或同源文化，至少是源和流的关系，而绝不仅仅是一种"影响"问题。

1449. 纳西族古籍概论/白庚胜（纳西族）/《民族古文献概

览》北京民族出版社 1997 年 11 月//本文详细介绍纳西族情况、语言文字、文献概况，论述了文献的形成发展、文献的分类、质料和版式、文献的收藏与传播，并按学科对纳西文重要文献进行介绍。

1450.《黑白战争》与《叶岸战争》比较研究/白庚胜（纳西族）/《民间文化》2001（1）//在《敦煌写本中的吐蕃巫教和本教》中，记载了一部作品《叶岸战争》，其内容和结构酷似《黑白战争》，它们的相似性表现为：两部作品结构基本一致；两界性质完全一致；战争起因都是为了争夺神树；战争过程存在着相对应的传承关系；两个战争都是为了强调净化天地。作者认为《黑白战争》明显源于《叶岸战争》，但它已纳西族化，具有鲜明的纳西族特征，成为人们公认的纳西族英雄史诗。

1451. 纳西族东巴经的类型/博（勃）克曼著（挪威）/和玉梅译/《玉龙山》1993（3）//本文介绍纳西族的东巴经、东巴经的语言规划和理论上的阐述。收入《丽江文化荟萃》宗教文化出版社 2000 年 4 月。

1452. 傅懋勣《纳西族图画文字〈白蝙蝠取经记〉研究》探析/曹萱/《蒙自师范高等专科学校学报》2003（3）//傅懋勣先生的《纳西族图画文字〈白蝙蝠取经记〉研究》是一本难得的东巴古籍译注本；在个别文字的解释、字源的探讨、经文行款和语法等方面都极有价值。论文是读该书所得的几点感触和几个问题的探讨：①从《纳西族图画文字〈白蝙蝠取经记〉研究》观得假借字在文字脱胎于图画过程中的重要作用；②探讨东巴文中的颜色字，从纳西族的历史、文化、氏族上追溯颜色字的起源。

1453. 古代纳西族社会的百科全书：东巴经/陈怀贵/《云南档案》1999（5）//

1454. 汉文纳西族历史档案初探/陈子丹/《东陆学林·第四辑》云南大学研究生论丛云南大学出版社 1994 年 8 月//本文探

讨少数民族档案的概念、范围和汉文纳西族历史档案的种类、特点。

1455. 纳西族石刻档案探析/陈子丹/《西南民族学院学报》1999（3）//纳西族在历史上采用刻石记事的方法，记录本民族的迁徙、征战、宗教、儒学、人物、商业、建筑等方面的重要情况。形成了一批有价值的石刻档案。本文运用档案学理论，探讨了纳西族的象形文字石刻、格巴文石刻、喇嘛文石刻、汉文石刻和东巴画像石刻，并针对纳西族石刻档案管理的现状，提出可行性开发利用的建议。

1456. 东巴档案探析/陈子丹/《云南社会科学》1993（2）//作者认为东巴经和文献是纳西族在历史上形成的一种民族古文字档案。民族宗教和文字的形成，是东巴档案产生的必要条件，东巴既是纳西族文化的记录员和传承者，又是东巴文档案的形成者和管理员，对东巴文档案的利用需要从正反两个方面去研究，应对东巴经信息进行译注、编目、编研和提供利用。

1457. 东巴文文献述评/陈子丹/《云南文史丛刊》1994（1）//文章从东巴文献的形态、内容、作用三个方面论述东巴文献。

1458. 纳西族档案史料研究/陈子丹/《中央民族学院学报》2000（3）//纳西族档案史料主要包括碑、画像、石刻、东巴经、东巴画、东巴舞谱、木氏宦谱、传记、民俗、书画档案等类别。本文对各类档案的形成、内容、价值以及收集、整理、利用进行研究。

1459. 东巴文化与东巴档案/顾金龙/《云南文化资源研究与开发》云南民族出版社1994年11月//文章首先阐述了纳西族东巴文化的形成；其次阐述了东巴经与东巴档案形成的作用。认为东巴档案是研究纳西族社会历史发展、民族发展、民族关系史、语言文字、宗教民俗、文学艺术、哲学思想的珍贵宝藏。

1460. 东巴古籍的类别及其主题/和发源（纳西族）/《东巴文化论》云南人民出版社 1991 年 3 月//本文简述云南东巴文化研究室已标音和对译的一千种古籍的类别和主题，主要分为：①丧葬类；②禳解类；③求福求寿类；④占卜类；⑤舞蹈类。

1461. 东巴经典大破译：写在《纳西东巴古籍译注全集》出版之际/和力民（纳西族）/《新华文摘》1998（5）//本文回顾了国内外东巴经典收集、翻译研究工作的历史。指出东巴文化研究室的成立，标志着历史上第一个专门研究纳西族东巴文化的研究机构的诞生，从此开始了大规模、有计划、有领导、有目的的东巴经典的翻译工作，使得东巴经典得以破译千册百卷本，揭开了古文化之谜，"天书"完整地向全人类展现了它的真实面目。原载《民族团结》1998 年 2 期。

1462. 纳西象形文东巴经目录/和志武（纳西族）/《世界宗教研究》1984（1）//本目录据方国瑜先生 1934 年所作调查和作者 1962 年在中甸白地的调查，经详细比较研究白地和丽江资料后，将东巴经分为十六大类，共记录 643 册。

1463. 《东巴经》研究小史/雷宏安/《民族文化》1982（3）//本文对《东巴经》的研究历史作了简要介绍。

1464. 中央研究院历史语言研究所藏纳西象形文字《东巴经》部分书目研究/李国文/台湾《古今论衡》2001 年第 6 期//作者 1998 年 5 月到台湾访问，得到中央研究院历史语言研究所藏 40 年代李霖灿先生收集的部分东巴经书的封面复印件，回来后在东巴文化研究所和力民先生的帮助下，研究、整理了这些经书封面资料，按馆藏号顺序进行读音、直译、意译书名，并对经书内容作简要说明，标明提要。

1465. 纳西族东巴经书及其译注本/李静生（纳西族）/《丽江文史资料·第 17 辑》1998 年 10 月//本文介绍了东巴文的创制及性质特点，东巴经的形成年代推说及经书形制，东巴经译注本的印制。指出纳西东巴的书，经历了东巴经宗教写本阶段和东巴经科学译本阶段，译本经历了石印、油印、复印、电脑打印阶段。

1466. 新中国成立后对东巴文化资料的两次整理/李静生（纳西族）/《东巴文化报》1993年11月号//

1467. 汉译纳西族东巴经评述/李静生（纳西族）/《玉龙山》1994（5）//本文记叙东巴经文献的科学发现和整理翻译情况。对面世的诸家东巴经文献译著作评述，指出李霖灿译本着眼点于一页之上，面面俱到。傅懋勣译本是研究味更足的翻译。20世纪60年代东巴文化馆石印的22本东巴经和80年代东巴文化研究室油印的25本译本未附原经书影印件，未对原经书封面作释说，未交代原经书形制，80年代的东巴经译注在音位处理上采用了方国瑜的音位变体处理。

1468. 美国国会图书馆所藏的东巴经典/李霖灿/《东巴文化论》云南人民出版社1991年3月//作者1955年12月25日应邀到美国国会图书馆研究该馆所藏纳西族经典。本文上编叙述这些经典的数字统计、内容分类及其价值。下编是有年代经典的初步研究。

1469. 《么些经典评注九种》总序/李霖灿/《东巴文化论集》云南人民出版社1985年6月//这是李霖灿先生为《么些经典译注九种》一书作的总序。

1470. 美国国会图书馆所藏的么些经典/李霖灿/《么些研究论文集》之九，台湾：故宫博物院，故宫丛刊甲种之三十二，1984年7月初版//作者1956年到美国国会图书馆研究纳西东巴经典，发现国会图书馆所藏么些经典共分五批入藏，共三千零三十八册。经典内容可分为龙王、祭风、超度、替身、延寿、口舌、占卜、音字、若喀等内容。经典的价值，以占卜经典为最多，音字经典相当丰富，若喀经典很可贵，纪年经典亦珍贵。作者对经典已进行整理编目。并进行初步研究,包括有年代之么些经典、康熙七年发现之经典、音字发展的推论等。初步研究已使这些经典发挥了作用。

1471. 破译卷帙浩繁的秘典——纳西族东巴文与东巴古籍简介/龙江莉/《今日民族》2002(2)//

1472. 论东巴古籍的研究价值/陆阳,颜艳萍/《云南图书馆季刊》1997(1)//本文重点阐述东巴古籍在哲学研究、历史研究、科技研究、艺术研究、文字研究等方面的研究价值。

1473. 明代丽江木氏土司有关汉文史料综述一、二/木仕华(纳西族)/《云南文史丛刊》1995(2)(3)//其一,介绍了丽江木氏土司的碑铭、摩崖,《木氏宦谱》及刊行于世的木氏土司历史文献等三类与丽江木氏土司有关的汉文史料。其二,为木氏作家群诗文著述概要。

1474. 拯救"神灵":云南少数民族古籍简说/普学旺/《今日民族》2002(1)//由李理所著《拯救神灵》一书论及云南少数民族古籍抢救整理工作繁重,等待人们去开发。

1475. 多情的东巴经/沙蠡(纳西族)/《玉龙山》1998(5)//

1476. 哈佛所藏的纳西象形文字/沈津/《人民日报(海外版)》1992//

1477. 纳西族东巴经历史档案研究/万永林/《西南边疆民族研究》云南大学出版社2001年11月//本文从纳西东巴经历史档案的产生、构成和保存现状;纳西东巴经的研究价值;纳西东巴经历史档案的发掘利用三方面,论述东巴经历史档案的研究利用价值。

1478. 《么些经典译注九种》的内容和特点/魏治臻/《东巴文化论集》云南人民出版社1985年6月//《么些经典译注九种》系《么些经典译注六种》的增订本,由李霖灿等著。本文介绍了该书的内容和特点。

1479. 么些经典译注九种/魏治臻/《民族文化》1980（3）//本文是书评及介绍。《么些经典译注九种》一书是 1978 年 4 月台湾省中华丛书编委会出版，是李霖灿等研究纳西族象形文字和标音文字东巴经的一部专著。除"总序"外，收录了下列九种纳西族东巴文经典手写本及其形、声、义、注。①"么些族的洪水故事"；②"占卜起源的故事"；③"多巴神罗的身世"；④"都萨峨突的故事"；⑤"哥来秋招魂的故事"；⑥"某莉庆孜的故事"；⑦"么些象形文字延寿经释注"；⑧"么些族轶歌"；⑨"菩赤阿禄的故事"。本文还介绍了该书的三个特点。

1480. 云南破解纳西族"天书"/伍皓/《神州学人》2000（4）//中国纳西族东巴象形文字一向被视作"天书"，但是现在，读不懂的"天书"终于被破解了。两万余卷纳西东巴古籍最近被汇集成《纳西东巴古籍译注全集》共 100 大册，由云南人民出版社出版发行。这是迄今为止中国最大的一项少数民族古籍整理和出版工程。

1481. 东巴古籍的整理与研究/萧霁虹/《云南民族学院学报（哲社版）》1994（4）//东巴古籍内容宏富、涉及哲学、历史、地理、宗教、医学、民俗、天文、文学艺术等领域，是古代纳西族的一部百科全书，是传播纳西族文化的桥梁，也是显示文献民族性的重要标准，在世界文化史上独树一帜，百多年来为国际学术界所瞩目。本文就是中外学者从多学科的角度进行专题研究，并对之搜集整理、翻译研究的概述和介绍。

1482. 洛克收藏的东巴经及其在德国的藏本/雅纳特（Janert, K.L.）（德）/《国际东巴文化研究集粹》云南人民出版社 1993年 6 月//本文是洛克编撰，雅纳特编辑的《德国东方手稿目录》第七部第一卷《纳西手写本目录》序言。主要介绍洛克依主要的纳西仪式编撰的东巴经分类表及其编排方法。

1483. 旷古一绝世纪丰碑：《纳西东巴古籍译注全集》代跋/杨世光（纳西族）/《中华读书报》2001 年 7 月 11 日 16 版//简介东巴文化研究状况及《纳西东巴古籍译注全集》编辑、出版情况。又名《纳西东巴古籍译注全集》出版始末，载《书人》2001－04－14 第 2 版。

1484. 纳西族的东巴文和东巴古籍/喻遂生、王世英/《民族古籍》1991（3）//

1485.《神路图》解说/洛克（Rock，J.F.）（美）/《国际东巴文化研究集粹》云南人民出版社 1993 年 6 月/译自洛克编撰，雅纳特编辑的《德国东方手稿目录》第七部第一卷《纳西手写本目录》，1965 年德国威斯巴登出版。

1486. 每期一书《纳西东巴古籍译注全集》/云南人民出版社/《中国图书评论》2000（6）//

1487. 云南丽江纳西族东巴经收藏研究简况/云南省图书馆辅导部/《云南图书馆季刊》1981（2）//简介东巴经收藏研究情况。

1488. 研究我国纳西族的珍贵资料：简评《么些经典译注九种》/张承谟/书刊资源利用 1986（2）//本文对《么些经典译注九种》一书的内容、编排等作了简要评介。

1489. 傣文、纳西东巴文、彝文档案史料概述（一）/张应钦，龙岗/《云南档案》2000（2）//介绍傣文、纳西东巴文、彝文历史档案。

1490. 傣文、纳西东巴文、彝文档案史料概述（二）/张应钦，龙岗/《云南档案》2000（3）//论述傣文、纳西东巴文、彝文历史档案的史料研究价值。

1491. 纳西族的《东巴经》/赵净修/《云南日报》1962－06－07//

1492. 纳西族象形文字的三位整理者/赵净修（纳西族）/

《东巴文化报》1996 年 12 月号//

1493. 二十年甘冷寂，百卷自辉煌：《纳西东巴古籍译注全集》出版/赵世红（纳西族）/《云南社会科学》2001（5）//本文回顾 20 年来纳西族东巴古籍整理翻译到出版的过程，提出今后工作的 12 点设想。

1494. 论纳西族东巴古籍的价值及开发利用/郑荃/《思想战线》2000（4）//东巴古籍在哲学、历史、文学、科技和文字学等领域具有较高的研究价值，通过数量丰富的东巴文化古籍目录汇编、文献译注和研究交流，可发掘东巴古籍中蕴藏的深层内涵，为科学研究和民族经济发展提供多方面的服务。

1495. 纳西族的象形文字账本/朱宝由/《民族学报》1981（1）//本文介绍中甸县三坝公社白地大队水甲村的东巴经师和年恒，1967—1971 年用东巴象形文字写的自己家庭经济的收入情况。1973 年作者在老东巴指导下进行初步翻译，共 878 个象形文字，按字形、音标、直译、意读的顺序抄录介绍。

## K248.2　明朝史

1496. 和硕特部南征康区及其对川滇边藏区的影响/赵心愚/《云南民族学院学报（哲社版）》2002（3）//蒙古和硕特部南征康区的主要目的是为了扩大领地，获取更多的政治、经济利益。和硕特部击败木氏土司，在川滇边藏区产生了重大影响。

## K264.4　红军长征

1497. 红二方面军抢渡金沙江纪实/丽江军分区党史资料征集办公室调查整理/《纳西族社会历史调查·三》云南民族出版社 1988 年 3 月//有二万里转战来丽江、抢渡金沙江的日日夜夜、革命火种燎原边塞三部分。

## K266.5 和平民主斗争

1498.中共地下党领导丽江县人民武装三中队的建立情况/和凤彩（纳西族）/《纳西族社会历史调查·三》云南民族出版社1988年3月//回忆记叙建立武装和武装斗争的经过。

## K28 民族史研究

1499.当使来者信得过用得上：方国瑜教授谈民族史、地方史的研究工作/季子/《光明日报》1981－04－10//

## K285.7 纳西族史志

1500.纳西族研究的过去、现在和未来/安东尼·杰克逊著（英）/杨健吾译/《民族译丛》1992（6）//本文有背景、抄本的问题、从1867年—1962年的学术评价、1949年以后对现状的评估、对各种纳西人的评价、对目前情况的评价及对未来的看法七部分论述了纳西族东巴文化研究的状况。该文原载《中国的民族关系和民族集团》（香港新亚书院）。又有杨国才，何昌邑译稿，载《民族学》1992年2期。

1501.纳西学发凡/白庚胜（纳西族）/《玉振金声探东巴：国际东巴文化艺术学术研讨会论文集》社会科学文献出版社2002年6月//纳西学以纳西族为研究对象，它生存于中国大地，发轫于欧美，经过艰苦努力，纳西学研究中心重新回到祖国怀抱。本文论述纳西学研究的理论、历史分期和方法论等问题。

1502.走进纳西走进纳西/白庚胜（纳西族）/《中华儿女（海外版）》1999（2）//

1503.木氏的没落及纳西人的仿汉文化/白郎/《玉振金声探东巴：国际东巴文化艺术学术研讨会论文集》社会科学文献出版社2002年6月//本文为文化随笔，叙述了木氏的没落和改土归流后纳西人开始的历史上最重大的文化转型。

1504.纳西族问题研究近况/村井信幸著（日）/徐菊芳译/《民族译丛》1980（5）//本文是徐菊芳译自日本《东南亚细亚——历史和文化》（1979年第8号）。该文介绍了中外学者对纳西族问题研究的近况。

1505.今日的少数民族：纳西族/道宗河著文/车文龙摄影/《民族画报》1977（11）//

1506.纳西族史札记/邓少琴/《西南民族研究》四川民族出版社1983年6月//纳西族即为旧么些，自古称羌族之一支，以其曾住昆仑之墟，遂以西戎昆仑见称，曾由北转向西南，又以昆明称之。今云南丽江成立的纳西族自治县，享有纳西族自治的特有条例，而为中华人民共和国组成之一员。本文论述了纳西族这一民族的发展历史。

1507.么些民族考/方国瑜/《民族学研究集刊》1944（4）//全文分七部分：①么些之名称；②么些民族远古之推测；③么些所居之地；④么些与吐蕃南诏之关系；⑤么些之政治组织；⑥么些之风俗；⑦论述么些族远古至清初的历史。

1508.纳西族的渊源、迁徙和分布/方国瑜，和志武（纳西族）/《民族研究》1979（1）//纳西族渊源于远古时期居住在我国西北河湟地带的羌人，向南迁徙至岷江上游，又西南至雅砻江流域，又西迁至金沙江上游东西地带。在漫长时期，纳西人民不断创造经济和文化，经过历史发展各个阶段，成为缔造祖国统一的多民族国家的成员之一。该文通过略述其迁徙和居住区域，可以了解这个民族在历史上分布的情况。收入《丽江文化荟萃》宗教文化出版社2000年4月。

1509.玉龙山下的纳西人/房殿仲著/《云南日报》1961-09-30//

1510.明代丽江木氏土司对滇康藏区的经营及其历史影响/

冯智/《民族学》1993（4）//本文依据有关藏汉史料，实地考察，地方档案从"木氏土司武力征伐藏区，扩充势力范围"，"木氏土司与西藏噶玛巴缔结关系，共同统治滇康藏区"；"木氏家族经营理塘寺及参与教派之争"，"弘扬佛法，促进滇藏之间经济文化交流"几方面，对明代木氏土司经营滇康藏区的政教活动这一历史课题进行了研究。

1511. 唐朝大将军与磨些武官/夫巴（纳西族）/《云南文史丛刊》2000（3）//本文叙述了唐朝"贞元册封"转折中，涌现的唐朝大将军云南王及被人忽略的磨些武官。指出铁桥之战后，"尤古年一系的磨些大酋长部落，在唐朝时期，躲藏在江湾腹地的口袋底，从未经历过战争的祸殃，从弱小变强大了"不符合历史事实。

1512. 盐源、木里二县民族社会历史考察纪略/傅于尧（纳西族）/《雅砻江下游考察报告：六江流域民族综合科学考察报告之一》中国西南民族研究学会编印，1983 年 5 月//有：盐源县的地方志；盐源、木里的建置沿革；盐源、木里土司世系事迹笺证；盐源、木里自称"纳日"、"热拉"、"纳木依"、"纳西"的习俗四部分。

1513. 中外学者与纳西族历史研究/甘雪春/《云南师范大学学报》2001（4）//列举了方国瑜、和志武、周汝诚、郭大烈、巴克、洛克、顾彼得等学者的研究成果。

1514. 滇川藏纳西文化考察·上/戈阿干（纳西族）/《丽江文史资料·第 7 辑》1989 年 6 月//有：德钦县茨中纳西习俗，"木天王"进藏传说，巴塘古纳西文化遗存三篇。

1515. 滇川藏纳西文化考察·中/戈阿干（纳西族）/《丽江文史资料·第 8 辑》1989 年 12 月//

1516. 滇川藏纳西文化考察·下/戈阿干（纳西族）/《丽江文史资料·第 9 辑》1990 年 10 月//有访纳西族聚居地——盐井，

访纳西族格西意旺曲，在拉萨祭三多的旧俗，茶马道上的纳西商人，观看木土司向大昭寺捐赠的《大藏经》5篇文章。

1517. 国内纳西族研究述评/郭大烈/《云南社会科学》1983 (5)//对国内纳西族研究中的族称和族源、社会形态、宗教哲学思想、语言文字和文学艺术等问题进行述评。

1518. 纳西族简介/郭大烈（纳西族）/《改革开放中的云南少数民族》云南民族出版社 1996 年 7 月//简介纳西族历史。

1519. 滇西北纳西族诸土司/郭大烈（纳西族）/《迪庆方志》1991（2、3 合）//

1520.《纳西族史》导论/郭大烈（纳西族）/《民族学》1988（2）//本文有三部分：纳西族社会历史文化特点；纳西族历史资料和研究；纳西族研究中的方法论。概括《纳西族史》一书写作的主要内容和指导思想。

1521. 纳西族形成的多元论/郭大烈（纳西族）/《云南社会科学》1991（2）//作者在总结学术界纳西族族源和形成的众多观点的基础上，从考古学、民族学和文献学等方面分析。认为纳西族是与南下的古羌人联系密切的夷人族系——旄牛夷、白狼夷的主要成员，其先民是筰都夷，可能还吸收了以丽江人为代表的土著成员。纳西族大约形成于汉晋至唐朝阶段，活动范围在今川西至木里一带。又《迪庆方志》1991 年 2、3 期合刊。

1522. 明代丽江木氏土司概论/郭大烈（纳西族）/《云南省历史所研究集刊》1980（3）//丽江木氏土司号称三大土府之一，对纳西族地区经济、文化的发展和各民族间的相互交往曾起到过积极作用。本文剖析了木氏土司产生的客观条件，巩固和发展，介绍了木氏土司地区文化的发展，木氏土司对纳西族发展的影响及其阶级本质。

1523. 滇、藏、川纳西族地区情况纪略/郭大烈（纳西族）/《云南现代史料丛刊》1985（4）//作者通过对滇藏川三省的纳西族地区的考察，认为纳西族地区纵向相比，变化不可同日而语，横向相比，仍是贫穷落后地区，最后提出五个需要解决的问题。

1524.维西县纳西族玛里玛沙人聚居地五区二村乡的调查/郭大烈（纳西族）整理/《纳西族社会历史调查·三》云南民族出版社1988年3月//有概况、历史传说、农业经济概况三部分。

1525.中甸县三坝区东坝乡纳西族解放前社会历史和经济生活/郭大烈（纳西族）整理/《纳西族社会历史调查·三》云南民族出版社1988年3月//有历史情况和新中国成立前经济情况两部分。

1526.《木氏宦谱》和《崇搬图》中纳西族起源说比较分析/和宝林（纳西族）/《东巴文化论》云南人民出版社1991年3月//本文逐句分析《木氏宦谱》和东巴经祭天道场中的《崇搬图》纳西族起源之说法18句，认为《木氏宦谱》完全套用了东巴道场《崇搬图》的现成句子，木氏土司没有染指东巴经书，东巴经书保留了自己产生和形成时期的原始状态，是研究人类历史文化的独特资料。

1527.东巴文化和纳西族民族史/和宝林（纳西族）/《丽江文史资料·第7辑》1989年6月//有：纳西族的族源和东巴文化的起源问题，历代纳西族祖先的居住地及汉文典籍中的族称，东巴文化所反映的农耕生活及其社会形态三部分，论述东巴文化和纳西民族史的关系。

1528.论东巴文化在古代纳西族社会历史中的作用/和力民（纳西族）/《民族工作》1990（1）//怎样继承和发扬民族文化的优秀传统，搞好社会主义精神文明建设，这是大家普遍关心的一个问题。该文作者从7个方面对东巴文化在古代纳西族社会历史中的作用进行了论述。

1529.纳西民族史研究方法论/和万宝/《丽江文化荟萃》宗教文化出版社2000年4月//有三部分：东巴文化与纳西族史的

关系，纳西族的历史研究必然涉及多民族的历史，由此引发的是东巴文化的多元性和主体性。

1530. 石鼓的来历/和王瑞（纳西族）/《玉龙山》1980（3）//简介石鼓是怎样立起来的。

1531. 炎黄、古羌与纳西东巴文化/和志武（纳西族）/《东巴文化论》云南人民出版社 1991 年 3 月//本文以方国瑜《么些民族考》为线索，结合历史、语言和古文化特征，特别是以东巴文化为基础资料，把纳西族的族源问题放在整个中华民族的历史文化圈内，进行综合考察和比较。原载《民族学》1989 年 1 期。

1532. 近代纳西族的历史发展/和志武（纳西族）/《丽江文史资料·第 7 辑、第 9 辑》1989 年 6 月//第七辑共刊三节：第一节辛亥革命的影响；第二节传统藏区贸易和工商业的发展；第三节文化教育的发展。第九辑共刊二节：第四节民国时期的政治经济和人民的反抗斗争；第五节中国共产党领导下的革命和丽江的解放。

1533. 玉龙雪山下的纳西族/和志武（纳西族）/《地理知识》1977（10）//介绍了纳西族居住地美丽的丽江，丰富的物产，悠久的历史，灿烂的文化以及勤劳勇敢的纳西族人民的生产、生活。封二附有纳西族的故乡丽江照片 5 幅。

1534. 从象形文东巴经看纳西族社会历史发展的几个问题/和志武（纳西族）/《中央民族学院学报》1980（2）//作者从一些有关纳西族语言文字的资料中，探究纳西族的原始社会形态，奴隶制社会形态及纳西族和汉族不可分割的历史联系。1980 年中国民族古文字研究会学术讨论会论文。又载《东巴文化论集》云南人民出版社 1985 年 6 月

1535. 胡总书记访问过的纳西族村寨：玉龙村调查/和志武，李积善（纳西族）/《民族学与现代化》1985（2）//调查报告主要分为四部分：悠久的历史；苦难的岁月；巨大的变化；玉龙闪

金光。

1536. 中甸纳西族史略/洪绍伟/《中甸县志通讯》1988
(2) //

1537. 从丽江到俄亚/洪卫东/《丽江文化荟萃》宗教文化出
版社 2000 年 4 月//1998 年 6 月丽江地县宣传文化考察团一行 12
人赴迪庆藏族自治州木里藏族自治县俄亚纳西族乡，就纳西族的
社会经济状况及历史文化进行综合考察。本文是对三坝纳西族乡
及俄亚纳西族乡的考察情况介绍。

1538. 纳西族研究的金字塔：郭大烈、和志武著《纳西族
史》读后/荒屋丰（日）/乔亨瑞译/《民族学》1996（4）//

1539. "木天王"在凉山的遗迹/黄承宗/《玉龙山》1994
(5) //木天王泛指历代木氏土知府。本文介绍四川木里盐源等地
木天王军事上用兵的遗址以及促进木里农业发展的遗址。

1540. 评《纳西族史》的特色与学术价值/黄文/《中央民族
学院学报》1997（4）//书评。本文对郭大烈、和志武撰写的
《纳西族史》一书从特色、学术价值两方面进行了评介。认为该
书是迄今为止体例较完整，材料较丰富，结构较合理的一部纳西
族通史。从远古一直写到 1949 年，将纳西族发展历史脉络和社
会文化等各方面，包括滇、川、藏各个地区的情况，条分缕析地
勾画得十分清晰。原载《民族学》1996 年 4 期。

1541. 摩梭人不是元代蒙古人后裔：与王德祥，罗仁贵先生
商榷/拉木·嘎吐萨，阿继祖（纳西族）/《民族学》1992（3~4
合刊）//从忽必烈南征经泸沽湖地区的历史情况，汉文献中对摩
梭人的记载，摩梭人自己文化中的反映和误认为蒙古族的原因，
以及从地名学、土司宗支图谱，考古学等方面进行了多层次多方
位的考察，得出的结论是：摩梭人有史以来是一个世代居住在泸
沽湖地区的古老的民族实体。

1542. 四川省盐源县沿海公社达住村纳西族社会历史调查报

告/李近春调查整理/《四川省纳西族社会历史调查》四川省社会科学院出版社 1987 年 6 月//有：概述、衣食住行、社会生产、家庭和家庭组织、婚姻、婴儿命名、丧葬、祭天、节庆、亲属称谓、宗教信仰、几点看法十二部分及达住村纳西族各户家谱，木里县利加咀村情况片断两个附录。

1543. 么些族迁徙路线之寻访/李霖灿/《么些研究论文集》之六，台湾：故宫博物院，故宫丛刊甲种之三十二，1984 年 7 月初版//这是作者根据么些开丧经典记载送祖先回老家的路线，用两年时间，一村一落地追溯，找出来到最后是指无量河边的唢噶岭大雪山。本文分为经典上的迁徙路线，迁徙路线的实地寻访，么些族迁徙路线图，第一号地名的推测、结论、余论等部分，加以阐述。么些族巫师中有明眼人看到这条线的深意，洛克博士采集生物标本时走过这条路线，而且当年徐霞客旅行丽江也对这条线做过记录。

1544. 四川的纳西族/李绍明/《历史知识》1982（5）//该文对四川的纳西族作了简要介绍。

1545. 纳西族/李绍明/《四川日报》1982 - 05 - 28//

1546. 么些闰盐古道今昔/李绍明，李星星/《玉振金声探东巴：国际东巴文化艺术学术研讨会论文集》社会科学文献出版社 2002 年 6 月//本文论述了闰盐古道形成的历史、地理位置、古道的形成过程、古道的路线、古道上的运输及新中国成立后古道的巨大变化。指出用现代手段重振闰盐古道是当务之急。

1547. 关于组织学习《纳西族史》的决定/丽江县文化局/《民族学》1996（4）//

1548. "女儿国"研究访谈录：宋兆麟先生答金绳女士/林紫/《民间文化》1999（4）//这是宋兆麟先生答金绳女士问的访谈录。该访谈录以摩梭人研究为中心，围绕"研究过程和主要成果"，"治学的特点"，"实证、理论、探索"三方面展开问答，并作了一个学术漫谈。又载《民间文学论坛》1994年4期。

1549. 泸沽湖畔摩梭人/刘联仁/《大自然》1981（6）//泸沽湖是滇西高原的鱼米之乡。本文介绍泸沽湖畔摩梭人的母系社会及猪槽船的传说。

1550. 四川省木里藏族自治县俄亚乡纳西族调查报告/刘龙初调查整理/《四川省纳西族社会历史调查》四川省社会科学院出版社1987年6月//有：概况、婚姻、家庭、丧葬习俗、宗教信仰和民间传说故事六部分。

1551. 么些略历及其风俗/刘熙/《康藏日报》1935年第4卷2期//

1552. 《纳西族史》受到各方面好评/民讯/《民族学》1996（4）//该文是对郭大烈、和志武撰写的《纳西族史》一书的书评。

1553. 丽江纳西/潘杰/《神州学人》1999（7）//

1554. 摩梭姑娘的"闺房"/彭鸽子/《新观察》1987（19）//这是作者参观摩梭人家的记文。

1555. 捕鱼的摩梭人：边地记事/彭荆风/《新观察》1982（22）//该文是记摩梭渔人生活的短文。

1556. 明季丽江木氏土司对中甸的经营浅识/瑟格·苏诺甲楚/《中甸县志通讯》1987（3）//

1557. 论丽江木氏土司对宗教的兼收并蓄及其影响/施仲军/《学术探索》2003（1）//丽江纳西族木氏土司忠于中央王朝，以维护滇西北的安宁与稳定为己任，兴修水利、改进耕作技术，开采金银矿，有力地促进了生产的发展和社会的进步；同时，丽江木氏土司对宗教采取兼收并蓄政策，从而构成了独具特色的木氏土司文化的重要方面，并对以纳西族为主的丽江地区多元化宗教格局产生了重要影响。

1558. 十年心血一部力作/史金波/《民族学》1996（4）//

书评。

1559. 纳西族研究里程碑之作/四川民族出版社/《民族学》1996（4）//书评。

1560. 木里俄亚纳西族概况/四川民族调查组木里小组/《纳西族社会历史调查·二》云南民族出版社1986年12月//有历史概况、新中国成立前的社会情况、新中国成立后的变化、纳西族风俗习惯、宗教信仰四部分。

1561. 提倡跟踪调查：从泸沽湖研究说起/宋兆麟/《民间文学论坛》1998（3）//本文以泸沽湖为实例，提出"跟踪调查"这个人们所关注的问题，作者认为田野调查是一个不断进行科学认识的过程。要获得对调查对象的科学认识，必须坚持跟踪调查，其中还论及母系制研究的走向和研究中的问题。

1562. 滇西行（纳西族介绍）/宋之的撰文/李焕文摄影/《旅行家》1955（10）//介绍滇西概况。重点介绍红军渡江点——石鼓及纳西民族。

1563. 关于么些之名称分布与迁移/陶云逵/《历史语言研究所集刊》第七本第一分册//1934年秋—1936年春，作者在云南作人种调查后，根据古书记载，讨论么些的名称"分布"迁移问题。认为么些是民族总称，分布于云南丽江和四川盐源一带，纳西是么些族中的一个分支，只限于云南丽江一带，在云南境内的人口约15.6万人。

1564. 西藏盐井纳西族的发展现状及其宗教信仰/陶占琦/《西藏研究》1999（2）//本文叙述了昌都地区芒康县盐井纳西族乡纳西族的社会发展状况、经济发展状况、教育事业的发展、宗教信仰中的东巴教遗产、祭天活动。

1565. 明代木氏土司及其治下丽江考略/万斯年/中国社科院民族研究所藏//

1566. 巴奇、阿布、黑吉古、尤米瓦、忠克、忠实等六村八十八户历代世系/王承权，詹承绪/《云南省宁蒗彝族自治县永宁纳西族社会及其母权制的调查报告·二》中国社会科学院民族研究所，云南省历史研究所，1977 年//

1567. 明代云南的丽江木氏土司/王璞/《中国民族史研究》第一辑云南大学出版社 1997 年 7 月//全文三部分：独树一帜的云南土官文化；木氏土司与丽江、吐蕃战争；明代丽、藏关系与木氏在丽江的经营及影响。作者认为云南土官文化中最有代表性的首推丽江木氏土司，丽、蕃战争使久塞的茶马古道得以通畅，并再现光芒，木氏土司在经济、文化、军事各方面的举措，为清代至近现代丽江的发展创造了极好的条件。

1568. 东巴神话与族源：纳西族源于古羌说质疑/王世英（纳西族）/《东巴文化论》云南人民出版社 1991 年 3 月//文章从丽江一带的出土文物、关于火的来历的原始神话、关于马的来历及驯养的神话几方面，对学术界认为纳西族源于古羌人的观点提出质疑。原载《玉龙山》1987 年 1 期。

1569. 四川的纳西族/王晓天/《四川统一战线》2000（5）//纳西族是我国主要聚居于云南省的少数民族。四川与云南相邻，因而四川的纳西族主要聚居于川滇交界的盐源、木里、盐边、巴塘等县和攀枝花市。根据最近一次人口普查，四川的纳西族有8 542 人。四川的纳西族是明朝时从云南迁入并定居的，至今四川省还有一个纳西族乡。纳西族主要从事农业生产，兼事畜牧业；居圆木砌成的木楞房；女子 13 岁时始穿长可及地的多褶裙；婚姻主要是一夫一妻制，但四川省盐源泸沽湖一带现仍保留着对偶婚阿注婚姻和母系大家庭制度。纳西族信仰原始的"东巴教"，也有部分信仰藏传佛教或汉传佛教、道教。

1570. 民族研究必须推进各民族经济文化的共同繁荣：记"纳西民族史专题学术讨论会"/闻录/《民族工作》1992（7）//简要介绍 1990 年 11 月 5～10 日由云南省社会科学院东巴文化研

究室组织发起的纳西族史专题讨论会的概况。

1571. 么些人之社会组织与宗教信仰/吴泽霖/《边政公论》第 4 卷 4 期（上）5～6 合刊，（下）1945 年 6、7、8 期合刊//上部内容有：么些人的来源及分布；么些人的社会组织；么些人的政治组织；么些人的经济组织；家庭与社会。下部主要论述么些人的宗教信仰，并按生物活动类、梦兆类、相貌类、日常生活类举例。收入《吴泽霖民族论文集》北京民族出版社 1991 年 5 月。

1572. 么些采风录/伍况甫/《东方杂志》1928 年第 25 卷第九号//

1573. 流行于纳西社会里的"赊"/习煜华（纳西族）/《云南民族学院学报（哲社版）》1994（4）//本文对纳西族地区流行着的一种民间结社——赊的形成、产生及特点，长期流行的原因，对纳西社会的影响进行了分析和研究。

1574. 纳西研究二题/系舟/《玉龙山》1990（1）//①三赊——纳西族的摇篮；②闲话"西域蒙古爷爷"。

1575.《么些人》简介/熊晓岚/《民族学与现代化》1986（3）//《么些人》是第一部由外国人写成的较系统地研究纳西族的著作。该书由法国作者雅克·巴克著，于 1913 年在法国巴黎出版。全书分三部分：①"么些人"衣、食、住、行方面的风俗习惯；②"么些人"的语言、文字；③翻译有关"么些人"的汉文资料。

1576. 纳西族史料选编/许鸿宝，王恒杰/《丽江文化荟萃》宗教文化出版社 2000 年 4 月//汇集各种古文献中关于纳西族的记载。原载《维西县志稿》。

1577. 纳西族史料汇编/许鸿宝，王恒杰辑/《纳西族社会历史调查·一·附录》云南民族出版社 1983 年 7 月//从《史记》、《汉书》、《华阳国志》等古书中辑录，分 6 世纪前、7～13 世纪、14～18 世纪初、18～20 世纪四部分。

1578. 纳西族简介/许鸿宝/《纳西族社会历史调查·一》云南民族出版社 1983 年 7 月//叙述纳西族简况。

1579. 四川省盐源、木里两县"纳日"人社会调查/严汝娴，宋兆麟，刘尧汉调查整理/《四川省纳西族社会历史调查》四川省社会科学院出版社 1987 年 6 月//有：生产经济、土司制度、衣食住行、生育死葬、科学文化知识、宗教信仰、走婚和母系制、家庭类型及其系谱调查、亲属制度九部分。

1580. 佛、道教对纳西族社会的影响/杨福泉/《云南社会科学》1996（6）//本文论述了藏传佛教、汉传佛教、道教传入丽江后，对纳西族社会的种种影响，并对外来文化和本土文化如何在一个民族的肌体中互相冲突又互相融合，引起它的文化重构和变迁，对其社会产生多重性影响等方面作了较深入的探索。

1581. "改土归流"中的"以夏变夷"对纳西族社会的影响/杨福泉（纳西族）/《人类学与西南社会》2001 年//本文从"改土归流"后清廷在丽江纳西族地区实施的"以夏变夷"政策及其所引起的文化变迁和社会冲突两方面，论述"改土归流"和各民族因文化冲突而引起的社会变迁。

1582. 国外纳西学说论稿（两组）/杨福泉译（纳西族）/《民族学》1993（2）//本文选译自作者提交第 12 届国际人类学、民族学会议的论文《中国的纳西学研究》。题目为译者根据文章内容所加。

1583. 丽江人民对抗战的贡献/杨启昌/《丽江文化荟萃》宗教文化出版社 2000 年 4 月//在国家处于生死存亡的关头，丽江县工农商学兵团结一致，有钱出钱，有力出力，共同奋起，为抗日战争的胜利作出了积极的贡献。

1584. 云南少数民族史志：纳西族/杨世光（纳西族）/《思想战线》1976（3）//对纳西族这一少数民族作了简要介绍。

1585. 东巴文化与古代纳西族社会历史发展关系简论/姚润

文/《迪庆论坛》1993（1）//

1586. 做一天的纳西人/映子，张信/《民族工作》2000 （7）//

1587. 元明清时期的纳西族和傈僳族/尤中/《云南社会科学》1986（3）//根据史料，分别介绍了三个时期纳西族和傈僳族的农业、手工业发展状况。

1588. 明代纳西族木氏土司与道教、佛教/余海波/《云南师范大学学报》1995（4）//本文列举木氏土司的著作及地方史志中的大量史料，论证木氏土司宗教信仰的多元性，并探究其历史原因。从宗教信仰这一角度，阐述了土司大胆吸收中原文化和藏文化，使纳西族文化得到拓宽与发展的历史功绩。

1589. 明代丽江纳西族木氏土司的发展策略/余海波/《中央民族学院学报》1999（3）//明代丽江纳西族木氏顺应历史潮流，背倚明王朝，采取开放的、吸纳周围多元文化的态度来统治多民族交错的滇西北。纳西族历史发展的脉络，多元文化在丽江纳西族地区的相互影响，融合以及传播，在我国民族发展史上留下了卓有特色的一页。

1590. 明代木氏土司对东巴教的认同和影响/余嘉华（纳西族）/《玉振金声探东巴：国际东巴文化艺术学术研讨会论文集》社会科学文献出版社2002年6月//作者认为明代木氏土司对东巴文化的重大活动的态度，说明他们在民族文化及民族心理上存在着很强的认同感，既未丢失民族传统文化，又引进汉藏文化；既满足了境内各民族不同的宗教信仰的需要，又有利于各民族文化的交流。

1591. 中国纳西族的生活与文化（节译）/洛克（Rock, J.F.）（美）/容绍芬译/《云南民族学院学报（哲社版）》1992 （1）//本文从纳西族的起源、房屋和家具、结婚和死亡、宗教、纳西经典和纳西文献几方面入手，对中国纳西族的生活与文化进行了阐述研究。

1592. 云南省少数民族社会历史概述专辑（上）/云南省历史所/《云南省历史所研究集刊》1978（2）//本辑收 11 个民族的综合概述：他们是彝、哈尼、傣、傈僳、纳西、藏、普米、怒、独龙、苦聪人。

1593. 解放前纳西族概况/云南省民委/《纳西族社会历史调查·二》云南民族出版社 1986 年 12 月//有：人口及其分布、名称、历史来源、语言、经济、风俗习惯、宗教信仰、文艺几部分。

1594. 纳西族与古羌人渊源关系的又一证据/赵心愚/《中山大学学报》2003（2）//纳西族与羌族原始宗教祭司及祖师的称呼、有关传说以及所使用法器相同或相似，说明两个民族原始宗教都源于古羌人原始宗教，这从一个方面证明纳西族与古羌人确有渊源关系。

1595. 上一轮甲子时期的丽江和甲子会/赵银棠（纳西族）/《玉龙山》1984（2）//本文简介 1924 年丽江举行甲子会（花甲胜会）的情况。

1596. 《纳西族史》介评/郑卫东/《民族学》1996（4）//

1597. 泸沽湖畔的纳西族（照片二十五幅）/郑重撰文/李栓德等摄影/《人民画报》1980（11）//

1598. 中甸三坝地区纳西族社会历史调查报告/中共中甸县工委三坝调查组/《纳西族社会历史调查·二》云南民族出版社 1986 年 12 月//有：基本情况；历史情况；经济基础；生活、家庭、习俗四部分。

1599. 纳西族史料编年/周汝诚编（纳西族）/郭大烈校订/《纳西族社会历史调查·二》云南民族出版社 1986 年 12 月//原手稿存云南社科院。编年从天汉四年（103 年）至 1950 年共 2 053 年，作者除应用 40 多种汉文献外，大量采用纳西族文献碑碣和传说等，史料丰富可靠。

1600. 滇西丽江么些六村调查研究/朱涛谱/《康导月刊》1947年卷6第9期//记录作者在距丽江县城5～7公里的六个村庄的1 562人中调查了他们的地理环境、种族、人口、教育、婚姻、经济生活、卫生、语言、妇女问题和民俗等。

1601. 黑白的对立统一/诹访哲郎（日）/《国际东巴文化研究集粹》云南人民出版社1993年6月//本文是作者《中国西南纳西族的农耕民性与畜牧民性》的第五章之第七节，作者认为纳西族神话中关于黑白从对立转向统一、畜牧民之代表与农耕民之代表相婚生下民族始祖的情节，正是对作者提出来的由北南下的畜牧民集团统治土著农耕集团，最后，两者实现一体化，形成现今纳西族之观点的有力支持。

1602. 《中国西南纳西族的农耕民性与畜牧民性》一书提要/诹访哲郎著（日）/冯利译/《民族译丛》1988（4）//该文是冯利译自日本《中国西南纳西族的农耕民性与畜牧民性》一书的英文提要。（日本学习院大学，1988年版）。全书分六章：纳西族概观；永宁纳西族的阿注婚姻与母系家庭；丽江纳西族的象形文字；纳西族的来历；纳西族创世神话的农耕民特征与游牧民特征；纳西语中的农耕民倾向与畜牧民倾向。

1603. 纳西族/《云南少数民族》编写组/云南人民出版社1980年//综合介绍纳西族基本情况。

1604. 《纳西族史》评审鉴定意见//《民族学》1996（4）//

## K289  古民族史

1605. 《白狼歌》研究述评/陈宗祥，邓文峰/《西南师范学院学报》1979（4）//将前人研究《白狼歌》的情况分三类进行介绍。①歌词的校勘；②对白狼部落的地望进行探讨；③以歌词的"夹言"汉字记音与我国西南少数民族语言进行对比研究，以便找出白狼部落的后裔民族。

1606. 白狼歌诗研究的一部拓新之作：评《白狼歌研究（一）》/胡文明/《玉龙山》1992（2）//文章认为《白狼歌研究》述评具体、全面，即探求自成一家之言，部落史研究独辟蹊径，歌颂友谊更臻鲜妍。

## K290　方志学

1607. 丽江地方旧志浅谈/杨寿林/《丽江志苑》1988（1）//本文介绍了《乾隆志》的修志始末、成书时间、志书、版本、志书确称、志书内涵、修志人员等情况。

## K294.45　青海史志

1608. 青海有个东巴镇/郑小毛/《玉龙山》1996（4）//作者逆着古代古羌髦人南迁的路线，溯到纳西族的渊源河湟地区，即今青海省湟中县一带，查文献推论湟中县多巴破塌城与多巴营即东巴破塌城、东巴镇西纳河即纳西河。

## K297.4　丽江地方史志

1609. 徐霞客与丽江/阿向/《玉龙山》1994（5）//访叙徐霞客受木氏土司木增之邀到丽江的经过及与木增的交往。

1610. 《木氏土司与丽江》一书出版/达人/《云南师范大学学报》2003（1）//全书分为长期寻觅和找到适宜民族发展的环境、木氏土司家族的内部管理、滇西北行政区划的形成与木氏土司的经营、经济发展与实力增强、兼容并包的宗教文化、内涵丰富的古建筑、在文化上的建树、丰富多彩的艺术、木氏土司的改流及其影响等章节。

1611. 元以来纳西族与傈僳社会发展差异原因初探/高志英/《学术探索》1998（1）//本文从地理位置、经济、政治三个方面探析了自元以来纳西族与傈僳族社会发展的差异。

1612. 丽江旧话/耕勤/《云南文史丛刊》1998 (2) //

1613. 唐代吐蕃经营西南历史作用/郭大烈（纳西族）/《西藏研究》1983 (3) //本文认为西南是吐蕃与唐代较量的南翼，吐蕃经营西南是历史的必然，它促进了藏族的发展，促进了南诏的统一云南，促进了西南地区经济文化的发展。

1614. 丽江县鲁甸区杵峰乡解放前社会经济调查/郭大烈（纳西族）整理/《纳西族社会历史调查·三》云南民族出版社1988 年 3 月//有自然概况；阶级、民族、人口等情况；历史和传说；畜牧业；放牧人悲惨的过去等五部分。

1615. 丽江地名考述/何守伦/《玉龙山》1995 (3) //丽江地名是山水地貌的缩影；是联系历史事迹的脚印；是开发丽江的记录；本文分别进行研究、考察。

1616. 丽江轶闻七则/和汝恭（纳西族）/《丽江文史资料·第 6 辑》1988 年 12 月//有从前的丽江市场、刻版印刷，过去的丽江水利、瘟疫追述、工业人员训练、风俗改良会、较早的运动会。

1617. 读方国瑜《云南史料目录概说》/和铁（纳西族）/《玉龙山》1991 冬号//评价《云南史料目录概说》一书，把思想性、科学性、知识性融为一炉，并做到史书文献资料与文物资料的有机互补，是研究云南历史文化的重要工具书。

1618. 原木氏势力范围巴塘、理塘归蜀前后种种纠葛/李汝明/《丽江文史资料·第 2 辑》1986 年 12 月//本文考证南宋理宗宝祐元年（1253 年）以来，原木氏范围巴塘、理塘的沿革历史。到雍正五年朝廷重新会勘疆界，里塘、巴塘、直至木里俱归四川。此种隶属关系，一直沿袭至今。

1619. 丽江、中甸、维西四个点的封建领主经济残余调查/李文贤，和发源等调查整理/《纳西族社会历史调查·一》云南民族出版社 1983 年 7 月//分别对丽江县六区太和村、中甸良美行政村、维西永兴乡及维西五区二村的社会经济情况进行调查整理。

1620.丽江木氏土司向康藏扩充势力始末/潘发生/《西藏研究》1999 (2) //本文采用藏、汉、纳西几种民族语的音义分析《木氏宦谱》所载地名及位置，以汉藏文历史文献和实地调查为佐证，从战前疆界及民族分布状况；战争起因；旷日持久的姜岭大战；木氏在西番采取的统治措施；木氏家族的衰落五个方面，论述明代木氏土司向西番（滇川藏三角区）扩充势力的始末。

1621.丽江县第一区黄山乡解放前土地关系初步调查/吴光湖等调查整理/《纳西族社会历史调查·一》云南民族出版社 1983 年 7 月//有：一般情况、土地占有情况、各种剥削关系三部分。

1622.丽江县第五区巨甸乡解放前土地关系初步调查/许鸿宝调查整理/《纳西族社会历史调查·一》云南民族出版社 1983 年 7 月//调查内容有：土地关系、阶级关系、剥削关系三部分。

1623.丽江古城的历史沿革/杨启昌（纳西族）/《玉龙山》1995 (1) //简介丽江古城历史沿革。

1624.丽江纳西族自治县简况/杨启昌（纳西族），李汝明/《丽江文史资料·第 2 辑》1986 年 12 月//有概况、自然条件、经济、文化、党政、文物胜迹、著名人物、重要事件几部分。

1625.血点山花红：记石鼓农民一个多世纪的抗租斗争/尹启汤/《丽江文史资料·第 8 辑》1989 年 12 月//记叙石鼓农民怎样沦为指云寺、文峰寺的佃民及百年来从未停止过的抗租斗争历史。

1626.黄军暴动始末/尹启汤/《纳西族社会历史调查·三》云南民族出版社 1988 年 3 月//记叙 1938 年丽江、中甸、剑川等县暴发的黄军的暴动。有：黄军暴动、黄军暴动失败、骇人听闻的大屠杀、大掳掠四部分。

1627. 木氏土司的改流及其影响/余海波/《学术探索》2002 (5) //改土归流是明代中期至清朝前期在西南实行的要政之一，雍正时期达到高潮。本文对丽江木氏土司改流的过程、特点和影响进行了评述。

1628. 维西县保和镇地主经营商业调查/云南民族调查组/《纳西族社会历史调查·二》云南民族出版社 1986 年 12 月//有基本情况、经济情况两部分。经济情况有：地主经济的形成和发展，地主经济最活跃的时期，集中土地的主要方式——典当到卖，严重的债利剥削和超经济剥削，商业的发展，从未完全从农业中独立出来的手工业几部分。

1629. 丽江史略/张星源/《丽江文史资料·第 16 辑》1997 年 10 月//简述丽江春秋至民国时期的历史。本文写于 1954 年 12 月是作者的讲稿。

1630. 丽江县仁里行政村概况/中央访问团二分团调查整理/《中央访问团第二分团云南民族情况汇集·上》云南民族出版社 1986 年 2 月//本文包括行政划分、户口、民族、行政组织、其他组织、经济生活、衣食住行、教育、宗教、卫生情况、风俗习惯等方面情况。

1631. 丽江县增明行政村情况/中央访问团二分团调查整理/《中央访问团第二分团云南民族情况汇集·上》云南民族出版社 1986 年 2 月//包括人口及民族、行政组织及解放战争中的革命斗争，其他组织、经济生活、教育、宗教、卫生状况和要求等方面情况。

1632. 永宁见闻录/周汝诚著/郭大烈（纳西族）整理/《纳西族社会历史调查·二》云南民族出版社 1986 年 12 月//有自然环境、社会经济、民族民俗、宗教、文化五部分。

1633. 春满丽江坝//《云南日报》1978－02－09//

## K820.874　云南人物总传

1634.《丽江文史资料·第 14 辑》附录：人物传记/耕勤（纳西族）/《丽江文史资料·第 14 辑》1995 年 10 月//介绍丽江周霖、赵银棠等纳西族知名文学家、艺术家、企业家共 7 人。

## K820.9　氏族谱系

1635.永宁摩梭人的姓名/阿泽明次尔独支/《民族学调查研究》1994（1）//本文介绍摩梭人姓名中与姓有关的家名和与习俗有关的人名。

1636.纳西族的姓氏趣谈/白庚胜（纳西族）/《民族团结》1987（3）//简介纳西族姓氏变迁。

1637.丽江木氏宦谱（2）/不详/《纳西族社会历史调查·一·附录》云南民族出版社 1983 年 7 月//前有杨慎及陈剑镗序，从一世始祖"爷爷"开始至二十五世木德。

1638.永宁土知府承袭宗枝图谱（甲）（2）/不详/《纳西族社会历史调查·一·附录》云南民族出版社 1983 年 7 月//

1639.《木氏宦谱》跋/方国瑜/《丽江文史资料·第 5 辑》1988 年 6 月//介绍评价《木氏宦谱》，认为元明清以来，云南土官土司之家多有谱牒，所见莫详于《木氏宦谱》也。《宦谱》所载与史籍多有异同，往往以《宦谱》为可信。原载《玉龙山》1980 年 1 期。

1640.纳西族为啥和姓多：纳西族姓氏小考/和成军/《丽江文化荟萃》宗教文化出版社 2000 年 4 月//

1641.丽江木氏谱版本源流考/和力民（纳西族）/《中央民族学院学报》1999（3）//本文在前人研究基础上，对丽江纳西族木氏土司谱牒的几种版本进行梳理考证，辨其源流，正其讹误，俾学者得有所依。

1642. 纳西族原始命名法/和品正（纳西族）/《纳西族研究论文集》北京民族出版社 1992 年 10 月//本文介绍纳西族的原始命名法，并进行分析与探讨。原载《民族研究》1991 年 6 期。

1643. 纳西族的人名和姓氏/李近春/《纳西族研究论文集》北京民族出版社 1992 年 10 月//本文从氏族、家族、家庭的名称与人名；父子连名制；木氏统治下的"和"姓，改土归流后的人名和姓氏几个方面，探讨纳西族的人名和姓氏的特点及发生的变化。

1644. 释丽江木氏宗谱碑：么些族的历史长系/李霖灿/《么些研究论文集》之十一，台湾：故宫博物院，故宫丛刊甲种之三十二，1984 年 7 月初版//在丽江县东南十华里的木氏祖坟山上，地名叫西林瓦，有块石碑，上端有"木氏历代宗谱"6 个大字。这个碑是么些人的历史长系。从洪荒太古到大洪水再到有史时期，一直到清代都有记载。

1645. 再论藏缅语族的父子连名制/罗常培/《边政公论》2 期 1945 年//

1646. 丽江木氏宦谱（甲）/木公撰/《纳西族社会历史调查·一·附录》云南民族出版社 1983 年 7 月//前有张志淳、朱桂序。本谱先引东巴经叙述民族远古世系，后从唐代叶古年开始，历宋、元、明、清至雍正十三年（1735）。

1647. 《木氏宦谱》部分疑难地名考释/潘发生/《思想战线》1998（12）//《木氏宦谱》是一部记载滇、川、藏三角区明代战争史较为详细的珍品文献，而所载之诸多藏语地名地理位置不清，故难以深入研究。本文从藏语及纳西语的角度，对《木氏宦谱》中部分疑难地名作考释。

1648. 丽江姓氏考/唐有为/《丽江文史资料·第 18 辑》1999 年 10 月//本文从史书上关于丽江姓氏的记载、赐姓和姓，大批姓氏的出现，丽江姓氏的来源、各个姓氏的始祖到丽江的年代及其原因等四个方面研究考证了丽江的姓氏。

1649. 丽江纳西族"木氏宦谱"/王立政（白族）/《民族文化》1983（1）//"木氏宦谱"共二册，现藏于云南省博物馆，丽江木氏后人所献。一册题为《玉龙山灵脚阳伯那木氏贤子孙大族谱》，另一册题为《木氏宦谱》。本文着重介绍该书。

1650. 纳西族取名的原始意义/习煜华（纳西族）/《玉龙山》1992（2）//本文介绍纳西族的几种取名方式及其所体现的灵魂转生，祖先崇拜观念；以重和增强氏族内聚力；以连名表示血统的继承关系等，对命名方式的分析，从一个侧面了解纳西族的社会历史情况。

1651. 纳西族姓氏浅谈/杨瑞芬/《云南师范大学学报》1991（4）//一个民族，他们的姓氏与部族（宗族）的发展及宗教信仰有密切的联系。本文在社会调查的基础上，通过翻阅了一些史籍，对纳西族的姓氏作了探究。

1652. 纳西人与杨氏家族/赵银棠（纳西族）/《民族文化》1981（3）//一直被纳西人称之为"忠义老师"的这个杨氏家族，从明朝纳西族木氏盛时至清朝之末，不断对纳西族文化起过促进与加强作用。本文着重介绍了与纳西族有密切关系的几位杨氏家族人物：如杨本程、杨元之、杨光远、杨卿之、杨穆之等。

## K825.1 哲学、社会科学人物传记

1653. 和万宝同志生前关于精神文明建设及筹办民族文化生态村的设想/东巴文化研究所整理/《丽江文史资料·第15辑》1996年12月//东巴文化研究所根据和万宝同志生前几次谈话整理而成此文。内容有纳西东巴文化的精神文明内涵、对当前精神文明建设的看法、关于筹办民族文化生态村问题。又载《云南民族学院学报》1996年4期。

1654. 振兴丽江文化的好书记/高建群/《丽江文化荟萃》宗

教文化出版社 2000 年 4 月//徐振康同志 1959—1965 年担任丽江县委书记，本文追忆徐振康同志任职期间的业绩和为抢救民族文化所作出的贡献。

1655. 难忘抢救纳西文化一英才：纪念徐振康同志逝世一周年/高建群/《丽江报》1996 – 12 – 23//

1656. 功在当代，利在千秋：怀念和万宝同志/李静生（纳西族）/《丽江文史资料·第 15 辑》1996 年 12 月//和万宝同志曾任丽江地委常委行署专员及省委民族工作部副部长，云南省社科院东巴文化研究所所长。本文追忆和万宝为抢救濒临绝亡的纳西东巴文化所作出的贡献。又刊于《云南民族学院学报》1996 年第 4 期。

1657. 云南"潘汉年"：访纳西族书法家李群杰/刘松林/《东方艺术》1999（6）//简介纳西族书法家李群杰的书法作品和人品。

1658. 李群杰在邓川/赵治国，张朝先/《丽江文史资料·第 11 辑》1992 年 10 月//记叙李群杰 1946 年任邓川县长时为人民所做好事。有：智灭匪首、为民除害、兴修水利、集资办学、拒收贿赂、惩治贪官等。

## K825.4　文化、教育、体育人物传记

1659. 清末丽江古城和积贤兴学事略/和伯群（纳西族）/《民族学》2000 年//和积贤（1871—1907）纳西族，曾任丽江府学监督，在创办新式学堂，办《丽江白话报》方面多有建树，不幸英年早逝。本文摘自原丽江县政协委员和伯群先生所撰《劝学轶闻》。本文记录和积贤办报、兴学事迹。

1660. 记丽江东巴文化博物馆馆长李锡/徐天永/《云南日报》1998 – 09 – 27//

1661. 让丽江纳西族东巴文化世代永传：记丽江东巴文化博

物馆馆长，副研究馆员李锡/张魏/《东南亚南亚信息》2000
(6)//

1662. 来自边陲的新文化先驱李寒谷//《丽江文化荟萃》宗
教文化出版社 2000 年 4 月//

1663. 纳西文化对外传播者李耀商//《丽江文化荟萃》宗教
文化出版社 2000 年 4 月//

1664. 象形文字走天下：记丽江东巴文化博物馆馆长李锡副
研究馆员//《东巴文化报》2001 - 06 - 28//

## K825.5　语言文字学家传记

1665. 缅怀傅懋勣先生/李静生（纳西族）/《玉龙山》1992
(5)//本文追忆傅懋勣先生生平及对东巴文化研究室的支持。

1666. 国内编纂《东巴文字典》第一人杨仲鸿/牛相奎（纳
西族）/《丽江文史资料·第 16 辑》1997 年 10 月//杨仲鸿先生是
纳西东巴文化研究的开拓者之一，然而他的情况却鲜为人知。本
文作者阅读他的手稿及自传，并向其亲友了解，在本文中介绍了
杨仲鸿先生的生平及他早年研究东巴文字的情况。

## K825.6　文学家传记、年谱

1667. 清末丽江"松竹梅兰"四举/阿三/《丽江文化荟萃》
宗教文化出版社 2000 年 4 月//简介光绪十五年丽江乡试四举松、
竹、梅、兰，即和庚吉（松樵）、王成章（竹淇）李怀忠（梅卿）
周昕（兰屏）的生平。

1668. 难忘的教诲前进的动力：赵银棠和郭沫若先生/陈筱
平/《郭沫若学刊》1994 (4)//

1669. 纳西族第一个女作家：赵银棠及其创作/高培槐/《云
南师范大学学报》1987 (3)//介绍了赵银棠的生平及作品，其
散文和诗歌是纳西现代文学中不可多得的篇章。

1670. 晓色催人行进进：记纳西族女作家赵银棠/戈阿干（纳西族）/《玉龙山》1980（4）//简要介绍女作家的一生经历。

1671. 妙明生平及禅诗简评/和华璋/《丽江文化荟萃》宗教文化出版社 2000 年 4 月//妙明（1793—1864）年幼出家，是纳西族的第一位诗僧，也是一位著名的孝僧，本文探讨妙明诗歌的艺术风格。

1672. 文坛奇人王丕震/李群育/《丽江文化荟萃》宗教文化出版社 2000 年 4 月//介绍文坛奇人、纳西族作家王丕震的早期生平和退休后怎样开始小说创作的历程及其 15 年共完成的 106 部长篇历史小说。

1673. 赵银棠与纳西族文学宝库/李子贤/《民族文学评论》1981（1）//本文叙述了纳西族女作家、诗人赵银棠为发掘纳西族文学宝库所作出的贡献，并介绍和评论其作品。

1674. 赵银棠和《玉龙旧话》：文学简忆/彭荆风/《滇池》1982（9）//记叙作者和赵银棠的交往。

1675. 她一生都在追求：悼念纳西族第一位女作家赵银棠先生/孙炯/《云南文艺评论》1993（4）//追忆赵银棠先生在现代文学实践中种种卓绝的努力和作出的贡献。

1676. 古代纳西族作家及其作品/杨世光（纳西族）/民族文学评论总第三辑//

1677. 纳西族著名女作家赵银棠年谱/佚名/《丽江文史资料·第19辑》2000 年 10 月//年谱起于 1904 年，止于 1993 年。

1678. 新时代给我的鼓舞/赵银棠（纳西族）/《边疆文艺》1957（2）//记叙"百花齐放、百家争鸣"的方针给作者从事民族民间文艺工作的鼓舞。

1679. 国学大师周凡//《丽江文化荟萃》宗教文化出版社 2000 年 4 月//

## K825.72 书画家传记

1680. 周霖画展在北京/和汉（纳西族）/《春城晚报》1982
-05-18//

1681. 我的外公周霖/和品正（纳西族）/《丽江文史资料·
第 7 辑》1989 年 6 月//简述纳西族画家周霖生平。

1682. 纳西族画家周霖/李伟卿/《民族文化》1980（3）//本
文是纳西族画家周霖的生平介绍，着重介绍了周霖在绘画艺术方
面的作品和成就。

1683. 画家周霖艺术生活的道路/陆万美/《云南画报》1982
（4）//

1684. 赵有恒的"东巴情结"/施立卓/《大理文化》1993
（4）//赵有恒是纳西族画家，钟情于东巴文化、他的绘画作品中
充满了东巴文化的气息。

1685. 纳西画家周霖（人物志）/苏民生/《边疆文艺》1982
（11）//简要介绍了纳西族画家周霖遗作千余幅，主要描写金沙
江畔纳西族、藏族人民的生活。朴实生动，亲切可爱。

1686. 纳西族著名画家周霖/杨启昌（纳西族）/《云南方
志》1990（4）//简述了画家周霖生平。

1687. 纳西族画家周霖传略/周善甫/《云南文史论集》云南
民族出版社 1994 年 1 月//简述周霖生平。

1688. 诗书画三绝周霖//《丽江文化荟萃》宗教文化出版社
2000 年 4 月//简介著名纳西族画家周霖生平。

1689. 纳西族画家周霖国画在京展览//《人民日报》1963-
09-14//

## K825.76 音乐家传记

1690. 云南一怪：音乐家宣科纪实/拉木·嘎吐萨（纳西

族）/《玉龙山》1996（1）//本文有风风雨雨的生路、破译原始音乐舞蹈的密码、揭开白沙细乐的悬案、寻找唐朝的声音、纵论地域心态与音乐心态的姻缘五部分，记叙了宣科的风雨人生及他对纳西古乐的研究、探索。

1691.丽江奇人宣科/玲子/《云南日报》1997 - 04 - 07//

1692.纳西族女歌手和顺莲/木丽春（纳西族）/《民间文学》1963（5）//纳西族拥有许多的优秀歌手，最负盛名的要算女歌手和顺莲。本文主要介绍歌手和顺莲生平。

1693.和锡典传略/木耀均（纳西族）/《丽江文史资料·第9辑》1990年10月//简介纳西族民间歌手和锡典。

1694.雪山神曲：民族音乐家宣科小记/沙蠡（纳西族）/《玉龙山》1996（1）//内容有：要转动小小环球；天才好友傅聪；是奇才，但不是门德尔松；中国，在丽江；生当作纳西，死亦闻古乐；大雨滂沱如雷达；奇异的宣科，玄哉宣科；一部天书，一支神曲8部分。

1695.歌手和锡典/王震亚/《玉龙山》1982（2）//记叙纳西族民间歌手和锡典的事迹及他的民歌情感。

1696.丽江古城与鬼才宣科/王志泓/《丽江文化荟萃》宗教文化出版社2000年4月//文章分为：一座活着的古城和纳西古乐与鬼才宣科两部分，介绍民族音乐学家宣科抢救古乐的事迹和对音乐的论述。

1697.纳西族歌手和锡典/依群/《云岭歌声》1981（3）//简介歌手和锡典。

1698.挥舞魔棒的宣科/樱子/《玉龙山》2001（4）//简介丽江纳西古乐队的民族音乐家宣科。

1699.宣科，纳西古乐以外的故事/张曦红/《春城晚报》1999 - 04 - 25//

1700.丽江洞经音乐的传承人/赵净修（纳西族）/《丽江文

史资料·第13辑》1992年10月//记叙丽江周氏音乐世家第三代传人周强、杨德润等保存、传授洞经音乐的往事。

## K825.8　史学家传记

1701. 方国瑜教授访问记/丹仲其/《史学史研究》1983 (1)//主要介绍了三方面内容。①我们的工作重点是云南的地方史研究；②中国史应该以全中国五十多个民族的历史为内容；③不淹没前人，要胜过前人。

1702. 方国瑜自述/方国瑜（纳西族）/《丽江文史资料·第5辑》1988年6月//本文为方国瑜学术小传。

1703. 略述治学经历/方国瑜（纳西族）/《玉龙山》1981 (2)//这是《滇史论丛》自序。

1704. 东巴文化的传承者和志武/郭大烈/《丽江文化荟萃》宗教文化出版社2000年4月//简介和志武先生生平。

1705. 李霖灿与纳西族东巴文化/郭大烈（纳西族）/《东巴文化论集》云南人民出版社1985年6月//本文介绍了李霖灿其人以及他研究纳西族东巴文化的研究成果，着重介绍了李霖灿先生对纳西族东巴文化研究作出的贡献。

1706. 学品无私情无限/郭大烈（纳西族）/《民族学》1995 (4)//

1707. 东巴文化研究的拓荒者和奠基者李霖灿先生/和少英 (纳西族)/《丽江文史资料·第18辑》1999年10月//本文介绍了李霖灿先生生平。1939年10月到丽江后，他对东巴经典的收集、研究及《么些象形文字字典》、《么些标音文字字典》的编撰及到台湾后继续进行的纳西东巴文化研究，并归纳了李霖灿先生对纳西东巴文化研究的七个方面的成就。

1708. 纳西文化研究的拓荒者与奠基者：李霖灿/和少英 (纳西族)/《思想战线》1992 (1)//李霖灿先生是蜚声海内外

的著名学者，因其在纳西文化研究方面的杰出贡献而享有"么些先生"之美誉，为使世人对李先生的学识及纳西文化研究方面成果有更进一步的了解，作者特撰此文，介绍了李霖灿先生的生平事迹。收入《丽江文化荟萃》宗教文化出版社 2000 年 4 月。

1709. 南中泰斗：纪念方国瑜先生/和志武/《读书》1984 (8) //

1710. 忆方老：纪念方国瑜教授逝世一周年/和志武（纳西族）/《玉龙山》1984 (4) //追忆先生对后辈的教育培养及《纳西象形文字谱》的编撰情况。

1711. 方国瑜/江应樑/《云南画报》1981 (3) //

1712. 我与和志武先生的友情/李国文/《民族学》1995 (4) //

1713. 方国瑜教授与《纳西象形文字谱》/李静生（纳西族）/《丽江文化》1984 年创刊号//

1714. 南中泰斗方国瑜/丽江县志办公室/《丽江文化荟萃》宗教文化出版社 2000 年 4 月//简介著名纳西族历史学家方国瑜生平。

1715. 滇史巨擘方国瑜/林超民/《丽江文史资料·第 14 辑》1995 年 10 月//简述纳西族学者、著名民族史专家方国瑜教授学术生涯。

1716. 纳西族史学家方国瑜/木芹撰文（纳西族）/《民族画报》1980 (9) //

1717. 访纳西族史学家方国瑜/孙锐/《中国新闻》1979 – 11 – 18//

1718. 周汝诚先生事略/杨杰升/《丽江文史资料·第 9 辑》1990 年 10 月//介绍周汝诚先生生平，着重介绍他随方国瑜、万斯年、陶云逵、李霖灿等著名学者收集东巴经的情况及其文稿《永宁见闻录》。

1719. 和志武先生周年祭（七律）/杨世光（纳西族）/《民族学》1995（4）//

1720. 李霖灿与纳西族东巴文化结成不解之缘/赵净修（纳西族）/《东巴文化报》1993 年 11 月号//

1721. 和志武先生事略及学术年谱//《民族学》1995（4）//文章对国内外著名的纳西族东巴文化专家，纳西族语言学家，纳西族民间文学家和志武先生的年谱、事略作介绍和评介，表示对和志武先生的怀念和崇敬。

1722. 老教授五十年心血的结晶：介绍方国瑜编撰的《纳西象形文字谱》//《云南日报》1980－04－05（4）//

## K825.89　地理学家传记

1723. 遭遇纳西人：为徐霞客游丽江 360 年而作/夫巴（纳西族）/《云南文史丛刊》1999（2）//徐霞客游丽江时与丽江土司建立了真挚感人的友谊，使丽江及其纳西人的名字镌刻在一代伟人的墓志铭中，成为启垂青史的荣耀，其珍贵的游记资料，因纳西人的帮助，才能完整地保存下来。

1724. 徐霞客与纳西木氏土司木增的非常之交/耕勤/《人物》2002（2）//从介绍纳西族诗人木增；木增邀请徐霞客到丽江；徐霞客为木增之子教授作文；护送瘫痪的徐霞客回乡四方面叙述徐霞客与木氏土司的友谊。

1725. 徐霞客和木增友好交往述论/李近春/《云南社会科学》1994（4）//据《徐霞客游记》的资料，论述徐霞客应木增要求，为其杂文集编类校正、教授其子木仁、代修鸡足山志及促膝谈论天下名士，加深思想交流等交往活动。

1726. 徐霞客与丽江土司木增的生死之交/牛相奎（纳西族）/《丽江文史资料·第 15 辑》1996 年 12 月//记叙徐霞客游历到丽江时与木氏土司建立的交情。

1727. 徐霞客游丽江/赵净修（纳西族）/《玉龙山》1981
(2) //简介徐霞客游丽江的情况。利用半月的时间为木生白的
《云逭淡墨》诗集写序，为诗集分门标类，校正错讹；为木宿评
定一篇作文；为木宿留下一篇文章。

## K826.16　工程技术人物传记

1728. 最后的东巴纸传人/和虹（纳西族）/《民族团结》
1997（11）//简介丽江肯配古村的和圣文试制、抢救东巴纸制作
工艺的经过。

1729. 最后的东巴造纸传人/和作社（纳西族）/《中国环境
报》1997 – 10 – 12//

## K826.2　医学、卫生人物传记

1730. 丽江纳西族民间医生简介/吕学文/《丽江文史资料·
第 13 辑、第 14 辑》1992 年 10 月、1994 年 12 月//第 13 辑简介 8
个纳西族民间医生。第 14 辑介绍 8 个医生。

1731. 当代李时珍：纳西族本草医师和士秀/阳举文/《光
彩》1997（9）//

1732. 明初杨氏在丽江行医简略/杨尔康/《丽江文史资料·
第 3 辑》1987 年 6 月//以家谱为依据，简介湖南常德府人氏杨辉
在明朝初年经昆明到丽江行医的简况。

1733. 雪山神医和士秀/杨树高/《丽江文化荟萃》宗教文化
出版社 2000 年 4 月//

## K828.7　民族人物传记

1734. 纳西族慈善家赖耀彩/段松廷/《云南史志》1996
(3)//记叙赖耀彩捐资修建澜沧江普渡桥的事迹。

1735. 和云章先生传略/和力民（纳西族）/《东巴文化报》

1994 年 12 月号//

1736. 清末民初人物/和汝恭等（纳西族）/《纳西族社会历史调查·三》云南民族出版社 1988 年 3 月//记叙张如膏、张丽川、李汝哲、和绍孔简历及李耀箕墓志铭。

1737. 东巴文化的先驱者们/李静生/《丽江报》1989 - 03 - 10//

1738. 永宁土司世系/李霖灿/《么些研究论文集》之十四，台湾：故宫博物院，故宫丛刊甲种之三十二，1984 年 7 月初版//根据文献和实地调查，永宁土司姓阿，由明代到民国年间永宁土司的世系大致可以建立。永宁土司之组织以老爷为领袖，下依次为总管、把事、头目、总伙头；头目之下还有管家、修巴，有时土司衙门还有汉族师爷。

1739. 丽江人物/史依丽/《新西部》2001（6）//简介平民马锅头、老银匠等。

1740. 木生白传略/杨启昌（纳西族）/《玉龙山》1997（4）//木增是明代丽江府十任世袭知府，授四川布政使司左布政，加太仆寺卿职，是明代纳西族著名政治活动家和社会活动家，著名文人，书法家，是个文武全才的土司。

1741. 明代纳西族著名人士木生白传略/杨启昌（纳西族）/《云南文史丛刊》1996（2）//本文简要介绍明代丽江第十三任世袭知府，纳西族著名政治家、社会活动家、著名文人、书法家木增的主要事迹。

1742. 纳西族历史人物：木增/杨延福/《云南史志》1996（1）//简述四百年前丽江木府土知府木增事迹。

1743. 木氏土司与东巴教/余嘉华（纳西族）/《云南文史丛刊》1999（3）//本文针对学术界某些关于木氏土司压制东巴教的观点，列举木氏土司敬天法祖，参与祭天活动；传说入谱，以做崇忍利恩后代为荣，建寺立碑，尊崇民族保护神三多（朵）；

开放交流，促进东巴文化的发展等事实，说明木氏土司在民族文化及民族心理上有很强的认同感，即未丢失纳西本民族的东巴文化，又力图使各种宗教文化共存共荣。

1744．木氏土司的价值取向/余嘉华（纳西族）/《云南文史丛刊》2000（3）//文章从木氏土司的著作和行动，分析木氏土司的祖先崇拜和王权崇拜思想。指出这种思想稳定了社会秩序，使宗族内部和谐，增强了纳西族的内聚力，同时也束缚了纳西人民的创造精神和抗争精神。

1745．丽江木氏土司作家群/赵文星/《丽江文化荟萃》宗教文化出版社 2000 年 4 月//简介木泰、木松、木高、木青、木增、木靖等木氏土司的诗作及土司作家群出现的历史原因。

1746．木公、木增与杨慎、徐霞客/赵银棠（纳西族）/《民族文化》1980（2）//本文简介木公与杨升庵的交往和木增对徐霞客的欢迎。

1747．历史上丽江地区的几个流官/赵银棠（纳西族）/《民族文化》1980（3）//介绍清朝"改土归流"后丽江地区的几任流官。

### K835/837　各国人物传记

1748．洛克不再寂寞/夫巴（纳西族）/《东陆时报》1998 年12 月//

1749．约瑟夫·洛克与纳西文化研究/甘雪春/《史学论丛》第六辑云南大学出版社 1997 年 12 月//本文介绍了作为美国《国家地理》杂志的出色的前方作家、摄影家，勇敢的探险家，博学的植物学家和成果丰硕的纳西东巴文化研究专家的美籍奥地利人——洛克，于 20 世纪 20～30 年代在中国的采访和研究。

1750．洛克与纳西文化/和匠宇（纳西族）/《今日民族》2001（1）//简介洛克的生平及他对纳西文化的研究。

1751. 洛克与东巴文化的历史情缘/刘达成/《云南学术探索》2000（6）//美籍奥地利学者，著名的植物学家、探险家和民族学家洛克从1922年至1949年长期居留在云南丽江。数十年锲而不舍地对中国西南地区的植物、地理、生态、纳西族历史和东巴文化进行了卓有成效的研究，在西方被誉为"纳西学奠基者"和"东巴文化研究之父"。原载《云南文史丛刊》2000年1期。收入《玉振金声探东巴：国际东巴文化艺术学术研讨会论文集》社会科学文献出版社2002年6月。

1752. 关于洛克的一些听闻/吕占典/《丽江文史资料·第18辑》1999年10月//作者父亲曾受雇于洛克八年多。本文记叙父亲所说的有关洛克的一些往事。

1753. 美国学者J.F.洛克及其纳西文化研究/木基元（纳西族）/《云南文史丛刊》1989（2）//本文叙述在西方称为"纳西族之父"的奥裔美籍学者J.F.洛克的简历及其对纳西文化的研究成果。

1754. 斯诺笔下的J.F.洛克与纳西人/木基元（纳西族）/《云南文史丛刊》1990（1）//简略叙述斯诺与约瑟夫·洛克游历缅甸之后，斯诺文稿中对洛克的评述。

1755. 英国学者安东尼·杰克逊博士对纳西族文化的研究/彭南林/《丽江志苑》1989（4～5）合刊//1987年8月杰克逊博士应邀访问昆明、大理、丽江。本文作者作为译员随同，在交往中对杰克逊的纳西文化研究有所了解。本文对其研究情况作简介。

1756. 约瑟夫·洛克年谱/阙兆麒/《丽江日报》2001－11－17//

1757. 约瑟夫·洛克/萨顿S.B著（美）/《丽江文史资料·第18辑》1999年10月//简介洛克的经历及其对纳西文化的研究。

1758. 洛克的玉龙山之行/萨顿著（美）/《玉龙山》1988（2）//本文译自萨顿的《在中国边境各省》一书，该书记载洛克在中国 27 年的探险生涯。着重叙述西南各族人民的生活状况，公开了洛克在植物学、地理学和文化人类学等方面的观点和研究成果。本文和第一章后半部分的译文，对研究纳西族地区的社会历史、生产生活、风土人情有一定参考价值。

1759．美国研究纳西族的学者洛克简历和著作篇目/魏治臻/《民族研究通讯》1983（2）//

1760．痴迷于纳西学的德国教授/杨福泉（纳西族）/《丽江报》1995 - 07 - 08//

1761．顾彼得与丽江"工合"事务所/杨俊生/《云南文史丛刊》1992（1）//简要介绍 1941 年任丽江"工合"办事处处长的俄国人顾彼得及其创办的丽江"工合事务所"的情况。原载《云南方志》1990 年 5 期。

1762．记美国人洛克博士：丽江雪松村访洛克博士回忆/杨毓才/《昆明社科》1997（3）//本文有：雪松村别墅与洛克博士会见；洛克博士其人其事；掠取地方志书和文物的高手；第一架飞机在白沙降落；潜心研究纳西历史和东巴文字；1949 年返美寿终天年六部分，简介洛克在中国丽江的活动和探险研究。

## K872.74　地区文物考古与纳西文化

1763．"丽江人"故地的考古发现/巴若/《丽江文化荟萃》宗教文化出版社 2000 年 4 月//简介"丽江人"故地的几次考古发现。

1764．白沙文物现状的考察与评述/李锡著/《丽江东巴文化博物馆论文集》云南人民出版社 2002 年 3 月//本文对白沙的古建筑、古代艺术、古遗址、古墓葬、碑刻、摩崖、出土文物、传世文物、音乐与乐器、古树名木进行考察，说明白沙是纳西族文化的重要发祥地，证明丽江是滇西北纳西族的政治经济文化中心，也是东西北各民族艺术、宗教相互接触交融的集汇点。

1765．万卷山发现古人类化石和古生物化石/李续文/《丽江文化荟萃》宗教文化出版社 2000 年 4 月//

1766．云南丽江木家桥发现的哺乳类化石和旧石器/林一璞，张兴永/《云南人类起源与史前文化》云南人民出版社 1991 年 10 月//本文是 1963 年丽江木家桥考古发掘工作简报。认为从地层、古生物、古人类看来，这些石制品的文化时代，可以进一步相应的定为旧石器时代晚期。该文原载《地层古生物论文集》1978 年 7 月。

1767．金沙江流域新石器遗址的文化类型问题/马长舟/《考古》1987（10）//

1768．纳西族地区的考古发现与研究/木基元（纳西族）/《昆明社科》1992（5）//本文介绍了"丽江人"的发现；星罗棋布的新石器文化；青铜文化的重要发现；铁器及南诏大理等时期文物的发现与研究等，纳西族的考古发现和研究。

1769．云南纳西族地区考古发现与研究综述/木基元（纳西族）/《南方文物》1995（2）//

1770．丽江地区工作报告（1950 年 9 月 27 日～12 月 5 日）/宋伯胤/《文物参考资料》1951（2）//汇报了革命史料的收集，古建筑与雕刻的调查，"高蹄城"遗址的勘察，公私收藏文物的调查，民族文物的收购，照相工作，史料的抄录与收购等方面的工作。

1771．丽江木家桥新发现的旧石器/卫奇等/《云南人类起源与史前文化》云南民族出版社 1994 年 1 月//1984 年作者在贾兰坡先生组织下，进行西南旧石器时代野外考察过程中，发现十六件旧石器材料。本文认为当中较多的石球对研究旧石器文化具有重要意义，而丽江人化石的年代还有待进一步确定。原载《人类学学报》1984 年第 3 卷 3 期。

1772．泸沽湖畔出土文物调查记/西昌地区博物馆，黄水宗执笔/《凉山彝族奴隶制研究》1978 年 1 月//1977 年 4 月西昌地区博物馆调查了盐源彝族自治县沿海公社及前所公社的部分平川地带，即泸沽湖北面和东面当地农田基本建设施工中发现的文物。认为前所发现的随葬品可能是西汉或稍晚一点的墓葬。沿海公社发现的铜锭，估计是新莽以后的遗物。说明泸沽湖畔自古以来就有勤劳的各族先民生活在这里，并创造了较高文化。

1773. 维西发现新石器时代居住山洞/熊瑛/《文物参考资料》1958（10）//报道该县五区歌灯村发现的兽骨、石器、陶器、骨器等。

1774. 大禹治水在丽江吗？/杨树高/《丽江文化荟萃》宗教文化出版社 2000 年 4 月//列举古文记载及传说提出这千古之谜有待进一步揭开。

1775. 丽江文物古迹的保护与开发/杨锡莲/《云南文化资源研究与开发》云南民族出版社 1994 年 11 月//本文介绍了丽江文物古迹的分布及简况，接着论述了怎样保护和加强文物古迹的管理，并具体阐述了怎样开发利用丽江文物古迹，使珍贵文物在开放搞活、发展旅游、促进经济建设方面发挥其重要作用。

1776. 云南丽江人头骨的初步研究/云南省博物馆/《云南人类起源与史前文化》云南人民出版社 1991 年 10 月//1964 年 3 月在丽江木家桥发现人类头骨化石。本文是对此化石的调查研究报告。认为丽江人头骨是云南迄今已发现的更新世晚期化石智人的颅骨化石，为研究云南地区化石人类学提供了资料，丽江人与云南地区新时代先民以及与少数民族祖先的关系还有待进一步的研究。该文原载《古脊椎动物与古人类》1977 年 15 卷 2 期。

1777. 丽江人的发现与研究/张兴永/《云南文史丛刊》1992（2）//本文记述距丽江县西南 11 公里的木家桥"丽江人"遗址的地理位置、发现概况、发掘的哺乳动物化石和人类化石、文化遗物等。

1778. 一万年前的丽江：考古断想/争水/《玉龙山》1984 (2) //从丽江木家桥的考古发现，剑川海门口的红铜器及丽江长水乡、红岩乡出土的青铜剑，进而提出了丽江人之谜，纳西族的渊流出现了"迁徙说"，"土著说"，"融合说"，各有其合理性。

## K875　专题文物研究

1779. 铜钱/李培/《丽江文化荟萃》宗教文化出版社2000年4月//

1780. 丽江宝山纳西象形文字砖初考/李锡/《丽江教育学院学报》2000 (2) //1998年5月在丽江宝山乡村卡村发现两块象形文字砖，这是首次发现的象形文字砖。本文对其作文字考释和资料价值及年代的分析。收入《玉振金声探东巴：国际东巴文化艺术学术研讨会论文集》，社会科学文献出版社2002年6月。又收入《丽江东巴文化博物馆论文集》云南人民出版社2002年3月。

1781. 关于丽江一带出土的陶瓦管道的调查/李锡等著/《丽江东巴文化博物馆论文集》云南人民出版社2002年3月//近年丽江一带多次出土引水排水的陶瓦管道，文献无记载。本报告介绍分析这些管道的基本情况。认为这些管道属于木氏建筑一部分，既有排水管，也有引水管。最后提出下一步工作。原载《丽江教育学院学报》2001年1期。

1782. 滇西北金沙江河谷石棺葬文化初探/木基元/《东南文化》1995 (2) //

1783. 云南丽江石鼓镇发现的青铜器/木基元/《考古》1989 (10) //

1784. 金沙江岸话革囊/木基元（纳西族）/《丽江志苑》1988 (1) //革囊是金沙江上的一种渡江工具，在民间传沿使用了几百年。本文简介其制作和使用的方法。

1785. 纳西族民间漂水工具：革囊/木基元（纳西族）/《民族团结》1989（3）//简介革囊的使用、制作和优点。

1786. 丽江麻江型铜鼓漫话/木基元（纳西族）/《玉龙山》1985（3）//1984 年国庆丽江五凤楼展出的、唯一丽江境内发现收藏的一面铜鼓，系滇系传世物。纳西族历史上未曾有过铜鼓文化的轨迹，此鼓的传入和保存，说明纳西族积极吸收了外族的先进文化，充实发展自己的传统文化。

1787. 丽江《么些图卷》/宋兆麟/《民族文物通论》紫禁城出版社 2000 年 11 月//本书下篇第五章有三节介绍《么些图卷》的内容、年代及所反映的生产活动。

1788. 明代纳西族的风俗画卷：《么些图卷》考/宋兆麟/《纳西族研究论文集》北京民族出版社 1992 年 10 月//1963 年中国历史博物馆从北京琉璃厂收购了一幅绢画《么些图卷》，作者对其内容、时代进行考证，认为它反映了明代纳西族栩栩如生的生产活动，别具特点的物质生活和民族风俗。对研究当时纳西族的社会经济和生活风俗具有重要的意义。本文对《么些图卷》的内容时代和意义作研究。原载《玉龙山》1989 年 3 期。

1789. 一幅珍贵的纳西族风俗画/宋兆麟/《民族研究》1989（6）//本文对中国历史博物馆收藏的《么些图卷》作详细介绍，同时结合历史文献、民族学调查对纳西族的民间文化做一些探索。

1790. 丽江县第一件东巴石雕文化的发现和考察记/杨福泉（纳西族）/《云南文物》第 26 期//

1791. 云南德钦县永芝发现的古墓葬/云南省博物馆文物工作队/《考古》1975（4）//介绍了墓地基本情况及随葬品青铜器、陶器、银饰三种共二十六件。

1792. 忠义坊和四石狮/周善甫/《玉龙山》1982（4）//简要介绍丽江的忠义坊和四石狮。

1793. 丽江发现明永宁颁发的"宝山州印"/周文钟/《玉龙山》1984（4）//记叙在大研镇北门坡下出土的"宝山州印"，印的发现对研究明代历史、制度、冶炼铸造、工艺制作及永宁帝在云南的活动和纳西族地区的历史沿革等提出了重要依据。

### K879.41　壁画研究

1794. 关于丽江壁画笔记/陈兆复/《纳西族社会历史调查·二》云南民族出版社 1986 年 12 月//有十五年后重访丽江壁画，十五年前的几篇读画笔记及介绍在丽江活动的汉族画家马肖仙三部分。

1795. 关于丽江壁画/陈兆复/《少数民族美术资料》1978（1）//

1796. 白沙古建筑及其壁画：丽江旅游审美之四/砥石式龙/《丽江教育学院学报》2000（3）//介绍丽江白沙的古建筑及其壁画、白沙街等景点。

1797. 渣日岩画考察/段志诚，和尚礼（纳西族）/《中甸县志通讯》1989（2）//

1798. 宁蒗永宁清代壁画/高宇/《纳西族社会历史调查·二》云南民族出版社 1986 年 12 月//简介永宁温泉瓦拉片村公布家经堂内的壁画，其规模不大，表现了显宗、密宗、道教糅合的情况，用笔设色融合了汉藏两族风格，而受藏画影响较大。

1799. 虎跳峡崖画的发现、调查和初步研究/和力民/《丽江文化荟萃》宗教文化出版社 2000 年 4 月//通过调查和研究，作者认为虎跳峡崖画附近，从古至今都是人类生活的地方，虎跳峡崖画很可能是东巴象形文产生之前的图画文字，与纳西族东巴文化是前后承接，一脉相承的关系，可能是纳西东巴象形文字之父，其族属应是纳西族而不是其他民族，狩猎文化应是虎跳峡崖画的基本内容。原载《玉龙山》1993 年 1 期。

1800. 金沙江流域夯桑柯岩画/和力民/《丽江文化荟萃》宗教文化出版社 2000 年 4 月//简介自然形成的三部分岩画。

1801. 金沙江流域夯桑柯岩画的考察与研究/和力民/《云南民族学院学报（哲社版）》1996（4）//论述金沙江流域夯桑柯岩画的发现、考察与特点。

1802. 金沙江崖画的发现和初探/和力民/《云南社会科学》1993（5）//1991 年以来东巴文化研究所在金沙江沿岸发现十余处崖画。本文介绍崖画的发现和内容，论述崖画的风格特征。

1803. 明代丽江壁画/和在瑞（纳西族）/《纳西族社会历史调查·二》云南民族出版社 1986 年 12 月//从壁画产生的历史条件、作者情况，叙述壁画的特点；多种宗教体材出现于一画面；艺术风格上，汇总了中原传统技法和藏族风格。原载《玉龙山》1979 年创刊号。

1804. 丽江壁画（初稿）/李霖灿/《绿雪歌者：李霖灿与东巴文化》云南教育出版社 2000 年 7 月//

1805. 丽江和丽江壁画/李伟卿/《旅行家》1959（6）//简介丽江壁画。

1806. 关于丽江壁画的几个问题/李伟卿/《美术研究》1959（3）//1957 年省文化局派出工作组临摹丽江壁画。本文记叙在临摹过程中的看法：共有壁画 9 处，保存至今 6 处；寺庙建筑年代与壁画绘制年代不完全一致；壁画经汉、藏、白、纳西等几个民族画工辗转绘制，是几个民族的艺术结晶；壁画具有我国明代佛教的绘画特点，又具有鲜明的云南地方特点。

1807. 木氏土司与丽江壁画/李伟卿/《民族文化》1982（1）//丽江壁画丰富多彩，具有颇高的艺术价值，是研究云南少数民族地区古代艺术的珍贵历史资料。丽江壁画的制作过程是紧紧和丽江木氏土司的兴衰历史相联系的。本文分前期、后期两部分介绍了丽江壁画的题材、风格和制作工艺。

1808. 丽江木氏土府庙宇壁画初探/李伟卿/《文物》1960 (6) //本文探讨丽江宝积宫、大定阁、琉璃殿、芝山福国寺、大觉宫、皈依堂等寺庙的壁画及其年代，并叙述了这些壁画在题材和风格上的并存和糅合现象。

1809. 明代瑰宝重放异彩：丽江"白沙壁画"对外开放/李锡/《丽江志苑》1988 (1) //简介白沙壁画情况。

1810. 丽江壁画简介/丽江县文化馆/《纳西族社会历史调查·二》云南民族出版社 1986 年 12 月//简介丽江壁画。

1811. 丽江白沙村的明代壁画/宋伯胤/《文物参考资料》1957 (8) //

1812. 丽江壁画调查报告/孙太初执笔/《文物》1963 (12) //1962 年云南省文物工作队和省博物馆对丽江县古代壁画及土官府建筑群进行调查。本报告叙述了历史背景，各处壁画及建筑物的现状，壁画的年代，并总结了这些壁画在题材、艺术、风格上的特点是多教并存，多民族技法糅合。

1813. 我所见到的云南么西族的美术/潭遥/《西南文艺》1954 (7) //主要介绍了丽江县寺庙中的壁画、石刻和跳神用的各种面具。

1814. 略述丽江壁画/杨礼吉/《云南文化资源研究与开发》云南民族出版社 1994 年 11 月//论述了丽江壁画形成的历史、年代与风格特征，并指出重视丽江壁画的价值，应该对它的历史、艺术和科学价值全面地进行研究。收入《丽江文化荟萃》宗教文化出版社 2000 年 4 月。

1815. 丽江壁画琐谈/赵净修（纳西族）/《玉龙山》1986 (4) //丽江壁画以糅合汉、藏、纳西绘画艺术及融佛教禅宗、密教、道教的神话故事于一体，其独特风格而著称于世。本文介绍丽江壁画的分布、内容、作者等方面情况。

## K887.311  墨西哥考古与纳西文化

1816. 东巴文化与巴伦克石刻画/许根全/《丽江文化荟萃》宗教文化出版社 2000 年 4 月//在墨西哥巴伦克寺庙金字塔深处，1965 年发掘了一口石棺，盖上有一幅石刻画，所绘的景物与纳西东巴文化丧葬古俗居然如此吻合，值得东巴文化研究者关注。

## K892  中国风俗

1817. 《西南中国纳西族、彝族的民俗文化》/《民俗研究》编辑部/《民俗研究》2000（2）//关于《西南中国纳西族、彝族的民俗文化——民俗宗教的比较研究》的书讯。该书集中展现了中日民俗学者联合考察和研究的成果。全书共分 7 个部分，第一部分介绍了研究计划与调查经过；第二部分：西南中国的民族史与纳西族、彝族；第三部分：居住环境与生态适合；第四部分：社会制度与家族生活；第五部分：民俗信仰的诸相。书后附录了纳西族与彝族文化相关的资料目录索引。该书编者为（日）佐野贤治，由日本勉诚出版社 1999 年出版。

## K892.1  中国风俗·节日、节令

1818. 纳西族的孔明灯/段松廷/《民族团结》1990（7）//讲述纳西族过火把节时放孔明灯的活动。

1819. 三朵节：纳西族的象征/郭大烈（纳西族）/《玉龙山》1987（1）//简介把二月八日定为三朵节的经过。

1820. 丽江古纳西人的民俗节庆与原始宗教/和品正（纳西族）/《丽江志苑》1988（6）//丽江古纳西人有开展应时节祭祀活动的习俗。本文就这类祭祀活动谈原始东巴教与习俗节庆的关系。

1821. 神奇的女人节及其他：塔城民族风情拾趣/和文光

（纳西族）/《玉龙山》1999（3）//简介丽江塔城村3月15日的女人节风俗。

1822．火把节习俗及其传说浅谈/和钟华（纳西族）/《山茶》1983（5）//火把节这一富有民族特色的传统节日，是彝、白、纳西、拉祜、哈尼、傈僳等汉藏语系藏缅语族彝语支几个民族都要庆祝的节日，各民族有各种不同的传说。这些传说与火把节习俗互相影响，互相促进，反映出该民族在各个历史阶段的社会经济状况、物质文化水平和人们的精神风貌等，本文阐述此问题。

1823．"木里王国"里的"女神"节/木凯，黄顺瑶/《群众文化》//

1824．丽江纳西族的节日和庙会/宋恩常/《云南少数民族研究文集》云南人民出版社1986年10月//纳西族由于在经济、政治和文化诸方面接受了汉、藏以及白族的影响，因此其精神生活也就自然地吸收了这些民族的内容，这在节日和庙会方面反映得更明显。本文拟从节日及其祭祀、喇嘛教的庙会、道教及其庙会三方面加以评介。

1825．震青山3月13日朝山会/唐有为、杨德华/《丽江文史资料·第10辑》1991年10月//简介丽江坝子震青山3月13日朝山会时各寺庙的活动。

1826．永宁摩梭人的转山节/王炳武/《玉龙山》1990（3）//农历七月二十五日，是永宁摩梭人传统的转山节。本文介绍转山节的情况。

1827．略论纳西族的年节/王承权/《西南民族研究》四川民族出版社1983年6月//每个民族的节日，是该民族风俗习惯的重要组成部分，是绚丽多彩的民族文化的集中体现，也是一定的经济基础的反映。本文仅就纳西族的年节作一些介绍和分析。

1828．节日背后的文化隐语：对纳西族"棒棒会"的理性思

索/王冬，任道远/《玉龙山》1998（5）//

1829. 纳西族习俗拾零：滇西民俗 6·丽江/杨朝宗/《大理文化》1985（4）//介绍了春节期间纳西族的打秋千、吃葛根、吃芦子、吃槟榔；七月半纳西族的放河灯，放孔明灯等民族习俗。

1830. 解放前丽江大研镇古城的年节/杨尔鼎/《丽江文史资料·第 14 辑》1995 年 10 月//简介正月过年、二月祭土主三多、三月清明、四月立夏、五月端阳、六月火把节、七月中元节、八月中秋节、九月重阳、十月早上坟、腊月送灶神。

1831. 追忆祖先德行、激励民族上进精神的传统节日：祭天/杨启昌/《丽江文史资料·第 4 辑》1987 年 12 月//祭天是以祖先崇拜为主的纳西族最隆重的传统节日，目的是在祭天活动中，以念经书形式讲述本民族历史，世世代代追忆祖先功德，教育和激励后代子孙进取向上，自强不息。

1832. 纳西族的生恩节/杨启昌（纳西族）/《玉龙山》1996（4）//简介纳西族生恩节（火把节）的习俗。又载《丽江报》1994 年 10 月 7 日。

1833. 今日"觅乐会"/赵净修/《丽江文化荟萃》宗教文化出版社 2000 年 4 月//"觅乐会"原是一个宗教活动日，"觅乐"是藏语"祈福迎祥"的意思。岁月推移，今天的觅乐会已改变了性质，是一个竹木农具与花卉果木并茂的会。

1834. 纳西族往昔的节日/赵银棠（纳西族）/《民族文化》1981（1）//该文介绍了纳西族的"新春灯会"及"六月火把节"两个节日的内容和场面。

## K892.21　中国风俗·生育、诞辰

1835. 纳西族古朴的命名礼、成年礼/和即贵（纳西族）讲述/《丽江文史资料·第 13 辑》1992 年 10 月//介绍纳西族命名礼、成年礼的过程。

1836.摩梭人的"穿裙子礼"/拉木·嘎吐萨（纳西族）/《山茶》1994（1）//1991年春节作者参加永宁开基村独玛的成年礼，本文记叙了成丁礼的整个过程。

1837.摩梭人的成丁礼/拉他咪·王勇/《民族》1998（11）//成丁礼在摩梭语中称"哩蛤"，直译是"系腰带"之意，本文记述了这一礼仪。

1838.别具一格的纳西族满月礼/牛耕勤（纳西族）/《人民政协报》1997－02－13//

1839.东巴教所反映的生殖崇拜文化/杨福泉（纳西族）/《东巴文化论》云南人民出版社1991年3月//东巴教所反映的生殖崇拜文化是纳西族古代文化的重要组成部分。本文从二元交合生万物的原始宇宙观；木石文化中所表现的生殖崇拜；从几种繁殖仪式看生殖崇拜三个方面探讨这一文化现象。

1840.论纳西族的传统生育礼俗/杨福泉（纳西族）/《云南社会科学》1990（1）//本文论析纳西族传统生育礼俗中反映出的各种巫术和原始宗教信仰的意识，以及在纳西族古代文化中有深远影响的阴阳五行观念，指出要进一步研究反映在生育礼俗中的新旧交替和文化互渗等问题。收入《纳西族研究论文集》1992年10月。

1841.摩梭人的"成丁"礼记/章虹宇/《旅游天府》1983（5）//摩梭人的"成丁礼"带有母系社会的色彩，了解它对探讨摩梭人的社会发展和民俗学有帮助。该文介绍了摩梭人"成丁礼"的全过程。

1842.纳西族的成人礼/赵心愚/《中国民族》2001（11）//

## K892.22　中国风俗·婚姻、丧葬

1843.摩梭母系家庭实行"阿夏婚"的原因/阿泽明次尔独支/《民族学调查研究》1996（4）//作者认为摩梭人的"阿夏

婚"有利于营造和睦的家庭环境，提倡恋爱婚姻自由，减轻社会负担，有利于优生，稳定人口增长，有利于节省家庭开支，有利于社会分工及维持母系家庭。

1844. 情死：人性光辉的闪烁/蔡毅/《当代作家评论》1996（2）//《情死》是我国第一部表现纳西人传统"情死"现象的小说。本文从情的启迪、死的震撼、意义辨析三方面评价、诠释《情死》这部小说。

1845. 生死同在：丽江云杉坪最具代表性的一处殉情地点的发现/柴枫子/《玉龙山》2001（4）//记叙1979年在云杉坪上发生的最后一起真实的殉情事件之发生地——"生死同在"的发现寻找经过。

1846. 俄亚纳西族婚礼（附照片十幅）/车文龙（纳西族）/《民族画报》1989（6）//

1847. 泸沽湖的"阿注婚"/陈道馥/《旅行家》1984（3）//介绍泸沽湖的摩梭渔人、摩梭人家及阿注婚姻今昔。

1848. 东巴经《献冥马》试析/陈烈/《云南民俗集刊》第1集1984年2月//献冥马是云南、四川纳西族民间为死者举行的盛大而隆重的丧葬仪式。送葬时由东巴祭司口诵东巴经文《献冥马》。本文介绍仪式的经过、经文的内容，探讨《献冥马》所反映的古代纳西族人的思想意识、社会生活、民族心理和民族精神。

1849. 从婚丧习俗谈中甸藏纳文化的交融/陈树珍/《玉振金声探东巴：国际东巴文化艺术学术研讨会论文集》社会科学文献出版社2002年6月//本文作者以大、小中甸两个藏区和三坝纳西族乡为对象，谈了两个民族的婚丧习俗和藏、纳文化交融的原因，从婚丧习俗谈了两个民族文化的共同性。

1850. 关于纳西族的情死/陈学智/《玉龙山》1999（3）//文章通过对近20对殉情事件的调查分析提出自己的四个看法，认为纳西族情死的原因，不是包办婚姻的形成，不是妇女地位低下，也不是东巴祭祀的怂恿鼓动，而是纳西本土文化和民族性格形成情死的主要原因。收入《玉振金声探东巴：国际东巴文化艺术学术研讨会论文集》社会科学文献出版社 2002 年 6 月。

1851. 永宁阿注婚姻见闻/戴文翰/《民族文化》1981（2）//本文是作者亲历永宁摩梭人地区对当地普遍盛行的"阿注"婚姻形式的所见所闻，全面介绍了阿注婚姻习俗的特点和形式。

1852. 纳日人的葬俗/冯沔/《旅游天府》1983（1）//简介四川省盐源县沿海公社纳日人的丧葬习俗。

1853. 白地纳西族的丧葬习俗/和发源（纳西族）/《滇川纳西族地区民俗和宗教调查》云南社科院东巴文化研究室 1990 年 8 月//介绍中甸三坝乡白地村丧葬仪式的全过程。

1854. 俄亚纳西族的丧葬习俗/和发源（纳西族）/《滇川纳西族地区民俗和宗教调查》云南社科院东巴文化研究室 1990 年 8 月//介绍四川木里县俄亚大村的纳西族丧葬礼仪的全过程。

1855. 俄亚纳西族婚俗/和发源（纳西族）/《滇川纳西族地区民俗和宗教调查》云南社科院东巴文化研究室 1990 年 8 月//本文介绍了俄亚纳西族的各种婚姻形式。如一夫一妻制、多夫多妻制婚姻，安达婚姻（群体婚）和家庭结构。

1856. 永宁纳西族的丧葬习俗/和发源（纳西族）/《滇川纳西族地区民俗和宗教调查》云南社科院东巴文化研究室 1990 年 8 月//本文介绍了永宁纳西族丧葬仪式的全过程。

1857. 油米纳西族的丧葬习俗/和发源（纳西族）/《滇川纳西族地区民俗和宗教调查》云南社科院东巴文化研究室 1990 年 8 月//介绍宁蒗县拖甸乡油米村纳西族的丧葬礼仪和过程。

1858. 中甸县三坝乡白地纳西族的婚嫁习俗/和发源（纳西族）/《滇川纳西族地区民俗和宗教调查》云南社科院东巴文化研究室 1990 年 8 月//介绍白地村母系制婚姻的一些遗迹和婚礼

仪式过程。

1859. 丰富多彩的纳西族民俗文化/和发源（纳西族）/《云南文化资源研究与开发》云南民族出版社 1994 年 11 月//文章论述了纳西族的丧葬、婚姻、节日等民俗文化。

1860. 试析纳西族殉情习俗的根源/和发源（纳西族）/《玉龙山》1998（4）//

1861. 纳西族嫁女礼俗/和即贵，阿向（纳西族）/《玉龙山》1997（1）//纳西族结婚仪式分"嫁女"和"娶妻"，分别在女方和男方家举行，东巴在整个婚礼过程中，既是经师、祭司、卜师，又是主持人和指导者。本文介绍礼俗全过程。

1862. 古朴的纳西婚礼/和即贵（纳西族）讲述/《丽江文史资料·第 10 辑》1991 年 10 月//本文记叙了纳西族婚礼中的订婚、迎亲、结婚仪式的过程及婚礼中的禁忌。

1863. 纳西族丧葬古俗：丽江鸣音纳西族丧礼/和即贵（纳西族）讲述/《丽江文史资料·第 8 辑》1989 年 12 月//记叙从落气到出殡逃夜等丧礼的全过程。

1864. 纳西族丧葬古俗：超度——丽江鸣音纳西族丧礼/和即贵（纳西族）讲述/《丽江文史资料·第 9 辑》1990 年 10 月//纳西族丧葬古俗分开丧和超度两部分，下葬以后又要挖坟取棺，火化尸体，11 月进行超度。仪式颇多，规模浩大，民族色彩浓厚。本文记叙了 7 月封日准备到超度尾声的全过程。

1865. 丽江鸣音古朴婚俗调查/和即贵（纳西族）口述/牛耕勤整理/《民族学》1992（3～4 合刊）//本文对鸣音村纳西族婚俗进行整理归纳。有订婚、迎亲、结婚仪式和禁忌几部分。

1866. 纳西族的传统婚礼/和汝恭/《丽江文化荟萃》宗教文化出版社 2000 年 4 月//介绍纳西族传统婚礼中从订婚、结婚到回门的全过程。

1867. 解放前纳西族的婚礼/和汝恭（纳西族）/《纳西族社

会历史调查·三》云南民族出版社 1988 年 3 月//记叙纳西族婚礼的全过程。

1868. 从纳西族的丧葬仪礼看人观/和少英/《玉振金声探东巴：国际东巴文化艺术学术研讨会论文集》社会科学文献出版社 2002 年 6 月//通过对波湾村的火葬习俗和补主湾村木棺土葬的丧葬情形的描述，对纳西族的人生观提出三点认识。

1869. 中甸白地纳西族的丧葬礼仪/和少英（纳西族）/《云南民族学院学报（哲社版）》1992（4）//作者在中甸三坝乡进行了为期一个月的田野调查，并选取两个具有典型性的村庄作为模本：一个是在当地保留传统文化与习俗最多，一直保持着火葬习俗的波湾村；另一个是同外界的交往稍多，已改行木棺土葬的补主湾村。通过对这两个村庄的丧葬情形的描述，可以对白地乃至整个三坝乡纳西族的丧葬礼仪有一个较完整的了解。

1870. 纳西族丧葬礼仪见闻/和时杰（纳西族）/《云南民俗集刊》第 2 集//介绍丽江县太安区丧葬礼仪中的新葬与土葬、亲属馈赠、夜里待客、寒夜唱挽歌、凄切的哭丧调、跳"阿仁仁"送丧等礼仪。

1871. 塔城纳西族火葬习俗/和文光/《丽江文化荟萃》宗教文化出版社 2000 年 4 月//

1872. 纳西族民间殉情的社会历史原因/和志武（纳西族）/《云南文史丛刊》1992（4）//作者依据亲身见闻和多年的调查研究，对纳西族民间殉情的社会历史原因作了七个方面的叙述。

1873. 白地纳西族的丧俗/和钟华（纳西族）/《云南民俗集刊》第 4 集//作者 1985 年 7 月参加了中甸县三坝区白地乡的一次葬礼。本文介绍所见所闻。

1874. 从"抢婚"谈正确反映民俗风情/和钟华（纳西族）/《云南日报》1983 - 01 - 20//

1875. 摩梭人的婚俗/金茹卓玛/《公务员学刊》1996（3）//

1876．摩梭人婚俗纠谬/金茹卓玛/《中华女子学院学报》1996（4）//

1877．金沙江边摩梭人的婚俗/拉木·嘎吐萨（纳西族）/民俗 1996（1）//本文从求婚、订婚、娶亲叙述了摩梭人的婚俗。

1878．我在故乡的所见所闻/拉木·嘎吐萨（纳西族）/《山茶》1994（5）//记叙作者记忆中的母亲为其招魂，父亲为祖母送葬和摩梭人的走婚习俗。

1879．泸沽湖畔的葬俗/李达珠/《民族》1994（2）//

1880．云南省纳西族东巴教信仰：原始葬俗/李国文/台湾，《三清文化》2000（4、5）//

1881．丽江县塔城依陇巴甸村纳西族的丧葬/李国文/《云南现代史料丛刊》1984（3）//本文介绍古代纳西族的丧葬及丽江塔城依陇巴甸村纳西族木棺土葬的一般情况。

1882．丽江纳西族的"殉情"及其原因/李近春/《西南民族研究》四川民族出版社 1983 年 6 月//"殉情"是新中国成立前丽江纳西族婚姻关系中比较突出的现象，这种现象对纳西族的社会产生了深刻的影响。笔者根据所见所闻，对这一现象作初层探讨。

1883．攀天阁乡纳西族的婚姻和丧葬习俗/李近春调查整理/《民族文化习俗及萨满教调查报告》北京民族出版社 1993 年 12月//攀天阁乡位于维西县北部偏西，多种民族杂居，生活、生产、服饰习俗互相影响，其中纳西族对其他民族的影响较多。本文介绍其婚姻和丧葬习俗的仪式和过程，附录关于维西傈僳族自治县文化局所藏《本音和氏门中历代宗亲之位》挂幛的有关情况、调查与说明。

1884．纳西族丧葬文化的历程/李静生（纳西族）/《纳西族研究论文集》北京民族出版社 1992 年 10 月//本文介绍了丧葬文化的源流，对丧葬仪式行为中的尸体处理和灵魂处理进行简略描述，对丧葬文化中几个符号的文化价值进行分析。指出每个民族的丧葬文化都有其精华和糟粕，纳西族丧葬文化中的精华是纳西族对人类文化作出的贡献。

1885．神秘的摩梭葬礼/李理/《大理文化》1992（4）//记述摩梭人的葬礼程序。

1886．儒教婚姻文化及其与异地非儒文化的冲突——以广东顺德的"姑婆屋"和纳西族的"殉情"为例/李小艳/《湖北民族学院学报》2002（6）//儒教婚姻文化与异地非儒文化的冲突表现：一是儒教地位的确立及其影响，儒教的坚固地位是由其政教不分所决定的；二是儒教婚姻文化的特征，即他主性、男尊女卑，其目的是繁子孙、广家族，以此为主要特征的儒教婚姻文化在与异地非儒文化交流时必然出现冲突与对抗。

1887．纳西族火葬习俗试析/刘龙初/《民族研究》1988（5）//本文根据各种调查材料和有关古籍记载，对纳西族的火葬习俗之产生、特征及其演变等问题进行论述。

1888．纳西族的死亡忌讳/毛龙发，习煜华（纳西族）/《玉龙山》1994（4）//本文简介纳西族丧葬习俗，指出有关死亡的忌讳与祖先崇拜有关，死亡忌讳返回实际生活，积久而形成习俗，并具有相对的稳定性和保守性，加上纳西族重德重礼的文化传统又使这种稳定性得以加强。

1889．纳西族传统结婚礼仪——祀自/木琛著/《丽江东巴文化博物馆论文集》云南人民出版社2002年3月//简介纳西族结婚礼仪——祀自。

1890．浅论丽江金沙江河谷石棺葬文化/木基元（纳西族）/《玉龙山》1986（1）//①文献记载及传说；②调查情况；③文化特征及其渊源关系；④年代推测；⑤族居问题。以上五点认为丽江金沙江河谷的石棺葬文化是在土著文化的基础上，吸收了几支文化的特点，以北方草原文化为主要代表形成的一个独特的文化。金沙江上游地区河谷文化是纳西等民族的古老文化遗存。'99中国丽江国际东巴文化艺术节学术会议论文。

1891. 纳西族地区火葬墓初探/木基元（纳西族）/《玉龙山》1993（2）//本文介绍纳西族火葬溯源、九河火葬墓、白沙束河火葬墓，指出纳西族地区的火葬墓展示了先民创造的文化遗产，可为当今丧葬制度改革提供重要的历史资料。又载《今日民族》1995年 s1 期，云南民族博物馆建馆专号。

1892. 丽江金沙江河谷石棺葬初探/木基元（纳西族）/《云南民族学院学报（哲社版）》1986（1）//"石棺葬"是一种独特的墓葬方式。丽江金沙江河谷纳西族地区处在这种石棺葬的文化教育圈中。近年来研究者们通过多次调查，在丽江金沙江河谷找到了这种文化的踪迹，并且发现了其分布范围。本文择要将调查所得的情况整理出来，着重介绍了金沙江河谷石棺葬概况。收入《纳西族研究论文集》民族出版社1992年10月。

1893. 纳西古葬俗：插竿挂肢葬/木基元（纳西族）/《云南文史丛刊》1990（4）//简要介绍纳西古葬俗之一——插竿挂肢葬。

1894. 纳西绝唱：关于东巴经和纳西族男女情死种种/沙蠡（纳西族）/《玉龙山》1998（6）//散文集描写纳西族青年男女情死的种种情况。

1895. 奇异的摩梭葬俗/沈澈等/《社会科学战线》1984（2）//摩梭人实行火葬，其葬仪深受原始宗教达巴教和喇嘛教的影响，并在一定程度上反映了他们的婚姻和家庭形态。本文着重介绍了摩梭人火葬的全过程。

1896. 摩梭人葬礼/石高峰（纳西族）/《云南民俗集刊》第4集//介绍摩梭人葬礼的全过程。

1897. 纳西丧葬中的"开肩"礼仪/舒家政/《丽江报》1990－11－12//收入《丽江文化荟萃》宗教文化出版社2000年4月。

1898. 宁蒗县金江区和丽江县六区的婚俗情况/宋恩常整理/《宁蒗彝族自治县永宁纳西族社会及家庭形态调查·一》云南人民出版社 1987 年 3 月//有永宁金沙江地区拉卡西和拉白自然村纳西族的婚姻制度和丽江县第六区奉克和拉白的婚俗情况两部分。

1899. 纳日人的葬礼/宋兆麟/《世界宗教研究》1985（2）//本文介绍泸沽湖东岸四川省盐源县左所地区纳日人的葬礼。如坐葬、送魂、火葬、洗马、墓地等。

1900. 俄亚纳西族的伙婚仪礼/宋兆麟/《云南民族学院学报（哲社版）》1986（1）//伙婚，即姊妹共夫与兄弟共妻制。本文拟对四川木里俄亚地区纳西族的伙婚进行一些介绍，并论述其起源和社会性质，从而进一步了解当地纳西族的婚俗特点。

1901. 云南永宁纳西族的葬俗：兼谈对仰韶文化葬俗的看法/宋兆麟著/《考古》1964（4）//作者根据实际调查资料，对云南省永宁纳西族的葬俗作些介绍，并兼谈对仰韶文化葬俗的看法，对考古资料的局限性加以补充、印证。

1902. 摩梭人的婚礼/孙朝贞/《山茶》1982（3）//介绍了摩梭人的婚礼程序。

1903. 泸沽湖畔的"走婚"/佟杰/《华人文化世界》1995（6）//

1904. 论纳西族东巴和彝族毕摩的仪礼传统：以送葬仪礼为中心/丸山宏，张泽洪/《西藏民族学院学报》2001（4）//本文是对纳西族东巴和彝族毕摩祭祀仪礼田野考察的研究报告。作者在对云南丽江纳西族东巴和四川美姑彝族毕摩深度访谈基础上，实地观察东巴和毕摩主持的祭祀仪礼，探讨纳西族东巴教和彝族毕摩教的仪礼传统。作者详细记录了东巴和毕摩送葬仪礼的仪程，并对仪礼蕴涵的宗教意义进行了阐释。

1905. 试析宁蒗纳西族的葬俗/王承权/《思想战线》1981（4）//本文详细介绍了宁蒗纳西族的葬俗及过程，并分析如下：

葬俗反映了由母系氏族墓地到父系家庭的演变；表现了纳西族人民的宗教信仰；从不同角度反映了阶级关系和民族关系；揭示出纳西族先民的迁徙路线和活动区域。从分析中得出结论为：葬俗是和一定的社会发展阶段相联系的，它既能反映社会的生产力、生产关系状况，又能表现该民族的哲学、宗教、文化、艺术等上层建筑的发展水平。

1906. 么些人的婚丧习俗/吴泽霖/《社会科学（清华大学）》1948 年第 4 卷 2 期//收入《吴泽霖民族论文集》北京民族出版社 1991 年 5 月。

1907. 纳西族的婚姻习俗/习煜华（纳西族）/《比较民俗研究》1996（13）//

1908. 丽江 D 村纳西族"跑婚"情况调查/习煜华（纳西族）/《民族学》1995（3）//"跑婚"是指青年男女未办理结婚登记，也不征求双方父母意见，就蓦然把女方领来男方家居住，然后再请客补办手续的婚姻形式。这种婚姻近几年流行于丽江的部分乡村，并不断地向其他地方蔓延，正在成为普遍的婚姻形式。本文以丽江县金山乡 D 村为例，对丽江纳西族跑婚的形成和发展作粗浅的分析。

1909. 奇特的纳西族"抢门"婚俗/肖亮中/《民族学调查研究》1996（1）//本文介绍云南中甸县纳西族婚礼中奇特的"抢门"（抢进洞房）婚俗。

1910. 丽江县纳西族的婚丧礼俗调查/许鸿宝调查整理/《纳西族社会历史调查·一》云南民族出版社 1983 年 7 月//内容有：家庭、婚姻、生育、丧葬、节日五部分。

1911. 丽江县大东乡纳西族的婚丧习俗/杨福泉/《民族调查研究》1991（1）//

1912. 丽江纳西族殉情现象揭秘/杨福泉（纳西族）/《民间文化》2000（1）//"求生畏死"，人类天性也，然而在云南丽江无以计数的纳西族青年男女，他们浓妆盛服，长歌曼舞，群体含笑。殉情——从17世纪就已开始在纳西族普遍流行的这种社会风气，使纳西族蒙上了"悲剧的民族"，"悲剧的人民"这独一无二的名声，纳西族聚居的丽江也被人们称为"世界殉情之都"。

1913. 纳西族几个生葬仪式调查/杨福泉（纳西族）/《民族学》1990（2）//作者对纳西族的取名礼，"争古我世"仪式，"地穴赎魂"仪式，超度之人仪式及生葬方面的仪式进行了调查和详尽介绍。

1914. 丽江县塔城乡洛固行政村纳西族（路鲁人）的婚丧习俗/杨福泉（纳西族）/《云南民俗》第7期/路鲁人的东巴经多与其他纳西人的东巴经相同，只是在丧礼中念的两本经书很独特，用象形文写成，但必须用"路鲁"语念。婚丧礼俗都很有特点。本文介绍其婚礼和丧礼。

1915. 摩梭婚礼/杨世光（纳西族）/《龙门阵》1980（2）//记叙作者参加的一次摩梭婚礼。

1916. 摩梭火葬礼/杨世光（纳西族）/《云南画报》1985（4）//

1917. 与纳西武器起源有特殊关系的"武士祭"/洛克（Rock, J.F.）（美）/《东巴文化论》云南人民出版社1991年3月//为纳西武士举行的"武士祭"丧仪是过去举行的十六个纳西丧仪之一。文章介绍"武士祭"仪式及其仪式纸牌，关于"武士祭"的手写本经典及纳西——么些甲胄、头盔、剑等。

1918. 纳西"希怒"仪式/洛克（Rock, J.F.）（美）著/《玉龙山》1997（1）//介绍了纳西族东巴为不同人举行的十一种丧葬仪式。

1919. 纳西重大的丧葬仪式"日闷"/洛克（Rock, J.F.）（美）著/《玉龙山》1998（4）//

1920. 中甸、维西纳西族婚丧习俗/云南民族调查组丽江分组调查整理/《纳西族社会历史调查·一》云南民族出版社 1983年 7 月//分别介绍中甸和维西县纳西族婚丧习俗。

1921. 摩梭人葬俗述论/张正宁/《民俗研究》1992（3）//本文对摩梭人的葬礼程序（十二道）做了一一介绍。并对该葬俗的特征、原始文化成分及现象进行了剖析。

1922. 摩梭人的婚俗/章虹宇/《玉龙山》1983（3）//简介摩梭人的阿注婚姻、阿注同居、聘娶婚三种婚俗。

1923. 殉情仪式和两性角色转变/赵省华（美）/《国际东巴文化研究集粹》云南人民出版社 1993 年 6 月//作者论述了纳西人殉情自杀的历史背景、纳西两性体制、纳西妇女的低下地位、儒家学说、社会等级、男女身份和性、性别宇宙论及其转变等问题，提出这种殉情悲剧可理解为纳西本土文化对文化融合和性别角色转变的反抗。

1924. 纳西族的婚礼/周汝诚（纳西族）/《民间文学》1980（8）//纳西族的婚礼，谓之为"庶柱"，行结婚礼，是传宗接代的意思。该文是作者亲临"南山山区"调查当地民俗，观礼当地"庶柱"典礼的全过程。

1925. 纳西族的传统火葬习俗/周智生，缪坤和/《云南消防》2003（9）//由于火在日常生活中不可或缺，作为人生最后一个驿站的死，在古时原始火崇拜的影响下，人死之后的丧葬礼仪，自然也就同火相结合衍生出了许多奇异的组合。本文介绍了纳西族的火葬习俗。

### K892.23　中国风俗·服饰

1926. 纳西族羊皮服饰的崇拜寓意/和品正（纳西族）/《东巴文化论》云南人民出版社 1991 年 3 月//文章从羊皮服饰的产生及其演变过程分析其装饰图案的寓意、装饰图案的宗教意义及心理作用，指出羊皮服饰继承、保留了纳西族先民崇拜星宿的传统，包含的寓意即光明、温暖、防妖、避邪。原载《玉龙山》1989年4期。

1927. 纳西族披肩/蒋贞/《今日民族》1999（7）//纳西族羊皮披肩，又称"七星披肩"。纳西语称"鱼轭"，意为羊皮，是纳西族妇女传统的民族服饰。本文介绍了纳西族披眉的制作、花纹、传说等。

1928. 云南白、彝、纳西等民族的"衣尾"习俗探源/李安民/《民族艺术研究》1990（5）//该文对白、彝、纳西等民族的"衣尾"习俗的形制、穿着方式、起源、流传以及暗寓某种文化意义的服饰进行了探讨。又载《民俗研究》1995年1期。

1929. 纳西族的图腾服饰：羊皮/木丽春（纳西族）/《东巴文化论集》云南人民出版社1985年6月//本文根据纳西族《东巴经》的记载和丰富的民间口头传说，介绍了纳西族的图腾服饰——羊皮，纳西族把羊皮形象地剪裁成蛙体形状，而缀在羊皮光面上的大小圆盘图案，示意蛙的眼睛。原载《民族文化》1982年5期。

1930. 独树一帜的纳西族服饰/杨莹著/《丽江东巴文化博物馆论文集》云南人民出版社2002年3月//简介独具特色的纳西族服饰。

## K892.24　民间文化艺术

1931. 二月八——中甸白水台会/左汝芬/《民族学调查研究》1997（1）//介绍中甸西南白水台会的过程。

## K892.25　中国风俗·饮食、居住

1932. 摩梭人的饮食习俗/阿泽明次尔独支/《民族学调查研究》1996（3）//本文从主食、副食、果品、饮料、食谱、风味食品、饮食禁忌、饮食礼仪等方面介绍了摩梭人饮食习俗方面的

基本情况。

1933．摩梭人的饮食习俗/阿泽明次尔独支/《民族学调查研究》1996（3）//本文介绍了古老而具有鲜明民族特点的摩梭人的饮食习俗。

1934．纳西饮食习俗/耕勤（纳西族）/《丽江文史资料·第19辑》2000 年 10 月//本文从九个方面介绍纳西族丰富多彩的饮食文化。①史书记载的纳西饮食；②东巴经典中的纳西饮食；③《徐霞客游记》中的纳西饮食；④年节纳西饮食；⑤婚礼、丧礼纳西饮食；⑥高级宴席纳西饮食；⑦家常纳西饮食；⑧有特色的纳西饮食；⑨纳西饮食禁忌。

1935．纳西族的饮膳食俗/和即仁，杨振洪（纳西族）/《中国少数民族饮食文化荟萃》商务印书馆国际有限公司 2001 年 6 月//有：饮食原料、居家食谱、名特风味食品、食规席礼及禁忌四部分。

1936．江边叉鱼/和续真/《丽江文化荟萃》宗教文化出版社 2000 年 4 月//

1937．塔城风味小吃/和忠祥/《丽江文化荟萃》宗教文化出版社 2000 年 4 月//

1938．中甸县三坝区白地乡纳西族阮可人生活习俗和民间文学情况调查/和钟华调查（纳西族）整理/《纳西族社会历史调查·三》云南民族出版社 1988 年 3 月//包括概况、衣食住行、宗教信仰、一年中的节庆、户名称谓及人名、家庭和婚丧习俗、建房习俗、文学情况等方面调查。

1939．丽江纳西族居住民俗初探/李姝/《东陆学林·第 9 辑》云南大学出版社 1999 年 9 月//丽江古城纳西族民居浸润了古老的东巴文化，同时又兼收并蓄了汉、藏、白等民族的文化特色和建筑风格，形成了丽江纳西族具有浓郁文化气息和地方特色的居住民俗。本文从古城的建筑风格、庭院文化、水网系统三方面论述。

1940．丽江饮食印象/罗缋沅/《四川烹饪》2002（5）//记叙了游云南丽江，让人流连忘返的印象及饮食风俗。

1941．在纳西人家过中秋节/沙晓慈/四川烹饪2000（1）//

1942．丽江小吃/木春丽/《丽江文化荟萃》宗教文化出版社2000年4月//

1943．云南永宁纳西族的住俗：兼谈仰韶文化大房子的用途/宋兆麟/《考古》1964（8）//作者在实地调查中，接触了许多珍贵的纳西族文物资料。现根据调查资料，介绍云南永宁纳西族以往的住俗，并就此谈谈仰韶文化大房子的用途，以此研究该族历史以及印证考古资料。

1944．俄亚纳西族的起居生活/宋兆麟/《民族研究动态》1992（4）//俄亚纳西族流行共夫共妻制，因此家庭较大，人口众多。这种家庭结构使得其在住宅方面打上了深刻的烙印。本文就该民族的碉堡式的多层建筑以及该家庭成员的起居、婚姻等进行了论述，从中可以看到当地伙婚家庭的基本结构和拜访婚生活的具体情景，这对研究俄亚纳西族的婚姻家庭大有裨益。

1945．丽江竖柱上梁习俗/唐有为/《丽江文史资料·第13辑》1992年10月//叙述上梁习俗的过程。

1946．宁蒗县大兴公社新民村纳西族的生活习俗/王承权/《云南四川纳西族文化习俗的几个专题调查》中国社科院民族研究室1981年//

1947．纳西族关于水的传说和民俗/习煜华（纳西族）/《丽江文史资料·第15辑》1996年12月//有水的神话和传说、水的宗教作用、有关水的巫术活动、关于水的禁忌四部分。指出纳西族积累了许多保护水源的经验、形成禁忌。现在如何保护水资源仍是长期的任务。

1948．纳西族喜嗑红瓜子/姚国军/《今日民族》2003

(7)//在丽江会友访朋，进入寻常百姓家，一碟紫红的红瓜子就端到了你的面前。户户如此，年年如此。与客聊天，一边嗑着红瓜子，一边谈笑风生，是丽江独有的民俗。

### K892.26　中国风俗·礼仪、礼节

1949.纳西族的"蒙本"礼仪/和发源（纳西族）/《丽江志苑》1989（6）//本文根据白地吴树湾村和水甲村老东巴的讲述，整理介绍当地阮可支系古许蒙本群和纳西支系铺笃蒙本群的蒙本礼仪，包括祭前准备、祭祀的主要礼仪及有关蒙本礼仪的几个理论问题三部分。

1950.纳西族和彝族的超度亡灵仪礼/丸山宏，张泽洪/《宗教学研究》2002（1）//本文研究纳西族和彝族的超度亡灵仪礼。作者通过对仪礼过程的田野调查，探讨了纳西族和彝族传统宗教的意义，并比较了两个民族超度仪礼的共通性和差异性。

1951.丽江中甸纳西族的几个宗教礼俗和传说/杨福泉（纳西族）/《民族学》1993（4）//本文对中甸县三坝乡白地行政村纳西族的生育除秽仪式；丽江中甸县纳西族新生儿的取名礼和产妇洗头仪式；中甸县三坝乡白地行政村纳西族的"祭仁精灵"仪式；丽江中甸纳西族的成年礼；中甸县三坝乡白地行政村纳西族的"祭土王"仪式；中甸县白地纳西族的祖房习俗；中甸县白地纳西人的立神塔；中甸县白地纳西族的禁忌和禁兆卜习俗；中甸县三坝乡白地行政村二月八白水台会的传说；中甸县三坝乡白地关于神明东巴阿明的传说作了一一介绍。

1952.白地纳西族"阮可"人的宗教礼仪/杨福泉（纳西族）/《山茶》1994（2）//作者两次到中甸三坝乡白地吴树湾调查，其156户纳西族中约有40户自称"阮可人"。本文介绍了阮可人的祭天仪式，"儒布"（祭祖）仪式，"祭天上傻子恶魔神"（"美若奇本"）仪式，祭补鬼仪式。

## K892.29 其他习俗专志

1953. 纳西族的敬老习俗/和成军/《丽江文化荟萃》宗教文化出版社 2000 年 4 月//

1954. 纳西古俗——苏古：鸣音村苏古习俗和东巴主祭仪式/和即贵（纳西族）讲述/《丽江文史资料·第 11 辑》1992 年 10 月//苏古是纳西族仅次于祭天的以村落为单位进行的传统习俗。本文介绍祭祀的准备、除秽仪式、苏古仪式、最后讲述休曲苏岩（鹏苏争斗的故事）高勒趣俄什（高勒趣父子和苏汝的故事）。

1955. 塔城纳西族祭祖习俗/和文光/《丽江文化荟萃》宗教文化出版社 2000 年 4 月//

1956. 纳西族的“班古”/和云龙（纳西族）/《山茶》1994（2）//某家媳妇分娩后第一个到她家的外人就是“头客”，纳西族语称“班古”。本文简介笔者的一次经历。

1957. 纳西族的门神/蓝伟/《玉龙山》1983（1）//简介东巴经中保存的几种门神形象。

1958. 纳西族崇天习俗浅论/李海燕/《今日民族》1995（s1）云南民族博物馆建馆专号//

1959. 解放前大研古城的龙灯会/李植元/《丽江文史资料·第 14 辑》1995 年 10 月//简介龙灯会举办过程。

1960. 纳西族的“苏古”习俗/牛耕勤（纳西族）/《云南民俗》1995 年第 8 期//“苏古”是与自然和好相处的仪式，是纳西族仅次于祭天活动的以村为单位举行的仪式之一。本文介绍祭祀的准备、除秽仪式、苏古仪式、苏古的禁忌、苏古的内涵。收入《丽江文化荟萃》宗教文化出版社 2000 年 4 月。

1961. 遭遇女儿国“同泉而浴”/宋兆麟/《民间文化》2000（1）//讲述摩梭人同泉而浴的民风及变化。

1962. 浅谈丽江纳西族游艺习俗及其意义/姚润芝著/《丽江

东巴文化博物馆论文集》云南人民出版社 2002 年 3 月//纳西族
游艺习俗在生产生活中有着极其重要的意义。本文介绍丰富多彩
的纳西族游艺及其意义。

1963. 纳西人驱逐使人致病之恶鬼的仪式/洛克（Rock,
J.F.）（美）/《国际东巴文化研究集粹》云南人民出版社 1993
年 6 月//这是洛克第一篇发表的研究纳西族的文章，原载美国
《国家地理学杂志》1924 年第 5 期，文章详细介绍了纳西人驱恶
鬼的仪式。

### K892.357　民族风俗习惯总志

1964. 纳西族的风俗习惯/蔡绍庐/《光明日报》1958 - 04 -
03//

1965. 木里藏族自治县项脚公社"纳日"和"热拉"人的文
化习俗/郭大烈（纳西族）/《雅砻江下游考察报告：六江流域民
族综合科学考察报告之一》中国西南民族研究学会编印，1983
年 5 月//有：概况、历史传说、经济状况、语言文化、衣食住
行、宗教信仰、家族婚姻、丧葬八个部分。

1966. 纳西族的祭天活动：丽江鸣音村和姓"铺笃"祭天群
的祭天习俗/和发源（纳西族）/《丽江文史资料·第 5 辑》1988
年 6 月//根据鸣音村和即贵东巴讲述、整理记叙了鸣音村和姓铺
笃祭天群祭天的全过程。

1967. 纳西族的传统民俗：戛本/和发源（纳西族）/《民族
古籍》1988（2）//

1968. 风俗改良会/和汝恭/《丽江文化荟萃》宗教文化出版
社 2000 年 4 月//

1969. 纳西人的"撒俄美"/和世新（纳西族）/《山茶》
1985（5）//介绍了纳西族庆丰收习俗的全过程。

1970. 纳西族的赛马及其民俗、宗教初步研究/黄如兰/《民

族学调查研究》1993（2）//本文对纳西族的赛马活动与其民俗宗教相联系的问题进行初步探讨。

1971. 摩梭人的习俗/金茹卓玛/《公务员学刊》1996（4）//

1972. 摩梭人的习俗及宗教仪式/拉木·嘎吐萨（纳西族）/《云南民俗》第6期1989年10月//本文介绍摩梭人祭祀祖先、朝拜女神、过年习俗、成丁仪式、祭祀山神的活动等典型的习俗。

1973. 云南省丽江县纳西族一些思想和习俗的调查/李国文/《云南少数民族哲学社会思想资料辑》第5辑1982年5月//包括丽江县塔城依陇巴甸村纳西族的丧葬调查；丽江县宝山公社宝山大队牦牛寨王姓纳西族的丧葬调查；纳西族的占卜调查；纳西族的喊魂与占卜调查；纳西族的祭天调查；丽江县巨甸公社巨甸村纳西族的祭天和节日情况调查；纳西族的民间谚语调查等七篇调查报告。

1974. 塔城乡纳西族玛莎人习俗习惯/李近春调查整理/《民族文化习俗及萨满教调查报告》北京民族出版社1993年12月//塔城位于云南省维西县北部，本调查报告有简况、历史简述、基本亲属称谓、生育礼仪、婚姻和家庭、丧葬习俗、节庆活动几点说明和看法八部分。

1975. 永春乡白帕村纳西族的风俗习惯/李近春调查整理/《民族文化习俗及萨满教调查报告》北京民族出版社1993年12月//白帕村是维西县永春乡纳西族聚居的古老村寨，风俗与丽江纳西族有同有异。本文介绍其婚姻习俗、丧葬习俗、节庆习俗。

1976. 丽江纳西族的文化习俗和宗教信仰/李近春整理/《纳西族社会历史调查·二》云南民族出版社1986年12月//有：衣食住行；家庭、家族；村寨组织；丧葬；婚姻、节庆；宗教信仰；体育活动七部分。

1977. 云南丽江鲁甸区么些族的亲属称谓/李霖灿/《么些研

究论文集》之十二，台湾：故宫博物院，故宫丛刊甲种之三十二，1984年7月初版//鲁甸区么些人亲属称谓最为复杂，分别排列在四张表上：①父方血亲表，这张表最重要，是全部么些族亲属的称谓的骨干，说明男女称谓人如何称呼自己父系一方的亲属。②母方血亲表是指男女称谓人对母系一方的亲属称谓。③妻族父方姻亲表是指男性称谓人对妻子家中人（妻党）的一套亲属称谓。④夫族父方姻亲表是指女性称谓人对丈夫家中人（夫党）的一套称谓。附表四种。

1978. 中甸县北地村的么些族祭天典礼/李霖灿/《么些研究论文集》之十三，台湾：故宫博物院，故宫丛刊甲种之三十二，1984年7月初版//这是中甸县北地村么些族祭天典礼的实录。祭天典礼么些族人在农历新年中最重要的一项仪典，也是他们最古老的仪典之一。祭天除农历新年外，在农历三月或五月再举行一次，七月又举行一次，一年三次。祭天典礼有下列推测：①敬谢天地；②制压仇敌；③敦睦宗群。

1979. 丽江县大研镇下束河村的民间禁忌/李英/《丽江教育学院学报》2001（1）//介绍了民间禁忌与东巴教中"署"的观念及民间禁忌与生态环境的关系，指出这些禁忌对不同年龄阶段的村民的行为仍起着不同程度的制约作用。

1980. 走进纳西农家之旅：丽江（黄山）首届纳西乡村民俗旅游节走笔/木基元（纳西族）/《民族工作》2000（6）//

1981. 东巴象形文中的纳西族古俗寻绎/木仕华（纳西族）/东亚民俗文化国际学术讨论会论文1996年//

1982. 宁蒗县红桥公社比依村纳西族的风俗/王承权/《云南四川纳西族文化习俗的几个专题调查》中国社科院民族研究室1981年//

1983. 纳西族的禁忌/王承权/《中国少数民族禁忌大观》广西民族出版社1996年//

1984. 四川木里县俄亚纳西族乡大村调查/王世英（纳西族）/《滇川纳西族地区民俗和宗教调查》云南社科院东巴文化研究室 1990 年 8 月//本文介绍了四川木里县俄亚纳西族乡的自然情况、土官木瓜家族情况，俄亚纳西族的宗教与习俗、家庭结构、俄亚的斯汝与家庭、俄亚的丧葬礼仪等。

1985. 纳西族祭天仪式的内涵与功能/杨知勇（白族）/《纳西族研究论文集》北京民族出版社 1992 年 10 月//本文从求食和增殖的原始依托，自强精神的重温与传承，历史发展轨迹的独特表现，吸纳外族文化的同步形态，生存愿望、敬祖感情及法则观念的符号化表现，特定的群体感情的凝结六个方面，论述了纳西族祭天仪式的内涵与功能。原载《丽江志苑》1989 年 6 期。

1986. 泸沽湖畔/詹承绪等/《地理知识》1978（8）//对泸沽湖畔的纳西民族的风土民情作了介绍。

1987. 摩梭人的一些沿袭称谓、命名及特点/章虹宇/《民族文化》1985（2）//摩梭人的称谓是"血缘亲属关系的亲疏异同观点的表现"，基本上分为亲属称谓和父系亲属称谓两大类。

## K927.4 区域地理

1988. 泸沽湖：我热爱的家园/拉他咪/《玉龙山》2001（4）//描写介绍泸沽湖的母海、女山、情歌、甲搓、阿夏、走婚、阿妈、家屋。

1989. 白沙：风景名胜之乡/丽江地区行署计委/《玉龙山》1992（1）//本文从概况、风景名胜及著名人物三方面介绍丽江白沙乡。

1990. 细说丽江：第一个申报《世界文化遗产名录》/杨一奔等（纳西族）/《民族团结》1996（6）//简介丽江民族文化、古城、绿化及申报《世界文化遗产名录》的工作和震后古城重建工作。

## K928.3 山 川

1991. 玉龙考/段松廷/《云南史志》1996（4）//考证丽江玉龙雪山"玉龙"的来历。

1992. 黎明——滇西北高原上的一颗明珠/彭纲/《丽江文化荟萃》宗教文化出版社 2000 年 4 月//

1993. 绚丽神秘的老君山/王丹/《玉龙山》1998（3）//简介滇西北老君山绚丽的自然风景、古老神秘的传说。

1994. 神奇的丽江风浴洞/杨庆春/《丽江文化荟萃》宗教文化出版社 2000 年 4 月//

1995. 到罗古箐去/依嫱/《玉龙山》2001（4）//介绍丽江城西北老君山罗古箐一坝、九谷、十八岭、三十六峰、七十二箐、九十九潭、一百八十块巧石、三百六十仞扇面的代表性景色。

1996. 山顶古渡口/余嘉华（纳西族）/《玉龙山》2001（3）//描写游丽江城西北巨甸坝南端木瓜山的沿途景色及对山顶古渡口（仙人划船处）来源的几种判断推测。

1997. 黎明：冉冉升起的世界/余金山/《玉龙山》2001（4）//描写介绍丽江城西北 120 公里处老君山腹地——黎明的丹霞地貌景色。

1998. 纳西族的神山神海考/云华/《玉龙山》2001（1）//纳西族的居那若罗神山和美利吉海是纳西族的源头。本文认为位置在内蒙、陕西、山西交界的准格尔凉城境内，即凉城的老虎山和岱海。

## K928.4 水 泊

1999. "三江并流"景区王冠上的明珠/段松廷/《丽江文化荟萃》宗教文化出版社 2000 年 4 月//

2000. 东巴圣境：白水台/和尚礼（纳西族）/《中国旅游》

1998（1）//

2001．束河九鼎龙潭/杨沛诚/《玉龙山》2001（3）//介绍丽江城西北束河古镇九鼎龙潭的景色。

2002．鸟的乐园：拉市海/杨一奔/《丽江文化荟萃》宗教文化出版社2000年4月//

## K928.5 古 城

2003．丽江历史文化名城保护的难点及对策/段松廷/《玉龙山》1996（5）//本文提出突破古城保护难点的思路和对策即：古时：民众保护为主，官方保护为辅；现状：政府保护为主，民众保护为辅；新路"一个结合，一个转化"，走开放式保护之路；对策：增强名城意识，健全管理机构，建立保护基金，让古城居民从保护中受益。

2004．丽江古城被列为"世界文化遗产"/郭大烈（纳西族）/《云南社会科学》1998（1）//本文阐述了丽江成为世界文化遗产的原因，指出丽江古城的保护应进一步引起重视。

2005．重建古城丽江与保护民族文化遗产/郭大烈（纳西族）、郭净、杨福泉（纳西族）/《民族艺术》1997（2）//三位学者对云南丽江古城的重建与保护发表各自的意见。

2006．丽江古城的价值与振兴/和品正（纳西族）/《云南文化资源研究与开发》云南民族出版社1994年11月//本文首先介绍丽江古城的价值：恬静优美的自然景观；神秘的文化；淳朴的民风；多彩的服饰；奇妙的古乐等。其次概述了古城的危机：众多优势正一个个消亡；再次介绍了古城面临的机遇；最后论述了古城的抉择和振兴。

2007．丽江古城行动/华模/《丽江日报》2001－11－17//

2008．丽江古城随想/李克力/《城乡建设》2003（7）//

2009．中国最近被列入世界文化遗产名录历史文化名城和古典园林/罗哲文/《中外文化交流》1998（4）//简介平遥古城、丽江古城和苏州园林。

2010.丽江古城概述/木庚锡（纳西族）/《云南文化资源研究与开发》云南民族出版社1994年11月//本文从古城的沿革、布局、河流、街场、民居五个方面介绍了丽江纳西古城，认为这是纳西先民为后代留下的宝贵遗产。

2011.世界文化遗产：丽江/木基元/《云南历史文化名城研究》云南教育出版社2002年7月//这是《云南历史文化名城研究》的第五章，有：丽江概览、丽江历史文化述要、丽江文物古迹、丽江历史街区、名人笔下的丽江城、历史文化名城丽江的保护与发展共六部分。

2012.延缓岁月的文脉：历史文化名城的保护与发展/木基元/《今日民族》2001（6）//为子孙后代保护历史文物，是我们共同的责任。

2013.世界文化遗产丽江古城的保护及其指导意义/木基元/《云南民族学院学报》1999（6）//本文对如何科学保护丽江古城发表了自己的见解。认为：运好丽江古城这支神来之笔，对于写好建设云南民族文化大省这篇大文章具有画龙点睛的作用。

2014.从丽江古城的保护看建设民族文化大省/木基元（纳西族）/《民族工作》1998（12）//在民族文化大省建设讨论中，作者对丽江古城的保护提出四点看法：古城的保护要贯穿一个"活"字、古城保护应注意培植大环境；要重视民族文化的传承与保护、进一步做好丽江古城的宣传保护；加快国际化旅游城市建设的进程。

2015.试论震后丽江古城的保护/邱宣充/《云南社会科学》1996（4）//文章从丽江的历史沿革、丽江古城的防御工事、丽江军民府府城、丽江丰富的民族文化等方面论述丽江古城的保护。

2016. 走向世界的丽江、平遥古城和苏州古典园林/闻铭/《中国名城》1998（1）//

2017. 丽江古城形成探说/杨世光（纳西族）/《云南民族学院学报（哲社版）》2001（5）//丽江古城的形成经历了长期的过程，它的雏形是唐代的三赕城。本文对这个问题进行了探讨，对相应的史实也进行了考辨。

2018. 世界文化遗产：丽江古城/杨志坚/《东巴文化报》1997年12月号//

2019. 四海来客看古城/樱子，金沙/《玉龙山》2001（2）//描写丽江古城的河流、小桥、居民、民俗。图文并茂，真实自然。

2020. 国家级历史文化名城世界文化遗产丽江/周文华主编/《云南历史文化名城》云南美术出版社1999年2月//其中第三部分介绍丽江的沿革、文物古迹、民族、宗教、艺术、物产资源、民风民俗等。

2021. 走出高原走向世界：庆祝丽江古城申报世界文化遗产成功//《东巴文化报》1997年12月号//

2022. 世界文化遗产平遥、丽江古城//《江苏统计》1998（8）//

2023. 丽江古城被列为世界文化遗产//《云南日报》1997 - 12 - 05//

## K928.6　历史地名

2024. 由丽江古城的地名变迁所想到的/洪卫东/《丽江文化荟萃》宗教文化出版社2000年4月//

2025. 丽江地名浅释：兼论唐代南诏越析诏、丽水节度等治地问题/王树五/《云南省历史所研究集刊》1983（2）//本文介绍丽江地名的来历含义以及唐代南诏越析诏、丽水节度与今丽江

"统辖关系"等问题。

### K928.7　名胜古迹

2026.玉龙锁脉寺/巴若/《丽江文化荟萃》宗教文化出版社2000年4月//

2027.康熙年间的丽江天文测量点/段松廷/《丽江文化荟萃》宗教文化出版社2000年4月//又见《丽江志苑》1989年2期。

2028.丽江诚款培风塔/段松廷/《丽江文化荟萃》宗教文化出版社2000年4月//

2029.丽江靴顶寺/段松廷/《丽江文化荟萃》宗教文化出版社2000年4月//

2030.丽江古建筑/段松廷/《云南文史丛刊》1990（1）//介绍了丽江古建筑八处。

2031.万里长江第一桥/段松廷/《云南文史丛刊》1989（4）//介绍了已毁的万里长江第一桥——建于680年的丽江塔城神川古铁桥和现存的万里长江第一桥——建于1879年的丽江古井里渡金龙铁索桥。

2032.丽江名山川、古城传说/耕勤/《丽江文史资料·第15辑》1996年12月//整理记叙了丽江玉龙山、虎跳峡、老君山、九十九龙潭、黎明飞人洞、龟山和马鞍山、蛇山、阿老山和阿奶山、古城大研镇、公本支、四方街、石碑坊、关门口石狮子、百岁坊石拱桥、阿溢灿水井、宝山石头城的传说。

2033.重修木府记/郭大烈（纳西族）/《东巴文化报》1999 - 02 - 03//

2034.丽江东坝子庙宇及其庙会/和鉴彩（纳西族）/《丽江文史资料·第10辑》1991年10月//简介震青山玉皇殿"一碗水"的"法喜寺"东山庙的建筑情况、活动及被毁情况。

2035. 丽江宝山古石城/和明仁/《丽江文化荟萃》宗教文化出版社 2000 年 4 月//

2036. 将台和石门关/和瑞尧/《丽江文化荟萃》宗教文化出版社 2000 年 4 月//将台和石门关是一个完整的军事设施和防守体系。将台雄踞在石鼓西北江边的一个险峻独立的山崖之巅，石门关是将台东面江边石崖上人工开凿的几个口子。本文介绍将台和石门关的传说、地理位置、古今概况。

2037. 释迦佛落脚的地方/和涛/《丽江文化荟萃》宗教文化出版社 2000 年 4 月//简介正觉寺、玉砚台——文笔海、泉水群、海边村庄、蜂花相会圣地、文笔山等。

2038. 唐代纳西族的古建筑：北岳庙/和在瑞（纳西族）/《丽江文史资料·第 2 辑》1986 年 12 月//简介纳西族古建筑——北岳庙。

2039. 万德宫：徐霞客传授文化的地方/和在瑞（纳西族）/《丽江文史资料·第 3 辑》1987 年 6 月//万德宫距丽江县城八公里，是明代木氏土知府的行宫。现为丽江名胜古迹之一。本文摘引《徐霞客滇游日记》描述介绍万德宫。

2040. 老君山“丽江人”祭天坛/和湛/《丽江文化荟萃》宗教文化出版社 2000 年 4 月//文章认为老君山“丽江人”祭天坛是纳西族的先民“丽江人”在五至十万年前，按自己独特的哲理建造的，有较高的价值。

2041. 丽江古建筑：法云阁/李承铺摄/《民族文化》1982 (2) //封三照片。

2042. 白马龙潭寺/李共久/《丽江文化荟萃》宗教文化出版社 2000 年 4 月//

2043. 丽江古桥梁概述/李共久/《丽江文史资料·第 4 辑》1987 年 12 月//介绍了飞悬峡谷的铁索桥、桥屋皆备的风雨桥、古城明清石拱桥群体。收入《丽江文化荟萃》宗教文化出版社

2000 年 4 月。

2044. 万里长江上的古铁桥/李共久/《丽江志苑》1988
(1) //叙述长江上游的丽江金龙桥的建桥传说及有关情况。

2045. 丽江古桥梁概述/李共久/《云南文史丛刊》1990
(1) //本文叙述建于 680 年之丽江塔城神川大铁桥及建于 1879
年之丽江（七河乡）古井里渡金龙铁索桥。

2046. 丽江小长城/李锡/《丽江文化荟萃》宗教文化出版社
2000 年 4 月//丽江小长城位于离丽江城南二十余里的金山乡漾
西行政村和七河乡共和行政村之间的关坡一带。其对研究丽江地
方史及滇西北民族关系史，发展旅游事业将起到重要作用。

2047. 丽江古建筑考察/刘敦桢/《丽江文史资料·第 8 辑》
1989 年 12 月//作者是著名建筑家，1938 年到丽江调查古建筑，
并作了极高评价。本文是为期九天的考察日记及考察点的记叙评
价。收入《丽江文化荟萃》宗教文化出版社 2000 年 4 月。

2048. 重修北岳庙记/木公（纳西族）/《丽江文史资料·第 2
辑》1986 年 12 月//

2049. 丽江五大古刹/阙兆麒（纳西族）/《民族文化》1982
(2) //本文对丽江"指云寺"、"文峰寺"、"福国寺"、"普济寺"、
"玉峰寺"的建筑风格和结构形成作了介绍。

2050. 汉白玉萦绕的殿楼——壮丽的云南丽江木府/王嘉杰/
《石材》2003（6）//云南丽江古城大研镇，是中国历史文化名
城、世界文化遗产。她具有"高原姑苏"、"东方日内瓦"等誉
称，地灵人杰，钟灵毓秀。这里的"小桥、流水、人家"和"玉
壁、金川、东巴"的独特自然人文景观像磁石一样，吸引着众多
的中外游客一年四季络绎不绝，而丽江古城的建筑精华却是木
府，她是古城的骄傲。

2051. 大觉宫/王志泓/《丽江文化荟萃》宗教文化出版社
2000 年 4 月//

2052. 湖山辉映东林寺/王志泓/《丽江文化荟萃》宗教文化出版社 2000 年 4 月//

2053. 启文寺/王志泓/《丽江文化荟萃》宗教文化出版社 2000 年 4 月//

2054. 木氏土司王宫"茶占"述略/徐丽华/《中甸县志通讯》1989（1）//

2055. 丽江北岳庙/雪峰/《丽江文化荟萃》宗教文化出版社 2000 年 4 月//

2056. 明末木土司建筑群探述/杨尔鼎/《丽江文史资料·第 15 辑》1996 年 12 月//明末木土司廨舍不断增建修饰，到木增时期，真是"拟于王者"。咸丰云南回民起义，木府建筑被毁。本文根据古人记载，原地址痕迹，相传下来的口碑，重新想象描述木府当年的盛况：有木府老廨舍、木氏勋祠、木府新廨舍的描述。

2057. 丽江"木府"重建记/杨福泉（纳西族）/《云南文史资料选辑·第 57 辑》//本文从木府劫难，灰烬中的苏醒，殚精竭虑的设计，三族共饮同心酒，雪城凤凰长舞等 5 个方面，详细报道重建木府的经过。

2058. 神州铁桥话当年/杨启昌/《丽江文化荟萃》宗教文化出版社 2000 年 4 月//

2059. 白地东巴圣境的形成和发展/杨正文（纳西族）/《东巴文化论》云南人民出版社 1991 年 3 月//白地东巴文化约在明末清初已达到高峰，成为整个纳西族东巴文化的代表。作者从九个方面论述了白地是东巴文化高峰时期的标志。

2060. 纳西族东巴文化古都：白地/杨正文（纳西族）/《迪庆州情研究》1998（1、2）合刊//本文以东巴象形文字成熟于白地，白地经卷堪称范本，白地的东巴雄冠天下论证白地古都地位的确立。并介绍了白地的朝拜仪式、拜师仪式及前往朝拜的东巴及学者。

2061. 神秘的纳西族王宫：丽江木府/游丽/《东南亚南亚信息》2001（9）//

2062. 宫室之丽拟于王者：恢复重建木府工程竣工散记/赵净修（纳西族）/《东巴文化报》1999-02-03//记叙木府重建工程的设计建筑过程。

2063. 纵横古城木府/赵晓鹰/《玉龙山》2000（1）//追述丽江土司木府的兴衰及1856—1872年（乱世18年）被毁的经过。

2064. 白岳庙志略/周源/《玉龙山》1999（6）//白岳庙是丽江玉龙山的山神庙，是唯一属于纳西本民族的一个神庙。本文简述白岳庙的建立、沿革、庙内景观。该庙1993年被列为省级重点文物保护单位。

### K928.9 旅行、游记

2065. 雪山古城话丽江/陈秀红/《中学地理教学参考》2002（4）//

2066. 梦中的纳西古国/丁宗皓/《民间文化旅游杂志》2001（11）//

2067. 高原水乡——丽江/傅光明/《湖北财税》2001（17）//

2068. 丽江三叠/胡性能/《今日民族》2001（12）//

2069. 寻梦泸沽湖/黄尧/《中国旅游》1998（1）//

2070. 中国的威尼斯：丽江/肯·基伯克/彭永和译/《丽江文化荟萃》宗教文化出版社2000年4月//这是作者游丽江的感受。

2071. 九十九龙潭抒怀/李方/《丽江文化荟萃》宗教文化出版社2000年4月//

2072. 阳春白雪玉龙山/李霖灿/《丽江文化荟萃》宗教文化出版社2000年4月//这是作者抗战时期到丽江的游记。

2073. 白水台/李霖灿/《云南文史丛刊》1992（1）//这是作者 1941 年到丽江考察，游中甸白水台的散文游记。

2074. 丽江古城三题/马霁鸿/《丝绸之路》2001（4）//

2075. 归去来兮梦之丽江/马朱/《民间文化旅游杂志》2001（3）//记叙外地人对丽江的评价。

2076. 人间仙境　梦中净土：丽江/纳溪紫樱/《神州学人》2001（5）//

2077. 人在丽江/青鸟/《民间文化旅游杂志》2001（3）//

2078. 高原水乡——丽江古城/邱慧均/《丝绸之路》2002（4）//

2079. 泸沽湖畔的"女儿国"/沙平/《黄山》1998（1）//

2080. 泸沽湖的风情/宋兆麟/《旅游天府》1980（1）//

2081. 女儿国纪行/宋兆麟/《民俗研究》2000（3）//

2082. 丽江观风/汪懋祖/《东方杂志》1946 年第 42 卷 17 期//内容有：丽江在历史上的表现；社会生活与文化；丽江教育概况；风景与名胜，并附诗六首。作者认为丽江人情之笃厚，风土之清嘉，景色之伟丽，至今念念不忘。

2083. 探访纳西"石头城"/汪永晨/《森林与人类》2001（12）//

2084. 丽江古城人间天堂/阎文敏/《森林与人类》1999（6）//

2085. 丽江游/杨汉新/《神州学人》2002（3）//

2086. 乡村风情/杨树昌/《丽江文化荟萃》宗教文化出版社 2000 年 4 月//简介丽江黄山乡的乡村风情。

2087. 神秘莫测的金丝厂/姚国军/《丽江文化荟萃》宗教文化出版社 2000 年 4 月//金丝厂是老君山的最高峰，也是老君山风景区中最富有神秘性和探险性的风景点之一。本文简介它的奇观。

2088. 揭开"玉龙第三国"的神奇谜底/张泉/《城乡建设》2002（2）//

2089. 丽江行/赵发元/《丽江文化荟萃》宗教文化出版社2000年4月//

2090. 深山里的摩梭人/郑永康，戴文翰/《民族团结》1981（4）//记录了到云南永宁摩梭人苏拉来·玉石比里家做客的情景，并对"阿注"婚进行了介绍。

2091. 重来领略故园秋/周克坚/《民族团结》1992（10）//作者感慨丽江迷人的风光、古老的纳西文化及吸引中外学者探访的神奇魅力。

2092. 温馨四方街/朱新地/《前进论坛》1999（9）//

2093. 泡在丽江//《旅游》2001（2）//

# N  自然科学总论

## N05  自然科学

2094. 纳西族东巴经中的减灾科学："好劳里肯"习俗/和景昊（纳西族）/《中国减灾》1996（1）//本文在文献的基础上，对东巴经减灾卷的封面，从自然科学角度作进一步解释，并作讨论。

2095.《崇搬图》一书有关地球物理减灾科学部分评述/和景昊、白庚胜（纳西族）//《崇搬图》是纳西族东巴文经典之一，文章评述了该书有关地球物理减灾科学部分，包括：人类早期的地球观、地震和洪水灾害、抗震减灾以及重建家园。

2096. 纳西族象形文字中科学知识初探/赵慧芝/《第二届中国少数民族科技史国际学术讨论会论文集》社会科学文献出版社1996年8月//本文对《纳西象形文字谱》及有关文献中所收之象形文字进行初步分析，将其中所反映的自然科学知识作简要介绍。原载《自然科学史研究》1995年2期。

## N09  科技史

2097. 纳西族的传统应用技术（上）/丁立平/《云南民族学院学报（哲社版）》1993（4）//纳西族在其漫长的历史过程中，形成了丰富多彩、有强烈民族特色的文化。本文就以其传统应用技术方面，包括铜铁冶炼、制革、制盐、制酒、农牧、水利、造纸、印刷、天文、医学等作全面叙述。

2098. 纳西族的科学、文化和艺术/和志武（纳西族）/《云南省历史所研究集刊》1979（3）//本书介绍纳西族的天文知识、医学知识、文学、音乐、舞蹈、建筑、绘画、雕塑和纳西象形文字、东巴经。

2099. 纳西族传统技术和生存方式调查报告/课题组著/《丽江东巴文化博物馆论文集》云南人民出版社 2002 年 3 月//报告分两部分，第一部分是对本次调查的总体介绍，第二部分是对传统技术的初步归纳和总结。传统技术包括陶器制造、造纸技术、纺织技术、金属技术、酿造技术、水力机械和榨具、农业与水利工程、渔业与畜牧业、自然科学知识等。

2100. 云南纳西族水磨的调查研究/张柏春/《第二届中国少数民族科技史国际学术讨论会论文集》社会科学文献出版社 1996 年 8 月//作者 1993 年 6 月调查测绘了一台纳西族村民使用的水磨。本文从机械学角度对其进行分析，显示中国传统技术的内容比古书的记载要丰富得多。

## N2 科研机构

2101. 庐山植物园丽江工作站始末/段松廷/《云南方志》1991（3）//抗战时期庐山植物园撤至云南，以"庐山植物园丽江工作站"名义，在丽江渡过艰苦的八年。本文简介工作站在丽江八年的工作及成果。

## N82 中国自然科学调查、考察

2102. 中外植物学家到"植物王国"丽江考察纪略/牛存道/《丽江文史资料·第 14 辑》1995 年 10 月//记叙 1873 年开始，法、英、奥、美、瑞士等国传教士、旅行家、植物学家及我国植物学家整整一百年间在丽江作植物调查、采集标本和籽种的情况。

# P 天文学、地球科学

## P1 天文学

2103. 东巴经《病因卜》中的历法知识与哲学认识的考察/李国文/《东巴文化论》云南人民出版社 1991 年 3 月//本文通过东巴经《病因卜》对人生疾病等的占卜方法，考察其中所包含的有关历法知识与哲学认识。原载《宗教调查与研究》1986 年 1 期。

2104. 东巴古籍中的二十八宿/李例芬/《云南文化资源研究与开发》云南民族出版社 1994 年 11 月//二十八宿就是古人为比较日、月的运行，作为观测时的标志而选择的二十八个星宿。纳西族的二十八宿，在东巴古籍中常有提及，在"祭星"或"星占"的古籍中更是不可少的内容。作者认为应将纳西族的二十八宿作为一种自存的、独立的体系来考察，而不应放进汉族二十八宿的模子中去辨认。

2105. 东巴古籍中的星象及二十八宿/李例芬/《东巴文化研究通讯》1991（2）//本文介绍分析了东巴古籍中纳西族先民对星空的认识及古籍中的二十八宿，并与印度及彝族的二十八宿作比较。

2106. 么些人的干支纪时/李霖灿/《么些研究论文集》之八，台湾：故宫博物院，故宫丛刊甲种之三十二，1984 年 7 月初版//么些号称"占卜的民族"，占卜有干支纪时。么些干支纪时虽然抄袭汉人的，但很富有文艺气氛，也可以说是一种创造。

从经典记载和口头传说，地支十二生肖都是动物，以鼠为首，牛为第二，虎为第三，兔为第四（子、丑、寅、卯），以下是龙（辰）、蛇（巳）、马（午）、羊（未）、猴（申）、鸡（酉）、狗（戌）、猪（亥）地支和十二生肖相配合，天干和五行相配合。这样五乘十二，恰巧就是六十花甲子的一个循环。么些人天干和五行的配合，也是东方甲乙木、南方丙丁火、西方庚辛金、北方壬癸水、中朵龙己土。么些的干支纪日虽原意是在占卜，但对么些文化却有不少珍贵的贡献。

2107. 纳西族东巴经中的天文历法知识/朱宝田/《中国天文学史文集》第8辑科学出版社1980年//

2108. 纳西族东巴经中的天文知识/朱宝田，陈久金/《东巴文化研究资料汇编》之一东巴文化研究室1983年8月//本文分析探讨东巴经中反映的天地开辟及其结构和历法知识。

### P316.274 地震调查、地震志

2109. 丽江地震史话/段松廷/《丽江文史资料·第12辑》1992年10月//记叙丽江在明代发生的三次地震和清代发生的五次地震的简况。

### P468.74 区域气候

2110. 丽江地区旅游气候资源研究/李京平，胡毅，朱克云/《成都信息工程学院学报》2001（3）//通过对能代表丽江地区的丽江古城、云杉坪、石鼓3站的气候及其变化进行了分析，并计算和分析了3站逐月的舒适指数，得出：丽江古城近期气温升高，降水减少，丽江最适宜旅游的季节是5～8月，石鼓是4、5月和9、10月，云杉坪是7月。

# Q 生物科学

## Q-9 生物资源调查

2111. 丽江森林资源调查与发展规划/何健，陶当秀/《林业科技通讯》2001 (8). //在丽江发展商品林受到气候、地形、地貌等多种因素的制约，再加上其特殊的地理位置和长江流域经济区发展的需要，只能搞生态公益林，不适宜搞商品林。

2112. 丽江玉龙山的自然环境及药用植物/吕学文/《丽江文史资料·第18辑》1999年10月//文章从药用植物的生长环境、生态的不同，分四类介绍玉龙山的药用植物。

2113. 丽江玉龙山的丰富植物资源/曲仲湘/《云南日报》1956-12-25//

2114. 云南省丽江纳西族自治县石头乡利苴行政村天然林保护工程调研报告/吴璟/《林业经济》2000 (3) //云南丽江地区丽江县利苴村有森林面积38万亩，村集体收入近一半来自木材采伐和木材加工及其服务行业。天然林禁伐对利苴村的影响主要表现为：行政村集体收入减少约50%，基础设施、公益事业建设均由于无资金而停顿；村民人均仅有粮191公斤，收入250元，村民返贫现象增多。目前，亟待理顺森林管护体系，分别制定社区和农户发展计划，培养和扶持社区能人，建立森林资源共同管理模式，强调农户的参与。

2115. 玉龙杜鹃花/杨润光（纳西族）/《民族文化》1982 (5) //玉龙杜鹃花被纳西人称为"百花之冠"。据考察现已发现的品种达 41 个。引起中外学者的重视，写有不少专著。

## Q98　人类学

2116. 纳西人的体质/夫巴（纳西族）/《民族学》1991
(2) //在历次征兵中，纳西族体质较为优良。本文分析其体质较好的三个原因。

2117. 云南纳西族 HLA－DRBl 基因多态性研究及其族源分析/贾宗剑，朱玉芳/《遗传学报》2001 (12) //首次在国内采用本室改进的高分辨率的基于内含子的 PcR—5BT 分型方法，检测云南纳西族 HLA—DRBl 基因多态性。对纳西族和世界各地人群的 HLA—DRBl 频率进行了聚类分析。比较分析的结果显示纳西族明显属于中国南方族群，显示出其族源来自北方的痕迹：根据遗传数据，并参照民族学、历史学研究，对其民族起源做了初步的分析。

2118. 云南丽江盆地一个第四纪哺乳类化石地点/李有恒/《古脊椎动物与人类》第五卷 2 期 1961 年 2 月//本文对云南省博物馆的三根人类骸骨标本及古哺乳类材料的出土地点进一步调查，叙述了地层观察情况，哺乳类化石情况及丽江人类材料情况。

2119. 云南纳西族的体质特征研究/刘冠豪，茶发昌/《人类学学报》1992 (1) //

2120. 纳西族和普米族的红细胞血型分布/肖春杰，张卫红/《遗传学报》1995 (4) //调查了云南纳西族和普米族各 104 人的 ABO、NMSs、Rh 和 P 血型系统。结果表明，ABO 血型系统中，纳西族和普米族有较高的基因频率 r，分别为 0.608 2 和 0.688 2，且基因频率 p = q，纳西族均为 0.195 9，普米族均为 0.155 9。MNSw 系统中两个民族都表现 m〉n、s〉s，Ms〉Ns、MS〉NS，其中纳西族的基因频率在国内报道的相应值中是比较高的，且 NS 为零。

# R 医药、卫生

## R29 民族医学

2121. 傣、藏、白、纳西族的医学遗产/夏光辅/《云南省历史所研究集刊》1988（2）//文章介绍了四个民族的医药知识、理论、发展和形成过程。

## R295.7 纳西族医学

2122. 论纳西族"东巴医药学"的形成和特点/郭世民，杨钊/《云南中医中药杂志》1995（2）//从东巴医药学的源流、东巴医药学的疾病概念与生死观等方面论述其特点。

2123. 纳西族治流行性腮腺炎验方4则/和海秋/《中国民族民间医药杂志》2003（2）//介绍4则纳西族民间治疗流行性腮腺炎的验方。

2124. 纳西族妇女的传统医药保健知识调查/和鸿昌等（纳西族）/《民族学》1995（3）//千百年来纳西族妇女在同病魔与死亡作斗争，不断战胜疾病的过程中，充分利用了得天独厚的动植物天然资源，从实践中逐渐积累了因地制宜简便易行的传统医药保健知识。本文就纳西族妇女的传统医药保健知识的历史、内容，特别是关于经期、妊娠期、产期、哺乳期以及婴幼儿抚育等方面进行了深入的调查研究。

2125. 摩梭人的民间疗法/喇优抓等/《中国民族民间医药杂志》1996（6）//介绍摩梭人用天然物质治疗疾病的三种方法。

2126. 泸沽湖纳日人的原始医药/李达珠，李耕冬/《第二届中国少数民族科技史国际学术讨论会论文集》社会科学文献出版社 1996 年 8 月//主要介绍四川盐源县纳日人的医药概况、对疾病的认识、治疗方法及巫术医学。

2127. 纳日人的民间疗法/李达珠等/《中国民族民间医药杂志》1995（5）//介绍纳日人的七种民间疗法。

2128. 纳西族的"东巴医学"/李国文/《玉振金声探东巴：国际东巴文化艺术学术研讨会论文集》社会科学文献出版社 2002 年 6 月//本文介绍了东巴经文献对"医"、"药"的记录、东巴经文献中的"病因说"、东巴经记录中的医术，希望"东巴医学"能引起人们的重视。

2129. 纳西东巴经中医学（英文）/李国文/《中国西南地区与东南亚大陆跨境民族文化动态》2000 年版//本文根据东巴经中所记录的医药、医学，提出东巴中医学一说。主要内容有：与人体脏腑、医、药相关的象形文字列举；东巴文献对"医"、"药"的记录；东巴经文献中的"病因"说；东巴经文献记录中的医术。

2130. 纳西族象形文字东巴经《病因卜》译稿/李国文/《哲学与文化》1992（3），1993（1），1999（2）//作者 1985 年 4 月在中甸县三坝区调查收集到东巴经典《病因卜》。由东巴和积贵先生读讲本经典。作者对该经典读语逐字作了记录和汉语直译，经整理后采用纳西拼音文注音，汉语意译的形式书写出来。

2131. 泸沽湖摩梭人的民俗与医学/李茂琼/《中国民族民间医药杂志》1997（4）//从民俗学角度说明摩梭人许多原始而独特的民风民俗中包含着丰富的卫生保健等医学常识。

2132. 云南纳西族传统医药发展概况/李云森，和万寿/《中国民族民间医药杂志》2001（3）//纳西医药学是传统医药学这个大家庭中不可缺少的一员，其中有许多宝贵的治疗经验和药物值得研究开发，它是中国传统医药学中一块尚待发掘的宝藏。

2133.纳西族药寿柞中抗癌活性成分的研究及其含量测定/刘光明等/《中国民族民间医药杂志》1994 年（3）//从寿柞（红豆杉）茎皮中分离得到具有广谱抗癌活性的化合物紫杉醇。

2134.纳西族民间外治疗法/吕学文，毛龙发/《中国民族民间医药杂志》1998（4）//介绍纳西族民间的五种外治疗法。

2135.丽江纳西族医药发展概述/毛龙发/《丽江文史资料·第 13 辑》1992 年 10 月//纳西族传统医药的发展，经历了漫长的历史过程，是一个以本民族医学为起点，融合其他民族医药知识的多元性历史过程。收入《丽江文化荟萃》宗教文化出版社 2000 年 4 月。

2136.纳西族东巴医学概论/毛龙发/《丽江教育学院学报》2001（1）//本文概述东巴医学的情况，介绍东巴医病因诊断《治病医书》及有名的东巴医生。认为东巴的原始思维方式及神职人员的身份等多种局限，是东巴医长期不能发展的原因，东巴医的衰落是时代的产物，也是人类进步的体现。

2137.东巴与纳西族民间医药/毛龙发/《玉龙山》1998（3）//很多东巴是当地的民间医生。本文简介东巴治病识药的情况、东巴用象形文写成的医药手抄本，这是纳西族先民早期的医药记录。收入《丽江文化荟萃》宗教文化出版社 2000 年 4 月。

2138.浅析东巴文《治病医书》/毛龙发/《玉龙山》1999（6）//简介 1992 年杨钊医生在丽江大具乡和学珍东巴处访得的东巴文医书《治病医书》，该书记有 15 种疾病和多种疑难疾病的治疗方法。此书的发掘研究可弥补东巴文化研究和自然科学研究的不足。

2139.纳西族民间药金不换临床应用二则/毛龙发/《中国民族民间医药杂志》1996（6）//介绍用金不换治支气管炎和乌头碱中毒。

2140.纳西族东巴经对病因的认识/毛龙发/《中国民族民间医药杂志》1997（3）//纳西族东巴经关于病因的认识，已有现代医学病因学的萌芽。关于病因的描述有许多迷信色彩，要实事求是地给予综合分析、研究，得出符合实际的结论。

2141.东巴文治病医书/毛龙发/《中国民族民间医药杂志》2000（3）//简介东巴文医书《治病医书》的成书年代及书的内容。

2142.多元文化与丽江纳西族医药/毛龙发，吕学文/《中国民族医药杂志》1999（增刊）//

2143.纳西族东巴医药研究/田安宁，田陆云/《中国民族民间医药杂志》2001（1）//在纳西族东巴医药的建立和发展史上，带有浓郁的原始宗教文化色彩，他们的医学经验是零散的医学知识，始终处于一种医巫混淆的医学阶段，不可能发展成为完整的医学理论。

2144.纳西族东巴医药学的初步整理研究/田安宁，杨钊/《中国民族医药杂志》2003（1）//

2145.纳西族东巴医学的疾病观初探/田安宁、杨钊/《中医中药杂志》1995（3）//

2146.解放前丽江医药卫生简史/杨吉仁/《丽江文史资料·第3辑》1987年6月//主要介绍发病情况和医药卫生。

2147.纳西族民间医药简介/杨俊生/《玉龙山》1992（4）//简介自明代以来纳西族民间医药的情况及民间医生、药方。

2148.丽江的药材/曾育麟/《云南日报》1956–11–17//

2149.纳西族的本草书：玉龙本草/曾育麟/《中国民族民间医药杂志》1999（1）//本文内容包括：追寻《玉龙本草》；关于《玉龙本草图影》；收载药物品种及学名；保护世界历史文化遗产——重修《玉龙本草》。

2150.纳西族民族医药/张荣平等/《中国民族民间医药杂

志》1996（6）//论述了纳西族民族医药简史、现状和发展。

2151.纳西族医药概述/赵爱华等/《中国民族民间医药杂志》1998（5）//简述纳西族医药的萌芽、纳西族医药与汉医药的融合及纳西族药物代表专著《玉龙本草》。

2152.略论纳西族东巴医药的特点/赵天敏、赵昕/《中医中药杂志》1999（1）//

2153.纳西族"止泻"验方治疗儿童顽固性腹泻30例//《中国民族民间医药杂志》2001（6）//

## R767.92　嗓音医学　语言医学

2154.汉族、纳西族、白族正常儿童嗓音声学和电声门图参数调查及其异同分析/赵生全，张铁松/《临床耳鼻喉科杂志》2000（7）//探寻汉族、纳西族、白族正常儿童嗓音声学和电声门图正常值及三者间差异。

# T　工业技术

## TS103.33　织　机

2155. 纳西族的古老织机/朱宝田/《民族文化》1982（2）//
该文是介绍纳西族的麻布织机的短文。

## TS262.3　酿　造

2156. 纳西人的窨酒/张德志/《民族团结》1992（3）//介绍
纳西族窨酒的历史、制作方法及饮酒等习俗。

## TS7　造　纸

2157. 浅探纳西东巴造纸技术/和虹（纳西族）/《广西民族
学院学报（自然科学版）》2001（2）//介绍东巴纸的特点和生产
历史，详细说明东巴纸生产原料的特点和来源、东巴纸的生产工
具和工艺，探讨纳西族造纸技术的渊源，提出东巴纸有较大的市
场潜力。

2158. 中甸县白地东巴教造纸术/和继全/《云南民族学院五
十周年校庆学术论文集·第四辑》云南大学出版社 2001 年 4 月//
本文介绍了中甸县白地东巴教造纸的一般情况和造纸程序。

2159. 丽江造纸/李瑞泉/《丽江文化荟萃》宗教文化出版社
2000 年 4 月//丽江县大研镇新义街积善巷，纳西话的村名叫造
纸村，其所造的纸在全国的纸史中有一定位置，本文简介其造纸
的历史。

2160. 纳西族的手工造纸/李晓岑/《云南社会科学》2003
(3)//作者通过对云南丽江的大具乡、大研镇和香格里拉县三坝
乡的纳西族手工造纸工艺进行的实地调查，认为纳西族的手工造
纸既受到西藏固定式纸帘造纸方法的影响，也受到中国内地常见
的活动式纸帘造纸方法的影响，这种造纸方法除与西藏接近的云
南迪庆以外，在中国大陆其他地区未见。因此，纳西族手工造纸
在中国造纸史上具有独特的价值。

2161. 云南少数民族的造纸与印刷技术/李晓岑/《中国科技
史料》1997（1）//本文全面探讨云南少数民族的造纸和印刷技
术的产生和发展，着重讨论了白族、纳西族、傣族的传统造纸
工艺。

2162. 云南少数民族的手工造纸：纳西族/李晓岑，朱霞/
《云南少数民族的手工造纸》云南美术出版社 1999 年 5 月//第三
部分第一节简介纳西族手工造纸。

### TS941.12 服饰文化

2163. 纳西族七星披肩的文化内蕴/和向红（纳西族）/《云
南民族学院学报（哲社版）》1991（2）//七星羊皮是纳西族妇女
背上佩有装饰物的披肩，它是纳西族有别于其他民族的、最富有
民族特色和地方色彩的服饰。本文拟就此作一探究，借以说明这
个文化服饰的崭新寓意，并挖掘积淀于此的文化学、民族学、历
史学的内蕴，进而论证与它有关的古羌人南迁与丽江土著居民融
合发展，共创东巴文化的一些见解和看法。

2164. 纳西服饰艺术/蓝碧瑛/《玉龙山》2000（3）//本文从
服饰有基本形制、纳西服饰的色彩特征、图案纹样三方面阐述纳
西人在服饰上的独特审美风格。

2165. 略论民族服饰的传承与发展：以纳西族服饰的流变和
推广为例/木基元/《思想战线》2002（3）//纳西族服饰流变的

研究和纳西族服饰的传承推广，为各民族服饰的保护传承提供了一个范例。继承、创新是弘扬民族服饰文化的根本，要正确认识民族服饰的重要价值，搞好宣传，并与民族地区的经济文化紧密结合，走与旅游同步发展的道路。采取分类指导的原则，加快与世界的接轨，是我们传承和发展民族服饰的根本目的。

2166. 东巴古代墨迹蕴藏的纳西服饰写真史/杨德鋆/《文艺研究》2002（1）//本文作者经多年研究，把东巴墨迹加以收集、梳理、分类，结合历史文献和实地考察材料，对其进行客观的系统的比较探析，将纳西族古往今来穿戴艺术的独特风貌及其发展演变历程作了科学的论述。世界文化名城丽江至今依旧闪烁着的滇西北古老服饰光影，读者可从文中寻识和领略。

2167. 纳西族的服饰文化/杨丽莹/《玉龙山》1998（5）//简介纳西披星戴月和用白、蓝、黑三原色调配的古朴而多姿多彩的服饰文化特点。收入《丽江文化荟萃》宗教文化出版社 2000 年 4 月。

2168. 羊皮披肩：纳西族图腾文化的显现/赵淑苹/《丽江报》1995－06－06//

## TS972.182.8 纳西族食谱、菜谱

2169. 纳西族木氏土司菜系/孙炯/《山茶》1994（2）//介绍昔日木氏御厨的后代丽江古路湾宾馆厨师长和向前、张长顺及其所做名菜。

2170. 丽江历史上几种传统菜谱/唐有为/《丽江文史资料·第 12 辑》1992 年 10 月//本文根据大研镇有名的厨师杨木林的叙述整理、介绍了十多种菜谱。

2171. 丰富多彩的纳西饮食谱/赵净修/《丽江文化荟萃》宗教文化出版社 2000 年 4 月//介绍纳西族的年饭饮食、宴席饮食、家常主食及菜谱。

## TS972.21  炊事工具

2172. 山泉引自源头处：水碓水磨及其他/和瑞尧/《丽江文化荟萃》宗教文化出版社 2000 年 4 月//简介水碓水磨的结构、功能和效率等。

## TU-092.8  纳西族建筑史

2173. 云南丽江民居（速写）/符宗荣/《重庆建筑》2003（1）//丽江古街"关门口"、丽江水畔民宅、云南丽江民居（速写）。

2174. 丽江古城与纳西族民居/赵芾/《室内设计》1997（4）//大研古城集中地反映了纳西族建筑的风格和艺术水平。本文介绍了古城的位置、城市结构、街道空间、桥空间、建筑群体等。

## TU841.11  城市重建规划

2175. 云南丽江地震民房恢复重建模式论/保明东/《水土保持研究》2001（1）//结合丽江地震灾区实际，论述了就地试点统建、整体恢复重建和易地搬迁统建模式，对研究地震民房恢复重建有着重要意义。

## TU984.2  古城保护

2176. 如何保护丽江宝山石头城/陈登宇/《丽江教育学院学报》2000（3）//本文介绍丽江宝山石头城的概况、特点、存在问题，提出保护行动计划。

2177. 古城建筑的密码：现代混沌学/和湛/《丽江文化荟萃》宗教文化出版社 2000 年 4 月//作者认为现代科学破译的"混沌现象"便是古城的布局密码，有序中的无序，无序中的有序的混沌规律，便是古城的建筑法典。

2178. 文化古城与古城文化/和湛（纳西族）/《玉龙山》1998（6）//本文叙述丽江古城的水和桥，纳西族的庭院和古城田园乡村式的城市和城市化的乡村设计。

2179. 丽江纳西族民居的平面布局/木庚锡/《丽江文化荟萃》宗教文化出版社 2000 年 4 月//介绍了纳西族民居平面布局的基本形式、布局的特点、民居的材料与构架、民居的建筑艺术。

2180. 在东巴教祭坛揭开人类童年文化史：建设史前文化史畅想园构想/木丽春（纳西族）/《玉龙山》2000（3）//本文阐述在丽江建成国际旅游城市规划目标的建设项目中，建造一座展现世界人类仅存的、独有的史前文化发展史畅想园的构想。

2181. 丽江古城的选址、布局/杨景山/《丽江文化荟萃》宗教文化出版社 2000 年 4 月//古城的布局，一是以水为脉，随势自然，造就小桥流水人家的园林之美；二是街巷宽窄有度，利于人流物流吞吐。布局是科学的，为科学明智地进行城市布局提供了榜样。

2182. 保护"净土"一方：试谈丽江古城的软件建设/杨一奔/《玉振金声探东巴：国际东巴文化艺术学术研讨会论文集》社会科学文献出版社 2002 年 6 月//文章指出随着丽江知名度的提高，古城的保护愈显出其难度（4 个方面），因此搞好古城软件建设意义重大深远。作者指出应从认识、规划、落实三个方面进行建设。

2183. 云南丽江考察研究报告/郑孝燮，鲍世行/《城市发展研究》1996（5）//介绍背景，并从城址、水系、街巷市场、民居建筑、黑龙潭园林、东巴文化等七方面进行述评。

2184. 一方特色显著的人居环境：云南丽江大研古城析/周文华，徐思淑/《城市规划》1996（5）//本文从大研古城的形成历史、环境格局、空间形态等方面加以描述和分析，从而得出这一方人居环境特色和价值所在，将对其保护和震后重建工作起一定参考作用。

## TV21　水资源调查

2185.丽江城市水环境调查及研究/洪峪森，和尚勤/《云南环境科学》2001（s1）//在多年监测工作基础上，对丽江的城市水环境连续 12 个月的监测分析表明：上游水质优良，中、下游污染严重，主要污染因子依次为粪大肠菌群、氨氮、总 P、BOD5。城市水环境冬季（平水期）较好，春、夏季（枯水期和洪水期）较差。

# U　交通运输

## U448.31　桥　梁

2186. 俄亚大村奇特的木桥/朱宝田/《民族文化》1981
(4) //四川西昌木里县俄亚村冲天河畔有一座独具纳西族风格的
木结构大桥，从有关它的传说和象形文字中可看到纳西族人民建
桥的悠久历史和勤劳智慧。

# X    环境科学、安全科学

## X3    环境保护

2187. 丽江古城传统生态保护意识及其价值初探/和晓蓉/《玉振金声探东巴：国际东巴文化艺术学术研讨会论文集》社会科学文献出版社 2002 年 6 月//有古城概况、环境生态协调保护机制的历史考察、生态环境意识的文化渊源剖析、传统环境生态意识的变迁与留存、对传统环保意识现实意义的探索等部分。提出因地制宜，发挥传统环保意识及民风民俗的力量，走现代化与民族传统文化相辅相成的可持续发展道路。

2188. 苦难的丽江/吉成，木丁/《生态经济》2001（3）//

2189. 云南老君山自然保护区与相关社区文化模块的互利协调/李旭/《云南民族学院学报（哲社版）》2002（1）//老君山自然保护区及其邻近地区的纳西、白、傈僳、普米、彝、汉等民族世代生活交融的历史，是一个既单一又复杂的文化现象。保护区的建立冲击着古老的文化，一方面它能有效地改变传统文化对自然的严重依赖，保护已经相当脆弱的生态环境，另一方面也能为当地乡民更好地解决生存问题。如果加以合理的引导，当地有价值的文化也能够得到有效的保护和发扬。

2190. 还丽江风景区一片安宁的天空/张平，刘大红/《中国无线电管理》2001（4）//

# Z 综合性图书

## Z862 个人著作目录

2191. 方国瑜主要论著目录/林超民编/《丽江文史资料·第13辑》1992年10月//分著作和论文两部分。

著作部分

# B 哲学、宗教

## B2 民族哲学

2192. 东巴文化与纳西哲学/李国文著/《滇文化丛书》/云南人民出版社 1991 年 3 月//本书从纳西东巴文化的实际出发，探析了关于时间空间观念；阴阳观念；宇宙起源与结构模式；人类化生程序；五行思想；原始八卦等哲学命题。是研究纳西族哲学思想的第一本专著。

2193. 纳西族哲学思想史论集/伍雄武编/北京民族出版社 1990 年 12 月//本书收入论文 14 篇，各篇论文作者注意把哲学史研究和纳西族的历史文化、宗教艺术等结合起来研究。

## B932 神话研究

2194. 东巴神话象征论/白庚胜著/《纳西族文化丛书》/云南人民出版社 1998 年 6 月//本书从神龟、神山、神树、神石、眼睛、神海、色彩和桥的信仰等八个涉及纳西族文化的重要方面入手，梳理来源各异、纷繁复杂的象征表象，探寻在象征表象下的、以东巴神话为其主要组成部分的纳西族神话的基本特点。

2195. 东巴神话研究/白庚胜著/中国社会科学院青年学者文库/北京社会科学文献出版社 1999 年 7 月//本书第一次对东巴神话进行了系统清理，勾勒出了东巴神话的神灵体系，在东巴神话的时间、空间、象征、类型、形象比较研究及关系研究方面有独立见解。本书还将东巴神话与东巴教、本教、佛教、道教等进行了认真细致的比较研究。

## B933 原始宗教

2196. 东巴祭天文化/陈烈著/纳西族文化丛书/云南人民出版社 2000 年 12 月//本书从八个方面对纳西族祭天文化作了纵横交替、较为全面的梳理研究。①纳西族祭天文化概述；②祭天仪式规程；③祭天坛上祭祀的主要神祇；④祭天坛上的祖先神；⑤祭天象形文东巴经——《祭天古歌》；⑥纳西族祭天文化——中国祭天文化的继承；⑦同源异流的华夏古歌；⑧纳西族祭天文化与域外文化的比较。

2197. 东巴神谱/戈阿干著/云南美术出版社 2000 年 3 月//本书以画像形式介绍东巴教的神话人物。

2198. 纳西族东巴文学集成：祭天古歌/和开祥读经/戈阿干主编/云南民间文学集成/北京中国民间文艺出版社 1988 年//收《人类繁衍篇》、《放生篇》、《索取长生不老药》、《献熟牺牲篇》、《祭雷电神篇》、《招迎家神篇》、《祭天口诵篇章》、《为无后者祭天》等八章，有附录 2 个。即：①滇、川、藏纳西族祭天习俗考察实录；②东巴小传。

2199. 纳西族东巴教仪式资料汇编/云南省社会科学院东巴文化研究所，《纳西族东巴教仪式资料汇编》课题组编/云南民族出版社 2003 年 8 月//《纳西东巴古籍译注全集》的出版，给学术界提供了一个能够通览东巴文化整体面貌的基本条件，但古籍里一些深刻的思想意义是难以发现的。本书的编撰主要目的是要为《纳西东巴古籍译注全集》中的仪式提供一个较为完整可靠的背景资料。

2200. 中国原始宗教资料丛编·纳西族卷/和志武主编/上海人民出版社 1993 年 10 月//分图腾崇拜、自然崇拜、鬼魂崇拜、生殖崇拜、女神崇拜、巫师、经咒和法器、巫术、禁忌、占卜、社会生产中的人生礼仪，纳西族的原始宗教和原始文化等十一章。并有鬼神谱系、东巴经目录、东巴小传及中外著述等附录。

2201．祭风仪式及木牌画谱/和志武著/纳西族文化丛书/云南人民出版社1992年12月//分祭风木牌画谱译注；木牌画与象形文；祭风仪式内涵；祭风主神达勒阿萨命；殉情的社会历史原因等五个部分。

2202．人神之媒：东巴祭司面面观/李国文著/纳西族文化丛书/云南人民出版社1993年11月//本书包括东巴古称谓及其含义；东巴教祖；东巴沿传方式；东巴知识结构；东巴内部分工和地位划分；象形文字记载的东巴及其分类；各地的东巴（中甸、丽江、永胜、宁蒗、维西、四川省木里、盐源县）共8部分。

2203．近神之路：纳西东巴神路图/李锡主编/丽江东巴文化博物馆编/云南美术出版社2001年12月//神路图是纳西族东巴用于丧葬和超度亡灵仪式中的一种长卷绘画，描绘的是人死后其亡灵从地狱中经过百般磨难转世为人，在东巴祭司的引导下，来到神界和33层天上的一条漫漫长路，在中外学术界有"古代宗教绘画第一长卷"之誉。本图系丽江东巴文化博物馆所藏神路图。全图绘有410多个鬼怪、神灵、东巴祭司等人物和100多个形态各异的动物形态。背面是对104幅图的中、英、日文说明。

2204．原始生命神与生命观/杨福泉著/纳西族文化丛书/云南人民出版社1995年10月//全书六章，以纳西族独特的生命神信仰作支点，探索纳西族关于生命现象的一系列观念、意识，初步展示生死这一人类文化的永恒主题在纳西族古传宗教领域的表现。

### B946.6　藏传佛教

2205．藏族、纳西族、普米族的藏传佛教/杨学政著/《云南宗教文化研究》/云南人民出版社1994年8月//本书是国内外第一部系统探索中国滇、川、藏交界地区的藏族、纳西族、普米族传统的专著。具有资料翔实、内容丰富、观点新颖、文笔流畅的特点。全书分为三章，前有概览，后有资料附录。

### B992.2 占 卜

2206. 东巴骨卜文化/戈阿干著/纳西族文化丛书/云南人民出版社 1999 年 3 月//在《纳西族东巴骨卜文化和象形文骨卜书》一文基础上充实而成。作者认为甲骨文的源头是个谜，经过东巴骨卜的考察，要进一步考索其本源，不能背离中华民族先民所传承的骨卜这一原始占卜形制。占卜文化与中华文明的早期文化有密切关系，经过对东巴骨卜的研究，并以其为线索进行推本溯源，理解殷商之前存在于四五千年的仰韶文化时期，以至比这更远古的一些地下出土文物所蕴含的文化本意。

# C 社会科学总论

## C53 论文集

2207. 方国瑜文集/方国瑜著/林超民编/云南教育出版社 2001年8月//共五辑，第一辑收方先生晚年所写的理论文章和先秦至晋代的有关论著。第二辑收方先生有关唐、宋时期的论著。第三辑收方先生有关元、明、清时期的著作。第四辑收方先生金石学、民族学、历史地理学方面的研究成果。第五辑收方先生三十岁以前语言学和音韵学方面的论著。

2208. 李群杰文集/李群杰著/余嘉华编/云南民族出版社 2001年8月//有学术研究、工作探讨、时政评论、往事回忆、序跋随笔、诗联题词、传记和附录几部分。

## C913.68 妇女社会学

2209. 在女神的天地里（纳西族）/和钟华著/云南民族女性文化丛书/高发元主编/云南教育出版社 1999年5月//有：在家庭王国里、披星戴月、纳西女、走出古老的王国、在山外的世界等4辑，对纳西女性世界及其文化心理特征、多向人生轨迹作了翔实的考察和研究。

## C954 民族社会形态、社会制度

2210. 一个既无父亲也无丈夫的社会/蔡华著/民族学丛书（法文）/法国大学出版社 1997年//作者对泸沽湖畔的摩梭村寨

进行了长期的田野考察和研究，形象生动地记述了摩梭人的特殊民族社会形态、社会制度和婚姻生活，向读者介绍了一个社会在既无丈夫又无父亲的情形下运行的情况。全书约四十五万字。

2211. 生存和文化的选择：摩梭母系制及其现代变迁/和钟华著/云南教育出版社 2000 年 6 月//本书从民族的、女性的、历史的角度，对云南丽江永宁摩梭母系制的形成、演变和存在基础进行了卓有成效的研究，对该地区母系制家庭的结构、社会功能、伦理道德、风俗习惯等作了实事求是的阐述和评价。

2212. 未解之谜，最后的母系部落/李达珠，李耕冬/四川民族出版社 1996 年//

2213. 共夫制与共妻制/宋兆麟著/中华本土文化丛书/上海三联书店 1990 年 7 月//本书作者调查研究了以四川俄亚纳西族为主的西南少数民族的婚姻习俗，对这一复杂的文化现象作了详尽的分析，从而以确凿的实证，打破婚姻形态研究中的一些传统观念，在学术上富有新的建树。

2214. 永宁纳西族的母系制/严汝娴，宋兆麟著/云南人民出版社 1983 年 2 月//本书考察了永宁纳西族母系氏族及其家庭婚姻形态的发展史。包括血缘、群婚与外族群婚、母系氏族、母系亲族、走访婚与阿注、共夫制与共妻制、一夫一妻制及生育制、葬俗、宗教信仰等。

2215. 宁蒗彝族自治县纳西族社会家庭形态调查：宁蒗纳西族家庭婚姻调查（一）/云南省编辑组编/国家民委民族问题五种丛书之一，中国少数民族社会历史调查资料丛刊/云南人民出版社 1987 年 3 月//本书收三份有关宁蒗彝族自治县纳西族社会和家庭形态的调查。第一份反映永宁纳西族保存在封建制度下的母系制及其变化。第二、三份叙述滇蒗地区纳西族家庭形态由母系制转化为父权制的特点。

2216. 宁蒗彝族自治县永宁纳西族社会及其母系制调查：宁

蒗县纳西族家庭婚姻调查（二）/云南省编辑组编/国家民委民族问题五种丛书之一，中国少数民族社会历史调查资料丛刊/云南人民出版社 1988 年 2 月//第二卷叙述宁蒗县永宁区忠实乡等地区纳西族封建领主制，阿注婚姻和母系家庭的翔实资料，重点又报告了纳西族支系"摩梭人"的母系家庭和阿注婚姻。

2217. 宁蒗彝族自治县永宁纳西族社会及其母系制调查：宁蒗县纳西族家庭婚姻调查（三）/云南省编辑组编/国家民委民族问题五种丛书之一，中国少数民族社会历史调查资料丛刊/云南人民出版社 1988 年 9 月//本书有永宁温泉乡、八株乡、拖支乡等地的纳西族领主经济和母系制，书中记载的是泸沽湖畔的纳西族中残留的母系氏族时代的遗俗以及他们的生产生活的生动情景。

2218. 永宁纳西族的阿注婚姻和母系家庭/詹承绪等著/上海人民出版社 1980 年 9 月//本书较详细地介绍了云南永宁纳西族的阿注婚姻和母系家庭，介绍和探讨了阿注婚向一夫一妻婚姻的过渡和逐步确立以及与婚姻家庭有关的文化习俗，分析了阿注婚姻和母系家庭长期存在的原因。

2219. 无父无夫的国度：重女不轻男的母系摩梭/周华山著/光明日报出版社 2001 年 3 月//作者与摩梭人同吃同住一年，写成本书。文中提出了一些发人深省的观点，如"女本男末"、"尊母不贬女"、"重女不轻男"。特别是"害羞文化"的提出，使过去难以解释的现象豁然开朗。

## C956　民族关系·民族融合

2220. 纳西族与藏族历史关系研究/杨福泉著/云南大学博士学位论文/2001 年 12 月//论文分为六部分，①同源异流的两族关系探讨；②纳藏两族历史上的政治关系；③纳藏两族历史上的宗教关系；④纳藏两族历史上的商贸关系；⑤从文学艺术和语言的角度看纳藏关系;⑥纳藏两族的相互融合。以上研究证明历史上两族之间一直有着政治、经济、宗教和文学艺术等多方面的密切交往;两族人民在分分合合的矛盾斗争中也锤炼出了深厚的友谊,形成了滇川藏地区纳藏两族的文化、族体等"你中有我,我中有你"的格局。深厚的友谊、各自吸纳互补的多方面交流,是贯穿纳藏两族历史的主线。又北京民族出版社 2005 年 5 月版。

2221. 纳西族与藏族关系史/赵心愚著/四川人民出版社 2004年 5 月//本书利用大量资料,对纳西族与藏族的族源关系和 7 世纪至 20 世纪初两族间的关系、相互间出现的融合及这一关系形成发展原因与性质特点等进行了系统研究,提出了一系列新的观点和看法。

# F 经 济

## F427.74 地方工业经济

2222. 云南丽江"工合"的历史演变和发展前景：发展丽江工业合作社调查报告/何耀华主编，郭大烈副主编/云南省社科院中加联合课题组印//这是 1991 年中加联合研究项目。主要根据调查访问记录整理而成。有：①"工合"的由来及其历史演变；②民族传统互助合作和现今合作方式；③"工合"进一步发展的潜力和可行性；④近期内发展合作企业可考虑的中加双方合作领域；⑤为了双方合作和"工合"事业需要创造条件；⑥参考资料等六部分。

## F592.7 地方旅游事业

2223. 丽江你好/段平华，艾新仁编著/云南民族出版社 2000 年 6 月//这是一本中英对照的旅游手册。

2224. 丽江之旅/和建全编著/云南民族出版社 1998 年 4 月//介绍丽江秀美的自然风光，多彩的风情奇趣，悠久的历史文化，名产大观及旅游服务设施。

2225. 丽江旅游与名产大观/和新民主编/和红耀英文翻译/云南科技出版社 1995 年 9 月//分旅游景观、风土人情、基础设施、名产大观四辑，介绍丽江地区旅游文化。

2226. 丽江旅游指南/和勇著/云南神奇之旅系列/云南人民出版社 1998 年 6 月//有：丽江旅游——神奇的雪山王国；古城

景区——世界文化遗产的魅力；北部景区——北半球最南的大雪山；西部景区——永远的茶马古国；东部景区——多彩的民族风情走廊以及旅程设计，旅行导引，民俗风情。

2227. 丽江导游/李理，殷海涛编著/芒市德宏民族出版社1993年3月//本书介绍了丽江的旅游服务、景点风光、民族风情、土特产品等。

2228. 最新丽江旅游指南/赵晓鹰编著/云南民族出版社//从旅游指南的角度介绍丽江的交通、饭店、旅游景点、服务设施、名胜导游、民族文化向导等。

# G 文化、科学、教育、体育

## G03 文化的民族性

2229. 玉振金声探东巴：国际东巴文化艺术节学术研讨会论文集/白庚胜，和自兴主编/社会科学文献出版社 2002 年//本书为 1999 年国际东巴文化艺术学术研讨会精选论文集，收入文章 66 篇。

2230. 国际东巴文化研究集粹/白庚胜，杨福泉编译/纳西族文化丛书/云南人民出版社 1993 年 6 月//本书收入了美国学者洛克的文章 4 篇，孟彻理的文章两篇，赵省华的文章 1 篇，英国学者杰克逊的文章两篇，德国学者的文章两篇，日本学者的文章 9 篇以及杨福泉和白庚胜所著的《国际纳西东巴文化研究述评》。

2231. 纳西文化/白庚胜等著/神州文化集成丛书/新华出版社 1993 年 12 月//本书分为 5 个篇章：历史文化篇、东巴文化篇、文学艺术篇、民族文化篇、技术文化篇。介绍了纳西族文化的各个方面。

2232. 中华文化通典第 3 典：民族文化彝、纳西、拉祜、基诺、傈僳、哈尼、白、怒族文化志/陈康，和少英等撰/上海人民出版社 1998 年 10 月//其中"纳西族"系云南民族学院和少英撰。全书共有七章。①族称、族源及其分布概貌；②悠久的历史；③婚姻与家庭形态；④多彩的礼俗；⑤璀璨的文化；⑥多元的宗教；⑦节庆与禁忌。

2233. 最后的母系家园：泸沽湖摩梭文化/陈烈，秦振兴著/

云南人民出版社 1999 年 10 月//本书主要叙述了摩梭人的历史沿革、社会结构、宗教、母系形态的婚姻家庭、丧葬仪俗、传统习俗和文化艺术。

2234. 走进图画象形文的灵境：神游纳西古王国的东巴教/杨福泉著/中国原始宗教文化图文丛书/四川文艺出版社 2003 年 8 月//从东巴教与纳西人、东巴教的源与流、东巴教的人与自然观、东巴教的源与流、东巴教的人与自然观、东巴和桑尼—农夫兼神巫、走进神秘的祭仪、图画象形文和东巴教秘籍、东巴教中的艺术世界等方面对东巴文化进行客观可信又有可读性的介绍。

2235. 走向世界的纳西文化：20 世纪纳西文化研究述评/甘雪春/云南大学博士学位论文/2000 年 12 月//本文从纳西文化研究概述、纳西族的历史研究、纳西族的文学艺术与音乐研究、纳西族的文化人类学研究及纳西文化研究的回顾与展望等方面，系统介绍百余年来纳西文化研究的主要学者及其代表作，对其主要成就作了分析与述评。

2236. 东巴教与纳西文化/木仕华著/中国少数民族宗教与文化丛书/中央民族大学出版社 2002 年 9 月//全书除概述外有东巴教与外来宗教、东巴文学、东巴艺术、纳西先民的哲学思想、东巴教与纳西族人生历程、东巴教与纳西族人生观、东巴教仪式、东巴经典与纳西经济文化类型、东巴经典中的科学知识、木氏土司在纳西族历史中的作用等十章，全面介绍纳西族东巴教与纳西文化。

2237. 东巴文化真籍/戈阿干编著/云南美术出版社 2001 年 9 月//本书汇集了作者多年来收集调查到的、不同风格的东巴经书，东巴画谱、纸牌画卡等东巴真籍。有东巴诸神、神路图、纸牌画卡、彩绘经书、东巴经插页画、东巴经封面装帧集萃、骨卜经和线卜画卡。另有一部记载占卜渊源的典籍、东巴星历、星盘和祭星经，两本东巴舞谱和一部有舞态的经书，云南丽江县鲁甸竹笔书法范本。

2238．东巴文化论/郭大烈，杨世光主编/云南人民出版社
1991 年 3 月//本书是 1985 年版《东巴文化论集》续集。收论文
49 篇，内容涉及东巴教、东巴文字、纳西族的哲学观念、纳西
族远古民族社会形态、社会制度、东巴文学、天文学等。这些论
文对东巴文化研究的广度和深度都有新的拓展。

2239．东巴文化论集/郭大烈，杨世光主编/云南人民出版社
1985 年 6 月//收入论文 42 篇，书后附有纳西东巴文化研究资料
索引，内容包括概述及关于宗教、文字、语言历史、婚姻家庭、
哲学、天文、文学、音乐、舞蹈、绘画等课题，展示了半个世纪
东巴文化研究的总貌和新水平，有较高的学术价值。

2240．纳西族文化大观/郭大烈主编/云南民族文化大观丛书
/云南省民族事务委员会/云南民族出版社 1999 年 9 月//本书从
历史深度，大文化的广度，全面描述纳西族社会历史、语言文
字、政治、经济、军事、科技、教育、宗教、哲学、天文、文
学、艺术、风俗、伦理道德等各个方面。

2241．纳西族与东巴文化/和品正，和钟泽编辑摄影/《中国
民族摄影艺术》1999 年 5 月//画册分为 27 部分，把东巴文化放
在历史长河中去考察，大部分照片是作者二十多年田野考察
所得。

2242．纳西族文化史/和少英著/云南少数民族文化丛书/云
南民族出版社 2001 年 9 月//全书除序言外，包括悠久的历史、
社会组织与民族关系、婚姻与家庭、语言与文字、多元的宗教、
文学与艺术、岁时礼俗与人生礼仪、教育科技与体育活动、商贸
与交通通讯、建筑与风景名胜、哲学思想与伦理观念、走出高山
深谷的纳西文化等部分。有三篇附录。

2243．东巴文化艺术/和万宝主编/云南美术出版社 1992 年 10
月//全书分为环境概略、东巴教仪式、木牌画、画谱、东巴经

书、竹笔画与经书封面、占卜经、纸牌画、卷轴画、神路图、木偶、面偶、泥偶、木雕等11部分，所收的经文、画品等，全是古代宝典真迹，这是目前最全面的东巴文化艺术出版物。

2244.纳西东巴文化/和志武著/中国少数民族文库/长春吉林教育出版社1989年4月//本书比较全面系统地综合论述了纳西东巴文化。内容包括东巴文化产生和发展的历史背景、东巴教和纳西古文化、东巴文、东巴经、东巴文学和东巴古典绘画及舞蹈艺术等。

2245.东巴文化辞典/李国文著/云南教育出版社1997年4月//共辑录有关东巴教和东巴文化常见名词666条，附录收有东巴经书目录、东巴传记目录及东巴文化大事记。

2246.东巴文化精选/李锡，阿元编著/广州岭南美术出版社1998年12月//收83幅彩照。汉、英、日3种文字解说。

2247.东巴百题揭秘/木丽春著/东巴文化揭秘系列丛书之二/德宏民族出版社2000年12月//全书汇集397题，438个问题，以提问方式，就东巴文化中的有关问题进行解释、解答。

2248.东巴文化揭秘：玉龙三国巡源流/木丽春著/云南人民出版社1995年3月//本书揭示了纳西族先民的灵魂观念、生死观念、图腾崇拜、东巴教祭祀活动等，展现了纳西族原始社会发展各阶段中，原始宗教和宗教系统形成和发展的丰富的历史轨迹。

2249.摩梭达巴文化/宁蒗彝族自治县政协编/拉木·嘎吐萨主编/云南民族出版社1999年6月//该书分为礼俗、史诗、祭祀、驱鬼4篇，共搜集翻译整理了达巴口诵经71部。并有《达巴小传》、《家庭、婚姻和摩梭女人》、《达巴教义及宗教行为》和《有关摩梭人研究资料索引》等4个附录。

2250.秘籍古韵：东巴文化艺术殿堂漫游/杨福泉著/纳西族文化丛书/民族出版社1999年4月//纳西族人用象形文字抒写自

己的有生旅程和心路，数万卷东巴经秘籍，不仅铭刻了他们与大自然和精灵世界的对话，也记录了他们在漫漫人世路的悲欢离合。万卷秘籍是宗教的圣典，也是一座奇丽的艺术之殿。

2251. 纳西文明——神秘的象形文古国/杨福泉著/四川人民出版社 2002 年 9 月//全书图文并茂，生动地介绍了纳西族的象形文字、东巴经书、原始宗教、白沙壁画、纳西古乐、丽江古城四方街、泸沽湖畔的女儿国及神秘的"走访婚"等。

2252. 最后的原始崇拜：白地东巴文化/杨正文著/纳西族文化丛书/云南人民出版社 1999 年 3 月//这是第一本全面透视白地东巴文化的专著。提出东巴文化经历幼稚、成熟、演化三阶段的证述；东巴文化的产生、形成、发展分为三个时期的看法；象形文的衍化与纳西族迁徙路线叠合，而从简朴的若喀字到规范的白地字，再到丽江与鲁甸演变出两极———一极符号化，一极繁体化的规律性探讨；东巴文化的成熟与完美以白地为标志等新见解。

2253. 东巴圣地：白水台/杨正文著/香格里拉丛书/云南人民出版社 1999 年 10 月//中甸白地是纳西族东巴文化、东巴教的发源地。本书以生动的文笔记叙、描写白水台景观、传说、文人墨客题咏、东巴教的源头、东巴教经书字画、象形文字、东巴教仪式、白地纳西族民间节日等。

2254. 东巴文化研究资料汇编之二/云南社会科学院东巴文化研究所编/云南社会科学院东巴文化研究所，1985 年//

2255. 东巴文化研究资料汇编之一/云南社会科学院东巴文化研究所编 1984 年//

2256. 云南文化资料研究与开发/张保华，杨其昌主编/云南民族出版社 1994 年 11 月//收入丽江纳西族及东巴文化研究的论文 27 篇。

2257. 东巴艺术/赵世红，和平正著/云南人民出版社 2002 年 9 月//本书以图文并茂的方式向读者展示了神秘而古老的东巴文化。读者可目睹唯一存活的象形文字东巴文的源流及演变，聆听神鬼故事的传闻及纳西民族鲜活的民风民俗。

### G112 专题文化

2258．中国云南纳西族民俗中的色彩研究/白庚胜著/日本筑波大学研究生院 1997 年//

### G256 文献学

2259．纳西东巴文化要籍及传承概览/卜金荣主编/郭大烈，李锡副主编/云南民族出版社 1999 年 9 月//本书全面介绍了东巴古籍及其主要内容；东巴文化研究论著、辞书；东巴文化传人——东巴；纳西族及国内外部分东巴文化研究者；东巴文化传承场。

# H 语言、文字

## H2 民族文字

2260. 云南么些文考/赵式铭纂辑/稿本//有《么些文考第四》及《东宝长寿经》的原文与译词，末尾附怒子、古宗、傈僳方言。

2261. 中国民族古文字图录/中国民族古文字研究会编/北京中国社会科学出版社 1990 年 10 月//本书包括佉卢字、焉耆—龟兹文、于田文、突厥文、粟特文、回鹘文、察合台文、西夏文、古藏文、老傣文、彝文、东巴文和哥巴文、尔苏沙巴文、方块壮字、水书、方块白文、契丹字、女真字、回鹘式蒙古文、八思巴字、满文及多种文字资料，书前有彩图。

2262. 中国少数民族文字/中国社会科学院民族研究所，国家民族事务委员会文化宣传司主编/北京中国藏学出版社 1992 年 10 月//本书简要介绍了我国 30 种少数民族的文字，其中 18 种为云南少数民族文字。

## H257 纳西语

2263. 维西么些语研究/傅懋勣著/华西大学中华文化研究集刊 1940—1943 年//本书三部分语音、语法、语汇分别连载于华西大学，中国文化研究集刊 1940—1941 年 1 ~ 3 卷上，共 130 页。

2264. 纳西语词汇/故桥木万太郎教授调查资料/东京东洋出版印刷株式会社，东京外国语大学亚细亚阿美利加语言文化研究所 1988 年 3 月//本书收录了纳西语的基本词汇,并附有索引。

2265. 纳西语简志/和即仁,姜竹仪编著/国家民委民族问题五种丛书之一,中国少数民族语言简志丛书/北京民族出版社 1985 年 10 月//纳西族人民在晚唐时期就创造了一种象形文字,并用它书写了《东巴经》。《东巴经》是研究纳西族社会历史、生活习俗、文学艺术、原始宗教及民族关系等方面的宝贵资料。纳西语属汉藏语系藏缅语彝语支,分东部和西部两个方言。本书以丽江坝青龙乡纳西话为标准,介绍纳西语语音、词汇、语法、方言和文字的基本情况。

2266. 纳西语基础语法/和志武编著/云南民族出版社 1987 年 10 月//本书从语音、词汇、构词法、词类、句法五个方面,介绍了纳西语的基础知识。

2267. 拿喜(纳西)语课本初稿/周汝诚/中央民族学院 1952 年//

### H257.2　纳西象形文字研究

2268. 汉古文字与纳西东巴文比较研究/王元鹿著/上海华东师大出版社 1988 年 8 月//本书对两种文字关系、记录语言的方式、文字符号与语言单位的对应、符号形态等多方面进行了比较,认为东巴文化处于意音文字的初级阶段,从语段文字向表词文字过渡的阶段。

### H257.6　字典研究

2269. 纳西象形文字谱/方国瑜编撰/和志武参订/云南人民出版社 1981 年//本书首先论述了纳西族的渊源、迁徙、分布及历史发展。研究了纳西族象形文字及标音文字的创始和构造,说明了纳西语的音标,并用专章分 18 类整理了常用的纳西族象形文字 1 567 个,辑录了纳西族标音文字的两千多个常用词。书中还以若干实例说明纳西象形文字和标音文字的应用。

2270. 么些标音文字字典/国立中央博物院筹备处编辑/中央博物院专刊乙种之三/1945 年 8 月//本书收录了 2 334 个标音符号，分为 15 大类。

2271. 么些象形文字字典/李霖灿编著/张昆标音/中央博物院专刊乙种之二/手写石印 1944 年 6 月//收录 2 120 多字，并附有汉文及音标索引。

2272. 纳西象形标音文字字典/李霖灿著/云南民族出版社 1999 年//

2273. 东巴象形文常用字词译注/赵净修编/云南人民出版社 1995 年//共收常用象形字 1 000 个，并有标音、汉文注释，分类排列、便于检索。

2274. 纳西族象形文字汉英日对照/郑卫东，郭大烈编/云南民族出版社 1997 年 12 月//本书选了 1 000 个常用象形字，并以哥巴文（标音字）国际音标读音、汉文、英文、日文意译，分天文地理、动物植物、人物社会、宗教祭祀 5 大类排列，有中英文前言和后记。

# I 文　学

## I207.957　纳西族文学评论和研究

2275. 金沙万里走波澜/白庚胜主编/内蒙古大学出版社 1999年//这是 1994 年召开的"二十世纪纳西族文学创作讨论会"论文集，收论文 34 篇。

2276. 纳西族文学史/和钟华，杨世光主编/中国少数民族文学史丛书/四川民族出版社 1992 年 8 月//本书除绪论外，有口传文学时期；东巴文学兴起和繁荣时期；民间传统大调的产生；作家文学的兴起和繁荣时期；新文学兴起时期；社会主义文学时期共五编。较为全面详尽地介绍了纳西族文学产生、发展的历史过程，总结了文学规律，评价了作家作品，有较高参考价值。

2277. 纳西族文学史/王宗孟等编著/云南省民族民间文学丽江调查队编写/云南人民出版社 1959 年 12 月//本书分绪论；早期纳西族文学；元明清时期及 1927 年以前的纳西族文学，新中国成立前纳西族文学，新中国成立十年来的纳西族文学等部分，它对纳西族文学的内容、特点和发展规律作了较为系统的研究探讨。

2278. 纳西族文学史资料集成/云南省社会科学院民族文学研究所编/云南省社会科学院民族文学研究所 1984 年//

## I295.7　纳西族文学

2279. 沙蠡文集/沙蠡著/云南大学出版社 1998 年//共有 5

集，收报告文学 10 篇，中篇小说 6 篇，短篇小说 18 篇，第 5 集《多情的东巴经——东巴文学研究系列随笔》共收 20 篇随笔。

2280. 善甫文存（诗文集）/周善甫著/1993 年 4 月印//全书 8 辑。有评论、随笔、诗赋、对联、序跋、佳铭、论著、杂俎。全书插有书法作品等 24 幅。

### I295.72　纳西族文学·诗歌

2281. 玉龙山情歌/戈阿干整理/北京中国民间文艺出版社 1985 年 11 月//这本集子收入一百八十多首纳西族情歌，多为 1957 年收集。

2282. 查热丽恩：纳西族叙事诗/戈阿干著/北京民族出版社 1983 年 1 月//这部长诗描写了凡人查热丽恩在天神遮劳奥普用洪水涤荡了大地，毁灭了万物之后的曲折经历。

2283. 格拉茨姆/戈阿干著/云南民族出版社 1980 年 4 月//本书根据纳西族东巴经中的《黑白战争》创作的一部长诗。它歌颂了一对青年男女的生死恋，纳西族人民对黑暗、专制、械斗、残杀的痛恨和反抗，对光明、团结、自由的向往和追求。

2284. 时代之歌/和柳著///收诗 22 首，是 20 世纪 30 年代发表在各报刊的诗篇，多数是宣传抗日的作品。

2285. 情系古山：诗歌集/和新民著/星海诗丛/德宏民族出版社 1993 年 3 月//有情系古山；唱不完的江边调；难忘友情；给你一首诗；祖国永远是春天。第 5 辑，共 92 首作品。

2286. 纳西族民歌选（纳西文版）/和志武编/云南民族出版社 1985 年//共收各类短民歌 148 首以及谚语、谜语等。

2287. 纳西族民歌译注/和志武译注/云南人民出版社 1995 年 6 月//本书选辑了分为 15 类的 148 首民歌，还附录有谚语、谜语。

2288. 摩梭女人/拉木·嘎吐萨著/上海文艺出版社 1993 年//

抒情诗集。

2289.猎歌（纳西文版）/李即善，和学才搜集整理/杨德华，杨子利口述/云南民族出版社 1987 年//猎歌是纳西族著名的民歌欢乐调之一。叙述主人从养狗到猎获马鹿的过程。

2290.太阳下的风景：诗歌集/李力能著/民族出版社 1994 年 2 月//有：感觉这方土和总是那份情两部分，共 39 首诗。

2291.金沙江情歌：云南歌谣调查/李霖灿著/东方文化书局 1971 年春季//

2292.纳西族当代诗选/李汝勤，和新民编/民族出版社 1995 年//

2293.纳西族民间歌曲集成/丽江行署文化局，丽江县政府编/冠邦平主编/云南民族出版社 1995 年//共收入各地纳西族乐器、劳动歌、习俗歌、即兴歌、舞蹈歌、娃娃歌、阿哈巴拉、东巴调等 8 类 182 首民歌，按曲谱、纳西歌词、音标、词译、配歌相对照。

2294.纳西族的歌/刘超记录整理/中国科学院文学研究所民间文学组主编/北京人民文学出版社 1959 年 5 月//1959 年作者参加中科院民间文学调查组，到丽江访问了几十位歌手，记录了百首短歌。本书整理选编了 80 多首，分为引歌、新歌、悲歌、情歌、婚歌、挽歌九部分。

2295.鲁般鲁饶：纳西族叙事长诗/牛相奎，赵净修整理/云南人民出版社 1984 年 4 月//这是一部纳西族"东巴文字"的台柱作品。侧重叙述了游牧、迁徙过程中一对男女青年的爱情故事。反映了纳西族由游牧转向农耕这样一个转折期的社会生活。

2296.金沙集/杨世光著/云南大学出版社，1997 年 3 月//

2297.高原红：诗歌集/夜航著/星海文丛/德宏民族出版社 1993 年 3 月//全书分 3 辑。高原风采；故园之恋；情诗一束，共收录 102 首诗歌。

2298. 相会调：纳西族长歌/云南民族民间文学丽江调查队搜集，/徐嘉瑞，和鸿春整理/上海文艺出版社 1962 年//相会调是纳西族劳动人民的口头诗歌创作，是纳西族民间文学中流传最广、影响最深的作品之一。

2299. 创世纪/云南省民族民间文学丽江调查队收集整理/北京人民文学出版社 1962 年//这是一部纳西族史诗。

2300. 纳西族诗选/赵银裳注/云南民族出版社 1985 年 10 月//本书收六十多位纳西族诗人的诗作，每首诗作后都有说明和注释。

## I295.736　纳西族文学·戏剧

2301. 丽江地区剧作选/云南戏剧编辑部/丽江印 1989 年//收 14 个剧本。《达勒·啊沙命》、《明悬天》、《玉龙第三国》、《山高水长》等。

## I295.74　纳西族文学·小说

2302. 天边女儿国/蔡晓龄著/四川人民出版社 1998 年 10 月//小说。反映 20 世纪初至 1949 年丽江大研镇，以白沙乡为代表的城乡几代女性的命运，描述了多彩的民族文化及生活习俗。

2303. 寻找第三国/和国才著/群众出版社 1990 年 12 月//收入 8 篇中短篇小说。

2304. 纳西姑娘披羊皮：短篇小说/和尚庚/沙蠡文集第二集/云南大学出版社 1998 年 5 月//收入 18 个短篇。

2305. 猎枪响过之后/和尚庚/沙蠡文集第四集/云南大学出版社 1998 年 5 月//收入雪山藏刀，猎枪响过之后，山里的蒙太奇三个中篇。

2306. 有一个纳西妹子：中篇小说/和尚庚著/沙蠡文集第二集/云南大学出版社 1998 年 5 月//收入再会；木戈理·卡松古鲁；

有一个纳西妹子三个中篇。

2307. 多情纳西女/沙蠡著/星海文丛/民族出版社 1994 年//收入作者 12 篇短篇小说，反映纳西族各方面人物风貌及情与爱。

2308. 爱情的绝唱/沙蠡著/深圳海天出版社 1998 年//系长篇纳西族奇风异俗与情死纪实小说。

2309. 情死/汤世杰著/作家出版社 1995 年//长篇通过情死这一独特现象，反映了纳西族社会各阶层人物生活的方方面面。

2310. 木天王/王丕震著///这是作者第一部纳西族长篇小说。描写丽江纳西族木氏土司的兴衰；着力刻画了明末著名土司木增。

2311. 走回女儿国/杨二车娜姆（美）著/拉木·嘎吐萨整理/中国青年出版社 1998 年//作者系四川盐源县左所摩梭女。本书向世人述说她的闯荡经历和她的民族、民情及她对世界的感悟，是《走出女儿国》的姊妹篇。

2312. 走出女儿国/杨二车娜姆，李威海著/中国社会出版社 1997 年//描写一个摩梭女孩闯荡经历的长篇小说。

2313. 要一百头牛作聘礼的姑娘/杨森著/云南人民出版社 1994 年 2 月//收中篇小说 3 篇，短篇小说 12 篇。

2314. 雪山殉情/杨世光/龙门阵丛书/四川人民出版社 1983 年 6 月//

### I295.75　纳西族文学·报告文学

2315. 丽江考察报告/北京大学山鹰社/北京大学山鹰社 1996 年//

2316. 丽江壮歌：报告文学/和尚庚/沙蠡文集第一集/云南大学出版社 1998 年 5 月//全书 11 篇文章，除回眸丽江大地震外，均为报道丽江各个行业中涌现的突出人物的事迹。

2317. 腾飞的玉龙：开拓前进中的丽江各行业/丽江地区文

化局编/云南人民出版社 1993 年//本书收 34 篇报告文学和通讯。记叙了十多年来开拓前进中的丽江各行各业。

2318. 玉龙山花情/木丽春著/北京民族出版社 1995 年//有关丽江、人物及改革的报告文学。

2319. 记住丽江：丽江地震救灾重建大写意/欧之德撰写/云南人民出版社 1996 年 12 月//以报告文学形式，报道丽江大地震抗震救灾过程。

2320. 玉龙山跳起来/沙蠡/民族出版社 1994 年//

2321. 灾害无情人有情：云南丽江抗震救灾纪实（画册）/云南省抗震救灾指挥部，省委宣传部等编/云南大学出版社 1996 年 8 月//收三百多幅照片，真实记录抗震救灾全过程。

2322. 殉情之都：见闻、札记与随想/汤世杰著/百花洲文艺出版社 1996 年//本散文集分为峡谷、雪山、草甸、坝子、古城等 5 辑。

2323. 丽江大地震实录/在昆同胞支援家乡抗震救灾委员会编/郭大烈编辑摄影/《民族学特刊》1996（3）//为当时报刊剪辑和实地采访记录，共 7 部分，附有 2000 年云南地震表，六十多张照片。

2324. 玉龙雪山作证/张信主编/和承勇，洪卫东副主编/云南人民出版社 1997 年//这是全面反映丽江 1996 年 2 月 3 日大地震的长篇报告文学。大部分作者是当年参加抗震救灾的新闻宣传干部，书前有 34 幅照片。

2325. 丽江大地震实录/《玉龙山特刊》/1996 年 10 月//收反映地震灾区各方面业绩的文章 50 篇，照片 60 幅。

## I295.76　纳西族文学·散文

2326. 玉龙枪声/白驹，沙蠡/民族出版社 1994 年//

2327. 纳西人/夫巴著/成都地图出版社 1993 年 5 月//散文随

笔：有渔猎篇、风情篇、风俗篇、风物篇、文化篇 5 篇。

2328. 纳西谚语：科空/郭大烈，郑卫东编/云南民族出版社
1998 年//共收近 400 条谚语，分为骏马面前无沟壑；勿摘树上未
熟小果；九滴汗水一粒麦；母亲呼唤闻九方；大江藏金水来响；
眼见大江却无煨茶水；不要想吃云鹤肉，纳西族先祖崇忍利恩的
话等部分。以东巴象形文，国际音标，汉文和英文排列。

2329. 走进香格里拉/和桂华/云南民族出版社 1996 年//

2330. 可爱的第三国/和国才著/北京十月文艺出版社 1998 年
2 月//收散文作品 31 篇，描述丽江及云南边境的山水风物，边
防军人的生活风采。

2331. 多情的东巴经：东巴文学研究系列随笔/和尚庚著/沙
蠡文集第五集/云南大学出版社 1998 年 5 月//收入 20 篇散文，
有：一部人类史上奇绝无比的"创世"经，《东巴经》中关于男
女情死种种。《东巴经》中的养老问题和优生学，关于纳西族人
特别多情的哲学原因，《东巴经》中关于太阳神的好说歹说，纳
西人的足球和人类地球之关系，《东巴经》中人与自然生态观念，
《东巴经》的一例特殊爱情等内容。

2332. 梦幻泸沽湖：风情散文集/拉木·嘎吐萨著/云南美术
出版社 1993 年 8 月//全书 4 辑。是记叙泸沽湖地区山川名胜，
风俗民情，传闻逸事和历史文化的散文著作。卷首彩图 8 幅。

2333. 母亲的湖：散文集/拉木·嘎吐萨著/云南人民出版社
1991 年 12 月//分三部分收作品 22 篇，洋溢着对母土的挚爱。

2334. 走进女儿国/拉木·嘎吐萨著/云南美术出版社 1998 年
//风情散文集。作者较全面地描述了宁蒗泸沽湖畔摩梭人生活习
俗及各种风情。

2335. 玉龙毓秀/李汉才/云南民族出版社 1995 年//

2336. 纳西谚语（纳西文版）/李即善，和学才搜集整理/云
南民族出版社 1991 年//共收入谚语 729 则，按音系排列。

2337.雪山西湖故人情/李霖灿著/云南人民出版社 2002 年 10 月//

2338.艺术欣赏与人生/李霖灿著/云南人民出版社 2002 年 10 月//

2339.纳西神灵/沙蠡著/文华作家书系/中国文联出版社 2001 年 7 月//本书为有关纳西文化的散文集。

2340.大地震/沙蠡著/北京燕山出版社 1998 年//收 33 篇反映 1996 年 2 月 3 日丽江大地震的散文。

2341.古城在玉龙雪山下/晓龄著/四川人民出版社 1999 年 12 月//散文从不同角度描写丽江古城的风俗民情、各种人物的故事、历史事件,对焦点问题进行了审视、点评。

2342.爱神的微笑/杨世光著/四川人民出版社 1989 年 12 月//散文集分:边地华彩;风流角色;湖光山色;诗情哲思等,共 61 篇。

2343.孔雀树:散文集/杨世光著/云南民族出版社 1994 年 8 月//有:登临篇、灵迹篇、风流篇、情轨篇、撷赏篇等共 59 篇。

2344.神奇的玉龙山/杨世光著/云南人民出版社 1984 年 9 月//这是纳西族作者的散文集。描绘了玉龙山、泸沽湖、金沙江、虎跳峡等奇山秀水的天然风光及纳西、傈僳族等少数民族聚居区的风物民情。

2345.玉龙旧话/赵银裳著/丽江民教馆铅印 1948 年 10 月//本书收作者 13 篇文章。内容关于民族文化、神话、寺庙、文献及丽江木氏兴盛等方面有:摩挲民族;多巴神话;摩挲民歌;古代的丽江摩挲与土酋;丽江木氏极盛时代;改土归流前后的宰官及其教化与玉龙山文献;清末到现在的丽江文化;有贡献于本地的过去师资;丽江古文化表解;丽江名胜及边关;丽江喇嘛寺等。

2346.玉龙旧话新编/赵银裳著/云南人民出版社 1984 年 8 月//这是八十岁的纳西族女作家的诗文集。这个集子包括散文

10 篇、评论研究 16 篇、东巴神话译作 5 部、传统长诗译作 8 首和旧体诗 36 首。是作者毕生心血的结晶。

### I295.77　纳西族民间文学

2347. 云南摩梭人民间文学集成/陈烈主编，云南省民间文学集成办公室编/云南民族民间文学集成/北京中国民间文艺出版社 1990 年 8 月//本书由歌谣、故事、谚语三部分组成。其中含歌谣 6 千行，故事五万多字，谚语 70 条，另有附录资料 5 件，照片若干幅。注释 268 条，附记 32 则。

2348. 纳西风俗东巴故事/耕勤译著/政协丽江纳西族自治县委员会编印 1999 年 1 月//本书有祭天风俗篇、丧礼风俗篇、祭风风俗篇、消灾风俗篇和其他篇、纪实篇。多数根据东巴经及老东巴讲述翻译整理。

2349. 神秘的纳西东巴故事/耕勤著/民族文化专辑/政协丽江纳西族自治县委员会编印 1999 年 8 月//以东巴文化和现实生活为依据，新编东巴故事 18 个。

2350. 纳西族东巴经典名句欣赏/和品正编译/云南民族出版社 2000 年 8 月//汇聚东巴经典中的一些妙言警句，采用"四对照"译法按十三个类编排。

2351. 纳西东巴圣地民间文学选/和钟华，和尚礼编/云南民族出版社 1991 年 12 月//迪庆高原的白地，被称为纳西东巴教的圣地，保留了较为古朴的纳西特色。本书收集了中甸县三坝纳西族民族乡的神话、传说、史事传说、白水台的传说、习俗传说及生活故事等。

2352. 牧象女（纳西文版）/李积善，杨学材搜集整理/云南民族出版社 1986 年//系纳西族民间流传的苦情调之一。叙述牧象女与男猪手的苦与乐，最后双双逃到"玉树常青的地方"，过上了幸福的生活。

2353. 么些族的故事/李霖灿著/东方文化书局 1976 年春季//

2354. 丽江地区民歌集成/丽江地区文化局编/丽江地区文化局 1984 年//

2355. 纳西族民间故事集成/木丽春/丽江地区文化局 1987 年//

2356. 玉龙第三国/牛相奎，木丽春整理/云南人民出版社 1956 年//纳西族民间故事诗。

2357. 七色花水/杨世光编/中国民间童话丛书/云南少年儿童出版社 1991 年 11 月//纳西族民间童话集，收入作品 34 篇。

2358. 巧断偷骡客：纳西族机智人物阿一旦的故事/杨世光收集整理/甘肃少年儿童出版社 1994 年 3 月//收作品 98 篇。

2359. 金沙姑娘：纳西族民间童话集/杨世光整理/云南少年儿童出版社 1986 年 12 月//收作品 26 篇。书末附整理者《关于纳西族民间童话》一文。对纳西族民间童话作品的蕴藏、内容、分类、艺术特点等作了归纳分析。

2360. 阿一旦的故事：纳西族民间故事/中共丽江地委宣传部编/上海文艺出版社 1960 年 4 月//本书收集整理了流传在云南丽江地区的 21 篇纳西族民间故事、传说、寓言。

2361. 纳西族民间故事选/中共丽江地委宣传部编/少数民族民间文学丛书/上海文艺出版社 1981 年 4 月//本书收入纳西族民间故事六十余篇，比较全面地反映了这一民族不同时期的生活、斗争、风俗人情等各个方面，其中有表现上古时代人们与自然进行斗争的生活场面，也有反抗不合理的婚姻制度，反对封建剥削和压迫，破除宗教迷信的故事。1984 年第二版选入 120 个民间故事。

2362. 纳西族民间故事/祖岱年等编/中华民族故事大系·第九卷/上海文艺出版社 1995 年//

## I512.65　俄国散文

2363.被遗忘的王国/顾彼得（俄）著/李茂春译/云南人民出版社 1992 年 1 月//本书作者作为中国工业合作协会成员于 1941 年辗转来到云南丽江设办事处，帮助边地民族建立工业合作社以开发本土，10 年间较广泛地探察了神秘的自然风物和民族人文风貌，涉及民族、宗教、节典、物产、交通、贸易、手工业、婚丧习俗、文化、艺术、娱乐等。本书可视为 20 世纪 40 年代滇西北风情录。

# J 艺 术

## J221.8　绘画作品

2364. 丽江书画选/丽江地区老干部书画协会，丽江县博物馆编/云南民族出版社 1997 年 12 月//本书编辑丽江地区所存历代和现代书画一百六十多件，其中有古代金沙江崖画、东巴画、明代丽江壁画和明清以来纳西族及当地人作品，还有丽江博物馆藏齐白石、徐悲鸿、张大千等名家作品。

2365. 赵有恒现代东巴画/赵有恒/辽宁美术出版社 1998 年//百家画库之一，收入 29 幅现代东巴画，被称为"吸收了敦煌壁画的重彩技法"既原始又现代，还带一丝天真的童稚。

2366. 周霖画选/周霖/云南人民出版社 1963 年//

2367. 周霖画集/周霖画/云南人民出版社 1984 年 3 月//共收 39 幅作品。

2368. 周霖作品选/周霖画/人民美术出版社 1964 年 6 月//共收 10 幅作品。

## J29　书法、篆刻

2369. 纳西象形文字字帖/和力民著/赵庆莲，陈应和翻译/云南民族出版社 2001 年 7 月//本字帖面向初学者传授基本的书写方法和字形、字音、字义，共收 1 008 个东巴图画象形文字，分为五大类：天文、地理收 156 字；动植物收 214 字；人体、人文收 280 字；生产、生活用具收 256 字；宗教、神灵收 102 字。

每字释文后附英、日译文。

2370. 李群杰书法作品选集/李群杰书/云南民族出版社 1996年 1 月//共收纳西族书法家李群杰书法作品 176 幅。

2371. 东巴文印谱/赵琦编文篆刻/云南美术出版社 1998 年 12月//共收 147 方东巴文印章。书前有和志武、郭大烈写的序。

### J322　木　雕

2372. 丽江木板雕刻艺术/徐霁编著/云南美术出版社 2001 年7 月//本书精选了众多活跃在古城的民间艺术家的木刻精品。

### J421.74　摄影集

2373. 东方女儿国/陈红光著/香港东方出版社 1998 年 7 月//系泸沽湖风光与摩梭风光画册。中英对照。

### J607　纳西族音乐研究

2374. 凝固的旋律：纳西族音乐图像的构架与审美/李丽芳，杨海涛著/云南人民出版社 2002 年 10 月//

2375. 云南纳西族普米族民间音乐/丽江地区文教局编/云南人民出版社 1985 年 2 月//本书根据 20 世纪 50～60 年代所搜集保存下来的民间音乐资料选编而成。包括丽江县、宁蒗县、中甸县三坝地区民间音乐，有民歌、歌舞音乐、器乐曲等三类，每首均标明流行地区、演唱者、记谱者和翻译者。

2376. 纳西文化中的古代音乐遗存/桑德诺瓦/台湾艺术出版社 1994 年//

2377. 纳西文化背景中的音乐/桑德诺瓦著/中央音乐学院音乐研究所 1994 年 1 月//该书共 6 个部分，叙述了东巴文化与东巴音乐，汉藏文化与《崩时细哩》，汉传文化与丽江洞经音乐等。

2378. 云南洞经文化：儒道释三教的复合性文化/张兴荣著/

云南教育出版社 1998 年 8 月//作者经数年的实地考察，遍访了24 个地、州、县的 32 个洞经会，大胆而鲜明地阐述了"谈洞经"起自金、元道士丘处机宫廷谈经，明初随着滇军士传入云南，并融会了儒、释的礼乐、经籍及民间音乐、文学和习俗。从而繁衍汇成儒道释三教的复合性文化，并在较长的历史时期内兴盛、普及、传播四方，产生过较大的影响。

### J642.215.7　民族歌曲

2379. 中国纳西族歌曲选/和新民，崇先主编/云南民族出版社 1996 年//共收了 123 首创作歌曲和少量填上新词的民歌或古乐曲。

### J721.1　民族舞谱、舞蹈

2380. 东巴神系与东巴舞谱/戈阿干著/东巴文化丛书/云南人民出版社 1992 年 9 月//全书有绪论、东巴舞谱形貌概览、东巴舞谱谱源探考及东巴舞谱的现状及其保存前景四部分。附录有东巴舞谱选译。

2381. 云南民族民间舞蹈集成·丽江县资料卷/丽江地区文教局/丽江地区文教局 1985 年//分歌舞、东巴舞、乐舞及表演四部分，歌舞有：哦忍仁、窝默达、·阿丽里、拔秧歌。东巴舞有：丁巴什罗舞、女性灯花舞、大神舞、护法神优麻舞、坐骑舞。乐舞有：崩石细哩、打腊利（打跳）。表演部分有：寿星拜祝、彩云南现、花马报春、鹿鹤同春、麟凤呈祥、牦牛现瑞、双猴挂印、猴子舞、龙舞等。

2382. 纳西族古代舞蹈和舞谱/杨德鋆等编/中国民族民间舞蹈资料丛书/北京文化艺术出版社 1990 年 4 月//本书介绍了我国纳西族的古代舞蹈及历史沿革、译注，并介绍了古代纳西人创造的象形文字（东巴文）舞谱。

# K 历史、地理

## K204 古代史籍研究

2383. 纳西东巴古籍译注全集（1～100卷）/东巴文化研究所编译/和万宝，和家修主编/云南人民出版社1999年9月//译注全集的近千册经典，按东巴教内部的类属，分为五大类：祈神类；禳鬼类；丧葬类；占卜类和其他（包括舞蹈、杂言、字书、药书）等经典。全部采用"象形文原文扫描实录，国际音标注纳西语音，汉译直译对注，汉译意译四对照"的方法，每篇东巴经题目名下标有中英文内容题要，然后紧跟东巴象形字原文，一行行标音释读，最后是汉文翻译及注释。有利于阅读、查阅和检索，更有利于今后对这些经典的深入研究。

2384. 纳西东巴古籍译注全集·第1卷/和开祥，和即贵，和士成，和云彩释读/李例芬翻译/云南人民出版社1999年9月//本卷有：祭天·远祖回归记；祭天·奠酒；祭天·献饭，点酒灵药；祭天·用牛许愿做来年祭牲；祭天·祭无人祭祀的天；祭祀绝户家的天，献牲献饭；祭祖·迎接回归享祭的祖先；祭祖·献牲；祭祖·献饭；祭祖·春季祭祖，讲述猛恩鬼的来历。共十种。

2385. 纳西东巴古籍译注全集·第2卷/和即贵，和云章，和云彩释读/李例芬翻译/云南人民出版社1999年9月//本卷有：迎素神·除秽；迎素神·竖神石，倒祭粮，点神灯；迎素神·烧天香；迎素神·送里多，敬酒；大祭素神·献牲；大祭素神·为素神献饭；大祭素神·点酒神药，抹圣油拉福分；大祭素神·与素神栓结，娶女托付给素神；迎素神·立素神桩，往素神婆内放物，拴流婴；迎素神·办喜事说吉利话；迎素神·素米故。共十一种。

2386.纳西东巴古籍译注全集·第3卷/和即贵，和士成，和开祥释读/李例芬翻译/云南人民出版社1999年9月//本卷有：祭村寨仪式·除秽，除秽的来历；祭村寨仪式·烧天香；祭村寨仪式·迎请村寨神；祭村寨仪式·献牲；祭村寨仪式·献饭；祭村寨仪式·竖村寨标，用鸡许愿做来年祭牲；祭村寨神仪式·规程；祭祀谷神仪式·迎谷神；祭星仪式·祭星；祭猎神仪式·献牲，献饭；祭猎神仪式·祭猎神。共十一种。

2387.纳西东巴古籍译注全集·第4卷/和即贵，和云彩，和士成，和开祥释读/李例芬翻译/云南人民出版社1999年9月//本卷有：祭胜利神仪式·烧天香；祭胜利神仪式·迎请胜利神，追述先祖回归的故事；祭胜利神仪式·迎请胜利神，献饭；祭胜利神仪式·索求福分；祭胜利神仪式·在屋顶上祭胜利神；祭胜利神仪式·在高处祭胜利神；祭畜神仪式·献牲；祭畜神仪式·献饭；求仁仪式，献牲，仁的出处来历；求仁仪式，献饭，施药及祭祀规矩；祭景崩仪式·祭景神和崩神。共十一种。

2388.纳西东巴古籍译注全集·第5卷/和士成，和即贵，和开祥，和云彩释读/李静生翻译/云南人民出版社1999年9月//本卷有：祭署·仪式概说；祭署·设置神坛，撤神粮（卷末）；祭署·请署歇息，唤醒署；祭署·迎请尼补劳端神；祭署·署的来历；祭署·请署；祭署·请署酋降临；祭署·点燃神灯；祭署·送刹道面偶；祭署·烧天香（上卷、下卷）。共十种。

2389.纳西东巴古籍译注全集·第6卷/和士成，和云彩，和开祥，和即贵释读/李静生翻译/云南人民出版社1999年9月//本卷有：祭署·开坛经；祭署·卢神的起源；祭署·送署酋守门者；祭署·迎接佐玛祖先（上卷、中卷）；祭署·迎接佐玛祖先（末卷）；祭署·求雨（上卷）；用白山羊、白绵羊、白鸡偿还欠署的债；都沙敖吐的故事；普蛩乌路的故事；神鹏与署争斗的故事；把署与猛鬼分开。共十一种。

2390. 纳西东巴古籍译注全集·第7卷/和开祥，和云彩，和士成释读/李静生翻译/云南人民出版社1999年9月//本卷有：祭署·俺双金套和董若阿夸争斗的故事；祭署·蛩堆三子的故事；祭署·梅生都迪与古鲁古久的故事；祭署·妥构古汝和美利董主的故事；祭署·祭署的六个故事；祭署·鸡的来历；祭署·沈爪构姆与署争斗的故事；祭署·崇忍利恩的故事；祭署·纽莎套姆和纽沙三兄弟到人类家中；祭署·高勒趣招魂、请署、崇忍潘迪的故事。共十卷。

2391. 纳西东巴古籍译注全集·第8卷/和开祥，和云彩释读/李静生翻译/云南人民出版社1999年9月//本卷有：祭署·崇忍利恩、红眼仄若的故事；祭署·美利恒孜与桑汝尼麻的故事；祭署·杀猛鬼、恩鬼的故事；祭署·送傻爱；祭署·丁巴什罗开署寨之门，让署给主人家赐予福泽，保福保佑；祭署·建署塔；祭署·白"梭刷"的来历，药的来历；祭署·拉朗拉镇的故事；祭署·给署供品，给署献活鸡，放五彩鸡；祭署·迎接四尊久补神，开署门。共十种。

2392. 纳西东巴古籍译注全集·第9卷/和即贵，和云彩，和开祥释读/李静生翻译/云南人民出版社1999年9月//本卷有：祭署·给署许愿，给署施药，偿署债；祭署·招魂经；祭署·不争斗，又和好；祭署·求福泽与子嗣；祭署·给署献活鸡，开署门；祭署·木牌的出处与崇忍潘迪找药的故事；祭署·给仄许愿，给娆许愿；祭署·立召标志树，诵召开坛经；祭署·送神；除秽和祭署仪式规程。共十种。

2393. 纳西东巴古籍译注全集·第10卷/和云章，和云彩释读/王世英翻译/云南人民出版社1999年9月//本卷有：延寿仪式·迎请许冉五方大神、东巴、刹道神和哈姆女神；延寿仪式·迎净水；延寿仪式·迎请拉姆女神（中卷）；延寿仪式·压冷凑鬼，迎请神仙；延寿仪式·请三代祖先战神（末卷）；延寿仪式·搭白帐篷，设神坛，请神并供养神；延寿仪式·设神坛，神箭的来历。共七种。

2394. 纳西东巴古籍译注全集·第 11 卷/和云彩，和云章，和开祥，和即贵释读/王世英翻译/云南人民出版社 1999 年 9 月//本卷有：延寿仪式·请神降临（上卷、中卷）；延寿仪式·神为穷家招富强；延寿仪式·迎请三百六十尊战神，压所有的鬼；延寿仪式·杀绵羊牺牲，诵白水黑水经咒；延寿仪式·献牲献圣灵药，求福泽；延寿仪式·看拴白羊的绳以占卜；延寿仪式·绵羊牺牲的来历，解绵羊之梦；延寿仪式·用绵羊做拉朗纳昌占卜；延寿仪式·用威风的绵羊占卜，愿一切吉祥，迎请优麻战神。共九种。

2395. 纳西东巴古籍译注全集·第 12 卷/和开祥，和云彩，和云章释读/王世英翻译/云南人民出版社 1999 年 9 月//本卷有：延寿仪式·大祭署，建署的白塔；延寿仪式·寻找散失的战神，迎请优麻神，摧毁九个仇寨；延寿仪式·供养优麻战神；延寿仪式·九颗华神石的出处来历；延寿仪式·华神的出处来历；延寿仪式·崇忍利恩的故事，向华神献牲。共六种。

2396. 纳西东巴古籍译注全集·第 13 卷/和开祥，和云彩释读/王世英翻译/云南人民出版社 1999 年 9 月//本卷有：向战神献饭，供养战神；延寿仪式·向祖先战神献饭，供养祖先战神；延寿仪式·迎请依端拉姆女神（中卷）；烧白色梭刷火把除秽，请十三位依端拉姆女神，女神念咒洗秽；延寿仪式·居那若罗神山与含依巴达神树的出处来历；延寿仪式·砍翠柏天梯的梯级；延寿仪式·请景补大神开天门，迎请神；延寿仪式·东巴弟子求威灵（上卷）；延寿仪式·东巴弟子寻求本领（中卷）；延寿仪式·东巴弟子寻求本领（末卷）。共十种。

2397. 纳西东巴古籍译注全集·第 14 卷/和开祥，和云章，和云彩释读/王世英翻译/云南人民出版社 1999 年 9 月//本卷有：延寿仪式·架银桥和金桥，开松石路和墨玉路；延寿仪式·迎请华神及诸神，拴龙幡，竖"督"树；延寿仪式·迎请华神，迎请巩劳构补神；延寿仪式·嘎神神山的出处，请素神、嘎神、俄神、招子嗣福泽及富强；延寿仪式·招生儿育女的素神，请玖补神锁仓门；延寿仪式·向诸神的威灵献饭；延寿仪式·求富强之威灵，招富强；延寿仪式·建翠柏纳召及白塔；延寿仪式·圣灵药的出处，向三百六十尊战神献药；延寿仪式·供养神，用翠柏天梯接寿岁（下卷）。共十种。

2398. 纳西东巴古籍译注全集·第 15 卷/和云彩，和开祥，和云章释读/王世英翻译/云南人民出版社 1999 年 9 月//本卷有：延寿仪式·送祖先战神到上方；延寿仪式·甘露圣灵药的来历，迎圣灵药；延寿仪式·送龙；延寿仪式·请本丹战神，送神；延寿仪式·把美汝柯兴柯罗降下的臭鬼和支鬼抵上去；延寿仪式·求寿求岁，求华神石华神水；延寿仪式·接寿岁，供养神并送神；延寿仪式·求大神威；延寿仪式·仪式规程，是卢神所说。共九种。

2399. 纳西东巴古籍译注全集·第 16 卷/杨树兴，和开祥，和云章释读/和宝林翻译/云南人民出版社 1999 年 9 月//本卷有：小祭风，祭风·开坛经；祭风·毒鬼仄鬼的出处和来历，偿还鬼债；祭魂和风鬼·送牲，偿还鬼债；祭风·为祭木取名；小祭风·娆鬼的来历，祭祀和吾神；祈求福泽·祭风招魂，鬼的来历（首卷）；祈求福泽·祭风招魂鬼的来历（卷末）。共八种。

2400. 纳西东巴古籍译注全集·第 17 卷/杨树兴，和即贵，和士成，和云章释读/和宝林翻译/云南人民出版社 1999 年 9 月//本卷有：祭风·白色娆鬼、毒鬼、仄鬼出世；祭毒鬼·仄鬼、呆鬼的出世，驮秃角黑鹿；祭毒鬼·仄鬼、云鬼、风鬼，超度呆死鬼、殉情者、送冥马；小祭风·安置壬鬼（卷首、卷中、卷末）；祭风·分出壬鬼（卷首）；小祭风·割楚鬼绳索，分出壬鬼；小祭风·施食。共七种。

2401. 纳西东巴古籍译注全集·第18卷/和开祥，和士成，和云章，杨树兴释读/和宝林翻译/云南人民出版社1999年9月//本卷有：祭风·给鬼开门，木牌的产生；祭风·求助于十八个乌普初吉，镇压千千万万楚鬼尤鬼；祭风·迎接剎依威德战神镇压鬼；祭风·迎请卡冉纽究神，众神降临；祭云鬼、风鬼、毒鬼、仄鬼、加神威鬼；祭景鬼·崩神和中间柏神；祭毒鬼·仄鬼、云鬼、风鬼、交鬼食；祈求福泽·祭呆鬼和仄鬼。共八种。

2402. 纳西东巴古籍译注全集·第19卷/和即贵，和学智，和开祥释读/和宝林翻译/云南人民出版社1999年9月//本卷有：祭风·超度董族吊死者（卷首）；祭风·超度董族吊死者（卷末）；杀猛鬼恩鬼；祭风·除鬼；小祭风·除九种灾祸；顶灾经·祭端鬼和痊鬼；高勒趣招魂·除丹鬼。共七种。

2403. 纳西东巴古籍译注全集·第20卷/和即贵，和云彩，和开祥，和士成释读/和宝林翻译/云南人民出版社1999年9月//本卷有：祭祀毒鬼仄鬼·点呆鬼名；小祭风·请呆鬼偿还呆鬼债；祭毒鬼仄鬼·分割村寨的山岭；祭神祭风神娘娘；小祭风·施吃食份额；祭云鬼和风鬼，给星鬼、娆鬼、毒鬼、仄鬼施食；祭毒鬼、仄鬼，送木牌和鸡，用山羊给各代的鬼交食份抛面偶；送木牌和鸡，交给仄鬼吃喝的份额。共八种。

2404. 纳西东巴古籍译注全集·第21卷/和云彩，和即贵，和云章，和开祥，和士成释读/和宝林翻译/云南人民出版社1999年9月//本卷有：抛卡吕面偶；祭风·招回凶死者的魂魄；祭风·将署和龙送回住地；顶灾经；祭云鬼和风鬼·结尾经；祭风·说难道易；小祭风·木牌画稿，祭祀规程；祭风·木牌画稿，仪式规程；祭云鬼、风鬼、毒鬼、仄鬼，木牌画稿，祭祀规程。共九种。

2405. 纳西东巴古籍译注全集·第22卷/和士成，和即贵释读/和力民翻译/云南人民出版社1999年9月//本卷有：禳垛鬼大仪式·禳垛鬼祭仪概述经；禳垛鬼大仪式·设神座献祭粮经；禳垛鬼大仪式·给卢神、沈神除秽经；禳垛鬼大仪式·请求神灵帮助经；禳垛鬼大仪式·烧天香。共五种。

2406. 纳西东巴古籍译注全集·第23卷/和士成，和即贵释读/和力民翻译/云南人民出版社1999年9月//本卷有：禳垛鬼大仪式·垛鬼铎鬼来历经；禳垛鬼大仪式·举行祭仪陈述因由经；禳垛鬼大仪式·请卢神、沈神起身经和求神赐威力附体经；禳垛鬼大仪式·点油灯作供养经；禳垛鬼大仪式·迎请九个妥格大神。共五种。

2407. 纳西东巴古籍译注全集·第24卷/和士成，和云章释读/和力民翻译/云南人民出版社1999年9月//本卷有：禳垛鬼大仪式·驱鬼经（上卷）；禳垛鬼大仪式·驱鬼经（中卷、下卷）；禳垛鬼大仪式·驱丹鬼经；禳垛鬼大仪式·人类起源和迁徙的来历；禳垛鬼大仪式·白蝙蝠求取祭祀占卜经。共五种。

2408. 纳西东巴古籍译注全集·第25卷/和开祥，和士成释读/和力民翻译/云南人民出版社1999年9月//本卷有：禳垛鬼大仪式·给优麻神烧天香作供养经；禳垛鬼大仪式·用十二种牲畜祭祀的来历；禳垛鬼大仪式·寻找洗手除秽水经；禳垛鬼大仪式·给鬼施放和递交牺牲经；禳垛鬼大仪式·董术战争。共五种。

2409. 纳西东巴古籍译注全集·第26卷/和即贵，和士成，和开祥释读/和力民翻译/云南人民出版社1999年9月//本卷有：禳垛鬼大仪式·哈桑战争；禳垛鬼大仪式·施放余劳丁端的替身；禳垛鬼大仪式·端和铀争斗，施放董若依古庚空的替身；禳垛鬼大仪式·寿首阿姆神与牟寿牟姆鬼，崇忍利恩与丹美久保的故事；禳垛鬼大仪式·九个天神和七个地神的故事；禳垛鬼大仪式·施放沈爪构母的替身；禳垛鬼大仪式·施放岛周欧五的替身；禳垛鬼大仪式·崇忍利恩与楞启斯普的故事；哈拉古补与桑衬化姆的故事；禳垛鬼大仪式·高勒趣、哈若尼恩、哈拉古补施放替身经。

共十种。

2410. 纳西东巴古籍译注全集·第27卷/和士成，和即贵，和开祥释读/和力民翻译/云南人民出版社 1999 年 9 月//本卷有：禳垛鬼仪式·禳祭祀主人本命所在的巴格方位里的鬼；禳垛鬼仪式·镇压属相相克的灾祸鬼；禳垛鬼仪式·施放做替身的九个普梭木偶和绵羊、猪、鸡；禳垛鬼仪式·施放做替身的七个蒙梭木偶；禳垛鬼仪式·用小松树做替身的来历；禳垛鬼仪式·叙述灾祸的出处来历经（上卷）；禳垛鬼仪式·排除疾病凶灾，解除鬼怪缠绳，分开人与鬼；禳垛鬼仪式·烧嘎巴火把驱鬼；禳垛鬼仪式·十八个琪神的来历经。共九种。

2411. 纳西东巴古籍译注全集·第28卷/和学智，和士成，和即贵释读/和力民翻译/云南人民出版社 1999 年 9 月//本卷有：禳垛鬼仪式·迎请刹依威德神；禳垛鬼仪式·用牛做替身，偿还若罗山东面的鬼债；禳垛鬼大仪式·用牛做替身，偿还若罗山南面的鬼债；禳垛鬼大仪式·用牛做替身，偿还若罗山西面的鬼债；禳垛鬼大仪式·若罗山北面属水的革洛人哈布赤补的故事；禳垛鬼仪式·迎请端格神和优麻神，捣毁术鬼案和摧毁术鬼地，给嘎劳神洗秽；禳垛鬼大仪式·向丁巴什罗寻求镇鬼的本领；禳垛鬼仪式·分清神鬼与杀牲施鬼经；铠甲的出处、来历。共九种。

2412. 纳西东巴古籍译注全集·第29卷/和开祥，和士成，释读/和力民翻译/云南人民出版社 1999 年 9 月//本卷有：禳垛鬼仪式·施放展巴四兄弟的替身；禳垛鬼仪式·崩俄崇忍的故事；禳垛鬼仪式·施放用柳人做的崇忍潘迪的替身；禳垛鬼仪式·大施鬼食经；禳垛鬼仪式·都沙敖吐扔出施给纽格敦鸟的皮口袋和扔多玛面偶；禳垛鬼仪式·捕仇敌魂、埋仇敌魂；禳垛鬼仪式·用柳枝男偶像做替身关死门经；禳垛鬼仪式·打开史支金补鬼的柜子招魂经；禳垛鬼仪式·考补余登吐口水，偿还垛苏抠古麻的债。共九种。

2413. 纳西东巴古籍译注全集·第 30 卷/和开祥，和士成释读/和力民翻译/云南人民出版社 1999 年 9 月//本卷有：禳垛鬼仪式·驱送铎鬼经；禳垛鬼仪式·祭莎劳古朴，解生死结；禳垛鬼仪式·驱赶梭那柯恭鬼；禳垛鬼仪式·驱送垛鬼铎鬼，禳垛鬼仪式结尾经；禳垛鬼仪式·招魂经。共五种。

2414. 纳西东巴古籍译注全集·第 31 卷/和开祥，和士成，和即贵释读/和力民翻译/云南人民出版社 1999 年 9 月//本卷有：禳垛鬼仪式·乌格神与乌麻鬼争斗，送乌格大神经；禳垛鬼仪式·送大神经；禳垛鬼仪式·小祭素神经；禳垛鬼仪式·安垛鬼和唤醒垛鬼经；河谷地区祭鬼仪式·开天辟地的经书。共五种。

2415. 纳西东巴古籍译注全集·第 32 卷/和开祥，和士成，和学智，和成典释读/和力民，习煜华翻译/云南人民出版社 1999 年 9 月//本卷有：禳垛鬼仪式·董神与术鬼的故事，扔嘎巴火把；禳垛鬼仪式·董若阿路与术主的女儿牟道庚饶拿姆的故事；禳垛鬼仪式·施放卢神沈神的替身；禳垛鬼仪式·把枕头作为替身扔出去的经书；禳垛鬼仪式·解结绳，丢弃面偶；禳垛鬼仪式·送走余补劳舍；禳垛鬼仪式·给垛鱼还债，让驮灾母马丢弃灾难；禳垛鬼仪式·给木偶衣服（上卷、下卷）、关死门；禳垛鬼仪式·请猴子，接狐狸；禳垛鬼仪式·招祖先之魂，招活人的灵魂。共十种。

2416. 纳西东巴古籍译注全集·第 33 卷/和云彩，和学智，和成典，杨树兴，和即贵释读/习煜华翻译/云南人民出版社 1999 年 9 月//本卷有：禳垛鬼仪式·慰抚猴子、狐狸，放替身；禳垛鬼仪式·慰抚猴子、狐狸，送饭，送猴子、狐狸；禳垛鬼仪式·慰抚猴子、狐狸，关死门；禳垛鬼仪式·地面开裂，关地缝（上卷）；禳垛鬼仪式·堵塞地缝（下卷）；禳垛鬼仪式·送走醋西吉命；禳垛鬼仪式·用猪做替身，丢弃鳌鱼鬼；禳垛鬼仪式·枚生督迪、美梅古迪打猎，丢弃灾袋；禳垛鬼仪式·迎接莫毕精如神、优麻神。共九种。

2417. 纳西东巴古籍译注全集·第 34 卷/和云彩，和成典，和学智，和士成，和开祥释读/习煜华，和力民翻译/云南人民出版社 1999 年 9 月//本卷有：襄垛鬼仪式·召唤呆鬼；襄垛鬼仪式·请格空神；襄垛鬼仪式·丢弃格空面偶；襄垛鬼仪式·请本丹神，送走灾难；丽江县大东山乡襄垛鬼大仪式规程；丽江县金山乡贵峰村襄垛鬼大仪式规程；丽江县鲁甸乡襄垛鬼小仪式规程。共七种。

2418. 纳西东巴古籍译注全集·第 35 卷/和开祥，和云章，和云彩，和即贵释读/和品正翻译/云南人民出版社 1999 年 9 月//本卷有：退送是非灾祸·开坛经、为卢神、沈神除秽；退送是非灾祸·请神降临，卢神起驾；退送是非灾祸·为卢、沈二神洗秽，砍杀仇鬼；退送是非灾祸·祭送口舌是非鬼；退送是非灾祸·献猪鸡牺牲；退送是非灾祸·献牲经；退送是非灾祸·灾祸的产生与传播、景鬼与瓦鬼的出处及祭送；退送是非灾祸·端鬼的来历（上卷）；退送是非灾祸·求福泽；退送是非灾祸·创世纪。共十种。

2419. 纳西东巴古籍译注全集·第 36 卷/和云彩，和云章，和开祥，和士成释读/和品正翻译/云南人民出版社 1999 年 9 月//本卷有：退送是非灾祸·当尤争斗；退送是非灾祸·盘神、禅神与毒鬼、仄鬼的斗争；退送是非灾祸·董争术斗；退送是非灾祸·哈族与斯族的故事；退送是非灾祸·崇忍利恩与衬恒褒白传略；退送是非灾祸·揉巴四兄弟事略；退送是非灾祸·都沙敖吐传；退送是非灾祸·崇忍利恩与楞启斯普的故事；退送是非灾祸·镇压毒药与祸端，请日月、引水；退送是非灾祸·抛放雄罗面偶。共十种。

2420. 纳西东巴古籍译注全集·第 37 卷/和云章，和云彩，和士成，和开祥释读/和品正翻译/云南人民出版社 1999 年 9 月//本卷有：退送是非灾祸·捉拿仇鬼，煮杀瓦鬼；退送是非灾祸·把毒水抛向仇人，请优麻战神镇压瓦鬼；退送是非灾祸·求水经；退送是非灾祸·启神的出处来历，抛送考吕面偶；退送是非灾祸·

抛送灾祸经；退送是非灾祸·分清黑石与白石；退送是非灾祸·祈求福泽经；退送是非灾祸·祭祀仇鬼，镇压仇鬼；退送是非灾祸·捉拿仇鬼，煮杀祸鬼；退送是非灾祸·煮杀是非灾祸。共十种。

2421．纳西东巴古籍译注全集·第38卷/和即贵，和云彩，和云章，和开祥释读/和品正翻译/云南人民出版社1999年9月//本卷有：退送是非灾祸·十八个威毕仲金启当的来历；退送是非灾祸·麻登大神赶鬼；退送是非灾祸·为优麻战神烧天香，消灭千千万万的鬼怪；退送是非灾祸·迎请什罗大祭司；退送是非灾祸·迎请莫毕精如大神；退送是非灾祸·白刃利刀镇压扣古鬼；退送是非灾祸·驱鬼经卷首；退送是非灾祸·赶鬼；退送是非灾祸·驱除垛鬼铎鬼等九方仇鬼；退送是非灾祸·送神经；退送是非灾祸·辞送是非灾祸鬼。共十一种。

2422．纳西东巴古籍译注全集·第39卷/和云彩，和云章，和开祥，和即贵释读/李英翻译/云南人民出版社1999年9月//本卷有：除秽·烧天香；除秽·撒神粮，点燃灯神；除秽·迎请卢神；除秽·请神降威灵经；除秽·秽的来历；除秽·除秽的来历；除秽·古事记。共七种。

2423．纳西东巴古籍译注全集·第40卷/和开祥，和云彩，和云章，和即贵，和士成释读/李英翻译/云南人民出版社1999年9月//本卷有：除秽·白蝙蝠取经记；除秽·系宝物的利箭的来历；除秽·用黑梭刷火把除秽（上卷）；除秽·用黑梭刷火把除秽（下卷）；除秽·咒白水黑水；除秽·分开秽门和神门。共六种。

2424．纳西东巴古籍译注全集·第41卷/和开祥，和士成，和云彩，和即贵，和云章释读/李英翻译/云南人民出版社1999年9月//本卷有：除秽·董术战争；除秽·天女纳卡依端的故事；除秽·刹道斯汝的故事，为署引路，为署架桥；除秽·为崇忍利恩除秽；除秽·恩恒尼汝高勒高趣的故事；除秽·高勒趣和金命金兹的故事，精恒吉鲁的故事；除秽·枚生督迪的故事；绕雪山九转；

除秽·崇仁居古都鲁的故事；除秽·为天女那生普麻除秽；除秽·为丁巴什罗除秽。共十种。

2425．纳西东巴古籍译注全集·第42卷/和云章，和即贵，和开祥，和云彩释读/李英翻译/云南人民出版社1999年9月//本卷有：除秽·尤拉丁端、套拉金姆的故事，美利董主、茨爪金姆的故事；除秽·崇忍利恩、衬恒褒白、岛宙超饶、沙劳沙趣的故事；除秽·斯巴金补的故事；除秽·都沙敖吐的故事；除秽·妞沙套姆的故事；除秽·为天神九兄弟、拉命七姐妹烧梭刷火把；除秽·为天神九兄弟、地神七兄弟除秽；除秽·为尤巫梭爪除秽；除秽·为妥构固汝除秽，包乌搓巴的故事；除秽·九个故事；除秽·用梭刷火把来除秽。共十一种。

2426．纳西东巴古籍译注全集·第43卷/和云章，和云彩，和士成释读/李英翻译/云南人民出版社1999年9月//本卷有：除秽·用益世丁子净水壶的净水洗去秽；除秽·用犏牛、牛、山羊除秽（上卷）；除秽·用犏牛、牛、山羊除秽（中卷）；除秽·用犏牛、牛、山羊除秽（下卷）；除秽·退送灾祸解结，下接送秽鬼；除秽·抛冷凑面偶；除秽·秽驮于米纳打纳马上；除秽·白梭刷火把的来历；除秽·顶灾；除秽·迎请佐体优麻神。共十种。

2427．纳西东巴古籍译注全集·第44卷/和开祥，和云章，和云彩，和士成，和学智释读/李英翻译/云南人民出版社1999年9月//本卷有：除秽·分清黑白；除秽·优麻神砍倒黑秽树；除秽·清除秽鬼（上卷）；除秽·清除秽鬼（中卷、下卷），把当鬼分开，除秽·结束经，退送秽鬼；除秽·为人类退送秽鬼；除秽·偿还债，清除秽鬼、后接清除秽鬼之规程；除秽·仪式概说；除秽·用山羊除秽；除秽之规程。共十种。

2428．纳西东巴古籍译注全集·第45卷/和士成，和云章，和云彩，郑伍三，和即贵，和耀先释读/和庆元翻译/云南人民出版社1999年9月//本卷有：压呆鬼·开坛经；祭呆鬼·请呆鬼，偿还呆鬼债；压呆鬼·请朗久敬久神；压呆鬼·祭凶死者，射杀呆鬼猪；压呆鬼·请妥构神；压呆鬼·启的产生；压呆鬼·请神；压呆鬼·摧毁九个仇鬼寨；请呆鬼·偿还呆鬼债、接呆鬼气；祭呆鬼·法杖产生（下卷）。共十种。

2429. 纳西东巴古籍译注全集·第46卷/和云章，和开祥，和云彩，杨树兴释读/和庆元翻译/云南人民出版社1999年9月//本卷有：驱呆鬼·请优麻神；祭呆鬼·迎请刹依威德神、杀死米麻沈登鬼，杀死呆鬼；祭呆鬼·崇忍利恩的故事；压呆鬼·请朗久敬久神（上卷）；祭呆鬼仪式·超度凶死者，制作亡灵木偶；祭呆鬼·把死者的灵魂从猛鬼处招回；驱呆鬼·捉拿肯孜呆尤鬼；祭呆鬼·把本丹神领回到上面；送走鬼（下卷）；驱史鬼·鬼的来历。共十种。

2430. 纳西东巴古籍译注全集·第47卷/和开祥，和云章，和士成释读/和庆元翻译/云南人民出版社1999年9月//本卷有：祭端鬼·神赐威力；请压端鬼·端鬼的来历；驱端鬼·寻求祭祀占卜书；祭端鬼·驱端鬼，献牲；祭端鬼·端鬼的出处来历，把十八端鬼压下去，撵端鬼，驱出处；祭端鬼·驱端鬼（上卷）、祭端鬼仪式规程（中卷）；祭端鬼·驱端鬼（下卷）。共七种。

2431. 纳西东巴古籍译注全集·第48卷/和开祥，和云章，和云彩，和即贵释读/和庆元翻译/云南人民出版社1999年9月//本卷有：驱赶祟于九种牲畜的端鬼；祭端鬼·请精如神驱端鬼（上卷）；祭端鬼·请莫毕精如（下卷）；祭端鬼·请丁巴什罗；送端鬼·后半部分是仪式规程；祭端鬼仪式规程；驱端鬼和尤鬼；抠古鬼的产生，开坛经，驱抠古鬼；祭臭鲁鬼，臭鲁鬼的产生和来历；驱抠古鬼，点神灯。共十种。

2432. 纳西东巴古籍译注全集·第49卷/和即贵，和云彩，和士成，和开祥释读/和庆元翻译/云南人民出版社1999年9月//本卷有：抠古鬼的出处；抠古鬼、呆鬼、臭鬼的来历；分开妥罗鬼·用鸡还鬼债，招魂；抠古鬼的产生·灾祸的出处，请仇鬼罩仇鬼，铎鬼的产生，木偶和面偶的产生；祭嫩毒鬼·把嫩毒鬼驱到居那若罗山的四方；抛面偶·祭抠古鬼；放替身·送火鬼、臭鬼和替罗鬼；戈布鬼来作祟；祭替罗鬼·公鸡的来历；驱走抠古鬼。共十种。

2433. 纳西东巴古籍译注全集·第50卷/和云彩，和开祥，和即贵，和士成释读/和庆元翻译/云南人民出版社 1999 年 9 月//本卷有：驱抠古鬼·请丁巴什罗；驱抠古鬼（下卷）；请端格神·杀抠古鬼；请端格神·请本丹神，本丹水的出处和来历；烧天香·请本丹神下来；祭抠古鬼·请本丹神；请丁巴什罗·设置本丹神灶；送走抠古鬼；送走火鬼，压替罗鬼；除鬼的产生。共十种。

2434. 纳西东巴古籍译注全集·第51卷/和士成释读/和发源，李天育翻译/云南人民出版社 1999 年 9 月//本卷有：祭猛神和恩鬼·为董神和沈神除秽，开坛经；祭水猛鬼和水恩鬼·水猛鬼和水恩鬼的出处来历；祭水猛鬼和水恩鬼·祭端鬼，顶灾；祭猛鬼和恩鬼·献牲，杀鸡；祭猛鬼和恩鬼·驱鬼（上卷），遣送丹鬼；祭水猛鬼和恩鬼·驱鬼（中卷、下卷）、遣送丹鬼；祭固鬼和鲁鬼，祭猛鬼和恩鬼·高勒趣招父魂；祭猛鬼和恩鬼·找猛鬼和赶猛鬼；祭猛鬼和恩鬼·结尾经。共九种。

2435. 纳西东巴古籍译注全集·第52卷/和云彩，和士成释读/和虹翻译/云南人民出版社 1999 年 9 月//本卷有：祭蛇鬼；蛇鬼的出处来历；送蛇鬼；祭豹鬼、虎鬼，祭蛇鬼；请豹鬼，送豹鬼；送豹鬼、虎鬼，祭猛鬼、恩鬼，祭端鬼，送蛇鬼，送铎鬼；祭凸鬼鲁鬼利鬼；祭凸鬼猛鬼，开坛经，还债，献牲；景仄景娆，祭好争，祭木号高拉，祭凸鬼，还凸鬼债，祭灶神；送喜神白虎。共十种。

2436. 纳西东巴古籍译注全集·第53卷/和开祥，和云章，和学智，和即贵释读/李例芬翻译/云南人民出版社 1999 年 9 月//

本卷有：关死门仪式·规程及画稿；关死门仪式·开坛经；关死门仪式·排除署干扰，规程；关死门仪式·人类的起源；关死门仪式·九位天神和七位地神的传说；关死门仪式·都沙敖吐、崇忍利恩、高勒趣三个传说；关死门仪式·给牲；关死门仪式·给牦牛洒法水关死门；关死门仪式·献饭，招魂；关死门仪式·送猴子、狐狸面偶经；关死门仪式·超度穿戴麻布衣的亡灵木身。共十一种。

2437. 纳西东巴古籍译注全集·第54卷/和开祥，和学智，和成典，和云章，和即贵释读/李例芬翻译/云南人民出版社1999年9月//本卷有：关死门仪式·把死灵从娆鬼手中赎回；关死门仪式·给美利董主、崇忍利恩解生死冤结；关死门仪式·解生死冤结，超度沙劳老翁；关死门仪式·赶鬼上集；关死门仪式·赶鬼下集，送丹鬼；关死门仪式·结尾经；驱妥罗能特鬼仪式·搭神坛、竖神石；驱妥罗能特鬼仪式·开坛经；驱妥罗能特鬼仪式·迎请朗久、敬久战神；驱妥罗能特鬼仪式·迎端格战神；驱妥罗能特鬼仪式·驱鬼送鬼。共十一种。

2438. 纳西东巴古籍译注全集·第55卷/和云彩，和士成，和云章，释读/和发源翻译/云南人民出版社1999年9月//本卷有：超度死者·卢神起程，向神求威力；超度死者·杀猛鬼和恩鬼，高勒趣招父魂；超度死者·献给死者猪和鸡；治丧，钉"古顺"；超度死者·献牦牛和马；超度死者·燃灯；超度死者·头目和祭司来燃灯；超度死者·这是年轻死者之挽歌；开丧和超度死者·安慰死者之歌；超度死者·小规模做献冥马仪式。共十种。

2439. 纳西东巴古籍译注全集·第56卷/和开祥，和士成，和云章，和即贵，和云彩释读/和发源翻译/云南人民出版社1999年9月//本卷有：开丧和超度死者·杀牲献牲；开丧和超度死者·遗留福泽；超度死者·献肉汤（上卷）；超度死者·献肉汤（下卷）；超度死者·人类迁徙的来历（上卷）；超度死者·人类迁徙的来历（下卷）；超度死者·执法杖（上卷）；超度死者·执法杖（中卷）；开丧和超度死者·送死者的挽歌。共九种。

2440. 纳西东巴古籍译注全集·第 57 卷/和云彩，和开祥，和云章，和士成，和学智释读/和发源翻译/云南人民出版社 1999年 9 月//本卷有：超度死者·忘掉惊慌；超度死者·收种庄稼，给死者献饭；超度死者·献供品；开丧，隆重地举行献冥马仪式；超度死者·三十三支法杖和服装的出处来历；超度死者·破土；超度女能者·超度产褥期死亡的妇女（末卷）；关死门·赶鬼（上卷）；超度死者·把走的马送去上面；关死门·用牦牛关死门。共十种。

2441. 纳西东巴古籍译注全集·第 58 卷/和云彩，和学智，和开祥，和云章，和士成释读/和发源翻译/云南人民出版社 1999年 9 月//本卷有：超度死者·在居那若罗山的四周抬死者之魂；超度死者·驱除死祸；开丧·挎獐皮口袋；开神路（上卷）；开神路·达树的来历；开神路（末卷）；超度死者·生离死别，送死者；超度死者·窝姆打庚；超度死者·寻找纺织品；开丧，用面偶吸附灾祸，驱赶灾祸。共十种。

2442. 纳西东巴古籍译注全集·第 59 卷/和云彩，和士成，和即贵，和发源释读/和发源翻译/云南人民出版社 1999 年 9 月//本卷有：超度死者·擀制白羊毛服装；超度死者·抛头和角骷髅；超度死者·服装及白羊毛穗子的来历；在那刹坞门前，讲述三样醇酒的来历；关死门·安慰死者之歌；超度死者·送死者，催促死者起程；超度死者·退送口舌是非；超度死者·驱除不祥的厄运；超度死者·烧天香；开丧·祭跟死者作祟的季鬼。共十种。

2443. 纳西东巴古籍译注全集·第 60 卷/和云彩，和士成，和成典，和云章，和即贵释读/和发源翻译/云南人民出版社 1999年 9 月//本卷有：超度死者·削造亡灵木身；超度死者·在孜劳大门口迎接亡灵木身和死者；超度死者·药的来历和点药，杀牲，占风水，削造亡灵木身；开丧和超度死者·唤醒死者；超度死者·

铎鬼的出处来历；关死门·招魂，接气；超度死者·用九种树枝除秽，报恩；超度死者·解厄；超度死者·解厄，大厄小厄的祸患没有了；超度死者·由舅父毁坏死者冥房，献冥食，关死门。共十种。

2444．纳西东巴古籍译注全集·第61卷/和开祥，和云彩，和士成释读/和发源翻译/云南人民出版社1999年9月//本卷有：超度夫和妻·亡灵木身睡在坛里，驱赶冷凌鬼；超度夫和妻·献牲；超度夫和妻·抛"卡吕"面偶；超度夫和妻·放陪伴鸟；超度死者·寻找和复原死者的身体；超度死者·先辈超度后辈；超度死者·超度锐眼死者；超度夫和妻·把罪过驮在马上（末卷）；超度死者·绸衣的来历，洒药；超度死者·崇忍潘迪找药。共十种。

2445．纳西东巴古籍译注全集·第62卷/和云彩，和即贵，和士成释读/和发源翻译/云南人民出版社1999年9月//本卷有：超度死者·死者跟着先祖们去登上面，抛白骨和黑炭；超度死者·献牲；超度死者·寻找丧葬的来历；超度死者·用猪分开死者与生者；超度死者·俄依高勒的九个儿子的故事；超度死者·竖天灯树，让青龙条幅飘荡；超度死者·讲述死者的业绩；超度死者·放陪伴的对偶，唤死者起程；超度嘎瓦劳端工匠·超度能者；超度嘎瓦劳端工匠用的经书。共十种。

2446．纳西东巴古籍译注全集·第63卷/和即贵，和云彩，和学智，和士成释读/和发源翻译/云南人民出版社1999年9月//本卷有：超度死者·俄佑俄都命杀猛鬼的故事（上卷）；超度死者·献冥食；超度死者·迎接亡灵木身和死者；超度死者·关死门，结尾经；超度男能者·铺设神座；超度能者·唤醒能者；超度能者·许诺给能者用物，献药；超度男能者·合集，能者名声的来历；超度能者·在若罗山四周招魂，超度季贝贤女，在巴格的八个位招魂；超度能者·献马、驱赶冷凌鬼。共十种。

2447．纳西东巴古籍译注全集·第64卷/和云彩，和即贵，和云章，和士成，和开祥释读/和发源翻译/云南人民出版社 1999 年 9 月//本卷有：超度能者·迎接优麻神；超度能者·武器的来历；超度男能者·马的来历；超度男能者·摧毁九座督支黑坡，给男能者招魂；超度女能者·给女能者招魂，九座督支黑坡上的木牌画规程；超度男能者·给能者招魂，给能者献冥马；超度女能者·铺设神座，招魂，驱赶抠古鬼·迎接端格神；超度死者·杀牲；超度死者·烧里陶冥房及超度夫妻。共十种。

2448. 纳西东巴古籍译注全集·第 65 卷/和云彩，和即贵，和士成，和开祥释读/和发源翻译/云南人民出版社 1999 年 9 月//本卷有：超度男能者·虎的来历、分虎皮；超度能者·分虎皮；超度女能者（末卷）；超度女能者（上卷）；超度女能者·合集；超度能者·仪式规程，送神；超度长寿者·超度茨爪金姆；超度美利董主·把美利董主和丁巴什罗神像一样地送去上面；超度金姆·为能者招魂，给能者献冥马；超度长寿者·砍树片。共十种。

2449. 纳西东巴古籍译注全集·第 66 卷/和即贵，和云彩，和开祥，和士成释读/和发源翻译/云南人民出版社 1999 年 9 月//本卷有：超度长寿者·超度美利董主和茨爪金姆；超度长寿者·给茨爪金姆燃灯长寿；超度长寿者·燃灯；超度长寿者·驱赶冷凑鬼；超度长寿者·由马鹿寻找丢失了的董魂；超度长寿者·米丹给补锅的来历；超度长寿者·火化男尸体；超度长寿者·送美利董主和马鹿。共八种。

2450. 纳西东巴古籍译注全集·第 67 卷/和云彩，和开祥释读/和发源翻译/云南人民出版社 1999 年 9 月//本卷有：超度死者·执法杖（下卷），鸡鸣唤死者；超度死者·超度放牧牦牛、马和绵羊的人·招魂；超度死者·超度放牧牦牛、绵羊和马的人；超度放牧牦牛、马和绵羊的人·燃灯和迎接畜神；超度放牧牦牛、马和绵羊的人·美利董主、崇忍利恩和高勒高趣之传略；超度死者·迎接胜利者、献牦牛牺牲；超度放牧牦牛、马和绵羊的人·驱赶冷凑鬼，摧毁九座督支黑坡；超度死者·开神路，驱赶冷凑鬼；超度死者·开神路，破九座黑坡。共九种。

2451. 纳西东巴古籍译注全集·第68卷/和士成，和云彩，和开祥，和云章释读/和发源翻译/云南人民出版社1999年9月//本卷有：开神路·合集；开神路·金坤坷路的来历；开神路（中卷）；开神路·拆里塔冥房；开神路·开塔古黑柜的门；开神路·把死者领到有依端宝物的地方；超度死者·祭将归祖的死者，由舅父给死者领路、献饭、关死门；超度死者·用白牦牛和黑牦牛驱赶不祥的厄运；关死门·偿还娆鬼的欠债；超度胜利者·竖胜利者天灯树、武官树、美德者树，插胜利者旗；超度胜利者·挂武官和美德者衣服。共十一种。

2452. 纳西东巴古籍译注全集·第69卷/和云彩，和开祥释读/和发源翻译/云南人民出版社1999年9月//本卷有：超度死者·请来舅父破崩人的九座村庄；超度死者·生离死别；超度死者·放陪伴鸡；超度胜利者（上卷）；超度胜利者（中卷）；超度胜利者（末卷）；超度胜利者·招魂；超度胜利者·锐眼督直守卫胜利者的村寨、大门和山坡，集中后送有威望的胜利者；超度胜利者·董的伊世补佐东巴，点着火把寻找失踪了的胜利者；开丧和超度死者·半夜讲粮食的来源，鸡鸣时给狗喂早食，并献给死者供品。共十种。

2453. 纳西东巴古籍译注全集·第70卷/和云彩，和开祥，和即贵释读/和发源翻译/云南人民出版社1999年9月//本卷有：超度胜利者·驱赶冷凑鬼、摧毁九座督支黑坡；超度胜利者·在胜利者门口招魂，在祭祀场地里招魂迎接胜利者；超度胜利者（中卷），末卷为规程；超度胜利者（末卷）·献饭，遗留福泽；超度死者·放马和让马奔跑；超度死者·规程之一；超度死者·规程之二；超度死者·规程之三；超度死者·规程、铎鬼的出处来历；超度胜利者·迎接优麻神，擒仇敌。共十种。

2454. 纳西东巴古籍译注全集·第 71 卷/和云章，和云彩，和士成，和耀先，和学智释读/习煜华翻译/云南人民出版社 1999 年 9 月//本卷有：超度什罗仪式·铺设神座；超度什罗仪式·为卢神、沈神除秽；超度什罗仪式·烧天香；超度什罗仪式·迎请盘神、禅神；超度什罗仪式·点灯火。共五种。

2455. 纳西东巴古籍译注全集·第 72 卷/和士成，和学智，和云章，和云彩释读/习煜华翻译/云南人民出版社 1999 年 9 月//本卷有：超度什罗仪式·迎请什罗；杀三百六十个鬼卒、杀固松玛；超度什罗仪式·在居那若罗山四面招魂；超度什罗仪式·祈求神力，招死者的灵魂；超度什罗仪式·出处来历，遗福泽，赐威力；超度什罗仪式·还毒鬼之债；超度什罗仪式·送固松玛。共六种。

2456. 纳西东巴古籍译注全集·第 73 卷/和云彩，和学智，和士成，和开祥释读/习煜华翻译/云南人民出版社 1999 年 9 月//本卷有：超度什罗仪式·在黑毒海旁用黑猪还毒鬼之债；超度什罗仪式·竖督树的来历；超度什罗仪式·解脱过失，施水施食给冷凑鬼；超度什罗仪式·开罗梭门，从海中招魂；超度什罗仪式·刀子的出处来历；超度什罗仪式·寻找什罗灵魂，弟子协力攻破毒鬼黑海；超度什罗仪式·灵魂从血海里接上来；把本神送回去（下卷）；超度什罗仪式·送走斯姆朗登；超度什罗仪式·驱除是非过失引起的冷凑鬼；超度什罗仪式·在生牛皮上点灯火；超度什罗仪式·解除过失；超度什罗仪式·开辟神路，洒沥血水；超度什罗仪式·接祖，除秽，粮食的来历；超度什罗仪式·寻仇，迎接本丹神；超度什罗仪式·格巴弟子点神灯；超度什罗仪式·求威力，赐福泽。共十六种。

2457. 纳西东巴古籍译注全集·第 74 卷/和士成，和云章，和云彩，和学智，和开祥释读/习煜华翻译/云南人民出版社 1999 年 9 月//本卷有：超度什罗仪式·驱赶冷凑鬼；超度什罗仪式·用岩羊角解结；超度什罗仪式·开神路，越过九道黑坡；超度什罗仪式·打开柜子之门；超度什罗仪式·倾倒督树，把什罗从十八层地狱里接上来；超度什罗仪式·开神路上，法轮之出处；超度什罗仪式·开神路上；超度什罗仪式·开神路中；超度什罗仪式·开神路下。共九种。

2458. 纳西东巴古籍译注全集·第 75 卷/和开祥，和学智，和即贵，和云章释读/习煜华翻译/云南人民出版社 1999 年 9 月//本卷有：超度什罗仪式·指引死者灵魂之路（下卷）；超度什罗仪式·施鬼食，射五方之鬼王；超度什罗仪式·火化后送什罗灵魂；超度什罗仪式·烧灵塔；超度什罗仪式·赐徒弟以威力；超度什罗仪式·什罗改名十二次；超度什罗仪式·杀牲，用羊占卜算卦；超度什罗仪式·宰杀牲畜，供奉尊贵的祖先；超度什罗仪式·隆重祭送常胜的死者；超度什罗仪式·规程。共十种。

2459. 纳西东巴古籍译注全集·第 76 卷/和云彩释读/习煜华翻译/云南人民出版社 1999 年 9 月//本卷有：超度拉姆仪式·拉姆的来历，迎接神灵；超度拉姆仪式·为圣洁的神女拉姆除秽；超度拉姆仪式·茨拉金姆传略；超度拉姆仪式·丁巴什罗配偶茨拉金姆（中卷）；超度拉姆仪式·追忆生前，寻找灵魂；超度拉姆仪式·接送圣洁尊贵的女神；超度拉姆仪式·用猪给毒鬼还债；超度拉姆仪式·丢弃冷凑面偶；超度拉姆（趣衣拉姆）仪式·送走大鹏面偶。共九种。

2460. 纳西东巴古籍译注全集·第 77 卷/和云彩释读/习煜华翻译/云南人民出版社 1999 年 9 月//本卷有：超度拉姆仪式·丢弃卡里面偶；超度拉姆仪式·送走里朵；超度拉姆仪式·超度女能人，破除尼坞血海，丢弃过失；超度拉姆仪式·送拉姆，射杀毒鬼、仄鬼；超度拉姆仪式·烧灵塔；超度拉姆仪式·规程。共六种。

2461. 纳西东巴古籍译注全集·第 78 卷/和云彩，和开祥，和即贵释读/和虹翻译/云南人民出版社 1999 年 9 月//本卷有：祭绝后鬼·绝后鬼的出处与来历；祭绝后鬼·绝后鬼的来历；祭绝后鬼（上卷）；祭绝后鬼（中卷）；祭绝后鬼（下卷）；祭绝后鬼·献牲经；祭绝后鬼·分绝户财产；祭绝后鬼·除秽，分开绝后鬼、秽鬼与家神、活人的财产；祭绝后鬼·结尾经。共九种。

2462. 纳西东巴古籍译注全集·第 79 卷/和即贵，和云章，和开祥，和云彩，杨树兴，郑伍三释读/和宝林翻译/云南人民出版社 1999 年 9 月//本卷有：祭祀魂·风鬼、仄鬼设置神座，撒神粮；大祭风·给卢神、沈神除秽，开坛经；大祭风·迎请大神；大祭风·开坛经；大祭风·十八支竹签的来历；大祭风·迎请卢神；大祭风·迎请卢神求神威灵。共七种。

2463. 纳西东巴古籍译注全集·第 80 卷/和即贵，杨树兴，和士成，和云彩释读/和宝林翻译/云南人民出版社 1999 年 9 月//本卷有：大祭风·创世纪；大祭风·寻找祭祀吊死者和情死者的办法；大祭风·迎请卡冉纽究神；大祭风·迎请许冉，迎请众神；大祭风·迎请莫毕精如神（卷首）；大祭风·迎请莫毕精如神（卷中）；大祭风·到十八层天上迎请莫毕精如神（卷末）；大祭风·大祭仄鬼（卷首）。共八种。

2464. 纳西东巴古籍译注全集·第 81 卷/和开祥，和云彩，和士成，和云章，杨树兴，和即贵释读/和宝林翻译/云南人民出版社 1999 年 9 月//本卷有：大祭风·大祭仄鬼（卷末）；大祭风·抛卡吕面偶；大祭风·迎请刹依威德战神；大祭风·超度凶死者，为死者招魂，迎请郎久神；大祭风·十二种牺牲的出处来历；大祭风·用山羊、绵羊、猪、鸡给楚鬼献牲；大祭风·祭毒鬼、仄鬼；大祭风·用鸡给凶死者接气；大祭风·鸡的出处和来历，用鸡偿还楚鬼的债，吊楚鬼鸡。共九种。

2465. 纳西东巴古籍译注全集·第 82 卷/和云彩，和开祥，和学智，释读/和宝林翻译/云南人民出版社 1999 年 9 月//本卷有：

大祭风·砍出白木片，招吊死者殉情之魂；分清神和呆鬼·掷黑石白石；镇压呆鬼·迎请罗巴涛构及其仪式规程；大祭风·迎接祖先；大祭风·抬回祖先的魂魄，把祖先和楚鬼分开；割断楚鬼绳索，将楚鬼和壬鬼分开；大祭风·超度吊死和殉情男女，给他们双双献牲。共七种。

2466. 纳西东巴古籍译注全集·第83卷/和即贵，杨树兴，和云章，和成典，和云彩释读/和宝林翻译/云南人民出版社1999年9月//本卷有：超度楚鬼·寻找器物；祭风·超度吊死者，情死衣的来历；大祭风·超度吊死者，分割吊死者和呆鬼的财物；大祭风·鲁般鲁饶；大祭风·给战神献饭；大祭风·施药；大祭风·美利董主的故事（上卷）。共七种。

2467. 纳西东巴古籍译注全集·第84卷/和云彩，和云章，杨树兴，和士成释读/李英，和宝林翻译/云南人民出版社1999年9月//本卷有：大祭风·禳除年厄；迎请格空大战；迎请优麻战神，优麻降临，宰杀白绵羊，用绵羊的各个部位卜吉凶；祭风·迎请盘神、禅神，迎请丁巴什罗；超度吊死者迎请端格神·煮本丹神水；大祭风·镇压吊鬼，迎请神；超度壬鬼（卷末）；大祭风·驮呆鬼的达耿金布马（卷首）；大祭风·超度吊死情死者，说苦道乐。共九种。

2468. 纳西东巴古籍译注全集·第85卷/和开祥，杨树兴，和云章，和学智，和云彩释读/李英，和宝林翻译/云南人民出版社1999年9月//本卷有：大祭风·悬狗镇压呆鬼，招魂，狗的出处来历；唤醒神灵·撒神粮；大祭风·开楚鬼尤鬼之门；大祭风·为祭木取名；大祭风·超度吊死者或殉情者，产生各种鬼的故事；大祭风·祭祀楚鬼尤鬼，退送鬼魂（卷首）；大祭风·退送鬼魂（卷末）；大祭风·请鬼安鬼。共八种。

2469. 纳西东巴古籍译注全集·第86卷/和即贵、和士成、和云章、杨树兴、和学智、和云彩释读/和宝林，李英翻译/云南人民出版社 1999 年 9 月//本卷有：退送九十个楚鬼的尤鬼；给寇朵居毒鬼送牲；大祭风·分出壬鬼；大祭风·祭吊死鬼、情死鬼、魂、风鬼，施食；大祭风·粮食的来历；祭楚鬼、尤鬼、魂、风鬼、施楚鬼、尤鬼食；大祭风·超度董族的吊死者（卷首）；大祭风·超度董族的吊死者（卷末）；大祭风·给吊死者献冥马。共八种。

2470. 纳西东巴古籍译注全集·第 87 卷/杨树兴，和开祥，和学智，和云章，和云彩，和即贵，和士成释读/李英，和宝林翻译/云南人民出版社 1999 年 9 月//本卷有：分开吊死者和活人；大祭风·给死者换寿岁；大祭风·抛冷凑面偶；大祭风·吊死鬼与情死鬼木牌之来历；大祭风·偿还鬼债；大祭风·射呆鬼猪；大祭风·细说死事；大祭风·迎请罗巴涛格大神。共八种。

2471. 纳西东巴古籍译注全集·第 88 卷/和开祥，杨树兴，和云章，和耀先，和士成，和云彩释读/和宝林，李英翻译/云南人民出版社 1999 年 9 月//本卷有：迎请优麻战宰；大祭风·焚烧壬鬼鬼巢，鸡的出处来历，赶走壬鬼和楚鬼；大祭风·迎请优麻神，砍倒壬鬼树，焚烧壬鬼巢；大祭风·超度董族吊死者（卷末），优麻战神砍卡拉尤鬼树；大祭风·施楚鬼、尤鬼食，拆楚鬼、尤鬼房；大祭风·招回本丹神兵；大祭风·用白鹇鸟偿还署债，给署除秽；祭云鬼、风鬼、楚鬼、尤鬼、毒鬼、仄鬼，施署财。共八种。

2472. 纳西东巴古籍译注全集·第 89 卷/和即贵，和开祥释读/和宝林，李英翻译/云南人民出版社 1999 年 9 月//本卷有：超度吊死和殉情者·饶星飞奔将面偶抛到仇地去；祭祀呆鬼、仄鬼；大祭风·镇压呆鬼、佬鬼，送神；祭朵神和吾神·献牲献饭；大祭风·祭绝嗣者；祭景神崩神·献牲，献饭；祭乌刹命·送木牌，送鸡；大祭风·超度男女殉情者，制作木身。共八种。

2473. 纳西东巴古籍译注全集·第 90 卷/和开祥，和云章，杨树兴，和即贵，和云彩释读/李英，和宝林翻译/云南人民出版社1999年9月//本卷有：大祭风·超度新近死去的殉情者（上卷）；大祭风·超度新近死去的殉情者（末卷）；大祭风·超度刚去世的吊死者，把牺牲交给他们，给病人招魂；大祭风·木牌羊鸡的出处和来历，偿还毒鬼仄鬼债；祭毒鬼仄鬼·分末地，哈斯争战；大祭风·顶灾，鸡和猪的来历，偿还端鬼鬼债，施鬼食；大祭风·俄佑九兄弟的故事。共七种。

2474. 纳西东巴古籍译注全集·第91卷/和成典，和云章，和即贵，和学智，杨树兴，和云彩，和士成释读/和宝林翻译/云南人民出版社1999年9月//本卷有：大祭风·超度董族吊死者（卷首），俄佑九兄弟，寻找处理父亲后事的规矩；大祭风·为死者寻找伴侣；大祭风·超度吊死者情死者，让木身过溜；大祭风·超度楚鬼尤鬼结尾经；大祭风·推脱罪责；大祭风·送神；招集本丹战神，送神；大祭风·木牌画画稿；大祭风·祭寇寇朵居毒鬼的仪式规程；大祭风仪式中各种设置物的做法及仪式规程。共十种。

2475. 纳西东巴古籍译注全集·第92卷/和云彩，和开祥释读/王世英翻译/云南人民出版社1999年9月//本卷有：大地上卜卦之书；以儿女生辰及母亲怀孕岁数等占卜；以日子占凶吉；用米吾九宫、鲁扎、巴格图占卜；以死者死亡的时、日、月、星占亡灵的动向，算重丧，算入棺发灵时该回避的人；用巴格八方的色彩占卜，占穷运和霉运；用巴格八方的黑白等色占卜；以下雨、春雷、地震、日月食占卜决庄稼丰歉；以前占卜中用图占卜的卦辞；用巴格图占卜。共十种。

2476. 纳西东巴古籍译注全集·第93卷/和云彩，和开祥释读/王世英翻译/云南人民出版社1999年9月//本卷有：用巴格占卜，算穷运霉运，用本命年算凶吉；用巴格占卜，占梦卦辞；占梦之书；用五个贝占卜；用"敏威"九宫占男女结合为一家的凶吉；以异常现象占卜；以失物之时间作卦，占病因；以生病之月份占卜；炙羊肩胛骨卦；看病经书。共十种。

2477.纳西东巴古籍译注全集·第94卷/和云彩，和开祥，和士成释读/王世英翻译/云南人民出版社1999年9月//本卷有：用发病日时之属相及日子占卜；用十三个贝占卜的卦辞；用十三个贝占卜；占卜请神；用天干地支及"米吾"九宫占卜；占星、看日子，看天狗降临日；以来打卦的时日之属相占卜。共七种。

2478.纳西东巴古籍译注全集·第95卷/和开祥，和云彩，和即贵释读/王世英翻译/云南人民出版社1999年9月//本卷有：用巴格图、米吾图、饶星图占卜；用六十花甲图作卦；以母亲的岁数及巴格上的方位占孩子的一生；择建大门日子，看日子的书；算饶星；用鲁补占婚；用神粮及宽叶杜鹃枝叶占卜；看天狗降临的书；赐名，赐裤裙，算二十八宿当值日。共九种。

2479.纳西东巴古籍译注全集·第96卷/和云彩，和开祥，和即贵释读/王世英翻译/云南人民出版社1999年9月//本卷有：算六十花甲年的月大月小；占异象卦辞；以出生之日与年占口福与凶吉；以土神吃什么而占凶吉；看月中忌日，择建门日子，占嘉神，算"厅拜"；择取名、母亲满月洗头及婴儿剃胎发之日子；以花甲的五行等推算孩子的凶吉。共七种。

2480.纳西东巴古籍译注全集·第97卷/和即贵，和开祥，和云彩释读/王世英翻译/云南人民出版社1999年9月//本卷有：记神的寿岁；用干肩胛骨和鲜肩胛骨作卦；看卦辞之书，时占属相占月占；看日子占卜；以第一声春雷占卜，用两个贝占卜，寻物打卦；抽线卦，用黑石白石占卜；吕卡爪尼卦辞；用六十干支等占卜，时占之书；抽线卦。共九种。

2481.纳西东巴古籍译注全集·第98卷/和云彩，和即贵释读/王世英翻译/云南人民出版社1999年9月//本卷有：用米吾宫占福分，用鲁札占卜；看土神，看天火，看属相，看血灾；看天火，看天狗，看新媳妇进门日子；以死者死亡之日的当值之宿占卜；用香烛打卦；佐拉卦图；用米吾九宫占婚；运转米吾九宫，算三百六十天的米吾九宫；用鲁补占卜；用父子的鲁札占卜。共十种。

2482．纳西东巴古籍译注全集·第99卷/和云彩，和即贵释读/王世英翻译/云南人民出版社1999年9月//本卷有：用六十干支占卜；用第一声春雷占卜，以日月食及地震占卜，占放血日，占偷盗时占之书；祭恒神吾神用两个海贝占卜的卦辞；以母亲生小孩之年龄及巴格上的方位占孩子一生的运数；占卜卦辞之书；用五行、十二生肖、鲁札占婚；以异常现象占卜之书；用米吾九宫图占卜；以乌鸦叫声占卜。共九种。

2483．纳西东巴古籍译注全集·第100卷/和云彩，和开祥，和即贵释读/和发源，王世英，李静生翻译/云南人民出版社1999年9月//本卷有：神寿岁与舞谱；舞蹈的来历（之一）；舞蹈的出处和来历（之二）；舞蹈的出处和来历（之三）；超度什罗，送什罗，开神路（上卷），油米村忍柯人的书；说出处；杂言；仪式规程和杂言；医药之书；民歌范本。共十种。

2484．纳西族图画文字《白蝙蝠取经记》研究（上、下）/傅懋勣编著/东京外国语大学亚非语言文化研究所1981年3月//本书是作者1980年应邀赴日本东京外国语大学亚非语言文化研究所担任访问研究教授时所写。作者在本书中，对20世纪40年代收集到的这个纳西族经典写本的经文进行音译、直译、意译和解说。

2485．丽江么些象形文"古事记"研究/傅懋勣著/武昌华中大学1948年7月//本书分四部分。①自序；②绪论；③经文研究；④英文节要。其中第三部分每一大段经文的研究都分经文、音译、意译、解说。

2486．东巴经书专有名词选/和发源，习煜华等选编/中国社科院世界宗教研究所，云南社科院东巴文化研究室，丽江东巴文艺研究室 1983 年 7 月//按神名、鬼名、东巴名、地名、山名、河海名、石名、人种名、植物名、人名、龙王名几类进行选编。

2487.超度沙劳阿包（沙劳阿爸祭）/和芳（纳西族）讲述/周汝诚翻译/丽江县文化馆石印 1964 年 10 月//

2488.崇搬图/和芳（纳西族）讲述/周汝诚翻译/丽江县文化馆石印 1963 年 9 月//

2489.崇搬图/和芳（纳西族）讲述/周汝诚翻译/丽江县文化馆石印 1963 年 9 月//

2490.崇忍利恩解秽经/和芳（纳西族）讲述/周耀华翻译/丽江县文化馆石印 1964 年 10 月//

2491.多格绍本绍/和芳（纳西族）讲述/周汝诚翻译/丽江县文化馆石印 1964 年 10 月//

2492.俄尹都奴杀水怪的故事（俄尹都奴传）/和芳（纳西族）讲述/周汝诚，李即善翻译/丽江县文化馆石印 1964 年 8 月//

2493.古生七称和享命素受的故事/和芳（纳西族）讲述/周耀华翻译/丽江县文化馆石印 1964 年 10 月//

2494.挽歌/和芳（纳西族）讲述/周耀华翻译/丽江县文化馆石印 1964 年 9 月//

2495.辛资恒资/和芳（纳西族）讲述/周汝诚翻译/丽江县文化馆石印 1964 年 11 月//

2496.迎净水（清水经）/和芳（纳西族）讲述/周汝诚翻译/丽江县文化馆石印 1964 年 9 月//

2497.大替身道场史支俄示米短米温招儿魂/和即贵读经口述，/牛耕勤翻译/中科院世界宗教研究所，云南社科院东巴文化研究室，丽江东巴文艺研究室 1984 年//禳栋鬼仪式用。

2498.送死门经人类迁徙记/和开祥讲授/和宝林翻译/中科院世界宗教研究所，云南社科院东巴文化研究室，丽江东巴文艺研究室 1985 年//开丧超度仪式用经书。

2499．替生道场高勒趣哈若尼恩哈拉古补送木偶替生赎罪经/和学智读经/和学才翻译/中科院世界宗教研究所，云南社科院东巴文化研究室，丽江东巴文艺研究室 1984 年//襄栋鬼仪式。

2500．点着金银火把寻找失踪了的胜利者/和云彩读经/和发源翻译/中科院世界宗教研究所，云南社科院东巴文化研究室，丽江东巴文艺研究室 1984 年//祭胜利神用经书。

2501．替身道场董神与术神战争之经/和云彩读经/和明信翻译/中科院世界宗教研究所，云南社科院东巴文化研究室，丽江东巴文艺研究室 1984 年//襄栋鬼仪式。

2502．东巴舞谱/和云彩讲述/和发源翻译/中科院世界宗教研究所，云南社科院东巴文化研究室，丽江东巴文艺研究室 1983 年//

2503．分清神和鬼，分清白石和黑石/和云彩讲述/李即善翻译/中科院世界宗教研究所，云南社科院东巴文化研究室，丽江东巴文艺研究室 1982 年 12 月//

2504．祭拉姆道场/和云彩讲述/习煜华翻译/中科院世界宗教研究所，云南社科院东巴文化研究室，丽江东巴文艺研究室 1981 年 10 月//祭拉姆。

2505．祭龙王杀猛妖的经书/和云彩讲述/杨其昌翻译/中科院世界宗教研究所，云南社科院东巴文化研究室，丽江东巴文艺研究室 1983 年 9 月//

2506．祭什罗道场在门前迎接东巴之经/和云彩讲述/习煜华翻译/中科院世界宗教研究所，云南社科院东巴文化研究室，丽江东巴文艺研究室 1985 年//祭什罗仪式。

2507．神寿岁与东巴舞谱上/和云彩讲述/和发源翻译/中科院世界宗教研究所，云南社科院东巴文化研究室，丽江东巴文艺研究室 1981 年 10 月//

2508. 舞蹈的出处与来历/和云彩讲述/和发源翻译/中科院世界宗教研究所，云南社科院东巴文化研究室，丽江东巴文艺研究室 1983 年//

2509. 舞蹈的来历下/和云彩讲述/和发源翻译/中科院世界宗教研究所，云南社科院东巴文化研究室，丽江东巴文艺研究室 1981 年 10 月//

2510. 祝婚歌/和云彩讲述/和发源翻译/中科院世界宗教研究所，云南社科院东巴文化研究室，丽江东巴文艺研究室 1982 年 3 月//本经书用于祭家神仪式。以原文、标音、直译、意译四种对照方式翻译。

2511. 替身道场：用牛做替身，抛九付普所到仇地/和云章讲授/和宝林翻译/中科院世界宗教研究所，云南社科院东巴文化研究室，丽江东巴文艺研究室 1984 年 1 月//禳栋鬼仪式。

2512. 驮达给金布马超度呆死鬼之上卷/和云章口述/和力民翻译/中科院世界宗教研究所，云南社科院东巴文化研究室，丽江东巴文艺研究室 1982 年//祭风经典。

2513. 安铺余资命（安子命）/和正才（纳西族）讲述/李即善，周耀华翻译/丽江县文化馆石印 1964 年 11 月//

2514. 碧庖卦松（取经）/和正才（纳西族）讲述/李即善，周汝诚翻译/丽江县文化馆石印 1964 年 11 月//

2515. 崇仁潘迪找药/和正才（纳西族）讲述/赵净修翻译/丽江县文化馆石印 1963 年 8 月//

2516. 懂述战争·卷上下/和正才（纳西族）讲述/李即善，周汝诚翻译/丽江县文化馆石印 1963 年 11 月//

2517. 高勒趣招魂/和正才（纳西族）讲述/赵净修翻译/丽江县文化馆石印 1963 年 10 月//

2518. 庚空都知绍/和正才（纳西族）讲述/李即善翻译/丽江县文化馆石印 1964 年 9 月//

2519. 虎的来历/和正才（纳西族）讲述/周耀华翻译/丽江县文化馆石印 1963 年 7 月//

2520. 鹏龙争斗/和正才（纳西族）讲述/桑文浩翻译/丽江县文化馆石印 1963 年 11 月//

2521. 普称乌璐/和正才（纳西族）讲述/赵净修翻译/丽江县文化馆石印 1963 年 10 月//以原文、标音、音值（意译）的对照方式进行翻译。

2522. 什罗祖师传略/和正才（纳西族）讲述/周耀华翻译/丽江县文化馆石印 1963 年 11 月//

2523. 献冥马/和正才（纳西族）讲述/赵净修翻译/丽江县文化馆石印 1963 年 10 月//

2524. 拯救什罗祖师经/和正才（纳西族）讲述/周耀华翻译/丽江县文化馆石印 1963 年 11 月//按原文、标音、音值（意译）、译注的对照方式进行翻译。

2525. 创世纪（纳西文版）/和志武编/云南民族出版社 1986 年//内收《创世纪》、《耳子命》、《饮食来历》、《养马卖马》、《买卖寿岁》四部东巴经译文。

2526. 纳西东巴经选译/和志武编译/云南省社会科学院东巴文化研究室，丽江东巴文艺研究室 1983 年//收入《崇邦统》、《鲁般鲁绕》等十八本东巴经译本。其中以丽江坝东巴和芳先生读经为依据的七本，以中甸白地东巴和牛恒先生读经为依据的十一本。

2527. 东巴经典选译/和志武翻译/纳西族文化丛书/云南人民出版社 1994 年 4 月//本书翻译了《东埃术埃》、《东恩古模》等 31 篇东巴经典。

2528. 么些经典译注六种/李霖灿，张琨，和才译注/台湾 1957 年//包括《么些族的洪水故事》、《占卜起源的故事》、《丁巴什罗的身世》、《都萨峨突的故事》、《哥来秋招魂的故事》、《某莉庆孜的故事》等六篇东巴经典。

2529. 么些经典译注九种/李霖灿译注/台湾中华丛书编审委员会印行 1978 年 4 月//本书为作者 1946 年前后译注的纳西族标音经典，由"么些的洪水故事"、"占卜起源的故事"、"丁巴什罗的身世"、"都萨峨突的故事"、"哥杰秋招魂的故事"、"某莉庆孜的故事"六部经典辑为《么些经典译注六种》于 1957 年出版，后加上"么些象形文字延寿经译注"、"么些族挽歌菩赤阿禄（买卖寿岁）的故事"及"菩赤阿禄的故事"合辑成本书。

2530. 祭风鲁般鲁饶/杨士兴，和云彩讲述/和发源翻译/中科院世界宗教研究所，云南社科院东巴文化研究室，丽江东巴文艺研究室 1983 年 12 月//

2531. 大祭风送呆死者迎接祖先招魂/杨士兴讲述/和力民翻译/中科院世界宗教研究所，云南社科院东巴文化研究室，丽江东巴文艺研究室 1982 年//祭风仪式用经书。

2532. 大祭风道场迎接祖先/杨士兴讲述/和力民翻译/中科院世界宗教研究所，云南社科院东巴文化研究室，丽江东巴文艺研究室 1982 年 5 月//祭风仪式用经书。

2533. 大祭风道场换寿岁经/杨士兴讲述/和强翻译/中科院世界宗教研究所，云南社科院东巴文化研究室，丽江东巴文艺研究室 1984 年//祭风仪式用经书。

2534. 大祭风请神保佑舞谱/杨士兴讲述/和强翻译/中科院世界宗教研究所，云南社科院东巴文化研究室，丽江东巴文艺研究室 1984 年 3 月//祭风仪式用经书。

2535. 请八只眼考如神经/杨士兴讲述/王世英翻译/中科院世界宗教研究所，云南社科院东巴文化研究室，丽江东巴文艺研究室 1982 年//祭风仪式用经书。

2536. 请鬼安鬼/杨士兴讲述/王世英翻译/中科院世界宗教研究所，云南社科院东巴文化研究室，丽江东巴文艺研究室

1984 年//祭风仪式用经书。

2537. 小祭风、请排神威风神和丁巴什罗/杨士兴诵经/王世英翻译/中科院世界宗教研究所，云南社科院东巴文化研究室，丽江东巴文艺研究室 1985 年//

2538. 超度"寇寇多居"毒鬼（卷首）/杨树兴诵经/中科院世界宗教研究所，云南社科院东巴文化研究室，丽江东巴文艺研究室 1984 年 7 月//祭风仪式用经书。

2539. 纳西东巴古籍译注（1）/云南省少数民族古籍整理规划办公室编/云南少数民族古籍译丛第 7 辑/云南民族出版社 1986 年 6 月//收入本书的东巴经书，是举行超度非正常死亡者亡灵仪式时从所用经书中选出的较为重要的三种。原经书藏于丽江纳西族自治县图书馆。

2540. 纳西东巴古籍译注（2）/云南省少数民族古籍整理规划办公室编/云南少数民族古籍译丛第 15 辑/云南民族出版社 1989 年 7 月//本书收入《献冥马》、《刺姆孟土》（上中下）、两种东巴古籍，是为正常死亡的成年人举行超度仪式时所诵读的。

2541. 纳西东巴古籍译注（3）/云南省少数民族古籍整理规划办公室编/云南少数民族古籍译丛第 26 辑/云南民族出版社 1987 年 12 月//本书收入五种东巴古籍，是禳栋鬼（意为禳解灾难）仪式中选出的重要古籍。这个仪式一共要诵读七十多本古籍。

2542. 纳西东巴经专有名词汉译规范/云南省社会科学院东巴文化研究室编/云南省社会科学院东巴文化研究室 1990 年 12 月//云南省社会科学院东巴文化研究室在翻译东巴经典的过程中，为达到译经的统一性和科学性，针对东巴经专有名词汉译过程中的随意性，选择两千多词条进行规范处理。

## K28 民族史志

2543. 吴泽霖民族研究文集/吴泽霖著/北京民族出版社 1991年 5 月//收入作者论文 14 篇。其中有 "么些人之社会组织与宗教信仰"（原载《边政公论》4、5、6、7、8 期写于 1945 年），"么些人的婚丧习俗" 写于 1948 年 4 月（原载清华大学《社会科学》第 4 卷）。

2544. 盐边民族志/叶大槐，毛尔哈撰/渡口市民委，文物管理处 1985 年铅印//该书分历史和当代两部分。有《民国盐边土司情况》。根据民国时期《盐源九所土司概况》、《盐边马喇长官司调查》，毕苴芦土司调查资料，较为详细地记述了近代这些土千户历史演变情况。

## K285.7 纳西族史志

2545. 纳西族简史/本书编写组编/国家民委民族问题五种丛书之一，中国少数民族简史丛书/云南人民出版社 1984 年 1 月//本书介绍了纳西族的族源、族称和分布，从原始社会向奴隶社会的过渡，封建领主经济的确立和向地主经济的发展，新中国成立前的纳西族社会，纳西族人民反对帝国主义的斗争，纳西族的风俗习惯和宗教信仰、科学、文化和艺术等。

2546. 云南民族村寨调查：纳西族——丽江黄山乡白华村/高发元主编/西南边疆民族研究书系/云南大学出版社 2001 年 4 月//《云南民族村寨调查》是一套对云南 25 个少数民族地区民族村寨的全面调查材料，纳西族卷介绍了丽江黄山乡白华村的历史沿革、生态、环境、民族人口、经济、社会、政治、法律、文化、教育、卫生与科技、宗教等情况。

2547. 纳西族史/郭大烈，和志武著/四川民族出版社 1994 年 8 月//全书分为导论、纳西族古老的民族社会形态、社会制度和民族渊源、秦汉至唐宋时期纳西族的历史发展、古代纳西族的经济与社会生活、元代纳西族社会与土司制度的建立、明代丽江木氏土司、清代丽江的改土归流和纳西族社会的发展、明清以来滇川纳西族地区其他土司情况、近现代纳西族地区社会的发展九章。附24幅照片及多幅图表、历史年表、资料索引等。获云南省优秀社会科学图书一等奖。

2548.纳西族研究论文集/郭大烈编/北京民族出版社 1992 年 10月//辑录了关于纳西族历史渊源、文化传统和心理素质、社会观念方面的有关学术论文 29 篇。

2549.进取向上的纳西族/和志武著/祖国大家庭丛书/云南少年儿童出版社 1987 年//用生动的笔调介绍了纳西族的历史发展，风土人情和文学艺术。

2550.纳西族/李近春，王承权著/民族知识丛书/北京民族出版社 1984 年 9 月//本书从山川壮丽、物产富饶，历史悠久、源远流长，艰苦岁月、喜迎解放，生活朴实、民风淳厚，婚姻习俗、形式多样，文字古老、教育进步，科学技术、绽开新花，民族文学、丰富珍贵，艺术花朵、绚丽瑰丽，信仰东巴教、兼信佛教，火葬土葬、各有特点，传统节日、独特多彩共十四个方面对纳西族作了全面介绍。

2551.么些研究论文集/李霖灿著/故宫丛刊甲种之三十二/台北故宫博物院 1984 年 7 月//收入作者关于纳西文化研究的主要论文 21 篇，附有照片、地图。对纳西文化研究及西南地区民族学研究产生一定影响。

2552.丽江东巴文化博物馆论文集/李锡主编/云南人民出版社 2002 年 3 月//收入博物馆成立以来部分研究论文 20 篇。

2553.中国西南的古纳西王国/洛克（Rock，J.F.）（美）著/西方学者云南探险译丛/宣科主编/云南美术出版社 1999 年 4月//第一编叙述洛克从昆明到丽江途中；第二编利用乾隆《丽江府志》、《木氏宦谱》资料讲述丽江历史;第三编讲丽江(含今迪庆、怒江)地理,多为作者考察实录;第四编讲丽江西部和北部地区即石鼓、巨甸、维西、怒江等地自然地理和历史;第五编讲永宁和蒗蒗两土司地区地理、历史、土司的谱系;第六编讲四川盐源县历史和地理,尤详于瓜别、马喇、古柏树、中所、右所、前所、后所等当地土司酋长历史和现状。

2554.多元文化的纳西社会/杨福泉著/云南人民出版社 1998年 1 月//本书对历史上多元文化对纳西族社会的影响作探索,以揭示受不同文化影响的纳西社会的多重结构和纳西文化的多种类型;吸收外民族文化中的先进部分、对一个民族的发展和文化繁荣的重大作用;外来文化对一个民族所带来的正反两方面的影响和所引发的文化和社会变迁的特点和规律。

2555.魂路/杨福泉著/江西教育出版社,海天出版社 1999 年11 月//生活在中国滇西北的"纳西古王国"的人们,用"世界上唯一活着的象形文字"记录了纳西族与自然有神秘联系的生命回归之"魂路"——神路图。本书沿着"魂路"去探索这个民族的生死文化。

2556.母系家族:泸沽湖采访手记/王琳著/人文中华丛书/四川人民出版社 2004 年 1 月//作者的采访内容涉及泸沽湖摩梭人的母系大家庭、走婚、家庭经济、仪式生活及母系的前景等。

2557.纳西族社会历史调查(一)/云南省编辑组编/中国少数民族社会历史调查资料丛刊/云南民族出版社 1983 年 7 月//内容包括纳西族简介,丽江县巨甸乡、黄山乡新中国成立前的土地关系。丽江县太和乡、中甸县良美、维西县永兴乡、二村等地的封建领主经济残余,丽江县大研镇新中国成立前的商业情况及婚丧礼俗、民间文艺,还有 6 世纪前至 20 世纪的纳西族史料汇编等。

2558.纳西族社会历史调查(二)/云南省编辑组编/中国少

数民族社会历史调查资料丛刊/云南民族出版社 1986 年 12 月//收集了有关纳西族社会历史、政治经济、文化艺术、宗教、习俗等调查资料十三篇。

2559. 纳西族社会历史调查（三）/云南省编辑组编/中国少数民族社会历史调查资料丛刊/云南民族出版社 1988 年 3 月//收编了纳西族的政治、经济、社会、历史、文化教育等方面调查资料 14 篇。

2560. 滇川纳西族地区民俗和宗教调查/云南省社会科学院东巴文化研究室编/1990 年 8 月//收入调查报告 10 篇。

2561. 云南省社会科学院东巴文化研究所论文选集/赵世红主编/云南民族出版社 2003 年 9 月//收入东巴文化研究所研究人员论文 52 篇，后附未收入文选的其他文章目录索引。

## K297.4　地方史志

2562. 宁蒗彝族自治县概况/本书编写组编/国家民委民族问题五种丛书之一，中国少数民族自治地方概况丛书/云南民族出版社 1985 年 10 月//本书概述了宁蒗彝族自治县成立三十多年来在工农业、科学文化各方面取得的重大成就，同时还介绍了该县的自然地理、历史沿革、风土人情、名胜古迹、城镇新貌等方面的情况。

2563. 丽江纳西族自治县概况/本书编写组编/云南民族出版社 1986 年 11 月//本书介绍了丽江县的自然地理、悠久历史、物产资源、风土民情及名胜古迹，讴歌了丽江纳西族自治县新中国成立三十多年来在农、牧、公交、财贸、文教、卫生等各行各业的全面发展和取得的伟大成就。

2564. 丽江县志/不著纂修人/1920 年抄本//

2565. 丽江县志/不著纂修人/传抄本一册 1925 年//记事至民国十四年（1925）。

2566.马蹄踏出的辉煌：丽江古城与纳西族历史探秘/夫巴著/云南民族出版社 2000 年 12 月//本书探究了丽江古城是如何产生，在它的发展过程中又经历了哪些变故，这些历史和文化对我们今天又有哪些启迪。

2567.王国之梦：顾彼得与丽江/戈阿干，和晓丹著/中外文化名人与云南系列/云南教育出版社 2001 年 1 月//本书通过介绍俄国顾彼得早年在云南丽江的工作、生活情况及其作品，反映了 19 世纪三四十年代，丽江的社会、政治、经济、文化、宗教、民俗等情况。

2568.丽江府志略（上下卷）/管学宣，万咸燕（清）纂修/乾隆八年刻例本//上卷包括图像略，建置略、山川略、官师略、下卷包括学校略、人物略、兵防略、礼俗略、艺文略，行文简练畅达，概略地记述了丽江地区地方远古至清初的政治、经济、文化、社会等方面情况。于关哨、津梁、邮传、财用、艺文等方面尤详，其中艺文辑录了许多地方文献。

2569.丽江纳西族自治县成立三十周年纪念集/和学光主编/1997 年 7 月铅印//征集 42 篇文章、诗歌和歌曲。从不同侧面讴歌了自治县 30 年来取得的成就，有县庆彩照 15 幅。

2570.丽江文化荟萃/和湛主编/宗教文化出版社 2000 年 4 月//全书分行为文化、物质文化、精神文化、产业文化四编。精选了进入新时期以来有关丽江及纳西文化的文章一百九十多篇。

2571.以砚池命名的城：丽江古城寻踪/和钟华著/纳西族文化丛书/云南民族出版社 1999 年 4 月//本书以朴实的语言叙述自己在古城的所历所感，所见所闻，是一幅古城生活的卷轴画。读者可了解到生活在古城的古人和今人、男人和女人的生活状况、风土人情，体味蕴含其间的文化内涵。

2572.新编丽江风物志/李群育主编/云南人民出版社 1999 年 4 月//分为概览、名胜古迹、民族风情、民族文化、历史文化名人、风味特产、珍禽异兽、奇异花木、交通等部分。

2573. 丽江地区民族志/丽江地区地方志办公室编/云南民族出版社 2000 年 12 月//这是详细记述丽江地区各民族历史和现状的资料性著作。包括汉族、纳西族、彝族、傈僳族、白族、普米族、傣族、苗族、回族、藏族、壮族、摩梭人等民族的族源、民族社会形态、社会制度和经济状况、风俗、宗教、文化艺术和语言。前有概述和大事记，后有民族工作和民族关系、人物专章 3 个附录。

2574. 丽江年鉴·1997 年/丽江地区地方志办公室编/云南民族出版社 1997 年 7 月//采用条目体，分类编辑，设特载、专文、大事记、概况、政治、军事、法制、民族宗教、抗震救灾、农业、工业、旅游、财税金融、交通邮电、建筑环境、贸易、经济、管理、科学技术、教育、文化、东巴文化、卫生体育、社会、人物、统计资料，附录等 26 部类，共 1 284 条，100 万字。1997 年获加拿大国际图书音像制品博览会金奖。

2575. 丽江年鉴·1998 年/丽江地区地方志办公室编/云南科技出版社 1998 年 7 月//体例、内容同 1997 年年鉴。

2576. 丽江年鉴·1999 年/丽江地区地方志办公室编/云南科技出版社 1999 年//

2577. 丽江年鉴·2000 年/丽江地区地方志办公室编/云南科技出版社 2000 年 7 月//

2578. 丽江年鉴·2001 年/丽江地区地方志办公室编/云南科技出版社 2001 年 11 月//

2579. 丽江纳西族自治县志/丽江纳西族自治县志编纂委员会编，李汝明总纂/云南人民出版社 2001 年 3 月//本书采用述、记、志、传、图、录等体裁记述，结构以卷统章、节、目，全书分 36 卷。①建置；②自然地理；③玉龙山，老君山；④人口；⑤民族；⑥城乡建设，环境保护；⑦交通；⑧邮电；⑨水利；⑩

农业；⑪林业；⑫畜牧；⑬乡镇企业；⑭工业；⑮商业；⑯粮油；⑰金融；⑱财政，税务；⑲经济管理；⑳土司；㉑政权；㉒党派，社团；㉓公安，司法；㉔民政；㉕人事劳动；㉖军事；㉗教育；㉘科技；㉙文化等。

2580. 丽江文史资料·第 10 辑/丽江县政协文史资料编辑委员会 1985 年/丽江县政协文史资料编辑委员会 1991 年 10 月//

2581. 丽江文史资料·第 11 辑/丽江县政协文史资料编辑委员会 1985 年/丽江县政协文史资料编辑委员会 1992 年 10 月//

2582. 丽江文史资料·第 12 辑/丽江县政协文史资料编辑委员会 1985 年/丽江县政协文史资料编辑委员会 1993 年 10 月//

2583. 丽江文史资料·第 13 辑/丽江县政协文史资料编辑委员会 1985 年/丽江县政协文史资料编辑委员会 1994 年 12 月//

2584. 丽江文史资料·第 14 辑/丽江县政协文史资料编辑委员会 1985 年/丽江县政协文史资料编辑委员会 1995 年 10 月//

2585. 丽江文史资料·第 15 辑/丽江县政协文史资料编辑委员会 1985 年/丽江县政协文史资料编辑委员会 1996 年 12 月//

2586. 丽江文史资料·第 16 辑/丽江县政协文史资料编辑委员会 1985 年/丽江县政协文史资料编辑委员会 1997 年 10 月//

2587. 丽江文史资料·第 17 辑/丽江县政协文史资料编辑委员会 1985 年/丽江县政协文史资料编辑委员会 1998 年 10 月//

2588. 丽江文史资料·第 18 辑/丽江县政协文史资料编辑委员会 1985 年/丽江县政协文史资料编辑委员会 1999 年 10 月//

2589. 丽江文史资料·第 19 辑/丽江县政协文史资料编辑委员会 1985 年/丽江县政协文史资料编辑委员会 2000 年 10 月//

2590. 丽江文史资料·第 1 辑/丽江县政协文史资料编辑委员会 1985 年/丽江县政协文史资料编辑委员会 1985 年//

2591. 丽江文史资料·第 2 辑/丽江县政协文史资料编辑委员会 1985 年/丽江县政协文史资料编辑委员会 1986 年//

2592. 丽江文史资料·第 3 辑/丽江县政协文史资料编辑委员会 1985 年/丽江县政协文史资料编辑委员会 1986 年//

2593. 丽江文史资料·第 4 辑/丽江县政协文史资料编辑委员会 1985 年/丽江县政协文史资料编辑委员会 1987 年//

2594. 丽江文史资料·第 5 辑/丽江县政协文史资料编辑委员会 1985 年/丽江县政协文史资料编辑委员会 1988 年 6 月//

2595. 丽江文史资料·第 6 辑/丽江县政协文史资料编辑委员会 1985 年/丽江县政协文史资料编辑委员会 1988 年 12 月//

2596. 丽江文史资料·第 7 辑/丽江县政协文史资料编辑委员会 1985 年/丽江县政协文史资料编辑委员会 1989 年 6 月//

2597. 丽江文史资料·第 8 辑/丽江县政协文史资料编辑委员会 1985 年/丽江县政协文史资料编辑委员会 1989 年 12 月//

2598. 丽江文史资料·第 9 辑/丽江县政协文史资料编辑委员会 1985 年/丽江县政协文史资料编辑委员会 1990 年 10 月//

2599. 丽江古城史话/木丽春著/民族出版社 1997 年//分为玉河流域的么些古村落、丽江古城的崛起、么些文化、改土归流、古城风情等 5 部分。

2600. 香格里拉释谜：洛克与丽江/木丽春著/香港昆仑制作公司//本书在于探索香格里拉文化的价值观。香格里拉秘境是纳、汉、藏、白等民族文明文化的神奇载体，各民族文化相互依存相互融合，从而构架形成了香格里拉文化。

2601. 丽江马帮/木祥著/云南人民出版社 2001 年 10 月//作品描写了马帮的生活和茶马古道上的风土人情。

2602. 梦幻高原：詹姆斯·希尔顿与香格里拉/汤世杰著/中外文化名人与云南系列丛书/云南教育出版社 2001 年 1 月//本书在解读詹姆斯·希尔顿著《失去的地平线》中所描写的香格里拉的风采的同时，穿插了后人寻找香格里拉的经过。《失去的地平线》原著缩写附于书后。

2603. 云南西北边地状况纪略/王子骥著/1932年排印//有序言、中甸、维西、兰坪及知子罗、上帕、菖蒲桶三设治局、丽江及结论几部分。内容涉及僧侣、土司、教育状况、民俗、气候、物产、居民生活等，附云南西北边区形势图。收入《云南边地问题研究》一书上卷。

2604. 云南图典：丽江/徐霁摄影编著/中国西部图志系列/云南人民出版社2000年//以图画形式显示丽江古城的文化艺术、风景名胜、风俗民情及茶马古道等。

2605. 丽江史话/杨世光著/云南名城史话丛书/云南人民出版社2001年5月//全书八部分：玉壁金川、古史发轫、宋代立诏、元归一统、明兴木氏、鼎盛文华、清代归流、古城新潮、文明弘远。简述丽江古城历史。

2606. 香格里拉史话/杨世光著/云南人民出版社2002年10月//其中第六部分明代木氏经营，简介丽江木氏与"忠甸"、木氏军事进据、日月双城并起、庄园制的推行、噶玛噶举派兴盛与新版《甘珠尔》、格鲁派（黄教）的兴起、明代寺庙建筑、藏戏的传入。

2607. 丽江县志书/佚名//民国初年抄本。

2608. 木氏土司与丽江/余海波，余嘉华著/大观书屋插图珍藏本/云南民族出版社2002年9月//木氏土司统治滇西北部七十年，是明代云南三大土知府之一。本书以明代木氏土司在政治、经济、军事、宗教、建筑、文化等方面的活动为重点进行评述，兼及其源流影响、经验教训。附有130幅图片。

2609. 多彩的丽江：丽江地区区情教育读本/中共丽江地委宣传部。丽江地区教育委员会编/云南科技出版社1998年7月//介绍丽江地区概况，地方革命史，经济社会以及优良传统，争做文明公民论述，揭示丽江精神为"自力自强，广纳开放，团结和谐，求实创新"。

2610. 丽江纳西族自治县成立三十周年纪念集/中共丽江县委宣传部，1991年11月//

2611. 云南地州市县概况：丽江分册/中共云南省委政策研究室/云南人民出版社，1988年8月//

2612. 走进丽江/周荣新主编/云南民族出版社//本书汇集前人、今人在丽江的记载，共41篇，反映他们对丽江的热爱和赞颂。

## K820.8　纳西人物总传

2613. 拯救神灵：献给发掘和抢救东巴经的智者们/李理著/云南人民出版社//全书共十章：①众神的光芒照亮了纳西先民的心灵之旅；②神秘山门被来自远方的异徒窥见；③丽江诱来了"西方纳西学之父"；④探访神秘的金沙江；⑤方国瑜——玉龙山下升起的灿烂之星；⑥魂系雪山李霖灿；⑦胆识超人的县官徐振康；⑧历史迎接了流放归来的和万宝；⑨默默奋斗在"航空母舰"中的才子们；⑩彩霞满天，出版史上的奇迹轰然诞生。描写记叙中外学者为发掘抢救东巴文化所作出的贡献。

2614. 纳西族人物志/彭建华，李近春主编/内蒙古大学出版社1999年//该书收录从古至今对祖国、人类作出过重要贡献的纳西族人物388人，对纳西文化研究有一定参考价值。

## K820.9　氏族谱系

2615. 木氏宦谱/木公（明）撰/云南省博物馆藏清道光年间抄本//该书有明张志淳、朱桂所作序。本谱先引自东巴经书，叙述民族远古世系，后从唐代开始，历宋、元、明、清至雍正初年，以后记录多翔实可信。

2616. 木氏宦谱图像世系考/云南图书馆藏本//共有木氏土司30世图像，前25世有文，后5世无文。洛克在《中国西南的古纳西王国》中有本人像片。此书系与《木氏宦谱》不同。陈剑堂说"本世系考今之木氏又自推崇其所生之爷爷，以为初祖与前谱相歧"提出了疑问。

## K825.5 各科人物传

2617. 方国瑜传/方福祺/云南大学出版社 2001 年 8 月//分三部分记述了纳西族史学家方国瑜的人生历程。

2618. 泸沽湖畔的摩梭王妃/肖淑明口述/冯学敏，梅子著/现代出版社 2002 年 6 月//本书讲述了摩梭末代王妃肖淑明（次尔直玛）一生不平凡的经历。

2619. 枫叶如丹：李群杰生平概述/谢本书著/云南民族出版社 2002 年 9 月//介绍了纳西族革命家、书法家、学者李群杰的一生。

2620. 古王国的望族后裔（纳西族）/杨福泉著/20 世纪中国民族家庭实录/云南大学出版社 2001 年 9 月//本书讲述了一个汉纳合璧的医儒世家的人和事。从中可看到以多民族的共融，多元文化的共融为突出特色的纳西文化的一面。

2621. 绿雪歌者：李霖灿与东巴文化/杨福泉著/中外文化名人与云南系列/云南教育出版社 2000 年 5 月//本书介绍了著名学者李霖灿与纳西东巴文化之间深深的不解之缘和他对纳西族东巴文化研究所作出的突出贡献，展示了纳西东巴文化的古朴与神秘。

2622. 宣科与纳西古乐/周文林主编/云南美术出版社 2001 年 3 月//宣科，音乐民族学家，1930 年生，云南丽江人，教会学校毕业，从事音乐研究，与"丽江古乐"结下了不解之缘。本书收入四十余篇论述宣科与丽江古乐关系的论文、回忆、介绍。除"综述"三篇以外，其余文章分为三大部分。第一部分是"怪杰宣科是个梦，美梦、噩梦、好梦成真"。第二部分是"纳西古乐是首歌，古朴、纯真、回环四海"。第三部分是"宣科文章是个谜，耐读、难解、自有公论"。

### K837.128　各国人物传记

2623．孤独之旅：植物学家人类学家的约瑟夫·洛克和他在云南的探险经历/和匠宇，和锵宇著/中外文化名人与云南系列/云南教育出版社 2000 年 5 月//本书通过介绍植物学家，人类学家约瑟夫·洛克不平凡的一生和 20 世纪二三十年代，他在云南的探险经历。展示了纳西族东巴文化，彩云之南鲜为人知的民族、善良朴实的民风和优美的自然环境。

### K879.41　壁　画

2624．异域之神的乐土：丽江壁画及相关乐土/和品正著/纳西族文化丛书/云南民族出版社，1999 年 4 月//中外驰名的丽江壁画，体现了异域之神济济一堂，又表现了多元宗教和艺术相融一体的精神，不仅是独领风骚的壁画艺术瑰宝，也是纳西族人宽阔襟怀和宗教乐园的象征之一。

2625．丽江白沙壁画/丽江县文化局，丽江东巴文化博物馆编/黄乃镇主编/西南人文书系/四川人民出版社，1999 年 1 月//共收 113 幅白沙壁画。

### K892.22　中国风俗·婚姻、丧葬

2626．伙婚与走婚——金沙江奇俗/宋兆麟著/边地中国丛书/云南人民出版社 2003 年 1 月//

2627．走婚的人们：五访泸沽湖/宋兆麟著/团结出版社 2002 年 1 月//本书是作者历次调查时所拍下来的照片总汇。

2628．神秘的女性王国：永宁纳西族的阿注婚姻及习俗/王承权，詹承绪著/长春北方妇女儿童出版社 1989 年 7 月//本书的

十三篇文章以永宁纳西族的家庭婚姻从无父到有父，从母系到父系的这一演变为中心，兼及民歌、传说、丧葬、节日、宗教活动等有密切联系的方面，此外还探讨了这种婚姻家庭的性质，所处的社会背景及长期保存的原因。有照片多幅。

2629. 神奇的殉情/杨福泉著/神秘文化丛书/三联书店（香港）有限公司 1993 年//本书系统研究了过去纳西族社会中特别显著的殉情现象。分为殉情面面观；殉情的社会原因；殉情与东巴教；玉龙第三国之谜，殉情与民族个性五章。对殉情的成因、变迁以及特点作了分析，揭示了它与民族传统文化、民族个性和社会文化变迁之间的千丝万缕的内在联系。

2630. 殉情/杨福泉著/江西教育出版社，海天出版社 1999 年 11 月//在滇西北雪域中的纳西古国，曾有过那么多为"情"而唱着"游悲"雍容自尽的山民，为"情"而笑对死神的村夫农女。作者寻觅殉情者之灵的漫漫苦旅，沉思人生的心路历程，讲述了高原雪国一个个美丽而凄婉的殉情故事。

### K892.3　纳西族风俗习惯总志

2631. 色彩与纳西族民俗/白庚胜著/东巴文化系列丛书/社会科学文献出版社 2001 年 4 月//本书从民俗学的角度对纳西族的色彩语言、染料使用、色彩应用、色彩认知、色彩审美做系统的阐述与分析，整体展现纳西族的色彩文化面貌，其目的是通过色彩揭示纳西文化的本质、结构和特点。

2632. 纳西族风俗志/白庚胜著/民俗文库/中央民族大学出版社 2001 年 2 月//本书介绍纳西族的风俗习惯，内容包括：年中行事、人生礼仪、宗教信仰、商贸交通、生产生活、制度规约和文学艺术等。

2633. 纳西族民俗志/白庚胜著/中国社会科学文献出版社 1998 年 3 月//本书用丰富的资料，整体展现纳西族的年中行事、人生礼仪、生活民俗、生产民俗、制度民俗、信仰民俗、民间文艺、民间工艺等。

2634. 纳西族风情录/郭大烈著/中国少数民族风情录/四川民族出版社 1998 年 8 月//本书分为岁时节庆篇、人生礼仪篇、乐舞艺术篇、经济生活篇、人物风貌篇、信仰意识篇。

2635. 走进神秘的东方女儿国/刘学朝编著/云南民族出版社 1999 年 2 月//作者在"摩梭人"地区工作了二十多年，较熟悉"摩梭人"的各种习俗。本书介绍了"摩梭人"的家庭婚姻、习俗、传说，最后是末代摩梭土司"王妃"次尔直玛（肖淑明）自述。

2636. 云南四川纳西族文化习俗的几个专题调查/王承权等调查整理/中国社科院民族研究所民族研究室 1981 年 12 月//收入《永宁纳西族母系家庭几个专题的调查》、《永宁纳西族的阿注婚姻和母系家庭民主改革后的变化》、《永宁县红桥公社比衣村纳西族的风俗习惯》、《宁蒗县大兴公社新民村纳西族的生活习俗》、《丽江纳西族的文化习俗和宗教信仰》、《四川盐源县沿海公社达往纳西族社会历史调查报告》、《永宁土司署档案文书摘抄》。

2637. 我的家乡：女儿国/杨二车娜姆，王风著/华文出版社 2001 年 4 月//记叙作者家乡——泸沽湖的风情民俗。

2638. 圣山下的古国：走进纳西人的心灵和家园/杨福泉/少数民族风情奇趣丛书/云南民族出版社 1999 年 8 月//丽江因有"世界上唯一活着的象形文字"及数万卷象形经典而著称于世；因"世界殉情之都"而成为东方一个生命和爱情的神奇秘境；它又是一个闻名遐迩的乐舞之邦、宗教乐土。本书引你步入纳西人的心灵家园。

## K928.3 山 川

2639. 玉龙大雪山/和段琪摄/《中国民族摄影艺术》2001 年

9月//分生命、青春、理趣、永恒、尾声5个专题。

## K928.5  古  城

2640. 世界文化与自然遗产（中国部分）丽江古城/车文龙编/北京精信文化发展有限责任公司/中国画报出版社1999年//分为玉壁金川、古城春秋、古城民风、古城神韵4篇，有158幅彩照和部分历史照片。

2641. 世界文化遗产丽江古城/和段琪主编/岭南美术出版社1998年12月//收一百七十多幅黑白照片，分纳西儿女世居的故乡、玉龙冰雪滋养的水城、八百载历史凝结的民居、四方游客寻觅的梦境、多元文化汇聚的丽江6个部分。

2642. 丽江：美丽的纳西家园/蒋高宸编著/中国建筑工业出版社1997年10月//本书从城市学、建筑学和人居环境学的角度，研究丽江古城及建筑的形成、发展、演变及其特点和现状。

2643. 世界瑰宝：丽江四方街/欧之德著/中华名街系列丛书/解放军文艺出版社2000年1月//以散文的笔调描述了丽江的历史、风土、商业、文化名人、建筑艺术、婚姻习俗、古乐队及世界文化遗产的申报等。

2644. 世界文化遗产丽江古城/张桐胜编辑摄影/中国摄影出版社1999年3月修订版//分为丽江古城、四方街、玉河水、民居、古桥、木府、古乐、东巴文化、文化人、泉水、妇女服饰、小吃、白沙与龙泉村及周围环境等部分。中、英、日文对照。

2645. 中国丽江古城/中华人民共和国建设部/1996//

## K928.9  旅行、游记

2646. 千古奇人生命的最后旅程：徐霞客与丽江/夫巴著/纳西族文化丛书/云南民族出版社1999年4月//本书从千古奇人生命的最后旅程；徐霞客笔下的丽江风物；寻找徐霞客的足迹三个

方面客观系统地介绍了徐霞客游丽江的史实。

2647. 灵魂居住的地方/盖明生文/摄影/中国工人出版社//
这本纪实性游记较真实地描绘了以纳西族为核心的横断山脉各文
化群体在20世纪末的生活图像，其中积淀着深厚的历史文化意
蕴，也凸显出现代社会催生的种种变化。

2648. 丽江旅游风情/何守伦编著/远方出版社2000年11月
//本书对丽江旅游风情作了生动描述，包括地理环境、历史文
化、风景名胜、民俗风情、土特产品、风味食品等，内容丰富。

2649. 漫画游丽江/李昆武漫画编文/云南旅游漫画系列丛书
/晨光出版社2000年4月//

2650. 雪山·碧湖·喇嘛寺/李霖灿，李晨岚著/旧版书系/云
南人民出版社2002年9月//本书是20世纪三十年代末，云南丽
江、中甸（香格里拉）名山丽水、奇妙景色，民族风土人情原汁
原味的历史性定格。

2651. 玉龙大雪山：霖灿西南游记/李霖灿著/野外丛书/台
北扬名出版社，野外杂志社1976年3月//描写滇西北地区山川
风物。有鸡足山、点苍山、玉龙山、白水台、泸沽湖、木里王国
的规矩等六篇游记，是一本图文并茂的游记。

2652. 黔滇道上/李霖灿著/大公报出版部1939年2～3月//
本书作者抗战时期由内地迁往西南时，将沿途所见以游记形式写
出，内容多为滇西风土民俗及古宗教之介绍。书内有插图。

2653. 神游玉龙山：散文集/李霖灿著/丽江地区行署编/云
南人民出版社1994年8月//收有《白水台》、《玉龙白雪故人
情》、《雪山美景》、《有图为证》等散文十七篇。

2654. 泸沽湖母亲湖：摩梭文化探秘/李跃波摄影/拉木·嘎
吐萨撰文/摩梭文化探秘/云南人民出版社2000年3月//以照片
反映泸沽湖摩梭人的风土人情，山色风光。

2655. 历史文化名城丽江/丽江地区文化局，丽江县文化局

编/云南民族出版社 1988 年 3 月//本书记叙了丽江的山川名胜、风土人情及纳西族人民的文化生活情况。

2656. 丽江风光：中英对照/丽江旅游事业管理委员会编/云南科技出版社 1993 年//收 190 幅彩照，系统介绍丽江风光，尤详于纳西族与纳西族地区风光风情。

2657. 历史文化名城：丽江（摄影集）/丽江纳西族自治县县委宣传部编/云南民族出版社 1994 年//

2658. 中国世界自然与文化遗产旅游：古城、古村落、古典园林/林可编著/湖南地图出版社 2002 年 1 月//其中古城类介绍了丽江古城的历史、风貌、灿烂神秘的纳西东巴文化及周边景点。

2659. 丽江名胜传说/木丽春收集/民族出版社 1996 年 8 月//收入 37 个传说。

2660. 走进心中的香格里拉/王天人，扎西尼玛/云南民族出版社 2000 年 2 月//其中白水台的清泉一章中有：玉雕神田、东巴圣坛、长江永作心田玉三节，简介白水台景观、东巴教活动的祭坛和白水台摩崖上所刻木土司的诗句。

2661. 丽江绿色文化/杨桂芳著/丽江与丽江人丛书/民族出版社 2002 年 11 月//

2662. 小酌，丽江/杨杰宏主编/丽江与丽江人丛书/民族出版社 2002 年 11 月//

2663. 滇西北游历/杨世光著/云南教育出版社 2001 年 1 月//本书作者亲身经历，通过对滇西北丽江、迪庆等地自然人文景观的描述，展示了当地各民族的社会生活和风土人情。

2664. 中国原始社会最末一朵玫瑰/余洪涛著/中国青年出版社 1996 年 10 月//分为六篇：①沿湖风光；②永宁走笔；③深入采访；④到俄亚去；⑤奔向拉伯；⑥抚今追昔。作者五进泸沽湖，真实描述泸沽湖周围纳西族摩梭人的山川风物、生产生活、家庭婚姻、宗教文化等。有插图。

2665．净土丽江：香格里拉/袁向东，尹瑜撰文/广东省地图出版社 2002 年 8 月//简介虎跳峡、石鼓渡口、玉龙雪山、万朵茶花、老君山、泸沽湖、丽江古城、木府、宝州石城、丽江壁画、纳西古乐、东巴文化、摩梭人、纳西习俗等。

2666．丽江古城/张桐胜撰文摄影/中国摄影出版社 1998 年 7 月//收 150 幅黑白照片，内容有丽江古城、四方街、水、居民、桥、木府、古乐、东巴文化、泉水崇拜、妇女服饰、小吃、白沙与龙泉村以及周围环境 14 部分。1999 年修订版增加了丽江古城与文化名人及东巴文化等内容。

2667．丽江文化印象/周俊华主编/丽江与丽江人丛书/民族出版社 2002 年 11 月//有思想、精神、心理；审美、建筑、宗教；教育、风俗、生活方式三篇，抒发一群年轻人对纳西文化的印象，从而了解纳西族的政治、文化、心理等特征。

# R 医药、卫生

## R179 少年卫生

2668. 民族学生体质调研专辑/丽江地区民族理论研究学会编/《丽江地区民族研究》1987（2）总第三期//主要调查研究了纳西族学生的生长发育、形态机能素质、体质评价及疾病分析。

## R295.7 纳西族医学

2669. 玉龙本草/阿日（明）编/云南人民出版社1956年//明代纳西族医生根据本民族医药经验，采药草制标本，详细记录时间、地点和加工炮制办法、药效。经十八代人的努力，积累了玉龙山境内五百多种药物标本。1956年根据《玉龙草本》副本散页整理出版，载影印照片95幅，药物标本328种。名为《玉龙本草标本图影》。

2670. 丽江中草药/云南省丽江地区革命委员会生产指挥组卫生组编/云南省丽江地区革命委员会生产指挥组卫生组1971年7月//

# T　工业技术

## TU - 092.857　纳西族建筑史

2671. 丽江纳西族民居／朱良文主编／云南科技出版社 1988 年 1 月／／本书是一本关于丽江纳西族民居的调查、测绘、研究专著。内容有文稿、图录及照片三部分。文稿概述了丽江古城的历史沿革及布局特点，论述了丽江纳西族民居的平面布局、材料与构架以及建筑艺术特色。

# X 环境科学、安全科学

## X3 生态保护

2672. 丽江玉龙山区村寨发展与生态调查/何耀华主编，郭大烈副主编/云南人民出版社 1998 年 5 月//这是由福特基金会和联合国大学资助丽江研究的一部分。由云南省社科院和美国加州大学戴维斯分校合作进行。本书内容有：白沙乡玉湖村、文海村、大东乡甲子联合村、黑水村的调查报告及大具乡旅游业状况调查报告，以上四村的问卷调查汇总报告、丽江生态旅游资源与发展调查。

外文论著部分

# B 哲学、宗教

## B2 民族哲学

2673. 骨与肉：纳西传统建筑空间结构中体现的宇宙和社会关系/孟彻理（Mekhann，C.F.）/第 12 届国际人类学民族学会议论文 1988//通过对纳西族传统建筑空间结构的细致分析，论述纳西族宇宙观在居住空间中的反映和各种亲属关系。

## B82 伦理学

2674. 纳西族的世界观：以丽江纳西族事例为中心/何彬/《西南中国纳西族、彝族民俗文化：民俗宗教的比较研究》日本勉城出版社 1999 年//有前言、纳西族调查地概况、灵魂意识、灵魂先行、世界观的构造、结论等部分。

2675. 纳西族和森林文化/和爱军/《西南中国纳西族、彝族民俗文化：民俗宗教的比较研究》日本勉城出版社 1999 年//本文探讨纳西族与森林文化的关系。

## B91 对宗教的分析

2676. 纳西宗教：对纳西宗教经典的分析评价/杰克逊（Jackson，A.）（英）/荷兰海牙出版 1979//全书分历史背景、纳西宗教的基本结构、分析、绪论和附录五章。讨论了纳西族历史、区位、民族志结构、东巴教仪式的基本结构；神话与仪式的结构；概述了分析研究的结论；丽江纳西族与永宁摩梭人之间的关系；论述了大英博物馆和印度事务部所藏 55 本东巴教求寿仪式的东巴经。

2677. 宗教、艺术及少数民族政治：中华人民共和国时代的纳西宗教/孟彻理（Mekhann, C.F.）/ "Annual Meeting of the American Anthropological Association, Wash, D.C.Nov, 1993" //

2678. 与阿罗（A'lo）东巴的旅行：毛泽东时代纳西宗教习俗的研究/孟彻理（Mekhann, C.F.）/invited lecture, Volkerkunde-maseam, University Zurich, Feb.7, 1998//

2679. 骨与肉：纳西宗教中的亲属关系和宇宙论/孟彻理（Mekhann, C.F.）/1992//博士论文，全书共八章：①综论纳西族传统宗教；②论述纳西族祭天仪式的时间安排和参与人员；③论述创世神话史诗《崇般绍》；④专论丽江鸣音乡纳西族祭天；⑤论述纳西族的宇宙观和宇宙结构论；⑥论述纳西族的丧葬仪式和祖先崇拜；⑦专论纳西族婚姻和亲属制度；⑧讨论纳西族社会历史中的宇宙观和亲属制度。

## B932 神 话

2680. 纳西起源故事中的仪式鼓/奥皮茨（Oppitz, M.）（瑞士）/《纳西、摩梭民族志——亲属关系、宗教仪式及象形文字》Volkerkundemaseam, Zurich, 1998//

2681. 洪水、繁殖和享受/杰克逊（Jackson, A.）（英）/《民族学》1971//

2682. 纳西人生命神"素"及其祭礼/杨福泉/《纳西、摩梭民族志——亲属关系、宗教仪式及象形文字》Volkerkunde-maseam, Zurich, 1998//

## B933 原始宗教

2683. 关于纳西族民俗中的神树考/白庚胜/《西南中国纳西

族、彝族民俗文化：民俗宗教的比较研究》日本勉城出版社 1999 年//有关于神树的几个表现、神树信仰的背景、神树信仰的象征及其形成过程等几个部分。

2684.双重的灵魂处理：以纳西族和大凉山彝族事例为中心/饭岛吉晴（日）/《西南中国纳西族、彝族民俗文化：民俗宗教的比较研究》日本勉城出版社 1999 年//有前言、彝族指路仪式（葬奠、安灵、超度送灵）、大凉山彝族的安灵仪式（以凉山美姑县洛觉村为例）、彝族的送灵仪式与纳西族的比较、结论几部分。

2685.纳西族东巴教仪礼/郭大烈/《西南中国纳西族、彝族民俗文化：民俗宗教的比较研究》日本勉城出版社 1999 年//文章论述了东巴教和纳西族、东巴教的仪礼、东巴教的分类、东巴教仪礼的主要过程、东巴教仪礼的特征等问题。

2686.祭殉情自杀鬼的东巴仪式/和力民；和士诚/《纳西、摩梭民族志——亲属关系、宗教仪式及象形文字》Volkerkunde-maseam, Zurich, 1998//

2687.女性崇拜和东巴教的演变/和钟华著/《性别研究专集》第 8 集泰国亚洲理工学院环境资源发展学院印//通过对Baoshan 和 Taian 两地 1995 年的调查。作者从政治、经济、文化、教育、婚姻、家庭生活等方面对纳西人的性别观念进行了讨论。认为妇女在纳西社会的地位是在逐步下降的（直到新中国成立之后才有了改变）。

2688.白"匣"的现场：纳西族《死者之书》的语言行为/荒屋丰（日）/《西南中国纳西族、彝族民俗文化：民俗宗教的比较研究》日本勉城出版社 1999 年//有葬仪的记述、永宁纳西人的葬仪地址、现场仪礼祭文等部分。

2689.纳西宗教仪式的基本结构/杰克逊（Jackson, A.）（英）/（瑞典）哥德堡 1970//

2690.灵魂、巨蛇和精灵/杰克逊（Jackson, A.）（英）/北

欧第六届民族学会议论文 1969//

2691. 摩梭达巴教专家/马休（Mathien, C.）（法）/《纳西、摩梭民族志——亲属关系、宗教仪式及象形文字》Volkerkunde-maseam, Zurich, 1998//

2692. 东巴教祭祀仪礼的内涵和心理基础/李小敏/《西南中国纳西族、彝族民俗文化：民俗宗教的比较研究》日本勉城出版社 1999 年//文章分东巴教祭天、祭风、祭署仪式的文化内涵及东巴教仪式行为的心理基础两大部分。

2693. 在魔鬼祭司的土地上/罗斯福（Q. Rooseveldt）（美）/《自然历史》（美）1940 年 45 卷//

2694. 纳西族和彝族超度亡灵仪礼比较研究/丸山宏（日）/《西南中国纳西族、彝族民俗文化：民俗宗教的比较研究》日本勉城出版社 1999 年//有前言、纳西族的超度亡灵仪礼、彝族的超度亡灵仪礼、若干比较考察的结论几个部分。

2695. 纳西族东巴济度仪式实录/王世英/《西南中国纳西族、彝族民俗文化：民俗宗教的比较研究》日本勉城出版社 1999 年//文章分仪式场面的安排和仪式的顺序两部分。

2696. 纳西族东巴的调查/习煜华/《西南中国纳西族、彝族民俗文化：民俗宗教的比较研究》日本勉城出版社 1999 年//有东巴的故乡、巴肯吐一族、名门、家庭、债务、婚姻和恋爱、东巴的生涯等部分。

2697. 中国西南纳西族的"日美"丧仪/洛克（Rock, J.F.）（美）著/奥地利，《人类研究》第 9 卷，1955 年//

2698. 麦别仪式：纳西人进行的祭天活动/洛克（Rock, J.F.）（美）著/北京，《文物丛刊》第 13 卷，1948 年//

2699. 赫拉（祭风）仪式：纳西巫师施行消灭灵魂之法术/洛克（Rock, J.F.）（美）著/成都，《中国西部边疆研究月刊》第 8 卷，1936 年//

2700. 纳西人中的驱病魔仪式/洛克（Rock，J.F.）（美）著/华盛顿，美国《国家地理杂志》1924 年第 XLVI（46）卷//

2701. 丁巴什罗：纳西萨满教主的诞生和起源/洛克（Rock，J.F.）（美）著/莱比锡，《亚洲艺术》第 17 卷，1937 年//

2702. 纳西族的纳加崇拜及其有关仪式/洛克（Rock，J.F.）（美）著/罗马，罗马东方艺术研究所 1952 年//

2703. 纳西人"达努（武士祭）"葬礼仪式与纳西武器的起源之特殊关系/洛克（Rock，J.F.）（美）著/瑞士费端堡，《人类》第 55 卷，1955 年//

2704. 出世之道：纳西族祭风仪礼和神路图/佐野贤治（日）/《西南中国纳西族、彝族民俗文化：民俗宗教的比较研究》，日本勉城出版社 1999 年//文章有前言、东巴之道、殉情的背景、丧葬仪礼及神路图等部分。

## B947    佛教寺庙

2705. 玉龙山中的喇嘛寺/顾彼得 Peter Gpullart（俄）/伦敦出版社 1961//收录了《有关丽江的历史、地理文献研究》一文，还收录了 72 幅图版及人名，地名索引，纳西族分布图。

## B992    占卜、风水

2706. 占卜和纳西文化/木仕华/《西南中国纳西族、彝族民俗文化：民俗宗教的比较研究》日本勉城出版社 1999 年//文章有纳西族的占卜与周边民族的交流、占卜术与纳西族哲学、占卜术与纳西族天文历法、结论几个部分。

2707. 纳西族东巴信仰和风水：汉民族与周边民族风水观比较/陶立璠/《西南中国纳西族、彝族民俗文化：民俗宗教的比较研究》日本勉城出版社 1999 年//文章有课题的选择、汉民族的风水信仰、纳西东巴文化和风水信仰、纳西族和汉族风水比较几部分。

　　2708．纳西人占卜“左拉”（Tso - la）的来历/洛克（Rock，J.F.）（美）著/成都，《中国西部边疆研究月刊》第 8 卷，1936 年//

# C 社会科学总论

## C913.14 两性问题

2709. 女魔：纳西族、傣族及禅的跨文化分析/戴维，高文，于晓刚著/《性别研究专集》第 8 集泰国亚洲理工学院环境资源发展学院印//本文主要通过女魔——纳西族、傣族及掸的跨文化分析，论述了在男权社会中，妇女与男性之间的地位争夺的证据，分析了妇女在部分社会中作为邪恶象征的原因，男性与女性的等级差别，特别分析了妇女作为女巫阶层的角色。

2710. 纳西族的性别观念/戈阿干著/《性别研究专集》第 8 集泰国亚洲理工学院环境资源发展学院印//妇女在东巴文化早期处于中心地位，但随着时间的推移，纳西人从母系社会演变为父系社会，妇女的地位在下降。本文从东巴文化的神话、传说和诗史中找到了大量的证据来证明这一理论。

2711. 摩梭男人，其社会功能和性角色的分离（Men in the Moso tribe: Separation of Their Social Functions and Sexual Roles）/李勇 Li Yong/Tampere/Naxiland 96 田野调查报告 波兹南大学东方研究学院《语言和远东研究论文集》附刊 4《通过云南边境看中国西南少数民族》1998 年 10 月//对摩梭男人的社会功能和性角色分离这个问题，人们经常有所混淆。作者提出不能说摩梭人没有丈夫和父亲。对丈夫和父亲的定义不应该仅限于生物学上，也可以用社会的方式来定义。

2712. 纳西族的殉情、宗教仪式和两性社会角色的转变/赵省华（Emily, Chao）（美）/《美国密西根人类学论文集》(Michigan Discussion in Anthropology) 1990 年第 9 卷（Volume 9; Spring 1990）//讨论了在特殊社会历史背景下纳西族的两性角色体系，纳西妇女在宗教仪式中的低下地位，对丽江和永宁两地的纳西族妇女进行了比较研究，并对改土归流后儒家学说对纳西族社会产生的影响进行了分析，探讨了儒家思想与丽江纳西族社会殉情现象的关系。

## C95　民族学

2713. Naxiland 96 田野调查报告/Maciej Gaca/Naxiland 96 田野调查报告波兹南大学东方研究学院《语言和远东研究论文集》附刊 4《通过云南边境看中国西南少数民族》1998 年 10 月//本书介绍了 Naxiland 96 田野调查报告的组织单位，波兹南大学东方研究学院的基本情况以及本次考察的内容、目的及结果。

### C954　民族社会形态、社会制度

2714. 纳西族的母系组织/（苏）列舍托夫（Reshtov, A.M.）/莫斯科 1964//

2715. 一个既无丈夫亦无父亲的社会/蔡华/法国大学出版社 1997//博士论文，作者对泸沽湖畔的摩梭村寨进行长期的田野考察和研究，形象生动地记述了摩梭人的特殊社会形态和婚姻生活，向读者介绍了一个社会在既无丈夫又无父亲的情形下运行的情况。

2716. 东巴教女神和母系制：摩梭母系家庭与纳西族女性地位的变化/陈烈/《西南中国纳西族、彝族民俗文化：民俗宗教的比较研究》日本勉城出版社 1999 年//论述东巴教女神和母系制社会的关系及摩梭母系家庭与纳西族女性地位的变化。

2717. 现代摩梭人的婚姻家庭/陈宗国/《西南中国纳西族、

彝族民俗文化：民俗宗教的比较研究》日本勉城出版社 1999 年
//本文论述了摩梭人所处的地理环境、婚姻形式和特征、家庭构成及其发展趋势。

2718. 纳西象形文所反映的亲属制度/普鲁纳尔（Prunner, G.）（德）/《民族学》（Ethnos）1979//

2719. 中国西南部母权制社会中永宁摩梭人的双重社会结构：性伙伴、家庭结构、性别及其民族特色/施传刚/美国斯坦福大学 1993 年//博士论文。

2720. 母系制亲属关系/施传刚//

2721. 走婚及人类学意义：摩梭走婚制及其相关问题/施传刚//

2722. 追求和谐：摩梭性伙伴关系的家庭结构组织/施传刚/美国斯坦福大学出版社//

2723. 摩梭人的婚姻起源和封建社会后期扩张/施传刚 CHUAN – KANG SHIH/《亚洲研究》The Journal of Asian Studies2001 年 5 月 60 卷 2 号//婚姻被广泛认为是导致血缘关系建立和维系的原因，但几个世纪以来中国西南地区的母系氏族摩梭人却存在着另一种形式——走婚（tisese）。婚姻和走婚并存于摩梭人，成为了历史和文化无法解释的结。本文结合人类学家与历史学家的观点来弄清这一复杂的文化现象。

2724. 永宁摩梭的亲属制度与中国政府机构的权力/科德（Knodel, S.）（德）/《纳西、摩梭民族志——亲属关系、宗教仪式及象形文字》Volkerkundemaseam, Zurich, 1998//

## C955　民族关系

2725. 中国西南部纳西族—藏族宗教的相互影响/孟彻理（Mekhann, C.F.）/Annual Meeting of the Association for Asian Studies, April, 1995//

# F 经 济

## F327　农业经济

2726. 纳西族的传统养蜂业：重视人与养蜂的关系/安室知（日）/《西南中国纳西族、彝族民俗文化：民俗宗教的比较研究》日本勉城出版社 1999 年//通过典型村寨和家庭的调查，论述了纳西族传统的养蜂业。

## F592.7　地方旅游业

2727. 对中国丽江旅游业的观察与思考/孟彻理（Mekhann, C.F.）/in conference on Culture and lijiang Tourism, lijiang, May, 2000//

2728. 中国西南部迅速发展的旅游业对少数民族的影响：云南丽江案例分析/孟彻理（Mekhann, C.F.）/invited lecture, Kunming China 10 May, 2000//

## F729　贸易史

2729. 关于纳西族地区马帮活动的考察/上野稔弘（日）/《西南中国纳西族、彝族民俗文化：民俗宗教的比较研究》日本勉城出版社 1999 年//论述了云南马帮与纳西族、皮匠和马帮、民国时期的马帮贸易、马帮的构成、纳西族马帮中的马、马帮活动的衰退与现状等问题。

# G 文 化

## G03 文化的民族性

2730. 面临危机的东巴教和东巴文化/郭大烈著/《性别研究专集》第 8 集泰国亚洲理工学院环境资源发展学院印//东巴文化是纳西人民创造的独特人类文化，但今天它面临消失的危险。本文主要从东巴的宗教、文化方面对东巴文化进行了阐述。其中对宗教成员的发展、组织形式、地区分布、传承方式等方面进行了论述。在文化方面，主要对象形文字、木刻、木雕、壁画、舞蹈等进行了讨论。最后将东巴教与其他宗教进行了比较。

2731. 纳西宗教、性别和文化/泰国亚洲理工学院环境资源发展学院编/性别研究专集第 8 集泰国亚洲理工学院环境资源发展学院印//本论文集主要从纳西的宗教、性别和文化等方面探讨了纳西东巴文化，着重论述了妇女在东巴文化中的过去以及现状。收录郭大烈、和钟华、杨福泉等中泰两国学者关于纳西文化研究的文章 6 篇。

2732. 中国西南部纳西东巴文化的发明/赵肖华（Emily, Chao）/ "Negotiating Ethnicities in China and Taiwan" "Edited by Melissa j. Brown, 1996, Center for Chinese Studies, Institute of East Asia Studies, University of California Berkley." 1996 年//全文六部分：民族区别和想象中的民族；机构、特色与东巴文化；转换、净化与历史的再现；梳理纳西历史；权力、意义和市场；民族特色的真实性和不可替代性。作者试图阐述 20 世纪 70 年代末期以

来，中国民族学的演进及其与政治的关系。

2733. 西南中国纳西族、彝族民俗文化：民俗宗教的比较研究/佐野贤治（日）主编/日本勉城出版社 1999 年//本书是中日联合考察研究项目"汉族周边的民族及其民俗文化"的综合报告集，其中收有关纳西族民俗文化的文章约 20 篇，最后附有白庚胜等编撰的《纳西文化研究资料目录索引（     —1997 年)》。

## G322.7　地方科学研究

2734. 中国的纳西学研究/勃克曼（Bockman，H.）（挪威）/1987//

2735. 丽江的纳西东巴文化研究所（The Dongba Culture Research Center of the Academy of Social Sciences in Lijing）/和力民（He Limin）/Naxiland 96 田野调查报告波兹南大学东方研究学院《语言和远东研究论文集》附刊 4《通过云南边境看中国西南少数民族》1998 年 10 月//本文介绍了丽江纳西东巴文化研究所的成立时间、地点、发起者、基本发展情况以及在东巴文化研究领域的地位。

# H 语言、文字

## H257 纳西语言、文字

2736. 西藏境内及周围的文字起源/拉卡珀里卡///文章中发表了德斯古丁斯 1867 年寄回巴黎的东巴经摹写本《高勒趣赎魂》。

2737. 论纳西族象形文字的基本时态方式：过去—现在—将来/Maciej Gaca/Naxiland 96 田野调查报告波兹南大学东方研究学院《语言和远东研究论文集》附刊 4《通过云南边境看中国西南少数民族》1998 年 10 月//本文试图从时态方面来描述纳西象形文字的一些问题。作者从符号的表示，符号的语法系统以及用一种可见的方法对这些象形符号进行时态的分类。通过这三个方面来阐述自己的观点。希望通过这种新的方式来研究象形文字与民族语言的关系。

2738. 论 Nuu33 在纳西东巴古籍语言中的应用（He Limin Discussion of the Function of the Nuu33 Sound in the Ancient Dongba Books of the Naxi Tribe）/和力民 He Limin/Maciej Gaca/Naxiland 96 田野调查报告波兹南大学东方研究学院《语言和远东研究论文集》附刊 4《通过云南边境看中国西南少数民族》1998 年 10 月//本文通过一个使用极为广泛的发音 nuu33 来讨论在纳西东巴古籍翻译中遇到的问题。作者以其在翻译《The record of the migration of nankind》、《The Sacred book of divination》、《The Lubanlurao book》的句子为实例。对［Nuu33］在古文中的真实意思给出了正确的答案。

2739. 纳西英语百科辞典（两卷）/洛克（Rock，J.F.）（美）编/意大利罗马东方学研究所出版第一卷 1963 年，第二卷 1972 年//第一卷 512 页，收纳西象形文字 3 414 个，按其读音系排列，除杜奇写的前言和洛克自己写的序言和导言外，全是英语的释文，有照片 28 幅。第二卷 582 页，收录关于鬼神、祭祀仪式，星象和地名方面的纳西象形文字共 4 600 多个及英语释文，有照片 29 张。该书是迄今为止收词最多的一本纳西象形文词典。

2740. 东巴文字/王超鹰/日本株式会社平河工业社 2001 年 1 月//第一章东巴文字中有：占卜的记录、昔话记录、舞蹈记录、神话记录四节；第二章探索东巴文字的起源有：最完美的旅行、纳西族的城镇、这是日本吗？健壮的纳西妇女四节。

2741. 活着的象形文字/西田龙雄（日）著/《中央公论社刊》1966 年 9 月//这是日本学者关于云南摩梭象形文字的研究。全书除"前言"外，从 8 个方面概括叙述了象形文字的基本知识，原书为日文。

2742. 汉字文明圈的思考地图/西田龙雄（日）著/大日本印刷株式会社 1984 年 6 月//本书介绍了东亚诸国汉字文化圈的使用汉字及其变迁情况，除序外，有 4 章，除介绍汉文文化圈外，还介绍了石刻文字、岩壁画和彝文字的发展。第三章第一节介绍纳西象形文字，原书为日文。

2743. 纳西语—英语词典/雅纳特（Janert，K.L.）（德），杨福泉/德国波恩科学出版社 1988 年//

2744. 现代纳西语语法/雅纳特（Janert，K.L.）（德），杨福泉/德国波恩科学出版社 1988 年//

2745. 古代纳西文稿翻译和语法分析/雅纳特（Janert，K.L.）（德），杨福泉/德国波恩科学出版社 1988 年//

2746. 现代纳西文稿翻译和语法分析/雅纳特（Janert，K.L.）（德），杨福泉/德国波恩科学出版社 1988 年//

# Ⅰ 文 学

## I295.77　纳西族民间文学

2747. 卡美久命金的爱情故事/洛克（Rock，J.F.）（美）著/河内，法国《远东大学学报》第 39 期，1939 年//

2748. 纳西族文献中的洪水故事/洛克（Rock，J.F.）（美）著/河内，法国《远东大学学报》第 37 期，1937 年//

2749. 论纳西族的一个民间故事/杰克逊（Jackson，A.）（英）/民俗学 1984//

# J 艺 术

## J607　纳西族音乐研究

2750. 历史的回声：当代中国纳西音乐/海伦·蕾丝（英）/牛津大学出版社，2001 年，//全书九章，对保存在云南丽江纳西族民间的众多音乐门类——作了介绍，并将纳西音乐置于中国音乐、云南民族音乐的大背景下描述其音乐个性，探讨传播流变踪影以及它们与民族生存史、民俗礼仪和宗教信仰的特定因缘。附录有英汉双语词目索引，纳西音乐影视音像篇目和与纳西音乐相关的书籍论文提要。另附有由纳西民间艺人演唱、演奏的音乐 CD 盘。

# K 历史、地理

## K204 古代史籍研究

2751. 纳西仪式经书、索引书目及占卜经书/杰克逊（Jackson, A.）（英）/潘安石/《纳西、摩梭民族志——亲属关系、宗教仪式及象形文字》Volkerkundemaseam, Zurich, 1998//

2752. 么些巫术手稿/杰克逊（Jackson, A.）（英）/英国曼彻斯特约翰·赖兰博物馆学刊 1965//

2753. 论纳西文写本/劳佛（Laufer）（美）/美国, 地学评论1916//旁证了 J. 巴克、E. 波宁·拉珂伯里等学者的东巴经研究成果, 结合纳西族历史及周边民族文化的关系, 对东巴经象形文字的性质、经文的内容所蕴含的相关文化作了推断, 强调指出, 纳西文化对印藏文化的独到的参考价值, 呼吁西方学家应注意对纳西文化的系统分析和比较研究。

2754. 纳西宗教经书的翻译/潘安石/《纳西、摩梭民族志——亲属关系、宗教仪式及象形文字》Volkerkundemaseam, Zurich, 1998//

2755. 日喜部落及其他们的宗教文献/洛克（Rock, J.F.）（美）著/北京, 《文物丛刊》1938 年//

2756. 德国所藏东方手稿纳西写本目录（一、二卷）/洛克（Rock, J.F.）（美）著/德国 1965 年//

2757. 纳西文献研究/洛克（Rock, J.F.）（美）著/河内, 法国远东大学学报第 37 期, 1937 年//第一部：《丁巴什罗的诞生和起源》。第二部：《纳西族的"赫日皮"仪式》。

2758. 纳西文化在其文献中的表达：一部百科辞典/洛克（Rock，J.F.）（美）著/罗马 1972 年//

2759. 美国地理学会所藏的尼科尔斯收集的么些象形文原稿/洛克（Rock，J.F.）（美）著/纽约，《地理周刊》第 27 卷，1937 年//

## K285.7　纳西族史志

2760. 纳西、摩梭民族志——亲属关系、宗教仪式及象形文字（Naxi and Moso Ethnography – Kin Rites Pictographys）/奥皮茨（Oppitz，M.）（瑞士）/伊丽莎白（Elisabeth，H.）主编/瑞士苏黎世大学民族博物馆 1998 年//全书分亲属制、宗教仪式、象形文字三部分。在"亲属关系"中收录了孟彻理、苏珊娜、科德及伊丽莎白·许的文章；在"宗教仪式"中收录了施传刚、张旭、和力民、洛克、克里斯蒂娜、马休和杨福泉的文章；在象形文字部分收录了杰克逊、潘安石和奥皮茨的文章，最后有作者简介。

2761. 么些研究/巴克（J.Bacot）（法）/1913//这是西方第一本全面研究纳西文化的集大成者，全书三章。第一章全面论述纳西族东巴教的内容及仪式，东巴教与西藏本教、藏传佛教之间的关系。第二章分析纳西语语音、词汇、语法及东巴文。语法部分第一次对纳西语结构、功能作了系统的分析研究，文字部分是第一次对东巴文和格巴文作系统梳理、比较，并标注读音音值，格式上看已粗具辞书雏形，为以后的纳西文字辞书编写创立了范式。第三章图版部分收有纳西族民居、四方街、男女服饰、丽江府流官、东巴经照片等。

2762. 纳西族研究特集（第八集）/白鸟芳郎（日）/日本上智大学，中国大陆古文化研究会//

2763. 纳西族的概况：对纳西族的认识/郭大烈/《西南中国

纳西族、彝族民俗文化：民俗宗教的比较研究》日本勉城出版社
1999 年//本文论述了纳西族的概况，包括人口分布、地理环境、
起源与历史发展线索、社会历史文化特色、婚姻家庭、丧葬仪
式、东巴教与原始巫文化、传统文化与汉文化的影响等。

2764. 么些族/考狄（法）/《通报》1908 年卷//该文全面利
用前人的研究成果，对纳西族的历史、分布、居住、方式、婚
姻、娱乐、宗教、营养、东巴文化及文献作了研究。还列出了德
斯古丁斯、波宁、马德罗列、马培拉特、约翰斯顿等五位传教士
及学者先后在丽江调查所得的纳西语词汇逐个列表比较。文末附
的 J. 巴古（J. Bacot）1907 年赴丽江调查时所收集的东巴经中的 5
页经版样品及经文内容的法语、纳西语、汉语翻译及纳西人物图
像 1 幅。

2765. 失去的王国和被遗忘的部落：中国西南部纳西族和摩
梭人的神话、宗教仪式及母权制/马休（Mathieu, C.）（法）/木
尔多赫大学（Murdoch University）博士论文 Ed Thesis presented for
the degree of Doctor of Philosophy Murdoch University, 1996.//博士论
文全文两大部分，第一部分八章，第二部分是图示。作者把纳西
族纳入到藏缅语族中进行研究。认为在文明史上，汉藏间均有密
切联系。纳西东巴教既源于藏族的本教，也与纳西民间宗教及木
氏统治阶层推行的汉族封建礼教有关。象形文字是受当地岩石艺
术和纳西纳伽崇拜的影响而发明创造的。东巴经的传播与明代木
氏土司势力的拓展有关。

2766. 滇川交界处纳西、阮可、摩梭、蒙的亲属关系、政治
制度与宗教仪式/孟彻理（Mekhann, C.F.）/《纳西、摩梭民族
志——亲属关系、宗教仪式及象形文字》University of Zurich
Press, Zurich, 1998//作者对纳西、摩梭的历史进行了研究，并
对"鹰山村"进行个案分析后认为：研究纳西—摩梭的亲属关
系、婚姻和居住模式需要考虑对照邻近各民族的习俗并研究其政

治、经济和宗教制度的发展。

2767. 纳西——汉族史及其祭天仪式的变化/孟彻理（Mekhann, C.F.）/Annual Meeting of the American Anthropological Association, Phoenix, Nov, 1988//

2768. 纳西与民族问题/孟彻理（Mekhann, C.F.）/University of Washington Press, Seattle, 1995//

2769. 喇嘛、王子和土匪/撒顿（Sutton, S.B.）/纽约中国研究院和中国画院 1992 年//此书收集了约瑟夫·洛克在中国西藏边境拍摄的各种图片。

2770. 有关丽江的历史、地理文献研究/沙畹（法）/《通报》1908//对丽江及其迤西地区的历史、民族关系、行政区域沿革作了详尽研究，首次向西方世界介绍了丽江木氏土司家族历史、讨论了丽江石碣铭文及相关历史。巴克的《么些研究》一书中收录此文。

2771. 汝寒坪的变迁：居住在山间的丽江纳西族/松冈正子（日）/《西南中国纳西族、彝族民俗文化：民俗宗教的比较研究》日本勉城出版社 1999 年//文章论述了丽江山区汝寒坪村寨纳西族的概况、历史、经济、祭祀等问题。

2772. 纳西族的农耕生活和山地观：汝寒坪和天红村的调查/汤川洋司（日）/《西南中国纳西族、彝族民俗文化：民俗宗教的比较研究》日本勉城出版社 1999 年//文章通过典型农户的调查，论述了丽江县汝寒坪和天红村寨纳西族的农耕生活和山地观。

2773. 纳西族的生活与文化/洛克（Rock, J.F.）（美）著/德国，威斯巴登 1963 年版//内容有：纳西部落的地域；纳西历史地域的概略；地域的地理情况；气候、植被与动物群落；婚礼与葬礼；纳西妇女；神祇。

2774. 中国西南纳西族的农耕民性与游牧民性/诹访哲郎

（日）著/日本学习院大学研究丛书东京日本学习院 1988 年//全书六章，后附参考文献·英文、中文要旨，附图 39 幅。①纳西族的概观；②宁蒗纳西族的阿注婚及母系家庭；③丽江纳西族象形文字的世界；④纳西族之来历；⑤纳西族之创世神话关于农耕民性和游牧民性；⑥从纳西语看农耕民性与游牧民性。后附参考文献、中英文要旨，附图 39 幅。

### K892.22　纳西族风俗

2775. 纳西族亲属称谓制、自杀和象形文字/杰克逊（Jackson, A.）（英）/《民族学》1977//文中就亲属称谓制等问题与普鲁纳尔·列舍托夫进行商榷；提出不同看法。

2776. 人的血统、乱伦和儿子们的命名/杰克逊（Jackson, A.）（英）/维利斯 Wills, 1975//

2777. 四个纳西社区的走婚仪式和习俗/孟彻理（Mekhann, C.F.）/Academia Sinica, institute of Ethnology, Taipei, May 1997//

2778. 摩梭人的丧葬仪式及其象征意义/施传刚（Shih Chankang）/《纳西、摩梭民族志——亲属关系、宗教仪式及象形文字》Vlokerkundemaseam, Zurich, 1998//

2779. 纳西族的养蛊/习煜华著/《性别研究专集》第 8 集泰国亚洲理工学院环境资源发展学院印//“养蛊”在纳西村落中流传得很广，本文通过对“养蛊”的定义、故事、故事的特色以及发生故事的基础、起因和影响发展，对这一文化现象进行了深入的阐述。

2780. 殉情/杨福泉著/《性别研究专集》第 8 集泰国亚洲理工学院环境资源发展学院印//本文对起源于元朝，在明清得到大发展的纳西人殉情现象进行了深入的讨论。主要从社会、宗教、婚姻系统、风俗、对自由恋爱的渴望等方面对殉情的成因进行了分析，并讨论了妇女在殉情中所扮演的角色。

2781. 论摩梭与纳西的房屋/伊丽莎白（Elisabeth, H.）（瑞士）/《纳西、摩梭民族志——亲属关系、宗教仪式及象形文字》Volkerkundemaseam, Zurich, 1998//

2782. 纳西人的火葬仪式/张旭/《纳西、摩梭民族志——亲属关系、宗教仪式及象形文字》Volkerkundemaseam, Zurich, 1998//

## K928.6　历史地理

2783. 以民俗学解释纳西族的地名：以丽江古城为例/赵坤玉/《西南中国纳西族、彝族民俗文化：民俗宗教的比较研究》日本勉城出版社1999年//从民俗学的角度来解释丽江古城主要街道的名称。

## K928.974　旅行、游记

2784. 黄喇嘛之地：全国地理学会探险者访问中国云南省丽江雪山之外的异域木里/洛克（Rock, J.F.）（美）著/华盛顿，美国国家《地理杂志》第47卷，1925年//

2785. 阿尼马卿山脉及其邻近地区/洛克（Rock, J.F.）（美）著/罗马，罗马东方丛书第12辑，罗马东方艺术研究所，1956年//

2786. 一个孤独的地理学家的经历/洛克（Rock, J.F.）（美）著/美国，国家地理杂志1925年9月//

# Z 综合性图书

## Z89 文摘、索引

2787. 纳西文化研究相关资料目录索引/白庚胜，荒屋丰，和建花整理/《西南中国纳西族、彝族民俗文化：民俗宗教的比较研究》日本勉城出版社 1999 年//有汉文资料、西文资料、日文资料三部分。

# 著者条目索引

| | |
|---|---|
| 和即贵 | 121、1159、1835、1861 ~ 1865、1954、2384 ~ 2388、2392、2400、2402 ~ 2406、2409 ~ 2410、2421、2425、2432、2445 ~ 2449、2462 ~ 2463、2466、2469、2472、2480~2482、2497 |
| 和即仁 | 115、405、785 ~ 786、828、908 ~ 909、926 ~ 927、1160、1935、2265 |
| 和继全 | 122、601、2158 |
| 和家修 | 276、686、1294 ~ 1295、2383 |
| 和建国 | 928 |
| 和建华 | 123、340、358 |
| 和建全 | 2224 |
| 和鉴彩 | 2034 |
| 和匠宇 | 939、1750、2623 |
| 和景昊 | 2094 ~ 2095 |
| 和开祥 | 2198、2384、2390 ~ 2391、2395 ~ 2399、2401、2408、2412 ~ 2415、2418、2423 ~ 2424、2427、2429 ~ 2431、2433、2436 ~ 2437、2439 ~ 2440、2444、2450、2452 ~ 2453、2458、2461、2464、2465、2468、2470 ~ 2473、2475 ~ 2480、2483、2498 |
| 和克明 | 245、469 |
| 和锵宇 | 939、1258、2623 |
| 和力民 | 66、124 ~ 131、136、457、566、602 ~ 605、617、829 ~ 831、1014、1296、1461、1528、1641、1735、1799 ~ 1802、2369、2405 ~ 2415、2417、2512、2531 ~ 2532、2686、2735、2738 |
| 和丽东 | 511 |
| 和丽洪 | 1015 |
| 和丽琨 | 1297 |
| 和良辉 | 512 |

| | |
|---|---|
| 和 柳 | 2284 |
| 和明仁 | 2035、2035 |
| 和明信 | 2501 |
| 和明远 | 1016 |
| 和睦晶 | 1298 |
| 和品正 | 56、132～133、236、606、687、832～833、1223～1224、1406、1642、1681、1820、1926、2006、2241、2350、2418～2421、2624 |
| 和 平 | 1245 |
| 和平正 | 2257 |
| 和 强 | 134、1017、1121、2533～2534 |
| 和庆元 | 61、135、228、406、2428～2433 |
| 和汝恭 | 540、545、741、1616、1736、1866～1867、1968 |
| 和瑞尧 | 2036、2172 |
| 和尚礼 | 341、929、1122、1797、2000、2351 |
| 和尚勤 | 2185 |
| 和少英 | 277、429、1707～1708、1868～1869、2232、2242 |
| 和时杰 | 5、1018、1156、1161～1164、1870 |
| 和士成 | 2386、2388～2389、2401、2405～2415、2424、2428、2434～2435、2438～2439、2442～2443、2451、2455、2457、2469 |
| 和士诚 | 136、2686 |
| 和士华 | 1246 |
| 和世新 | 1969 |
| 和 涛 | 2037 |
| 和 铁 | 1617 |
| 和万宝 | 137、735、1529、2243、2383 |
| 和万寿 | 2132 |

| 荒屋丰（日） | 612、1028、2688、2787 |
| 黄承宗 | 1539 |
| 黄大刚 | 1303 |
| 黄 林 | 1374 |
| 黄乃镇 | 2625 |
| 黄如兰 | 1970 |
| 黄水宗 | 1772 |
| 黄顺瑶 | 1823 |
| 黄 裳 | 724 |
| 黄 文 | 1374、1540 |
| 黄 尧 | 2069 |
| 黄镇方 | 1304 ~ 1305 |
| 吉 成 | 2188 |
| 吉川文子 | 688 |
| 季 子 | 1499 |
| 佳 水 | 360 |
| 贾宗剑 | 2117 |
| 江庆波 | 515 |
| 江世震 | 1306 |
| 江应樑 | 844、1711 |
| 姜竹仪 | 784、789 ~ 793、805 ~ 806、845 ~ 846、924 ~ 925、2265 |
| 蒋高宸 | 2642 |
| 蒋 贞 | 1927 |
| 杰克逊（Jackson, A.）（英） | 69、96 ~ 97、351 ~ 352、1446 ~ 1447、1500、2676、2681、2689 ~ 2690、2749、2751 ~ 2752、2775 ~ 2776 |
| 金茹卓玛 | 1875 ~ 1876、1971 |
| 金 沙 | 2019 |

| | |
|---|---|
| 李达珠 | 1879、2126～2127、2212 |
| 李德祥 | 968～970、1129 |
| 李　方 | 2071 |
| 李方清 | 848 |
| 李　纲 | 613 |
| 李耕冬 | 2126、2212 |
| 李耿年 | 461 |
| 李共久 | 606、2042～2045 |
| 李国文 | 8～19、153～156、253、614、849、1247～1248、1464、1712、1880～1881、1973、2103、2128～2130、2192、2202、2245 |
| 李海伦（英） | 1378 |
| 李海燕 | 1958 |
| 李汉才 | 2335 |
| 李和宽 | 6 |
| 李红新 | 444 |
| 李　辉 | 60 |
| 李惠铨 | 941 |
| 李积善 | 1535、2352 |
| 李即善 | 2289、2336、2503、2513～2514、2516、2518 |
| 李　劼 | 615～616、743 |
| 李　捷 | 618 |
| 李近春 | 157、280～282、305、432、619、971、1542、1643、1725、1882～1883、1974～1976、2550、2614 |
| 李京平 | 2110 |
| 李　静 | 433、517 |

| | |
|---|---|
| 李静生 | 41～42、158～160、620～622、850～851、1032、1465～1467、1656、1665、1713、1737、1884、1977～1978、2388～2392、2483 |
| 李镜仁 | 1169 |
| 李 康 | 1270 |
| 李克力 | 2008 |
| 李昆武 | 2649 |
| 李黎民 | 1311 |
| 李 理 | 1885、2227、2613 |
| 李力能 | 2290 |
| 李丽芳 | 623、659、1312～1313、2374 |
| 李例芬 | 20、35、161、323、410、518、794、912、1170、2104～2105、2384～2387、2436～2437 |
| 李 琳 | 1033 |
| 李霖灿 | 43、254～255、361、468、725、795、807～808、816、852～856、942、1034～1036、1099、1130、1218～1219、1468～1470、1543、1644、1738、1804、1978、2072～2073、2106、2271～2272、2291、2337～2338、2353、2528～2529、2551、2650～2653 |
| 李茂春 | 2363 |
| 李茂琼 | 2131 |
| 李 培 | 1779 |
| 李 平 | 333 |
| 李 强 | 953 |
| 李群杰 | 2208、2370 |
| 李群育 | 44～45、462、466、1672、2208、2572 |
| 李孺韩 | 796 |
| 李汝明 | 1618、1624 |

| | |
|---|---|
| 马子云 | 1174 |
| 麦克汉（美） | 22 |
| 毛尔哈 | 2544 |
| 毛继增 | 1316 ~ 1317 |
| 毛龙发 | 1888、2134 ~ 2142 |
| 毛远明 | 863 |
| 孟彻理（Mekhann, C.F.）（美） | 23、166 ~ 169、364、2673、2677 ~ 2679、2725、2727、2766 ~ 2768、2777 |
| 缪坤和 | 1925 |
| 民 讯 | 1552 |
| 民俗研究编辑部 | 1817 |
| 木 琛 | 1226、1889 |
| 木 丁 | 2188 |
| 木春丽 | 1942 |
| 木春燕 | 1049 |
| 木庚锡 | 2010、2179 |
| 木 公（明） | 1646、2048、2615 |
| 木基元 | 633 ~ 634、695、736、1753 ~ 1754、1768 ~ 1769、1782 ~ 1786、1890 ~ 1893、1980、2011 ~ 2014、2165 |
| 木雾弘 | 1050 |
| 木 凯 | 1823 |
| 木 里 | 703 |
| 木丽春 | 47、86 ~ 87、170 ~ 174、307、689、864、1133 ~ 1134、1143、1175 ~ 1178、1425、1692、1929、2180、2247 ~ 2248、2318、2355 ~ 2356、2600、2659 |
| 木 芹 | 365、1716 |

| | |
|---|---|
| 王炳武 | 251、1260、1826 |
| 王伯敏 | 646 |
| 王超鹰 | 2740 |
| 王承权 | 182、289 ~ 290、309 ~ 311、375 ~ 379、436、1060 ~ 1061、1566、1827、1905、1946、1982 ~ 1983、2550、2628、2636 |
| 王川蓉 | 1188 ~ 1189 |
| 王 丹 | 1993 |
| 王德胜 | 1362 |
| 王 冬 | 1828 |
| 王 风 | 2637 |
| 王桂祥 | 488 |
| 王恒杰 | 1576 ~ 1577 |
| 王慧敏 | 917 |
| 王嘉杰 | 2050 |
| 王建民 | 1333 |
| 王 可 | 647 |
| 王立政 | 1649 |
| 王 琳 | 2556 |
| 王耐夫 | 648 ~ 649、1062 ~ 1063 |
| 王丕震 | 2310 |
| 王 璞 | 1567 |
| 王声跃 | 525 |
| 王石琦 | 25 |
| 王世英 | 48、183、415、549、650、875、1568、1984、2393 ~ 2398、2475 ~ 2483、2535 ~ 2537、2695 |
| 王树五 | 2025 |
| 王思宁 | 1190、1210 |
| 王天人 | 2660 |

| 王晓天 | 1569 |
|--------|------|
| 王晓松 | 237 |
| 王 尧 | 229 |
| 王元鹿 | 36、800、876~879、945、2268 |
| 王 勇 | 1837 |
| 王永正 | 461 |
| 王 章 | 1379 |
| 王震亚 | 26、1064、1695 |
| 王 政 | 59 |
| 王志泓 | 550、1249~1250、1696、2051~2053 |
| 王志强 | 990 |
| 王子骥 | 2603 |
| 王宗孟 | 2277 |
| 维 东 | 1220 |
| 卫 奇 | 1771 |
| 魏治臻 | 880、946、1065、1478~1479、1759 |
| 闻 录 | 1570 |
| 闻 铭 | 2016 |
| 闻 宥 | 881~882、947 |
| 翁乃群 | 380~381 |
| 吴宝兰 | 1409~1410、1431 |
| 吴 戈 | 1228 |
| 吴光湖 | 312、382、400、1621 |
| 吴 璟 | 2114 |
| 吴学源 | 1334、1374 |
| 吴 越 | 883 |
| 吴泽霖 | 1571、1906、2543 |
| 伍国栋 | 1335 |

| | |
|---|---|
| 杨耀萍 | 1357 |
| 杨一奔 | 1202、1990、2002、2182 |
| 杨益发 | 1436～1438 |
| 杨逸天 | 238、948 |
| 杨 莹 | 1930 |
| 杨韵笙 | 1376～1377 |
| 杨 勇 | 533 |
| 杨毓才 | 558、1762 |
| 杨跃文 | 1439 |
| 杨云鹏 | 448～449 |
| 杨 钊 | 2122、2144～2145 |
| 杨曾烈 | 1129、1203、1358～1360、1383～1384、1389～1392 |
| 杨振洪 | 212、299、338、390、762、812～813、1935 |
| 杨正文 | 213～216、261、299、664～668、709、890～893、1082、2059～2060、2252～2253 |
| 杨知勇 | 217、1985 |
| 杨志坚 | 88、1238、2018 |
| 杨志明 | 33 |
| 杨仲录 | 669 |
| 姚国军 | 1948、2087 |
| 姚润文 | 1585 |
| 姚润芝 | 1962 |
| 姚世丽 | 68 |
| 叶大槐 | 2544 |
| 夜 航 | 2297 |
| 伊丽莎白（Elisabeth，H.）（瑞士） | 2760、2781 |
| 伊藤清司（日） | 89、1083 |
| 依 媭 | 1995 |

| 张宝庆 | 1385 |
|---|---|
| 张保华 | 2256 |
| 张北星 | 710 |
| 张　波 | 243、535 |
| 张朝先 | 1658 |
| 张承谟 | 1488 |
| 张承源 | 1087、1488 |
| 张春和 | 711、1239 |
| 张大群 | 756 |
| 张德志 | 2156 |
| 张东向 | 420～421 |
| 张福三 | 669 |
| 张附孙 | 712 |
| 张贡新 | 775 |
| 张江华 | 441 |
| 张金云 | 1386 |
| 张俊芳 | 1088 |
| 张　昆 | 2271、2528 |
| 张　磊 | 465 |
| 张　枻 | 1205 |
| 张　平 | 2190 |
| 张　泉 | 2088 |
| 张荣平 | 2150 |
| 张儒信 | 557 |
| 张　实 | 302 |
| 张铁松 | 2154 |
| 张　彤 | 1362 |
| 张桐胜 | 2644、2666 |

**图书在版编目（CIP）数据**

纳西东巴文化研究总览/宋光淑主编. 一昆明：云南
大学出版社，2006（2009 重印）
ISBN 978 - 7 - 81112 - 116 - 2

Ⅰ. 纳…　Ⅱ. 宋…　Ⅲ. 纳西族—民族文化—
研究　Ⅳ. K285.7

中国版本图书馆 CIP 数据核字（2006）第 035693 号

**纳西东巴文化研究总览**
　　宋光淑　主编

---

责任编辑　龙宝珍　蔡红华
责任校对　何传玉　红　征
封面设计　丁群亚
印　　装　昆明宝王印务有限公司
开　　本　850mm×1168mm　1/32
印　　张　16.75
字　　数　420 千
版　　次　2006 年 8 月第 1 版
印　　次　2009 年 7 月第 2 次印刷
书　　号　ISBN 978 - 7 - 81112 - 116 - 2
定　　价　42.00 元

---

社　　址：昆明市翠湖北路 2 号云南大学英华园内
邮　　编：650091
电　　话：（0871）5033244　5031071
网　　址：http://www.ynup.com
E - mail: market@ynup.com